职业院校双元制教学用书
汽车机电工职业培训教材

学习领域9——
制动系统和行驶系统的检修

主　编　　张恩威
副主编　　赵学斌

電子工業出版社
Publishing House of Electronics Industry
北京 · BEIJING

内容简介

本书主要面向职业学校汽车运用与维修专业学生，以培养汽车维修电工和汽车机电维修工等岗位技术人才的汽车底盘维修能力为目的，内容包括汽车制动系统的检修、ABS制动防抱死系统的检修、悬架系统的检修、机械转向系统的检修、四轮定位和车轮维护。编写原则是以就业为导向，以学生为主体，以培养技术应用型人才为根本任务，以汽车底盘维修人员必备的能力和基本素质为主线。在内容安排方面，以汽车底盘维修实际工作任务为依据，设计理论与实践一体化的学习任务，使学生在完成一个个学习任务的过程中获得实际工作的知识和技能，体现“做中学、学中做”的教育教学改革特点。在每个单元的学习中，主要培养学生的两种技能：一是检测和诊断技能——学会找到故障点；二是拆装检修技能——学会更换和拆装检修故障部件。在教材呈现形式方面，力求图文并茂、通俗易懂，使学生易于接受。

本书也可作为农村劳动力转移培训教材或汽车使用维修人员自学教材。

图书在版编目（CIP）数据

制动系统和行驶系统的检修 / 张恩威主编. —北京: 电子工业出版社，2012.3

职业院校双元制教学用书. 汽车机电工职业培训教材. 学习领域9

ISBN 978-7-121-15370-9

Ⅰ. ①制… Ⅱ. ①张… Ⅲ. ①汽车－制动装置－车辆修理－中等专业学校－教材②汽车－行驶系－车辆修理－中等专业学校－教材 Ⅳ. ①U472.41

中国版本图书馆CIP数据核字（2011）第253603号

策划编辑：杨宏利　yhl@phei.com.cn

责任编辑：郝黎明　特约编辑：邢世凯

印　　刷：三河市华成印务有限公司

装　　订：三河市华成印务有限公司

出版发行：电子工业出版社

北京市海淀区万寿路173信箱　邮编 100036

开　　本：787 1092　1/16　印张：16.5　字数：392千字

版　　次：2012年3月第1版

印　　次：2016年3月第2次印刷

定　　价：29.00元

凡所购买电子工业出版社图书有缺损问题，请向购买书店调换。若书店售缺，请与本社发行部联系，联系及邮购电话：（010）88254888。

质量投诉请发邮件至zlts@phei.com.cn，盗版侵权举报请发邮件至dbqq@phei.com.cn。

服务热线：（010）88258888。

丛书编委会

序

世界上闻名遐迩、独具特色的德国“双元制”职业教育模式，被誉为德国经济腾飞的秘密武器。这一模式的最大特征，是学校和企业合作办学、知识学习与职业实践紧密结合。多年以来，“双元制”成为世界各国争相学习和借鉴的样板。

中国改革开放伊始，就与德国开展了职业教育合作。时至今日，已成功走过30年。还是在1990年，中国建设行业的职业院校，就在教育部和职业技术教育中心研究所的大力支持和指导下，与汉斯•赛德尔基金会等德国有关机构合作，开始在建设行业进行职业教育改革实验。在我国，城市交通和出租车、汽车租赁行业曾由建设部主管。1996年，全国公交公司系统所属技工学校，在赛会职业教育专家弗乐尔（Albrecht Flor）先生的具体指导下，开展了汽车维修专业的教学改革试点。

任何一类教育的人才培养方案，其核心都是课程。课程是职业教育作为一种类型教育的最本质体现。要提高教学质量，职业教育的教学改革必须首先进行课程改革。20世纪80年代末、90年代初，随着科学技术的飞速发展，生产工艺的改进，德国于1996年在职业教育领域着手进行工作过程导向的“学习领域”的课程改革。这是一种以个体在企业里的工作过程为主线，以学生在实际工作过程中制订计划、采取行动并能最终对行动结果进行评价的能力培养为目标，在教学过程中实现实践教学与理论教学的一体化，并把技能与知识及价值观的教育紧密结合在一起的课程方案。基于工作过程的“学习领域”课程取代了传统的分科课程，创立了真正体现职业教育特有的职业属性的课程模式。2003年5月16日，按照这一改革思想，德国各州文教部长联席会议颁布了新一轮基于学习领域设计的“汽车机电一体化工教学大纲（草案）”。2004年，几乎与德国同步，中国建设教育协会就在赛会长期专家弗乐尔（Albrecht Flor）、施罗德 (Carlito Schroeder) 和短期专家戴因伯克 (August Deinböck)、克勒贝尔（Sven-Olaav Kleber）和布伦贝格（Josef Bremberger）的指导下，组织全国8所汽车类职业院校，与德国同类职业学校合作，开展“汽车机电一体化工”专业的改革试点。试点院校借鉴德国经验，强化校企合作办学，每所试点院校都与10家以上的企业建立了紧密的合作关系，一些院校的合作企业甚至达到30多家。

5年教改实验的成果表明，学生在专业教学、实践教学和企业顶岗培训的过程中，既掌握了相关专业技能和专业知识，又在社会能力和方法能力的培养上卓有成效，综合素质大大提高。2007年到2009年，10所试点院校近1000名毕业生，不仅参加了我国劳动部门的职业资格考试，而且也参加了德国工商行会海外部上海代表处（AHK in Shanghai）组织的考试，80% 以上的考生取得了我国劳动部门的职业资格证书及德国行业协会认可的职业资格证书，走上了工作岗位，受到企业界的普遍欢迎。

学习领域课程方案所指的工作过程，是一个能覆盖职业资格、工作任务和职业活动的系统。它以工作过程作为职业教育课程开发的主线，凸显了职业教育的职业性、实践性与开放性的特点。这是因为：其一，工作过程是一个清晰的结构，任何一个具体的工作过程，都有着明晰的步骤、环节、程序，具有可操作的“抓手”；其二，工作过程是一个动态的结构，同一个职业的不同时段或同一个时段的不同职业，其工作过程是不同的。特别是，工作过程不仅是具体的，形而下的；而且又是抽象的，形而上的。因为，任何一个人，在完成任何一项具体的工作任务中，尽管具体的工作过程大相径庭，但其思维过程的完整性却是一致的。由此，从变化的具体的工作过程中寻求相对不变的“思维的工作过程”，由具体获得一般，实现能力的内化，进而应对新的具体的工作过程，实现能力的迁移。这就从逻辑的、方法论的角度，解决了一个关于职业教育课程结构相对的“静”与职业变化绝对的“动”两者之间的矛盾。由此，我们可以推论：一个职业之所以成为一个职业，是因为其具有特殊的工作过程。这一逻辑推理的结果表明，以工作过程作为课程内容序化的依据，突破了职业教育课程开发的瓶颈。

显而易见，在中德职业教育合作 30 年的进程中，只有善于把握“双元制”职业教育模式中所蕴涵的“魂”，并将其本土化，才能取得成效，才是合作的应有之义。这套中德合作编写的“汽车机电工职业培训教材”，是在中德双方专家的共同指导下，对那些辛勤工作在职业教育改革一线教师编制的工作页及其教学实践经验予以总结、加工和概括的结果。我们相信，这套教材对提高汽车行业一线技能型人才的技能和专业水平，对汽车行业的职业教育改革，将会起到积极的推动作用。

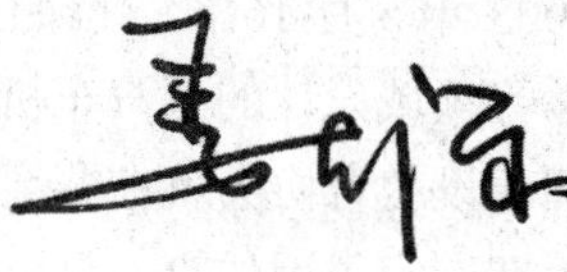

2012 年 2 月

前　言

随着汽车工业的飞速发展，给汽车修理行业带来了巨大的机遇和挑战，同时也对汽车维修的教学提出了更高的要求。众所周知，德国“双元制”职业教育作为成功的教育模式，成为世界各国竞相学习借鉴的样板。鉴于目前国内没有一套有关汽修双元制方面的教材，我们参与编写了这套教材。

（1）课程的性质

课程围绕德国文部省新一轮“汽车机电一体化教学大纲”，基于工作过程的“学习领域”课程取代了传统的分科课程。这是一种以个体在企业里的工作过程为主线，以学生在实际工作过程中制订计划、采取行动并能最终对行动结果进行评价的能力培养为目标，在教学过程中实现实践教学与理论教学的一体化，并把技能与知识及价值观的教育紧密结合在一起的课程方案。

（2）课程的主要任务

“汽车机电一体化教学大纲”中的《学习领域 9 制动系统和行驶系统的检修》，主要讲授汽车制动系统、汽车悬架系统和汽车转向系统的基本理论和基础知识，使学生掌握行驶系统和制动系统所涉及的各项车间工作任务，以及维修工作人员必须具备的专业技能，掌握检测设备的使用方法，加深对维修工作的了解和职业的认识，独立完成制订工作计划，实施工作任务，从人才培养目标的实际出发，结合“双元制”教学实际，以能力为本位，培养从事汽车机电一体化的维修技术工作的职业意识和职业技能。

（3）课程教学基本要求

以车间工作任务导入，掌握所涉及工作任务的知识点，学会独立完成工作计划的制订，按照指定的工作计划完成车间工作任务的实施，并能进行自我检查和向他人进行成果展示。同时对从事“双元制”教学的教师提出了更高的要求，既要具备扎实的理论基础，又要具备很强的汽车维修的专业技能。

（4）建议课时安排

工作任务	教学内容	课时分配		
		理论学时	实践学时	合计
1	制动系统的维护	2	2	4
2	制动液的更换	4	2	6
3	盘式制动器的检修	4	2	6
4	鼓式制动器的检修	4	4	8

续表

工作任务	教学内容	课时分配		
		理论学时	实践学时	合计
5	制动总泵的检修	2	2	4
6	真空制动助力器的检修	2	2	4
7	ABS制动防抱死系统的维护	4	2	6
8	ABS制动防抱死系统传感器的检修	4	2	6
9	ABS制动防抱死系统执行器的检修	4	2	6
10	悬架系统的维护	4	2	6
11	减振器的更换	4	4	8
12	电控悬架系统的检修	4	4	8
13	机械转向系统的检修	4	6	10
14	液压动力转向系统的检修	6	6	12
15	电动转向系统的检修	4	6	10
16	汽车四轮定位	4	4	8
17	车轮的维护	4	4	8
总计		64	56	120

本书由张恩威担任主编，赵学斌担任副主编。张恩威（工作任务5、6、7、9、12、13）、赵学斌（工作任务14、15、16、17）、王俏（工作任务3、4）、王硕（工作任务1、2）、方敏（工作任务8、10、11）。同时，在本教材的编写过程中，全国汽车双元制示范学校的同行，以及汽车维修行业的专家们提出了许多宝贵意见，在此表示感谢。

为了编写本教材，我们参阅了德国、美国、日本、加拿大的汽车专业教材及几家汽车大企业的维修资料，学习国际先进的职教模式与经验，力图把这些体现在教材编写中。我们希望本教材有益于体现崭新的教学方法，有助于教学质量的提高。由于对德国“双元制”教学精髓的认识不够及编者水平有限，在编写过程中难免存在不足，恳请广大从事汽车维修教学的有识之士给予帮助指正。

编　者

2012年2月

目　录

工作任务 1　制动系统的维护......1

工作任务 2　制动液的更换......12

工作任务 3　盘式制动器的检修......22

工作任务 4　鼓式制动器的检修......36

工作任务 5　制动总泵的检修......58

工作任务 6　真空助力器的检修......72

工作任务 7　ABS制动防抱死系统的维护......83

工作任务 8　ABS制动防抱死系统传感器的检修......95

工作任务 9　ABS制动防抱死系统执行器的检修......106

工作任务 10　悬架系统的维护......121

工作任务 11　减振器的更换......136

工作任务 12　电控悬架系统的检修......155

工作任务 13　机械转向系统的检修......176

工作任务 14　液压动力转向系统的检修......193

工作任务 15　电动转向系统的检修......209

工作任务 16　汽车四轮定位......223

工作任务 17　车轮的维护......236

工作任务 1

制动系统的维护

导 向

1．任务描述

客户反映：一威驰轿车车主打算外出旅行，来维修企业做制动系统的维护，如果你是维修人员要为此车做制动系统的维护，请问需要做哪些维护？怎样维护？

2．任务分析

针对该车制动系统的维护，维修人员应处理两个问题。第一，制动系统是否需要维护？为什么要做维护？需要维护哪些项目？第二，如果需要维护，怎样维护？维护时应注意哪些问题？

要想解决第一个问题，那么就需要维修人员对制动系统的组成、种类和工作原理有充分了解和认识。要想解决第二个问题，就需要掌握制动系统维护的方法、工作流程和注意事项。

信 息

汽车制动系统对汽车的行驶能力和道路交通安全是不可缺少的，各国家对汽车的制动系统都有严格的法规要求。随着汽车制动系统的不断完善及电子技术的广泛应用，制动系统必将发展成综合性的电子制动系统。

1．汽车行驶安全性

当今汽车发展的主要方向是汽车的经济性、安全性和环保性，而汽车的安全性越来越受到汽车生产厂家的重视，有许多因素影响汽车在道路交通中的行驶安全性，它们是：

（1）汽车状况，如汽车的配备程度、轮胎状况和磨损现象等。

（2）天气、道路和交通状况，如侧向风、路面铺装状况、交通流量等。

（3）驾驶员素质，即驾驶员的能力和健康状况等。

如果说较早的汽车行驶安全性除了依靠汽车照明外，还主要依靠有制动踏板的制动装置以保证汽车行驶安全性所需的制动功率并能制动车轮。那么至今不断有更多安全性系统参与到制动系统中。这些安全性系统可分为主动性安全系统和被动性安全系统。

主动安全性系统主动作用可避免交通事故，为汽车道路交通安全作出贡献。汽车主动行驶安全系统有：防抱死制动系统、驱动防滑转控制系统和电子稳定性程序等。这些主动性安全系统可稳定汽车危险状况下的行驶，并保证汽车的操控性。汽车制动系统是最主要的主动性安全系统之一。

被动安全性系统是汽车在交通事故中保护乘员免受伤害和减轻事故后果。被动安全性系统的实例是交通法规要求的安全带和安全气囊。

2．汽车制动系统的基本功能

汽车在行驶时，作用在汽车上的阻力有滚动阻力、上坡阻力、空气阻力等，它们都能对汽车起制动作用，但这些外力的大小都是随机的、不可控制的。因此，汽车上必须装设一系列专门装置，以便驾驶员能根据道路和交通等情况，对汽车进行一定程度的强制制动。这种可控制的对汽车进行制动的外力，称为制动力。这样的一系列专门装置称为制动系统。汽车制动系统的基本功能如图 1-1 所示。

（1）按照需要使汽车减速。

（2）让汽车在最短距离内停下来。

（3）在下坡时防止汽车加速，保持车速稳定。

（4）使汽车保持停车状态。

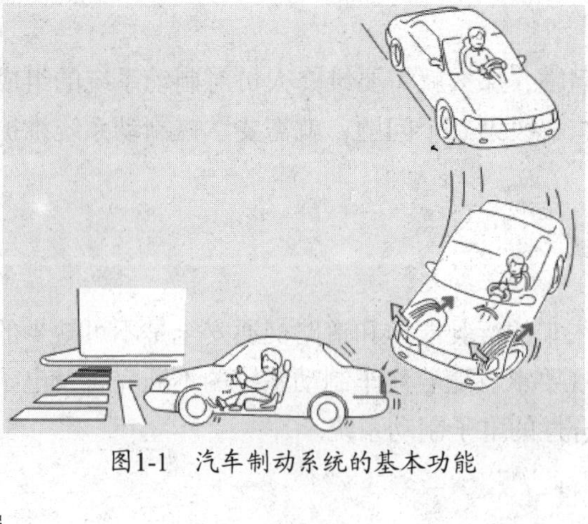

图1-1　汽车制动系统的基本功能

3．汽车制动装置

汽车制动装置是车辆装设的全部制动系的总称。目前汽车上主要的制动装置有行车制动系、驻车制动系和辅助制动系，如图 1-2 所示。

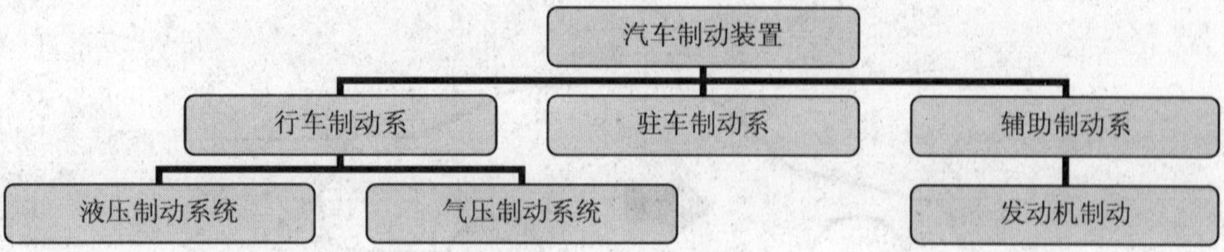

图1-2　汽车制动装置

行车制动系是使行驶中的汽车减低速度甚至停车的一套专门装置。它是在行车过程中经常使用的。行车制动系又分为液压制动系统和气压制动系统。液压制动系统多用于轿车，气压制动系统多用于客车或载重车辆。

驻车制动系是使已停驶的汽车驻留原地不动的一套装置。

辅助制动系是在汽车下长坡时用以稳定车速的一套装置，即发动机制动。例如，经常行驶在山区的汽车，若单靠行车制动系来达到下长坡时稳定车速的目的，则可能导致行车制动系的制动器过热而降低制动效能，甚至完全失效。这时抬起加速踏板时，发动机转动的阻力会变成制动力，起到制动减速的作用。

4. 常规行车制动系统的工作原理

常规行车制动系统主要应用两个基本的工作原理，一个是液压原理，即帕斯卡定律；另一个是摩擦原理。

（1）帕斯卡定律

制动系统工作所依据的液压原理是法国物理学家布莱西·帕斯卡发现的。他发现“当在密闭容器中对液体施压时，压力是等压传输的，在各个方向上都不会减少。”

根据帕斯卡定律中，密闭容器中的受压液体作用在相同面积上的压力相等，即压强相等。相同的压强作用在不同面积上，如不同尺寸活塞，对制动器施加力就不相同。制动操纵机械上的作用力作用在主缸活塞上，对液压系统产生压力，压强作用在制动钳或轮缸活塞产生压力施加在车轮制动器摩擦装置上产生制动。制动钳活塞或轮缸活塞面积 A 与施加给制动摩擦装置的作用力 F 可用下式表示

$$F=P\times A$$

式中　P——系统压强；

　　A——轮缸活塞面积。

当进行制动装置设计时，液压关系对系统内许多活塞的尺寸起决定性的作用，所选择活塞的尺寸要能够在大范围的行程下移动足够的制动液操作轮缸和制动钳，同时它们还必须产生足够的作用力去锁定车轮摩擦部件，所选择的活塞尺寸还要为驾驶员提供良好的踏板感觉，以便踏板可以在可控制的状态下运用自如。

（2）摩擦原理

摩擦是两个物体表面相互接触时阻碍运动的阻力，摩擦发生在两个相对运动的物体之间，两个物体之间发生摩擦的程度取决于两个条件，即两个表面的摩擦系数和压力。制动过程受力分析如图 1-3 所示。

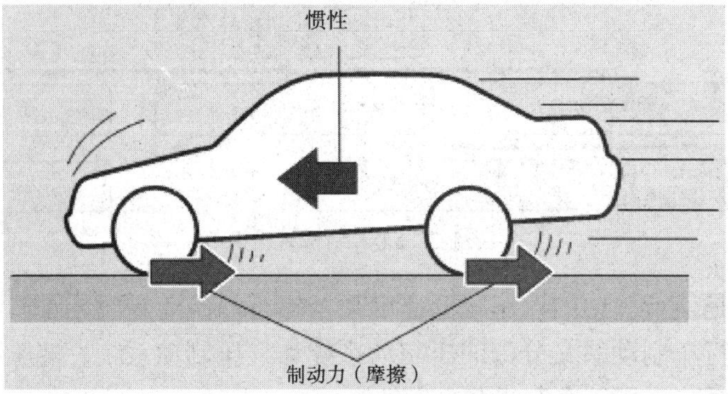

图1-3　制动过程受力分析

制动系统的制动片和制动盘之间是依据摩擦原理工作的，当驾驶员踩下制动踏板时，制动器产生一种起停止轮胎转动的力（路面的反作用力），此力同时吸收车辆继续前进的惯性力，从而停住车辆。换一句话说，制动力是把旋转车轮的动能转换成摩擦热能。

5．常规行车制动系统的基本部件及工作过程

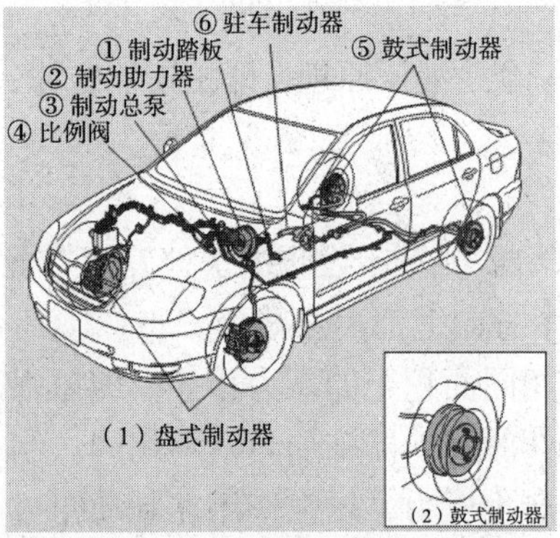

图1-4　制动系统的基本组成

（1）制动系统的基本组成，如图 1-4 所示。

① 制动踏板

② 制动助力器

③ 制动总泵

④ 比例阀

⑤ 盘式制动器（前轮）

鼓式制动器（后轮）

⑥ 驻车制动器

（2）制动系统的工作流程，如图 1-5 所示。

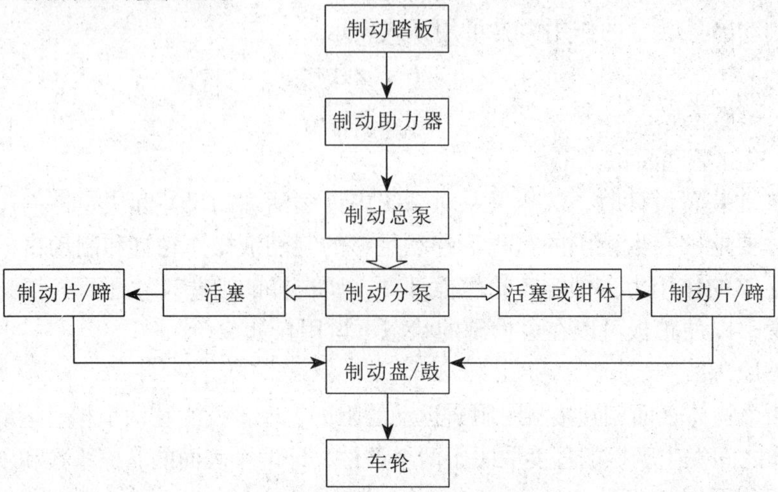

图1-5　制动系统的工作流程图

6. 常规行车制动系统的设计要求

（1）施加到汽车左右两侧车轮的制动力大小相等，使汽车直线停车。

（2）液压系统必须工作正常，制动过程中，液压系统能改变汽车重心，液压阀必须与液压系统协调一致才能保证产生足够大的制动力，且阻止不必要的车轮抱死。

（3）液压系统必须使用不会蒸发或冻结的液体。液体能耐高温不蒸发，也不会损坏制动系统的橡胶或金属部件。

（4）摩擦材料必须能够在固定轴与制动鼓和制动盘之间提供足够的摩擦力，摩擦材料应该是环保的。

（5）制动系统设计应保持制动管牢固，以防止制动过程中摩擦材料的移位。

计 划

根据丰田威驰轿车的维修手册，将常规行车制动系统的维护工作计划提供如下：

1. 威驰轿车制动系统信息

制动系统：液压制动；前轮：盘式制动器；后轮：鼓式制动器。

2. 汽车定期保养目的（图1-6）

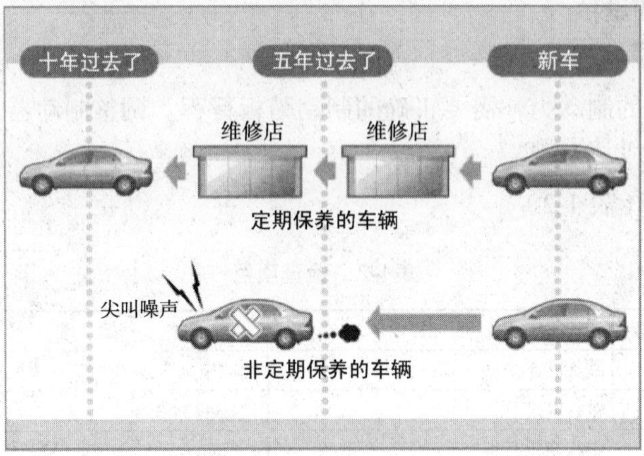

图1-6　汽车定期保养

汽车由大量的零部件构成，由于车辆的使用时间和使用条件，其会受到磨损、老化或腐蚀而降低性能。可评估出这些构成零件的性能降低，从而进行定期保养，经过调整和更换来保持其性能。汽车定期保养的目的是：

（1）今后可能发生的许多较大的故障都能得以避免。

（2）可使车辆保持在符合法规规定的状态中。

（3）可延长车辆使用寿命。

（4）顾客可享受既经济又安全的驾车体验。

3. 威驰轿车制动系统维护项目（表1-1）

表1-1 威驰轿车制动系统维护项目

序号	维护项目	维护时间
1	制动踏板	每10000km或6个月
2	驻车制动杆	每10000km或6个月
3	盘式制动器	每10000km或6个月
4	鼓式制动器	每20000km或1年
5	制动液	每10000km或6个月
6	制动管路和软管	每10000km或6个月

实施

1. 实施准备

材料：DOT3 制动液；

设备：举升机、威驰轿车；

工具：梅花扳手、直尺等。

2. 制动踏板的维护

（1）重要性

为了获得合适的制动力，需要正确的制动踏板行程。调整制动器，使未踩下制动踏板时不会“拖延”或“卡滞”。

（2）检查项目（表 1-2）

表1-2 检查项目

序号	项目	标准
1	踏板状态	无“拖延”或“卡滞”
2	踏板高度	124.3~134.3mm
3	踏板自由行程	1~6mm
4	踏板行程余量	55mm

（3）检查间隔

每行驶 10000km 或 6 个月。

（4）调整（图 1-7）

松开 U 形接头锁上螺母，转动踏板推杆调整踏板高度，拧紧推杆锁止螺母，安装后，踩下制动踏板 5~15mm 后检查制动灯应亮起。

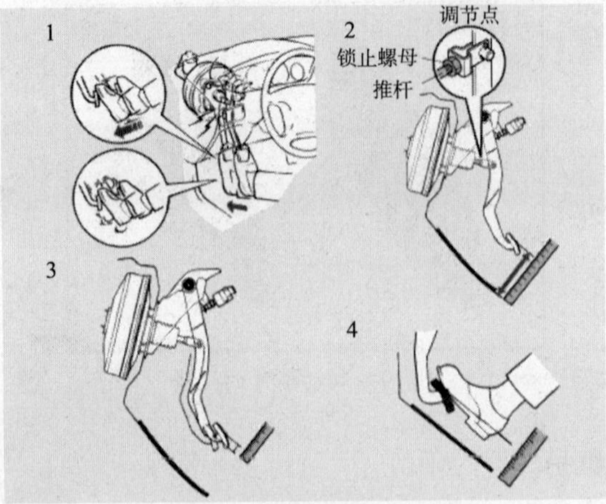

图1-7　制动踏板的调整

3. 驻车制动的维护（图1-8）

（1）重要性

当驻车制动杆太长时，驻车效能很低。

当驻车制动杆太短时，有可能制动打滑。

（2）检查间隔

每行驶 10000km 或 6 个月。

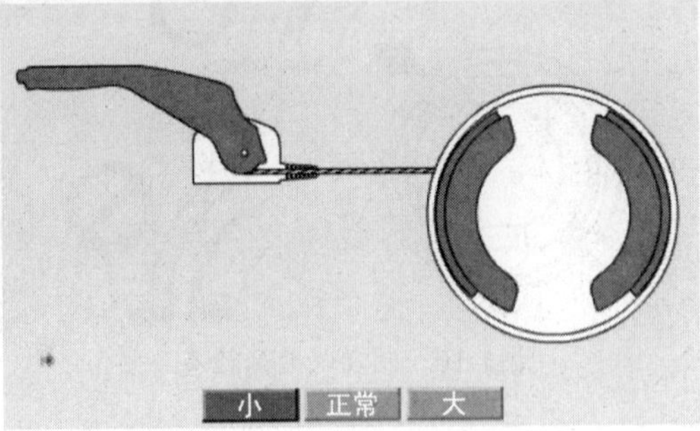

图1-8　驻车制动器的调整

4. 盘式制动器的维护（图1-9）

（1）重要性

当盘式制动器摩擦片磨损后，转子盘和摩擦片背面直接接触，导致转子盘损坏。

（2）检查间隔

可以通过目视判断，每行驶 10000km 或 6 个月，当制动器摩擦片的剩余厚度不足 1.0mm 时，进行更换。

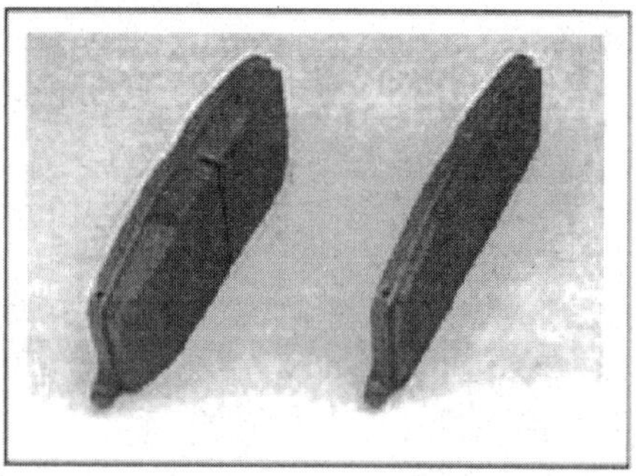

图1-9　制动踏片的检查

5. 鼓式制动器的维护

（1）重要性

当制动衬片磨损后，由于制动蹄片和制动鼓之间的间隙变大，使制动效力下降。由于制动蹄片直接接触到制动鼓，它会损害制动鼓。

（2）检查 / 更换间隔

根据行驶里程或时间长短，进行检查更换，也可以通过目视检查：每行驶 20000km 或 1 年；当衬片的剩余厚度少于 1.0mm 时，进行更换，如图 1-10 所示。

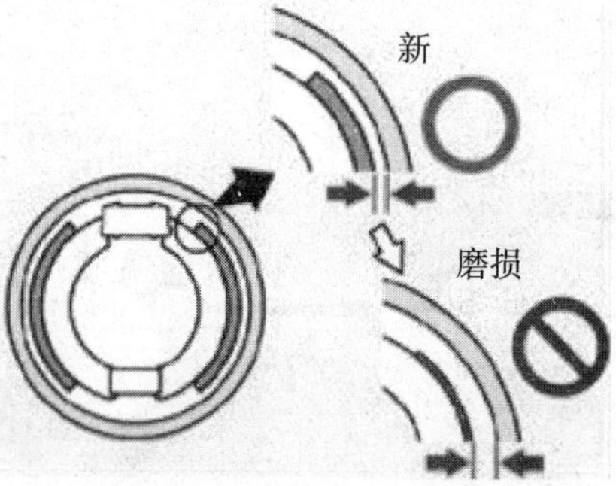

图1-10　制动蹄片的检查

6. 制动液的维护（图1-11）

（1）重要性

制动液是制动系统力传递的重要介质，如果缺少或变质，必须进行处理。否则，影响制动性能。

（2）检查 / 更换间隔

检查：每行驶 10000km 或 6 个月。

更换：每行驶 40000km 或 2 年。

7. 制动管和软管的维护（图1-12）

（1）重要性

制动软管退化和损坏，如裂纹和凸起。如果不检查制动管路，制动液会泄漏，制动器不能工作。

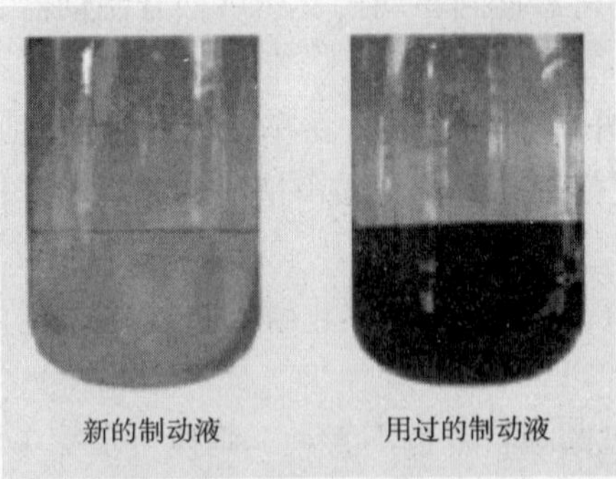

图1-11　制动液的检查

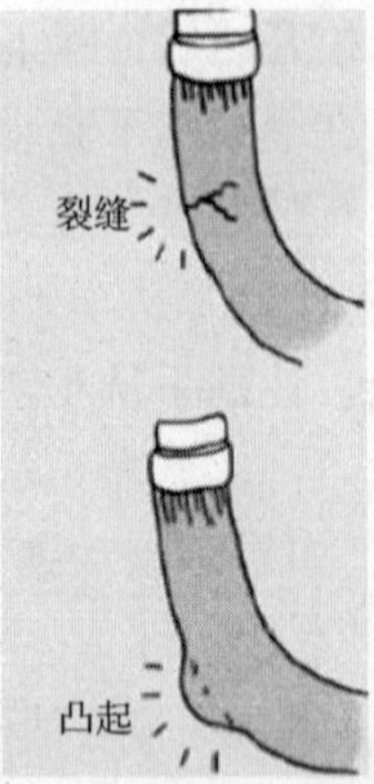

图1-12　制动软管的检查

（2）检查 / 更换间隔

检查：每行驶 20000km 或 1 年。

制动软管应定期检查，发现任何问题，立即更换软管。

检　验

1．车辆制动系统初步检查

（1）目视检查易于接触到的制动系统部件是否有明显的损坏和泄漏，损坏和泄漏表明车辆必须完成进一步的检查后才能继续行驶。

（2）检查制动总泵储液罐的液面，并且只能在路试制动系统有需要时才进行调整。

（3）检查轮胎充气压力并在必要时调节。

（4）检查轮胎胎面花纹，以确保它们相同或十分接近，尤其是同一车桥上的轮胎。

（5）在进行制动系统路试前，确保车辆载荷分布均匀。

2．车辆制动系统路试程序

告诫：在安全条件下路试车辆并遵守所有交通法规。不要尝试任何可能危及车辆控制的操作。违反上述安全须知，会导致严重事故并损坏车辆。

（1）启动发动机并怠速运行。

（2）查看制动系统警告灯是否保持启亮。

（3）如果制动系统警告灯保持启亮，则禁止继续进行车辆路试，直到完成诊断和修理。

（4）选择平坦、干燥、清洁和水平的道路或大块场地，尽可能没有车流和障碍物，对制动系统进行低速路试。

（5）将变速器挂上驻车挡，轻踩制动踏板，观察脚感和踏板行程。

（6）如果制动踏板脚感绵软或制动踏板行程过大，则禁止行车，必须先进行修理。

（7）如果未感到制动踏板绵软，而且踏板行程不大，则执行步骤（8）。

（8）松开然后再踩下制动器。

（9）在继续踩下制动踏板的同时，将变速器挂到驱动挡，然后松开制动器，使发动机怠速运行驶离停车位置。观察制动系统是否缓慢分离。

（10）让助手从车外观察车辆性能，使车辆低速行驶，在车辆从助手前面通过时轻踩制动器。让助手从车辆离其最近的一侧观察制动系统的噪声情况，您观察踏板力和踏板行程。

（11）如果踩制动踏板时太费力或踏板行程过大，则禁止继续进行路试，直到完成修理。

（12）如果踩制动踏板时不太费力，而且踏板行程也不太大，则执行步骤（13）。

（13）以相同的低速沿相反方向驾驶车辆，在通过助手前面时轻踩制动器。让助手观察离其最近一侧的制动系统的噪声情况。

（14）低速驾车并将变速器挂上空挡，但不踩制动器。观察是否存在可能表明制动拖滞的车速突然下降现象。

（15）尽可能选择没有车流和障碍物且平坦、干燥、清洁和水平的道路，对制动系统进行中速路试。

（16）使车辆中速行驶。观察不踩制动器时车辆是否跑偏或轮迹不正确。

（17）继续中速行驶，同时轻踩几下制动踏板。观察踏板力和行程，观察制动系统是否有噪声、脉动或制动拖滞现象。

（18）如果踩制动踏板时太费力或踏板行程过大，禁止继续进行路试，直到完成修理。

（19）如果踩制动踏板时不费力，而且踏板行程不是太大，则执行步骤（20）。

（20）继续中速行驶，同时用中等力量踩几下制动器。观察踏板力和踏板行程，观察制动系统是否有脉动或制动不均匀现象——跑偏。采用中等力量制动时，车辆前端会出现轻微“点头”现象。

（21）如果踩制动踏板时太费力或踏板行程过大，禁止继续进行路试，直到完成修理。

展 示

通过工作页的完成，学生展示学习效果和工作任务的完成情况。

1．制动装置的常规检查与维护有哪些方面？

____

____

____

____

2．写出制动系统的组成，并用红色笔和蓝色笔标出前后制动系统。

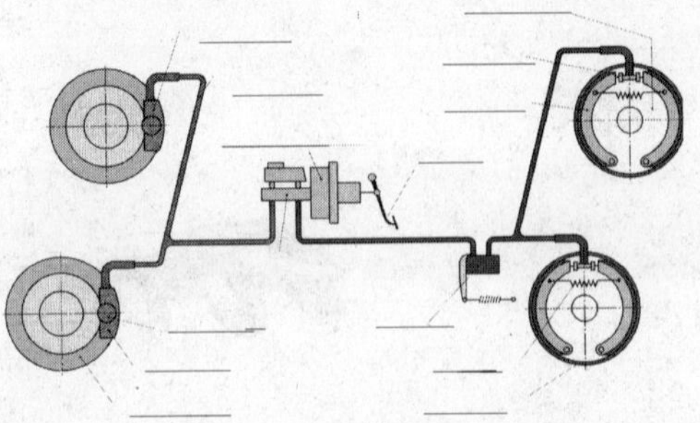

此图中前制动器形式为________，后制动器形式为________。

3．根据上图说出各部件的名称和作用。

序　号	部件名称	作　用
1	制动踏板	
2	真空泵	
3	制动总泵	
4	制动管	
5	制动分泵	
6	制动分泵和制动盘	
7	制动调节器	

4．制动系统的工作原理。

（1）帕斯卡定律：

____

____

（2）根据下图，如果在脚踏板上施加 650N 的力，计算每个制动分泵所受的推力。

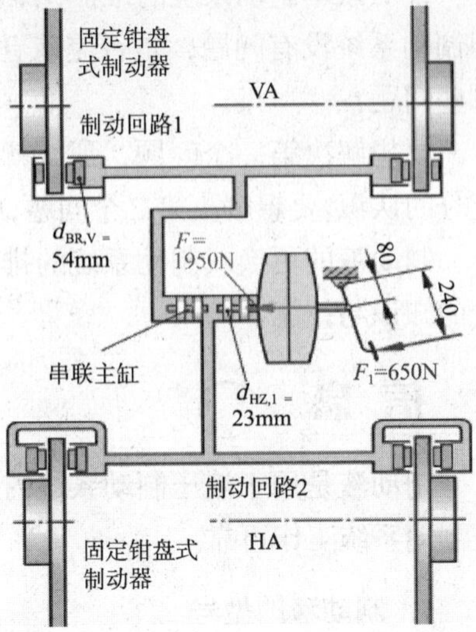

（3）计算汽车从 108km/h 以 5m²/s 的平均减速度开始制动到停止所需要的时间和制动距离。

工作任务 2

制动液的更换

导 向

1．任务描述

客户反映：一辆行驶了 40000km 的丰田威驰轿车做维护保养，维修人员让其更换制动液，但车主感觉此车制动系统没有问题，不想更换制动液，请向车主解释为什么要更换制动液？如果需要更换，请为此车更换制动液。

2．任务分析

针对该车制动系统的维护，维修人员应处理两个问题。第一，车辆行驶了 40000km，但制动系统没有问题，是否应该更换制动液？第二，如果需要更换，应怎样更换？注意哪些问题？

要想解决第一个问题，那么就需要维修人员对制动液的性质、成分、组成和种类有充分的认识。要想解决第二个问题，就需要掌握更换制动液的方法、工作流程和注意事项。

制动液的更换或制动系统的排气是维修企业经常遇到的问题，希望同学们掌握这部分的知识与技能。

@ 信 息

制动液是用于液压制动系统内传送作用力的液压介质。制动液必须符合要求，以保证制动系统工作可靠。

1．制动液的型号

对于汽车制动液的型号，国际上主要参考美国汽车工程协会和交通部（DOT）对汽车制动液的特殊规定。具体规格及要求见表 2-1。

表2-1　制动液规格及要求

要求/规格	DOT3	DOT4	DOT5
干沸点（min）/℃	205	230	260
湿沸点（min）/℃	140	155	180
冷黏度（在-40℃）/（$mm^2 \cdot s^{-1}$）	1500	1800	900

2．制动液的要求及指标

由于汽车的工作环境变化比较大（如冬天温度特别低、夏天温度特别高），制动系统所使用材料大多为金属，所以对制动液的要求比较高，总的来说制动液需要有高沸点、低冰点和高流动性，才能适应汽车的工作环境和工作要求。具体的指标如下：

（1）平衡沸点

平衡沸点规定制动液的耐热应力指标。制动分泵内产生的热（在整个液压系统中温度最高）特别严重。当温度高于制动液的瞬时沸点时，就会形成蒸汽泡，以致制动失效。

（2）湿沸点

湿沸点即逆平衡沸点，是制动液在特定环境下吸收湿气（约为 3.5%）以后的平衡沸点。制动液（乙二醇基）吸水后就会急剧降低沸点，如图 2-1 所示。

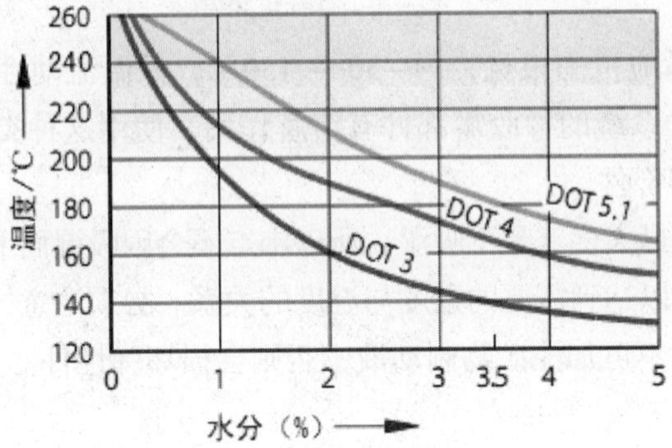

图2-1　制动液吸湿性能图

（3）黏度

为保证制动液在 -40 ~ +100℃的温度范围内可靠使用，其黏度随温度的变化应尽量小。特别是在配备 ABS 制动系统中的制动液应该有尽可能低的低温黏度。

（4）可压缩性

制动液的压缩性应尽量小，且随温度而变化的压缩性也应小。

（5）防腐性

制动液不应腐蚀制动系统中常用的金属，但这只能在使用防腐剂后才有可能。

（6）弹性材料的膨胀

各种制动液弹性膨胀需要与制动系统中使用的零部件弹性相适应。弹性膨胀应小，无论如何不允许超过 10%，否则会降低零部件强度。乙二醇制动液中哪怕含有少量的矿物油（矿物油制动液，是一种溶剂），就会损害橡胶件，如密封件，导致制动失效。

3. 制动液的化学成分

目前制作制动液的主要原料有四种，分别是植物制动液、合成制动液、矿物制动液和硅油制动液，每种制动液的原料不同，其性能也差别很大。具体情况如下：

（1）植物制动液

国内过去普遍使用的制动液是植物制动液，用 50% 左右的蓖麻油和 50% 左右的溶剂（丁醇、酒精的甘油等）配成。用酒精作溶剂的制动液黏度小，但汽化温度只有 70℃左右；用丁醇作溶剂时，汽化温度可达 100℃。但植物制动液的汽化温度都不高，且在 20℃的低温下都易凝结，蓖麻油又是贵重的化工原料，因此近年植物制动液已经不使用了。

（2）合成制动液

目前国内外使用的制动液大部分是合成制动液，大多数 DOT3 和 DOT4 制动液是以乙二醇——乙醚液化合物为基础的。通常以低聚乙烯乙二醇的单醚构成。它具有高沸点，低冰点，对金属件（铝件除外）和橡胶件都无害，溶水性也很好的优点，但同时它们不良的吸湿性会造成制动液以较快的速度吸湿，同时沸点迅速降低。

（3）矿物制动液

矿物制动液温度适应范围很宽，为 –50 ~ 150℃，低温流动性和润滑性好，对金属无腐蚀作用。它对制动系统的橡胶零部件有溶解作用，使用这种类型的制动液时，必须换用耐矿物油的橡胶零部件。

矿物油型制动液的最大优点是不吸湿，所以沸点不会因吸湿而下降。但使用它通常要添加黏度指数改进剂，以达到需要的黏度与温度的关系。必须注意，按使用乙二醇——乙醚设计的制动系统绝对不可加注矿物制动液，否则会损坏弹性件。

（4）硅油制动液

与矿物油一样，因为硅油制动液不吸湿，过去偶尔用作制动液。这类产品的缺点是压缩性明显较高，润滑性能不好，这两者都会降低它们在许多系统中用作液压油的适用性。

4. DOT3、DOT4、DOT5制动液的特性分析

（1）DOT3 制动液

DOT3 是最常用的汽车制动液，它具有以下性质：

① DOT3 具有吸湿性（图 2-2）。根据 SAE，DOT3 每年能吸收 2% 的水分，制动液是通过制动系统的微孔或密封部位吸湿的。随着时间的推移，水将会腐蚀制动系统并使制动液变浓。制动液如吸潮，会使其蒸发温度降低导致制动时制动踏板踩上去很软。

② DOT3 制动液必须在密封容器中使用，如果暴露在空气中一段时间，DOT3 制动液将从周围空气中吸收湿气。

（2）DOT4 制动液

这种制动液是国内外汽车均可使用的制动液。当吸湿后的制动液受热时可形成酸，DOT4 的价格大约是 DOT3 的两倍，使用 DOT3 制动液的车辆可以使用 DOT4 制动液。尽管 DOT4 和 DOT3 两种类型的制动液兼容且容易混合，许多厂家建议，两种制动液不要混合使用。如果要使用 DOT4 制动液，应清除制动系统中的 DOT3 制动液，再加 DOT4 制动液。

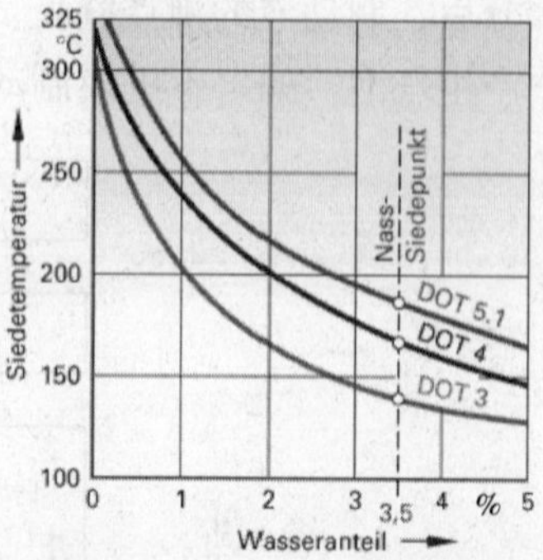

图2-2 制动液吸湿性能图

（3）DOT5 制动液

DOT5 制动液是纯紫罗兰色，此色可将 DOT3、DOT4 制动液与之区别开来。此种制动液溶解空气的能力是乙二醇制动液的 3 倍（乙二醇溶解 5%，它则溶解 15%）。正由于这一特性，这种制动液的使用使人们更加关注。

DOT5 制动液是硅树脂类制动液，具有空气亲和力，因而使用该制动液的制动系统排气非常困难。随着温度的升高，混入制动系统中的空气膨胀，将导致制动踏板发软的感觉。这是因为液压制动系统不能像没有混入空气那样向液压缸和制动钳传递制动力。

硅树脂类制动液吸附的空气在高海拔的地区容易析出，导致制动踏板发软和制动性能下降。人们知道 DOT5 在高海拔地区和高温条件下行驶容易产生制动问题。高海拔易使制动液蒸发，易产生气泡，与制动液中混入空气一样。

DOT5 制动液不能和其他类型的制动液混合使用，因而整个制动系统必须用 DOT5 冲洗，再充满 DOT5 制动液。

计 划

根据丰田威驰轿车的维修手册，将制动液的检查更换工作计划提供如下：

1．丰田威驰轿车制动液信息

丰田威驰轿车使用丰田原厂的 DOT3 制动液。

2．故障分析

根据维修手册的规定，丰田威驰轿车行驶里程达到 40000km 或行驶时间达到 2 年必须更换制动液，原因如下：

制动液是制动系统的工作介质，其质量好坏直接影响制动性能及其可靠性。制动液在使用 一段时间后，会有空气进入或产生，使制动失效。

制动系统中的空气有两种情况：第一，液压管路和装置密封不好，空气就可能进入液压系统。空气也可能在制动踏板释放时，通过小孔或松动的制动管路接头进入，这类空气还通常来源于柔软的橡胶制动管路上的小孔。第二，制动液吸收了水分。当吸收了水分后，制动液的沸点降低。紧急制动状况下产生的热将造成制动液沸腾，在液压系统中产生气泡。如果不更换制动液会出现以下情况（图 2-3）：

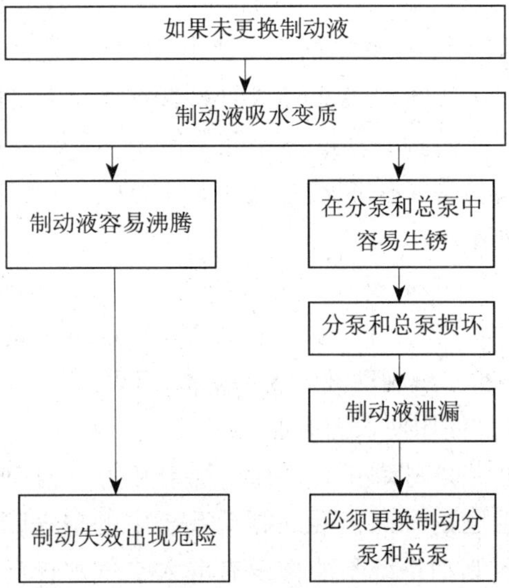

图2-3　制动液分析

3．制动液的更换工作计划的制订（表2-2）

表2-2　制动液更换工作计划

序　号	工 作 步 骤	更 换 图 示
1	将乙烯管插到放气阀上	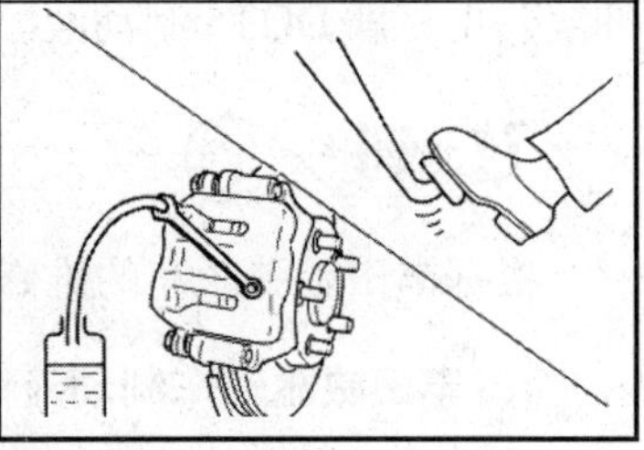
2	踩下制动踏板，松开放气阀，然后慢慢排放制动液	
3	清洗储液罐内部，并加注新的制动液	
4	松开放气阀，慢慢将制动踏板踩到底，然后松开。每隔2～3秒重复操作一次，直到新的制动液流出，然后踩住踏板的同时关闭放气阀。为每个车轮重复相同的操作	
5	制动液排气	

4．制动液使用注意事项

（1）制动液具有吸湿性，即它能吸收周围空气中的水分，因此要将它存放在密封的容器里。

（2）制动液具有极强的腐蚀性，更换制动液时，不可将制动液洒于车身表面油漆上，否则，将损坏漆膜。

（3）不同规格的制动液不能混用。

（4）在加注或更换制动液时使用专用工具。

（5）防止水分或矿物油混入制动液中。

（6）制动液产品一般有一定的毒性，因此在更换时不能用嘴去吸取制动液。

实 施

1．实施准备

材料：DOT3 制动液 2 桶；

设备：制动液更换器、空气压缩机、威驰轿车；

工具：油管扳手，聚氯乙烯软管、防护镜等。

2．检查制动液液位

- 确认储液罐中的制动液液面高度在规定范围内（在 MAX 和 MIN 标记线之间）（图 2-4）。
- 目视检查储液罐周围有无泄漏。
- 如果液位过低，请检查制动系统有无制动液泄漏。
- 松开驻车制动调节杆，观察制动警告灯是否熄灭。如不灭，请检查制动系统有无泄漏。

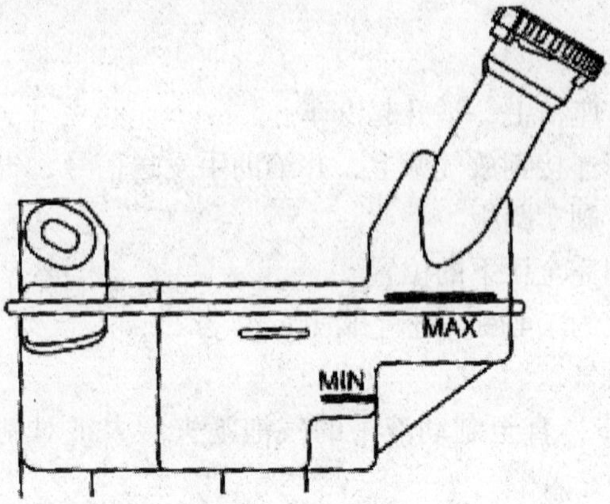

图2-4　制动储液罐

3．制动液排气

（1）工具排气

更换制动系统内的制动液时需使用一个加注和排气设备，以及一个排气瓶。加注和排气时将排气设备通过一个透明软管和一个连接接头连接在补液罐上，将排气瓶连接在制动钳体上的一个排气阀上。打开排气阀后让制动液流动，直至流出清亮的新制动液。关闭排气阀，在所有排气阀处重复进行这个过程。加注制动液后拆卸管接头前打开一个排气阀，以消除制动系统内的压力，使用专用工具对制动系统进行排气，如图 2-5 所示。

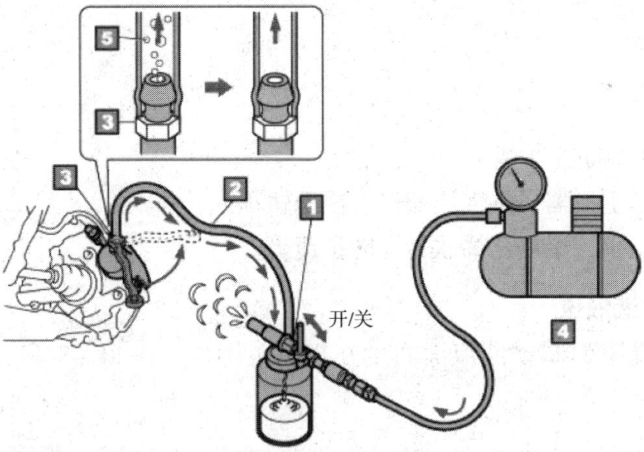

1 制动液更换器　2 制动液充气软管
3 排放塞　4 空气压缩机
5 气泡

图2-5　专用工具排气

（2）人工手动排气

①助手坐在驾驶员座椅上，举升起汽车。

②将聚氯乙烯软管连接到放气塞上，并给助手发送信号，告知准备工作已完成。

③助手要多次踩下刹车踏板。

④将刹车踏板踩到完全压下的位置。

⑤将放气塞放松大约 1/4 圈，进行排气。

⑥快速重新拧紧放气塞。

⑦重复第③～⑥步，直至制动液中的气泡消失。人工对制动系统进行排气，如图 2-6 所示。

1 排放塞
2 聚氯乙烯软管

图2-6　人工排气

检 验

1．制动液位的检查

制动液储液罐位于制动主缸上方，制动液储液罐外壳表面刻有“MAX”和“MIN”标记，平时应注意检查液面高度。正常情况，制动液液面应处于“MAX”和“MIN”之间，否则表明系统可能出现泄漏，应立即检查，排除故障后，应补加制动液。

2．制动液下降的原因

（1）制动器摩擦片的磨损。

（2）制动液从液压制动系统的泄漏。

3．制动液更换后的处理

聚乙二醇制动液有轻微毒性，且有的可能对眼睛和皮肤有刺激。为安全起见，应穿上防护衣，戴上防护镜。

倒在地上的制动液，应用吸附材料清洁，将用过的吸附材料放入垃圾桶。洒在空地上的制动液将变成危险的废弃物，它可能进入地下水源。洒在外面地上的制动液要根据洒落的量决定如何处理。

展 示

通过工作页的完成，学生展示学习效果和工作任务的完成情况。

1．制动液保养更换的时间为多少？不更换制动液可不可以？

____

2．制动液有何作用？

____

3．制动系统对制动液有何要求？

____

4．请写出制动液的材料及优、缺点。

序　号	材　料	优　点	缺　点

5．请写出制动液的种类名称及标准。

试验参照标准	FMVSS116		
种类			
干沸点			
湿沸点			
冷黏度（在-40℃）			

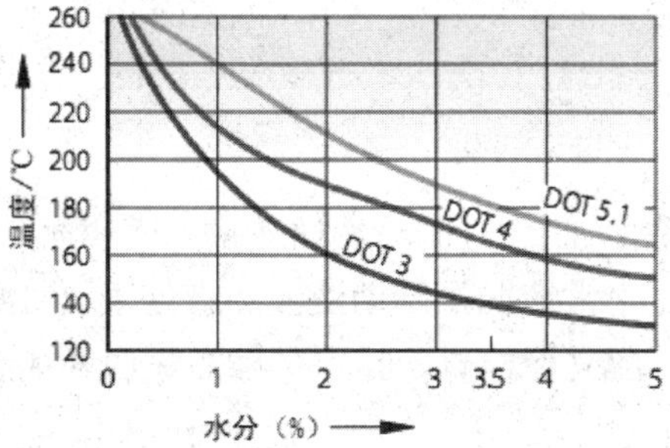

6．简述制动液使用的注意事项。

7．请分析必须按维护要求，更换制动液的原因。

8．根据以上制动液的性质，回答为什么 1~2 年需要更换制动液，不同的两种制动液是否可以混加？

9．制动液缺少或制动液内有空气造成何后果？

10．请写出制动液的检查和添加步骤及结果。

序　　号	检查和添加的步骤
1	正常液位： 颜色： 制动液的污染测试：
2	添加：
检查结果分析：	

11．请制订制动液更换的工作计划。

序　　号	工 作 步 骤	工具/辅具

12．请写出制动液更换后应做的工作。

工作任务 3

盘式制动器的检修

导 向

1. 任务描述

客户反映：一辆日产颐达轿车行驶 20000km，做维护保养，发现制动液缺少，经检查制动管路并没有泄漏，而且制动时，前轮发出尖锐的噪声，请问该如何检修？

2. 任务分析

此故障在维修企业属于常见故障，针对该车制动系统的故障，维修人员应处理两个问题。第一，根据学过的制动液的知识，分析车辆为什么会缺少制动液，制动时前轮为何会发出噪音，此二者有何联系？第二，了解到故障发生的原因后应如何排除故障？

要想解决第一个问题，那么就需要维修人员了解日产颐达轿车前轮制动器为何种制动器，此制动器的种类、结构特点和工作原理是什么。要想解决第二个问题，就需要掌握前轮制动器的检修方法、工作流程和注意事项。

信 息

此故障主要涉及前轮车轮制动器，车轮制动器可分盘式制动器和鼓式制动器。商用汽车前轮制动器无一例外地采用盘式制动器。后轮制动器也有使用盘式制动器的趋势。在这两种摩擦式制动器中，制动系统传递的制动能量就是将制动器摩擦片压紧在制动盘或制动鼓上的一种夹紧力。

1. 盘式制动器的基本结构

盘式制动器基本结构如图 3-1 所示。

（1）盘式制动卡钳

（2）盘式制动器摩擦片

（3）盘式制动器转子盘

（4）活塞

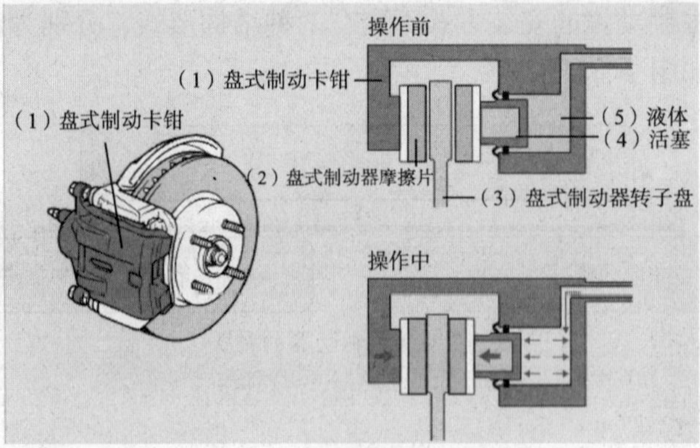

图3-1　盘式制动器基本结构

2．车轮制动器的工作原理

旋转元件固装在车轮或半轴上，将制动力矩分别直接作用于两侧车轮上的制动器称为车轮制动器，如图 3-2 所示。

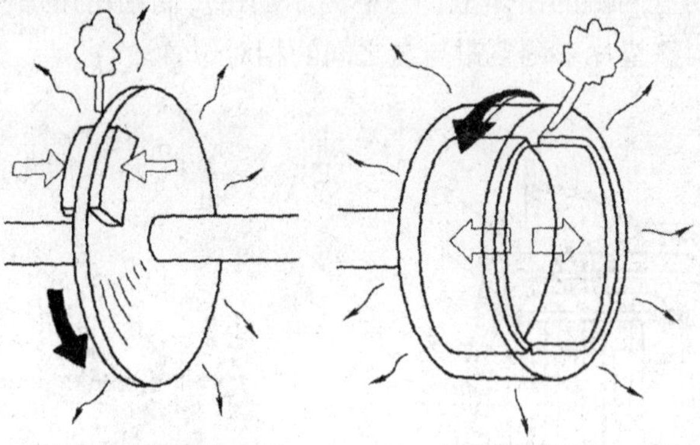

（a）盘式制动器　　（b）鼓式制动器

图3-2　车轮制动器工作原理

根据摩擦副中旋转元件的结构形式不同，汽车上所用的车轮制动器可分为鼓式和盘式两种。它们的区别在于前者的摩擦副中旋转元件为制动鼓，其工作表面为圆柱面；后者的旋转件则为圆盘的制动盘，以端面为工作表面，其结构区别见表 3-1。

表3-1　鼓式和盘式制动器的结构区别

车轮制动器	转 动 部 分	摩 擦 部 分
鼓式制动器	制动鼓	制动蹄
盘式制动器	制动盘	制动片

盘式制动的制动原理是通过挤压连接在车轮上制动盘两侧的制动衬块实现的。因制动盘和制动片相互摩擦，因此会发热。

3．盘式制动器的种类

盘式制动器根据制动钳的安装方式不同有两种结构形式，分别为定钳盘式制动器和浮钳盘式制动器，如图 3-3 所示。

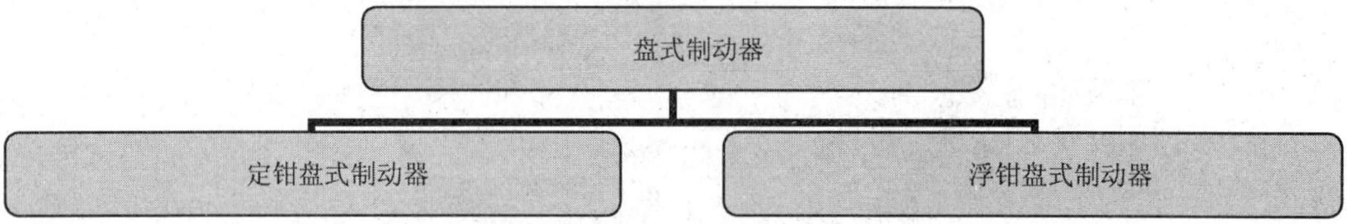

图3-3　盘式制动器的种类

（1）定钳盘式制动器

①结构。定钳盘式制动器的制动钳固定安装在车轿上，既不能旋转，也不能沿制动盘轴线方向移动，因而其中必须在制动盘两侧都装设制动块促动装置，以便分别将两侧的制动块压向制动盘。

定钳盘式制动器的基本结构如图 3-4 所示，其旋转元件是制动盘，它和车轮固装在一起旋转，以其端面为摩擦工作表面。其固定元件是制动块、导向支承销和轮缸及活塞，它们均被安装于制动盘两侧的钳体上，总称为制动钳。制动钳用螺栓与转向节或桥壳上的凸缘固装，并用调整垫片来调整钳与盘之间的相对位置。

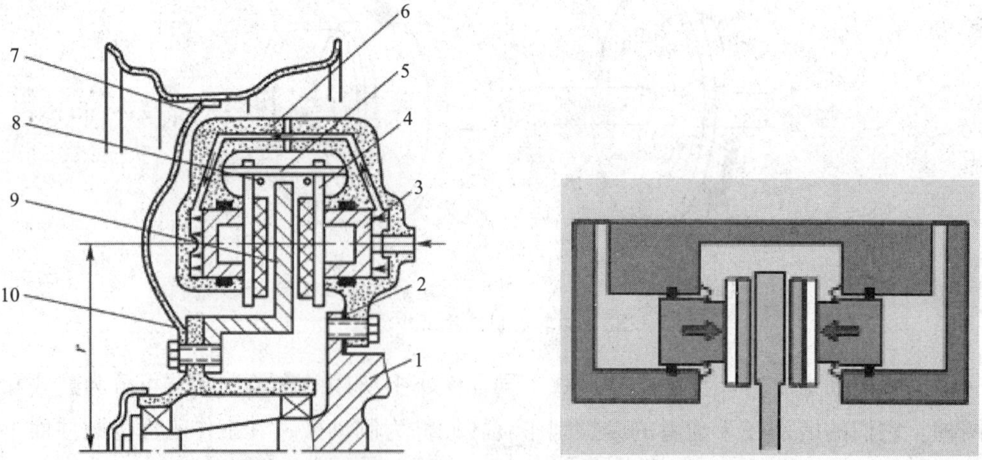

1—转向节或桥壳凸缘；2—调整垫片；3—活塞；4—制动块；5—导向支承销；
6—钳体；7—轮辐；8—回位弹簧；9—制动盘；10—轮毂凸缘

图3-4　定钳盘式制动器的基本结构和工作原理图

②工作原理。制动时，油液被压入内、外两轮缸中，经液压作用的活塞朝制动盘方向移动，推动制动块紧压制动盘，产生摩擦力矩而制动。

③特点。这种制动器制动效果好，但也存在以下缺点：油缸较多，使制动钳结构复杂；油缸分置于制动盘两侧，必须用跨越制动盘的钳内油道或外部油管来连通，这使得制动钳的尺寸过大，难以安装在现代化轿车的轮辋内；热负荷大时，油缸和跨越制动盘的油管或油道中的制动液容易受热汽化；若要兼用于驻车制动，则必须加装一个机械促动的驻车制动钳。

这些缺点使得定钳盘式制动器难以适应现代汽车的使用要求，故自 20 世纪 70 年代以来，逐渐被浮钳盘式制动器取代。

（2）浮钳盘式制动器

①结构。图 3-5 所示为桑塔纳轿车的前轮盘式制动器，该制动器为浮钳盘式制动器。它由制动盘、内外摩擦块、制动钳壳体、制动钳支架、前制动轮缸等组成。制动盘固定在轮毂上，夹在内外摩擦衬块中间，与前轮一起转动。制动钳通过螺栓（兼作导向销）与制动钳支架相连（支架固定于转向节凸缘上），钳体可沿螺栓相对于制动盘作轴向移动。轮缸布置在制动钳的内侧。固定支架上有导轨，通过两根特制弹簧安装内、外制动块，内、外制动块可沿导轨进行轴向移动。

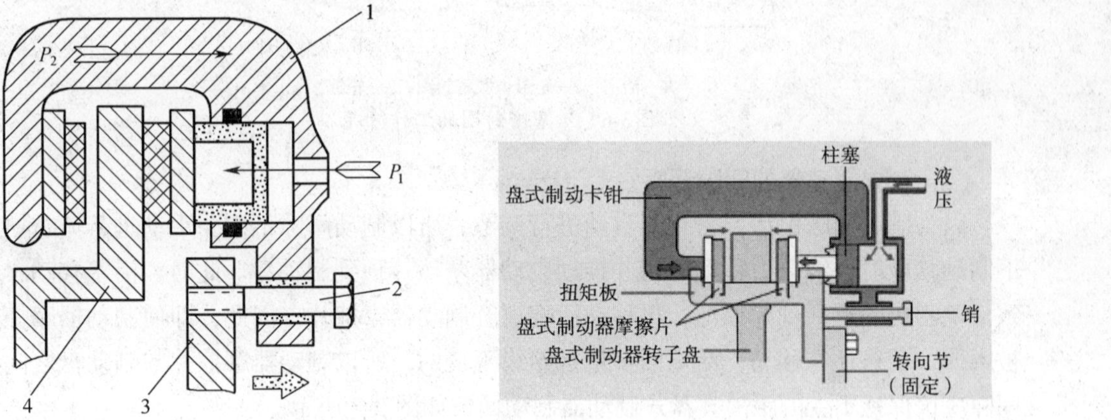

1—制动钳体；2—导向销；3—制动钳固定支架；4—制动盘

图3-5　浮钳盘式制动器的结构和工作原理图

②工作原理。制动时，来自制动主缸的制动液通过油道进入制动轮缸，推动活塞及其制动块向左移动，并压到制动盘上，于是制动盘给活塞一个向右的反作用力 P_2，使得活塞连同制动钳体沿导向销向右移动，直到制动盘左侧的制动块也压到制动盘上。此时，两侧的制动块都压在制动盘上，夹住制动盘使其实现制动。

③特点。与定钳盘式制动器相反，浮钳盘式制动器轴向和径向尺寸较小，而且制动液受热汽化的机会较少。此外，浮钳盘式制动器在兼充行车和驻车制动器的情况下，只需在行车制动钳油缸附近加装一些用以推动油缸活塞的驻车制动机械传动零件即可。故自 20 世纪 70 年代以来，浮钳盘式制动器逐渐取代了定钳盘式制动器。

4. **盘式制动器的回位与间隙调整**

（1）盘式制动器的回位

在制动过程中，轮缸槽内的矩形橡胶密封圈的刃边在摩擦力的作用下产生微量的弹性变形，如图 3-6（a）所示。

放松制动时，液压系统压力消除，密封圈恢复到其初始位置，活塞和制动块依靠密封圈的弹力和弹簧的弹力回位，如图 3-5（b）所示。由于矩形密封圈刃边的变形量很微小，在不制动时，摩擦片与盘之间的间隙每边只有 0.1mm 左右，它足以保证制动的解除。

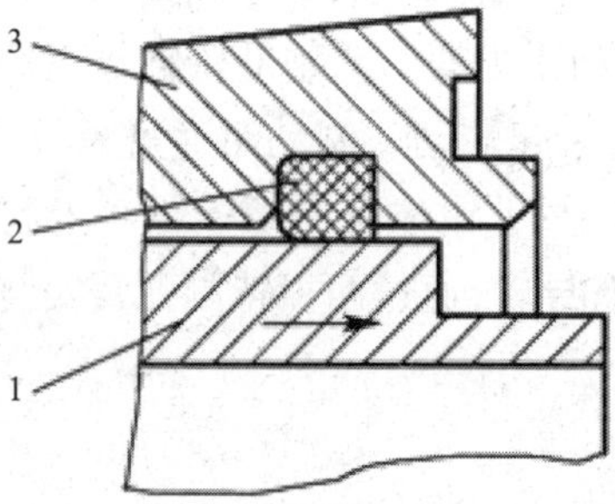

（a）制动时　　（b）解除制动时

1—活塞；2—矩形橡胶密封圈；3—轮缸

图3-6　活塞密封圈的工作情况

（2）盘式制动器的间隙调整

因为制动间隙由活塞密封圈自动进行调节，所以制动间隙不需要手动进行调节。踩下制动踏板时，液压力移动活塞并推动制动器摩擦片顶到制动盘。此时，活塞移动，导致活塞密封圈返回到其原形，再移动活塞离开制动器摩擦片。因此，即使制动器摩擦片被磨薄，活塞还在移动，活塞回程量是始终不变的，所以制动器摩擦片与制动盘之间的间隙应该保持不变的距离。盘式制动器制动回位如图 3-7 所示。

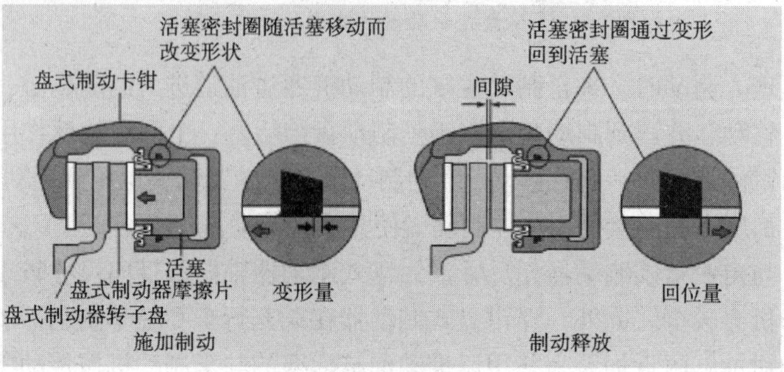

图3-7　盘式制动器制动回位

5．制动钳

制动钳是由螺栓将其固定在转向节等悬架部件上的，在制动时，必须承受转向上巨大的作用力。而且因为制动钳的横断面的形状呈倒的U字形，在制动时要承受很大的力，所以要做得非常牢固，材料多为铸铁。制动钳主要由制动钳体、活塞和活塞密封圈组成。

活塞密封圈具有密封制动活塞和使活塞回位并自动调节摩擦片与盘之间间隙的作用。

制动钳活塞分为树脂制动钳活塞和钢制制动钳活塞。

树脂制动钳活塞由苯酚甲醛树脂和多种加强纤维制成。树脂制动钳活塞是天然隔热材料，这就防止盘式制动器产生的热通过制动钳活塞传递到制动液。树脂制动钳活塞也比钢制制动钳活塞更轻，颜色通常是黄色。

钢制制动钳活塞是先镀镍后镀铬，为了获得期望的表面光洁度。它会把热从制动片传递到制动液。钢制活塞的表面光洁度至关重要。钢可能生锈和腐蚀。

6．制动片

（1）制动片的构成

盘式制动片主要由摩擦材料和金属底板两部分组成。摩擦材料与底板之间用胶粘接或铆接，如图3-8所示。

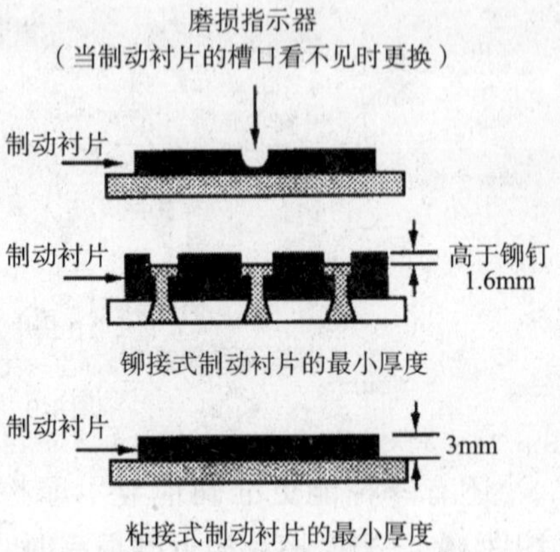

图3-8　制动片

（2）制动片质量要求

对制动摩擦片的质量要求有三个方面：安全、舒适和寿命。这三个方面应按汽车使用情况相互协调。

安全包括摩擦系数的稳定性、剪切强度、压缩性、体积稳定性、导热性、易燃性、耐蚀性和磨合性。

舒适性包括噪声、减振性和运转性。

寿命主要指制动片的耐磨性。

（3）制动片摩擦材料

制动片摩擦材料是由多种成分合成的，这些材料包括粘接剂、紧固纤维和摩擦改进剂物质。各种材料混合后通过模具形成一定的成品。材料中的纤维紧紧固定住这种混合成分，再通过高压形成制动片。制动片的摩擦材料主要有以下几种成分：

①石绵纤维摩擦片。石棉纤维摩擦片主要以石棉作为主要摩擦材料。以前，以绝热性能优良的石绵纤维为主的摩擦片被广泛使用，不过现在几乎不用了，主要原因有两个：第一，摩擦片在磨损时会向周围喷溅摩擦片灰尘，其中含有致癌的物质石棉，所以很多国家都禁止使用石棉摩擦片。第二，石棉摩擦片有个缺点就是在约300℃以上的高温时，

会使磨损急剧加快。

②金属摩擦片。用来代替石棉摩擦片的是金属摩擦片。这里说的金属是用特殊方法制成的，是将金属颗粒烧制凝固在一起的，称之为粉末冶金。金属摩擦片即使在高温下也不容易很快磨损，在摩擦面淋水时也能得到稳定的效果。但是因为是金属制成，所以有传热快的缺点。不过已经采取了对策，例如，在活塞接触部分加入绝热材料或者安装塑料活塞等。如果无视材料质地，随意更换摩擦片的话，这些装置就不能正常使用，所以要特别注意。

（4）摩擦片报警器

现在轿车多在摩擦片底板上装有摩擦片报警器（金属片），如图 3-9 所示。当制动器摩擦片磨损，需要更换时，摩擦片报警器就会发出高音调的尖叫声来提醒驾驶员，防止制动盘磨损。

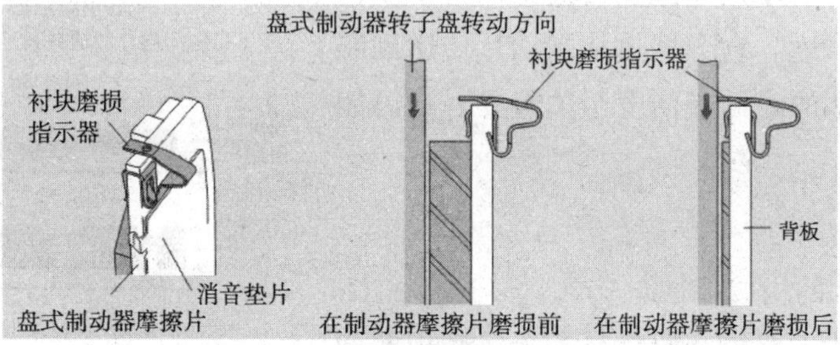

图3-9 盘式制动器摩擦片报警器

还有一种能更准确地显示摩擦片磨损情况的装置就是电子报警式摩擦片报警器（图 3-10）。当摩擦片接近磨损完时，电子报警式摩擦片报警器中的边线将被切断，进而报警灯点亮。这比发音式摩擦片报警器更具有准确性。

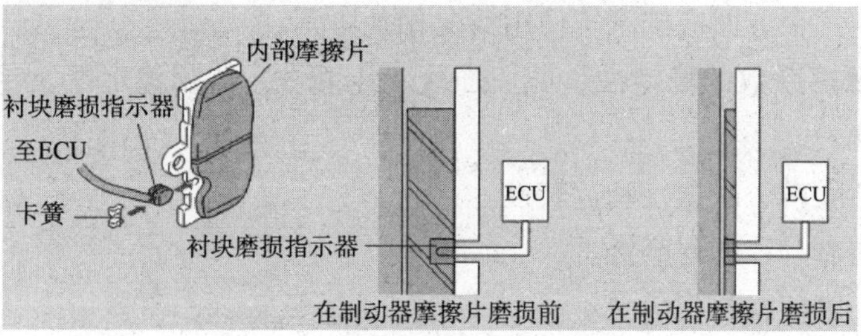

图3-10 盘式制动器电子报警器

7．制动盘

制动盘固定在车轮轮毂上，在制动过程中，它需要承受由制动产生的摩擦热而引起的上百摄氏度高温，所以从摩擦系数、耐磨损度、材料成本等方面考虑，制动盘大多数是由灰铸铁或铸钢制成。

制动盘有实心到、通风型和带款式三种结构形式，如图 3-11 所示。通风的制动盘由于质量大而有较高的热容量和由于径向布置冷却空气通道像离心式风扇而很快冷却。

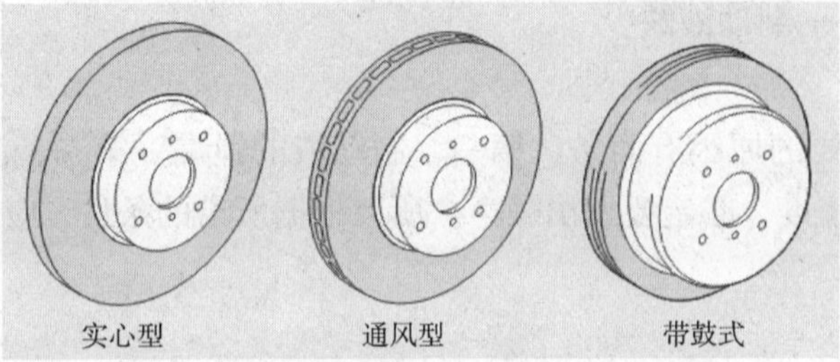

图3-11　制动盘

计 划

根据日产颐达维修手册，将前轮盘式制动器的检查更换工作计划提供如下：

1. 颐达轿车前轮制动器维修数据（图3-12、表3-2）

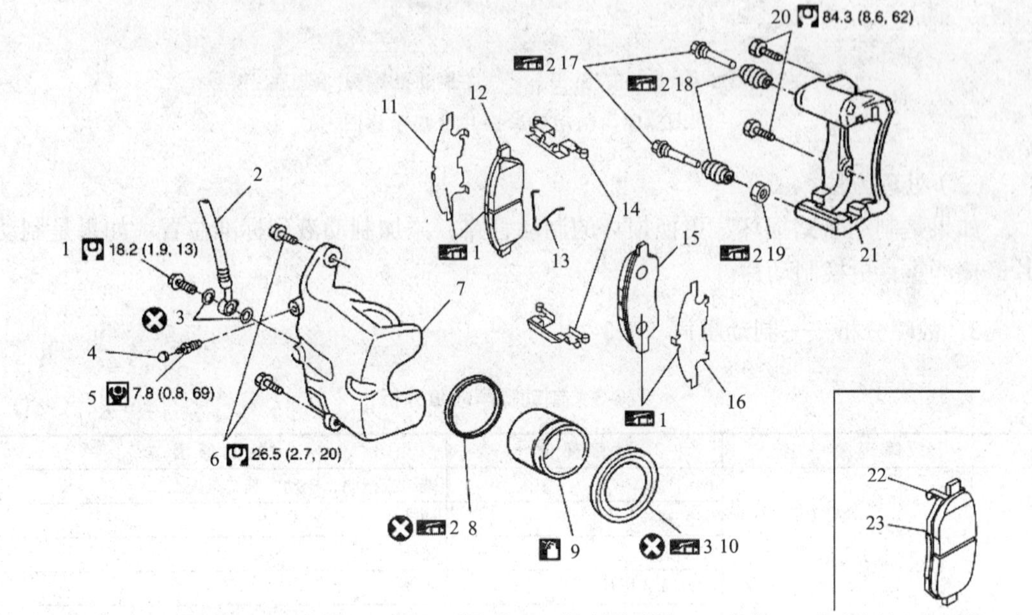

1—连接螺栓；2—制动软管；3—铜垫圈；4—盖；5—放气阀；6—滑动销钉螺栓；7—缸体；8—活塞密封；9—活塞；10—活塞防尘罩；11—内垫片；12—内刹车片；13—刹车片回位弹簧；14—制动片撑架；15—外刹车片；16—外垫片；17—滑动销；18—滑动销防尘套；19—衬套；20—承扭臂固定螺栓；21—承扭臂；22—刹车片磨损传感器；23—内摩擦片（RH侧）

图3-12　颐达轿车前轮盘式制动器总成

表3-2　颐达轿车前轮制动器维修数据

前制动器	制动器型号	CLZ22VA
	缸筒内径	53.96mm（2.124 in）
	刹车片 长度×宽度×厚度	115.0mm×41.0mm×9.0mm （4.528in×1.614in×0.354in）
	制动盘外径×厚度	260mm×22.0mm （10.24in×0.866in）

2．故障分析——制动液缺少

（1）原因

制动液缺少主要的原因有两条。第一，制动液的泄漏。第二，制动摩擦片的磨损，制动片磨损到一定程度，必定要发出噪声。所以根据所给的条件，应拆卸、检查制动器，如图 3-13 所示。

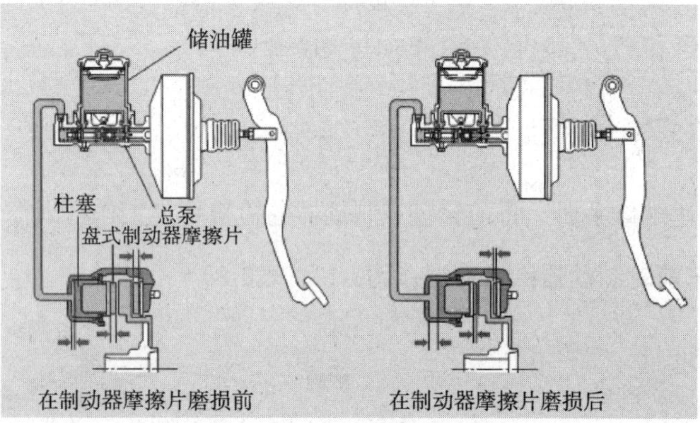

图3-13　制动器摩擦片磨损示意图

（2）处理方法

如果是制动管路损坏，更换损坏的制动管路，添加制动液到标准位置。如果是制动片摩擦严重，更换制动片。

3．故障分析——制动噪声（表3-3）

表3-3　制动噪声故障分析

故障现象	故障部位	故障原因
制动器噪声	制动片	破裂或扭曲、松动、脏、有硬点
	装配螺栓	松动
	制动盘	擦伤
	制动片支撑片	松动
	滑动销	磨损
	消音垫片	损坏

4．盘式制动器的拆卸、检查和安装计划（表3-4）

表3-4　盘式制动器拆装、检查和安装

序　号	检查项目	工具/备件
1	盘式制动器的拆装	拆装工具
2	制动片的检查	千分尺
3	制动盘的检查	表盘式指示仪
4	制动滑动销或消音片的检查	
5	盘式制动器的装配	拆装工具

5．盘式制动器检修注意事项

• 请用真空吸尘器清理制动钳和制动蹄片上的尘泥，切勿用压缩空气吹。
• 拆卸制动蹄片或者缸体时，请勿踩下制动踏板，否则活塞会弹出。
• 除非解体或更换卡钳组件，否则不必拆卸承扭臂固定螺栓和制动软管。在这种情况下，用线束将缸体悬吊，制动软管就不会张紧。
• 请勿损坏活塞防尘罩。
• 若垫片严重腐蚀，请更换新垫片。
• 不要将制动油溅落到制动盘上。
• 更换制动衬块时，请更换一个新的垫片。

实 施

1．实施准备

材料：DOT3 制动液、制动器清洁剂、制动摩擦片；
设备：举升机、颐达车；
工具：拆装工具、游标卡尺等。

2．制动片的更换（表3-5）

表3-5　制动片的更换

示 意 图	序 号	工 作 步 骤
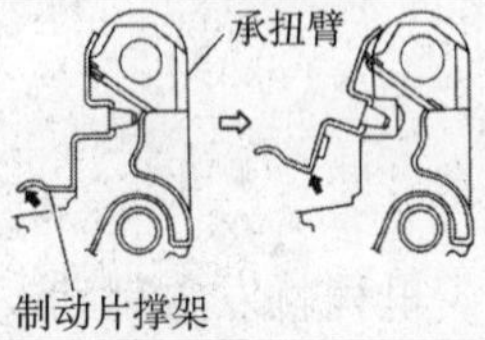	1	拆卸车辆轮胎
	2	拆卸滑动销钉（下侧）
	3	用绳索吊起缸体，然后从扭臂上拆卸刹车片回位弹簧、刹车片、垫片和保持架承。 注意：按照箭头的方向抬起保持架（图示），从扭臂上拆卸制动片撑架，以便使之不变形
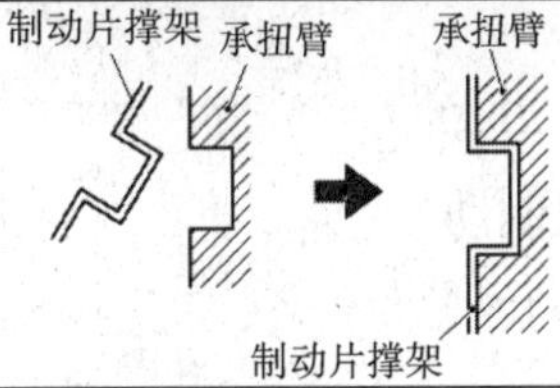	4	用PBC（聚丁烯酮）润滑脂等规定油脂涂抹垫片。将垫片安装到制动蹄片上。 注意：按照制动片垫片固定方向牢固安装垫片
	5	用PBC（聚丁烯酮）润滑脂等规定油脂涂抹制动片撑架上的制动片制动面。在承扭臂上安装制动蹄片保持架，制动蹄片及制动蹄片回位弹簧。 注意：安装制动片撑架时，一定要牢牢固定好，那样就不会从承扭臂上脱离，如左图所示
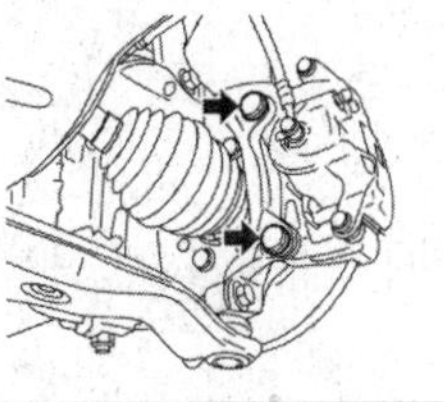	6	在承扭臂上固定缸体。 注：使用盘式制动活塞工具（通用维修工具）可以轻易将活塞按下。 注意：储液罐中的制动液液位，因为压入活塞时制动液会流回总泵储液罐
	7	安装下面的滑动销钉，并拧紧到规定扭矩值
	8	检查制动阻力
	9	安装轮胎

3．制动盘的检查

（1）目视检查

检查制动盘表面有无不均匀磨损、裂纹和严重损坏。如果发现故障，则更换相应的部件。

（2）跳动量检查

①使用车轮螺母，将制动盘固定到轮毂上（2 或者更多的位置）。

②使用表盘式指示仪，检查圆跳动。

如图 3-14 所示。

注意：

• 测量圆跳动之前，确认车轮轴承轴向间隙在规定值以内。

• 跳动量极限：0.06mm（0.0024in）或更少，在制动盘边缘内侧 10.0mm（0.394in）处测量。

③如果跳动量超过极限，可以通过转过制动盘和轮毂一个孔的位置再固定来查找最小跳动量的位置。

（3）厚度检查

①使用千分尺，检查制动盘的厚度。如果厚度超出标准，更换制动盘。

标准厚度：22.0mm（0.866in）。

磨损极限厚度：20.0mm（0.787in）。

最大不均匀磨损（在 8 个位置测量）：0.02mm（0.0008in）。

②如果跳动量仍超出规定值，用便携随车制动盘车磨工具进行车磨，直到圆跳动达到规定极限。

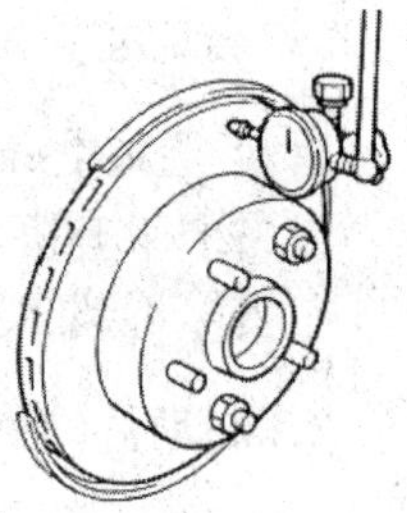

图3-14　制动器的检查

检　验

制动磨合步骤

在表面修整、更换制动盘、更换刹车片后，或者在行驶很少里程就发生制动发软的情况时，都应磨合制动结合面。

注意：

• 请注意车速，因为在刹车片和制动盘磨合好之前不易强制动。

• 只能在安全的路面和交通状况下执行此步骤，要非常小心。

（1）将汽车行驶在平直的道路上。

（2）控制好踩制动踏板力，使汽车在 3 ~ 5s 内停下来。

（3）驾驶汽车行驶且几分钟不使用刹车，以冷却制动系统。

（4）重复步骤（1）~（3）项，直到刹车片和制动盘完全磨合为止。

展　示

通过工作页的完成，学生展示学习效果和工作任务的完成情况。

1. 写出下图各零件的名称。

序　号	名 称	序　号	名 称
1		7	
2		8	
3		9	
4		10	
5		11	
6			

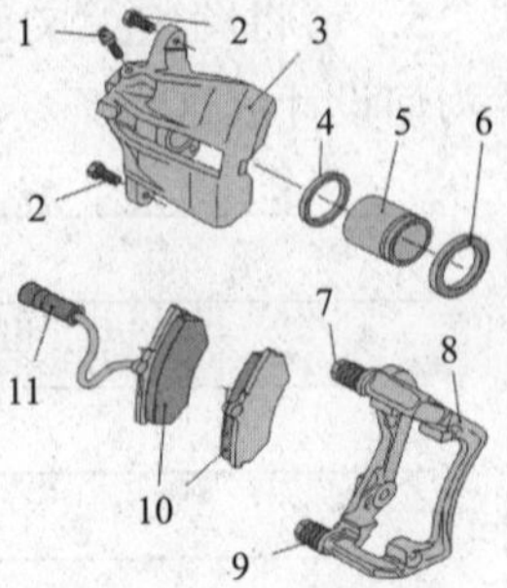

2．请写出活塞环油封的作用的关键词。

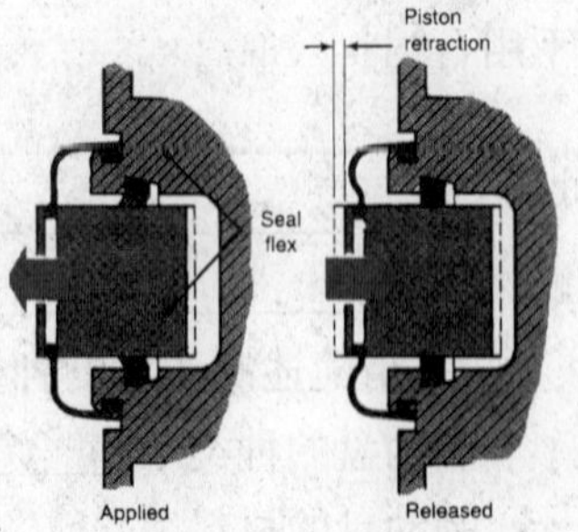

3．请简述盘式制动器的分类。

4．请写出盘式制动器的名称、工作原理及优缺点的关键词。

<table>
<tr><td colspan="4">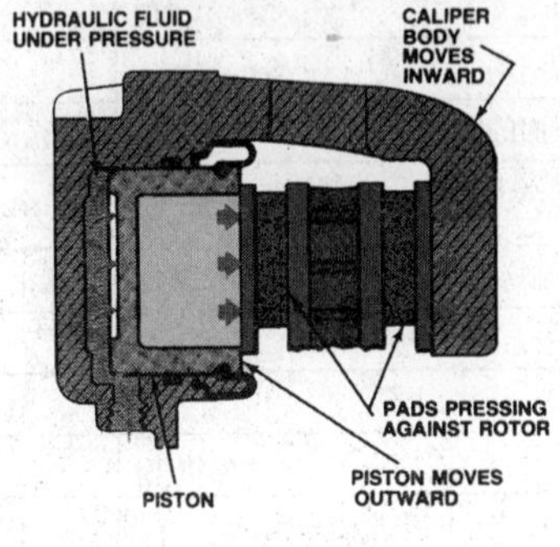
</td><td>图　示</td><td colspan="4">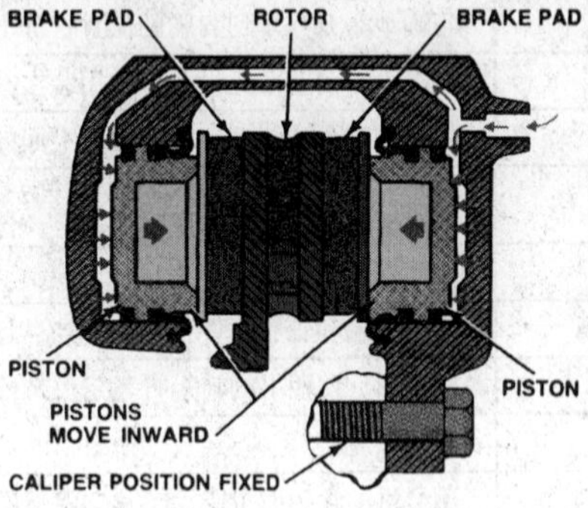
</td></tr>
<tr><td colspan="4"></td><td>名　称</td><td colspan="4"></td></tr>
<tr><td>活塞数目</td><td></td><td>摩擦面数</td><td></td><td></td><td>活塞数目</td><td></td><td>摩擦面数</td><td></td></tr>
<tr><td colspan="4"></td><td>工作
原理</td><td colspan="4"></td></tr>
<tr><td colspan="4"></td><td>优　点</td><td colspan="4"></td></tr>
<tr><td colspan="4"></td><td>缺　点</td><td colspan="4"></td></tr>
</table>

5．请将图中英文译成中文？盘式制动器的蹄片为何设计成这样？

____

____

____

____

____

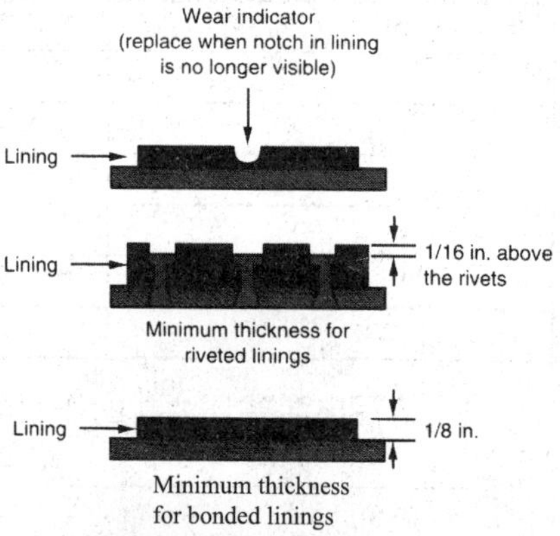

6．盘式制动器的制动蹄片材料，为什么现在不用石棉？

____

____

____

7．请简述制动盘的种类和材料。

制动盘的种类：______________________________

制动盘的材料：______________________________

8．盘式制动片的检查与更换（排序）。

序　号	工作步骤	工具/材料
	在开始拆卸制动器以前，建议用商业清洁剂清洗整个制动器总成，以避免制动尘埃在空气中飞扬（尘埃中可能有有害的石棉）	
	正确地举升汽车到齐胸的位置，拆下轮胎螺母	
	如果没有商业净化设备，就用装在雾化或压缩容器里的制动清洁剂	
	维修前轮盘式制动片时，松开上面的制动钳定位螺栓，拆下下面的螺栓	
	通常，原厂替换用盘式制动器片包括消音垫片、防振夹和盘式制动器专用的含钼润滑脂；随替换用制动衬块附带的说明书规定，含钼润滑脂应用在消声垫片上	
	在第二次检查所有垫片、夹子和制动片是否安装正确后，放下制动钳，安装下方的定位螺栓	
	拆下车轮和轮胎组件，放到不挡道且不易损坏的地方	
	根据出厂说明书的转矩拧紧定位螺栓	
	装回车轮	
	用提供的含钼润滑脂涂垫片，将新的制动片安装在制动盘旁，用垫片的张力固定到位	
	用钢丝刷或其他合适的工具全面清理转向节区域后，安装新的垫片	
	按照出厂说明书规定的转矩拧紧轮毂螺母，注意将车交还顾客之前，一定要试车	
	下面的制动钳定位螺栓拆卸后，以上面的制动钳定位螺栓为轴，旋转制动钳组件可以将其向上提起	
	注意内侧和外侧制动片都仍然固定在转向节上，制动片和垫片可以提起来	
	用金属线将制动挂在升起的位置，以便可以接近制动片	
	要安装更厚的制动片，必须将制动钳活塞推入制动钳孔中，可以用夹钳推活塞	

9．通过拆装实训车辆对盘式制动器总体评价。

（1）制动片的检查。

序　号	检查项目	处理方法
1		
2		
3		

（2）制动盘的检查。

序　号	检查项目	处理方法
1		
2		
3		

（3）盘式制动器常见故障有哪些？

工作任务 4

鼓式制动器的检修

导向

1. 任务描述

客户反映：一辆日产颐达轿车更换完前轮制动片后，制动噪声的故障消失，但行驶一段时间后，出现了制动跑偏的故障，请问如何检修？

2. 任务分析

制动跑偏属于制动系统常见故障，特别对于采用鼓式制动器的车辆。针对此故障，维修人员应处理两个问题。第一，分析为什么会出现此故障，故障点应在哪里？第二，根据故障分析，作出故障排除计划，最后排除故障。

要想解决第一个问题，那么就需要维修人员了解日产颐达后轮制动器为何种制动器，此制动器的种类、结构特点、工作原理是什么？要想解决第二个问题，就需要掌握后轮制动器的检修方法、工作流程和注意事项。

信息

车轮制动器可分为盘式制动器和鼓式制动器。鼓式制动器是用在汽车上的第一类制动器，即使在第一辆“非马拉车辆”诞生 100 多年后的今天，鼓式制动器仍然用在大多数汽车的后轮制动器上。

1. 鼓式制动器的基本结构

简单的鼓式车轮制动器由旋转部分、固定部分、促动装置和定位调整机构组成。内部基本结构如图 4-1 所示。

（1）轮缸

(2) 制动蹄

(3) 制动衬层

(4) 回位弹簧

(5) 制动鼓

(6) 活塞

(7) 活塞皮碗

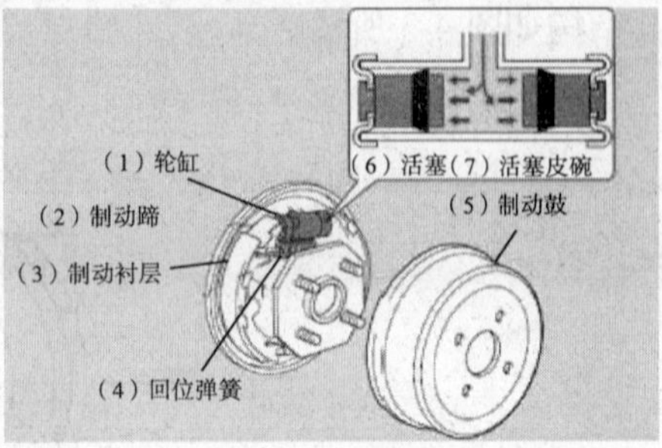

图4-1 鼓式制动器的基本结构

2. 鼓式制动器的工作原理

鼓式制动器使轮胎停止旋转，是利用液压力从总泵传送到轮缸来压下制动蹄片顶到制动鼓，该鼓是随轮胎一起转动的。当轮缸上的液压力消失时，回位弹簧的力拉动制动蹄片，离开制动鼓的内表面并将返回到原位。

3. 鼓式制动器的结构形式

(1) 按制动蹄的移动方式，鼓式制动器有两种形式：

①固定式——制动蹄的固定端位置由固定销决定，制动蹄绕固定支撑点转动的鼓式制动器。

②浮动式——制动蹄的安装不是固定的，制动蹄可平行或倾斜移动即滑动蹄的鼓式制动器。

绕固定支点转动的制动蹄会产生不均匀磨损，因为转动的制动蹄不像平行或倾斜滑动的制动蹄那样自动定心。

(2) 根据制动时两制动蹄对制动鼓的径向作用力之间的关系，鼓式制动器可分非平衡式、平衡式和伺服式三种形式，如图 4-2 所示。

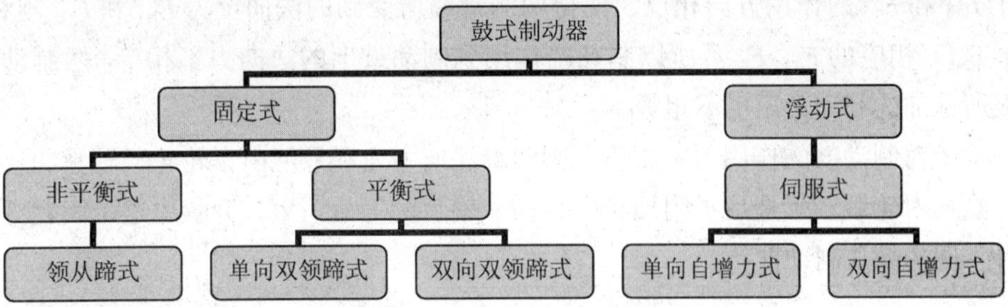

图4-2 鼓式制动器的结构形式

4. 非平衡式制动器

制动鼓受来自两制动蹄的法向力不能互相平衡的制动器称为非平衡式制动器。其结构特点是：两制动蹄的支撑点都位于蹄的下端，而促动装置的作用点在蹄的上端，共用一个轮缸张开，且轮缸活塞直径是相等的；其性能特点是：汽车前进或倒车制动时，各有一个“领蹄”和“从蹄”。领、从蹄对制动鼓的法向作用力不相等，而这个不平衡的法向作用力只能由车轮的轮毂轴承来承担。所以非平衡式制动器也称领从蹄式制动器，其结构如图 4-3 所示。

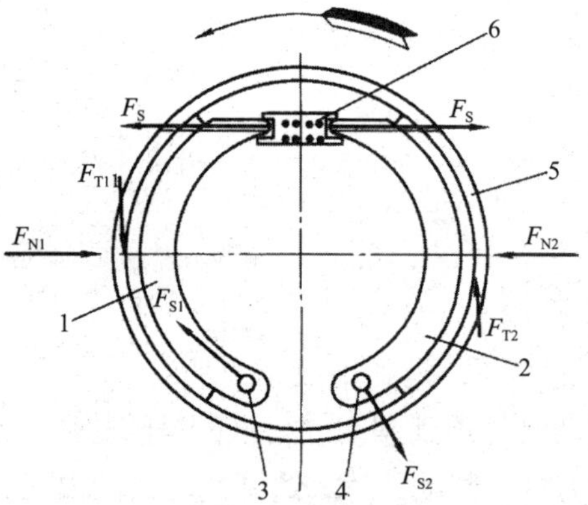

1—领蹄；2—从蹄；3—4—支点；5—制动鼓；6—制动轮缸

图4-3 领从蹄式鼓式制动器

汽车前进时制动鼓的旋转方向如箭头所示。在制动过程中，两制动蹄在相等的促动力 F_S 作用下，分别绕各自的支撑点向外偏转紧压在制动鼓上。同时旋转的制动鼓对两蹄分别作用着法向反力 F_{N1} 和 F_{N2}，以及相应的切向反力 F_{T1} 和 F_{T2}，F_{T1} 作用的结果使得制动蹄 1 在制动鼓上压得更紧，则 F_{N1} 变得更大，这种情况称为“助势”作用，相应的制动蹄被称为“领蹄”；与此相反，F_{T2} 作用的结果则使得制动蹄 2 有放松制动鼓趋势，即 F_{N2} 和 F_{T2} 有减小的趋势。这种情况称为“减势”作用，相应的制动蹄被称为“从蹄”。

通过以上的分析，我们会得出这样的结论：虽然制动蹄 1、2 所受的促动力相等，但由于 F_{T1} 和 F_{T2} 的作用方向相反，使得两制动蹄所受到的法向反力 F_{N1} 和 F_{N2} 不相等，且 $F_{N1}>F_{N2}$，相应的 $F_{T1}>F_{T2}$。所以制动蹄作用到制动鼓上的法向力不相等，两制动蹄对制动鼓所施加的制动力矩也不相等。

制动蹄对制动鼓的作用力不相等，则两蹄法向力之和只能由车轮轮毂轴承的反力来平衡，这样对轮毂轴承造成了附加径向载荷，轴承的寿命缩短。为解决这个问题，出现了各种不同的鼓式制动器。

5. 平衡式鼓式制动器

制动鼓受来自两蹄的法向力互相平衡的制动器称为平衡式制动器。

（1）单向双领蹄式制动器

单向双领蹄式制动器的结构如图 4-4 所示。其结构特点是：两制动蹄各用一个单向活塞制动轮缸，且前后制动蹄与其轮缸、调整凸轮零件在制动底板上的布置是中心对称的，两轮缸用油管连接；其性能特点是：前进制动时两蹄均为“领蹄”，有较强的增力，倒车制动时两蹄均为“从蹄”，制动力较小。

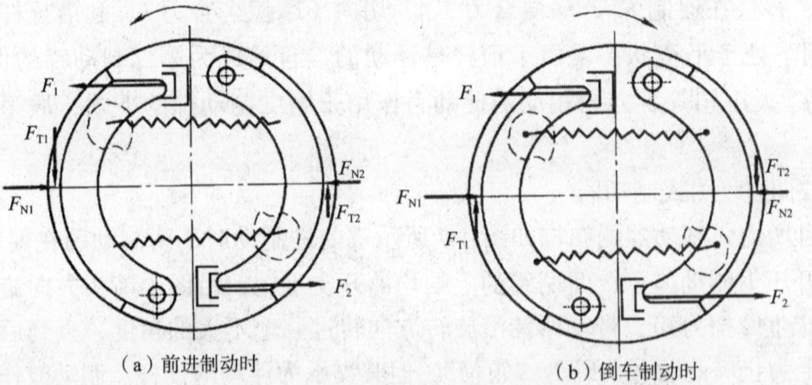

图4-4　单向双领蹄式制动器的结构

（2）双向双领蹄式制动器

双向双领蹄式制动器的结构如 4-5 所示。其结构特点是：制动蹄、制动轮缸、复位弹簧均为成对地对称布置，两制动蹄的两端采用浮式支撑，且支点在周向位置浮动，用复位弹簧拉紧；其性能特点是：汽车前进或倒车中制动时，两个制动蹄均为“领蹄”，均有较强的增力，制动效果好，蹄片磨损均匀。

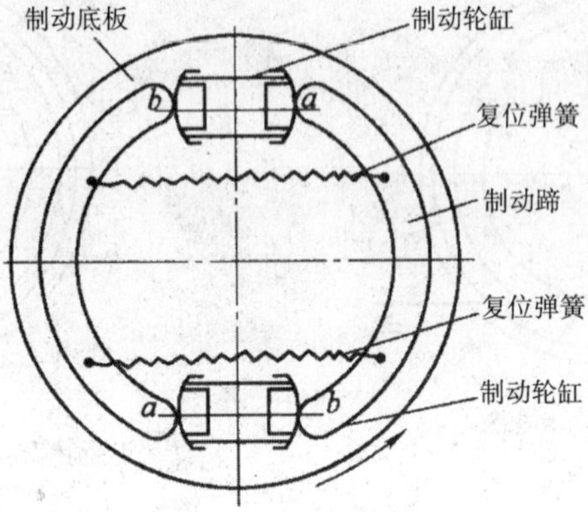

图4-5　双向双领蹄式制动器的结构

6．伺服式鼓式制动器

（1）单向自增力式制动器

单向自增力式制动器的结构如图 4-6 所示。制动蹄 1 和制动蹄 2 的下端分别浮支在动的顶杆两端，制动器只在上方有一个支撑销 4。不制动时，两蹄上端均靠各自的复位弹簧拉靠在支撑销上。

汽车前进制动时，单活塞式轮缸只将促动力 F_{S1} 加于第一制动蹄，使其上端离开支承销，整个制动蹄绕顶杆左端支撑点旋转，并压靠在制动鼓上。显然，第一制动蹄是领蹄，并且在促制 F_{S1}、法向合力 F_{N1}、切向（摩擦）合力 F_{T1} 和沿顶杆轴线方向的 F_{S1} 作用下处于平衡状态。由于顶杆是浮动的，自然成为第二制动蹄的促动装置，而将与力 F_P 大小相等、方向相反的促动力作用于第二制动蹄的下端，故第二制动蹄也是领蹄。

（2）双向自增力式制动器

双向自增力式制动器的结构如图 4-7 所示。前进制动时，两制动蹄在促动力 F_S 的作用下张开压力制动鼓，此时两蹄的上端均离开支承销，沿图中箭头方向旋转的制动鼓对两蹄产生摩擦力矩，带动两蹄沿旋转方向转过一个不大的角度，直到后蹄又顶靠到支承销上为止。此时，前蹄为“领蹄”，但其支承为浮动的推杆。制动鼓作用在前蹄的摩擦力和法向力的一部分对推杆形成一个推力 F_P，推杆又将此推力完全传到后蹄的下端。后蹄在推力 F_P 的作用下也形成“领蹄”，并在轮缸液压促动力 F_S 的共同作用下进一步压紧制动鼓。推力 F_P 比促动力 F_S 大得多，从而使后蹄产生的制动力矩比前蹄更大。

倒车制动时，作用过程与此相反，与前进制动时具有同等的自增力作用。

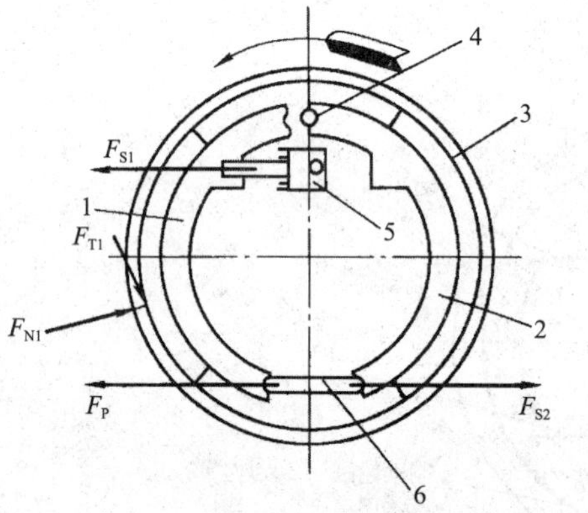

1—第一制动蹄；2—第二制动蹄；3—制动鼓；4—支承销；5—轮缸；6—顶杆

图4-6 单向自增力式制动器的结构

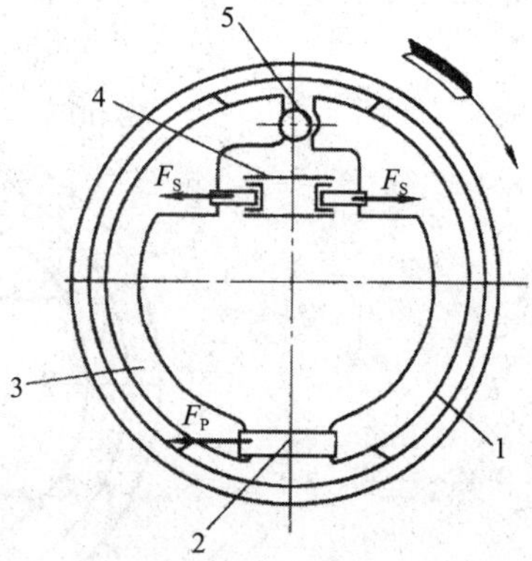

1—前制动蹄；2—顶杆；3—后制动蹄；4—轮缸；5—支承销

图4-7 双向自增力式制动器的结构

7．鼓式制动器间隙调整机构

鼓式制动器间隙调整机构是为了使摩擦片和制动鼓之间保持适当的间隙而设置的调整机构。制动器随着使用一段时间后，摩擦片会被磨损，导致摩擦片和鼓之间的间隙增大，踩制动踏板的幅度也将随之增大。因此，需要有一个调整机构使其间隙保持正常状态。

鼓式制动器的间隙调整分为手动调整和自动调整。鼓式制动器的间隙调整机构如图 4-8 所示，左侧为自动调整型，右侧为手动调整型。

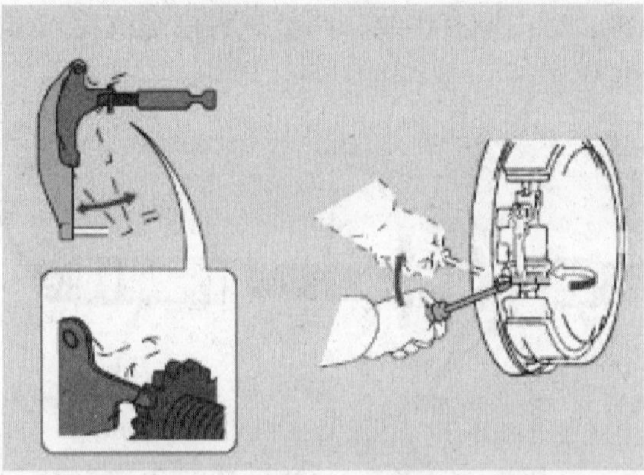

（a）自动调整型　　　　　　　（b）手动调整型

图4-8　鼓式制动器的间隙调整机构

（1）手动调整（图 4-9）

测量制动鼓内径，转动调节器来调节制动蹄片的外径，大约比制动鼓的内径小 1mm，用螺丝刀拨动调节螺母，向外扩展制动蹄片，直到制动鼓锁住为止。手动调整可分为转动调整螺母调整和调整可调杆长度调整两种方式。

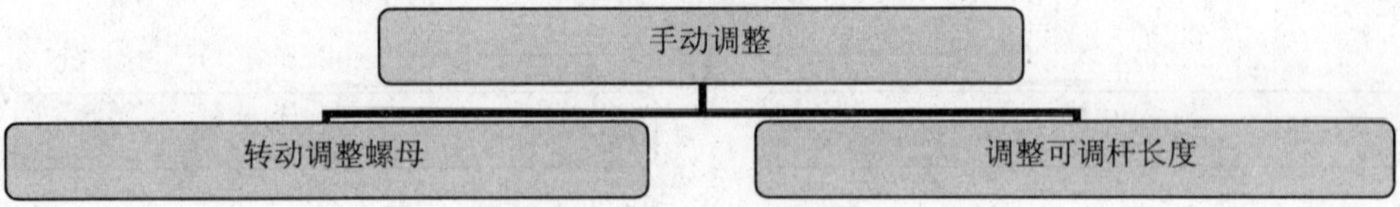

图4-9　手动调整的分类

①转动调整螺母。有些制动器轮缸两端的端盖制成调整螺母，如图 4-10 所示。用一字旋具 5 拨动调整螺母 1 的齿槽 4，使螺母转动，带动螺杆的可调支座 3 向内或向外作轴向移动，可使制动蹄上端靠近或远离制动鼓，则制动间隙便减小或增大。间隙调整好后，用锁片插入调整螺母的齿槽中，使螺母的角位置固定。

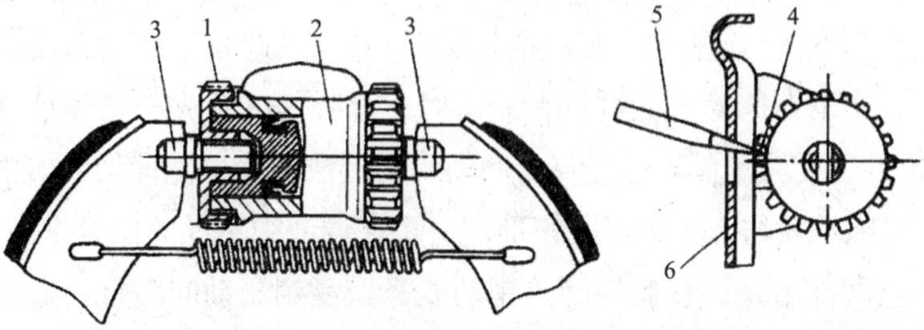

1—调整螺母；2—制动轮缸；3—可调支座；4—齿槽；5—一字旋具；6—制动底板

图4-10　用调整螺母调整制动器间隙示意图

②调整可调杆长度。在自增力式制动器中，两制动蹄下端支承在可调顶杆上，其结构及工作原理如图 4-11 所示。可调顶杆由带内螺纹的顶杆体、调整螺钉和套筒组成。顶

杆套一端具有带齿的凸缘，套内制有螺纹，调整螺钉借螺纹旋入顶杆。

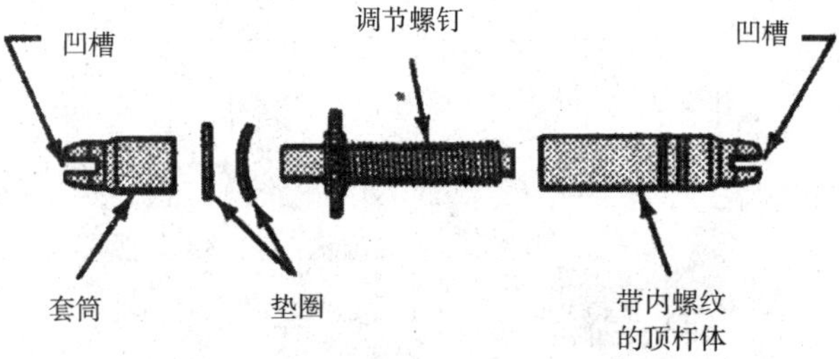

图4-11　手动调整鼓式制动器蹄鼓间隙结构及工作原理

（2）自动调整机构（图 4-12）

制动器间隙调整是汽车保养和修理作业中必不可少的作业项目之一。为了减少保修工人的劳动强度，制动间隙的调整装置在 20 世纪 70 年代迅速发展，目前常用的主要有以下两种形式。

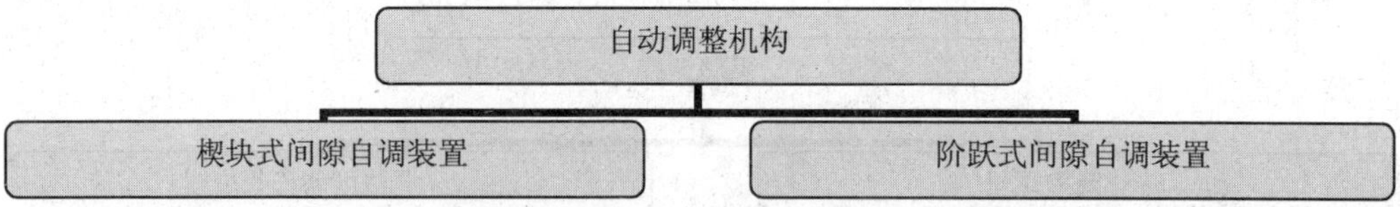

图4-12　自动调整机构分类

①楔块式间隙自调装置。德国车系用此结构比较多，如捷达、奥迪、桑塔纳等。如图 4-13 所示，间隙自调装置的楔形调节块 6 夹在前制动蹄 4 和驻车制动推杆 12 之间形成的切槽中。在正常的制动间隙（0.2~0.3mm）下制动时，外弹簧 8 被拉伸，两制动蹄靠到制动鼓上，施以制动。此时，由于内弹簧 11 的刚度大于外弹簧 8 的刚度，故不被拉伸，内弹簧 11 连同驻车制动推杆 12 与前制动蹄 4 一起左移靠到制动鼓上。当制动蹄磨损，制动器间隙过大并进行制动时，外弹簧 8 首先被拉伸到一定程度，内弹簧 11 也被拉伸，使驻车制动推杆与前制动蹄间形成的切槽宽度增大，则切槽与楔形调节块之间的间隙也就增大了，于是楔形调节块在调节弹簧 3 的拉力作用下向下移动，从而填补了上述间隙增量，使制动蹄与制动鼓又恢复到制动间隙量。这种制动器间隙自调装置也属一次调准式。

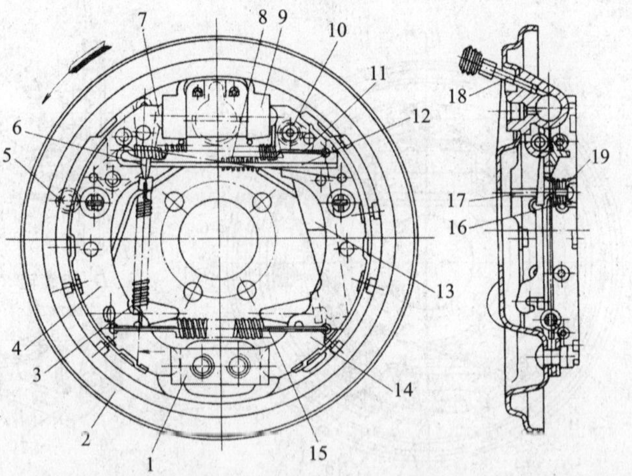

1—支承板；2—制动底板；3—制动间隙调节弹簧；4—前制动蹄；5—观察孔；6—楔形调节块；7—带耳槽的支承块；8—驻车制动推杆外弹簧；9—制动轮缸；10—平头销；11—驻车制动推杆内弹簧；12—驻车制动推杆；13—驻车制动杠杆；14—后制动蹄；15—制动蹄回位弹簧；16—限位弹簧；17—限位销钉；18—放气螺钉；19—限位弹簧座

图4-13 楔块式间隙自调装置

制动器中的过度间隙并不完全是由于摩擦副磨损所致，还有一部分是由于制动鼓热膨胀而直径增大所致。制动时所需活塞行程增大到超过间隙所限定的数值，原因也不仅是制动器的过量间隙，还有鼓和蹄的弹性变形。所以，确定冷态制动器间隙自调装置中的间隙时，就要尽量将可能产生的制动蹄和制动鼓的弹性变形和热变形考虑在内。但是，为了不使制动踏板行程增加过多，确定限定值时并没有计入上述种种变形的最大值。因此，当出现过大的上述各项变形时，一次调准式自调装置将不加区别地一律随时加以补偿，造成“调整过头”。这样，当制动器恢复到冷态时，即使完全放松制动踏板，制动器也不会彻底放松，而是发生“拖磨”甚至“抱死”，因此自调装置只能将间隙调小而不能增大。

②阶跃式间隙自调装置。为了避免调整过头，许多制动器采用了阶跃式间隙自调装置，这样的制动器在装车后要进行多次（可能达20次以上）制动动作，才能消除所积累的过量间隙。

丰田皇冠2.8轿车双向自增力式制动器如图4-14所示，即具有阶跃式间隙自调装置，它只在若干次倒车制动后方起调整作用。自调装置中包括用以拨转调整螺钉13的拨板11、拉绳6及其导向板5、拉绳弹簧9及其支架8。拉绳6的上端通过吊环19，固定在制动蹄支承销上，下端与弹簧支架8相连，中部支靠着导向板5的弧面。导向板以其中央孔的圆筒状卷边插入后制动蹄7的孔中，形成其自由转动的支点。支架8经弹簧9与自调拨板11连接。拨板11以其右臂端部的切口支在后制动蹄的销钉上，可绕此销钉转动。拨板的自由端向上运动时，可以插入调整螺钉13的凸缘棘齿间。不进行倒车制动时，自调拨板在弹簧9和10作用下，保持在最下面的平稳位置。此时，拨板与调整螺钉的棘齿完全脱离。

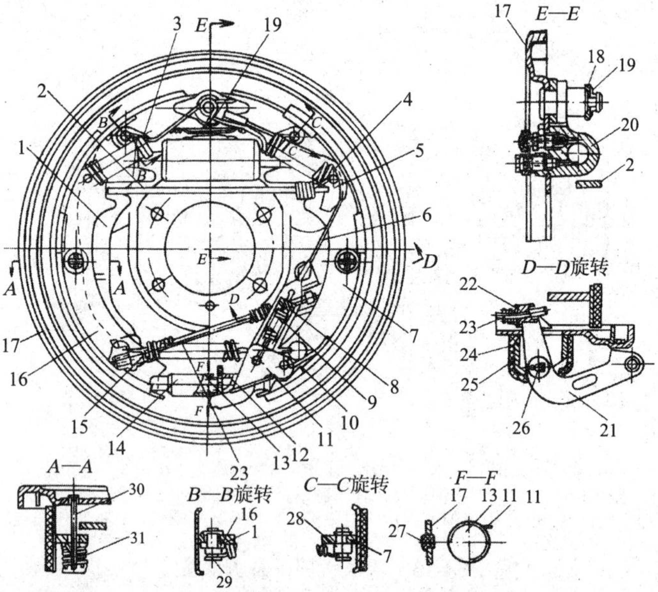

1—驻车制动杠杆；2—驻车制动推杆；3—制动蹄回位弹簧；4—推杆弹簧；5—自调拉绳导向板；6—自调拉绳；7—后制动蹄；8—弹簧支架；9—自调拉绳弹簧；10—自调拨板回位弹簧；11—自调拨板；12—可调顶杆套；13—调整螺钉；14—可调顶杆体；15—拉紧弹簧；16—前制动蹄；17—制动底板；18—垫圈；19—自调拉绳吊环；20—制动轮缸；21—驻车制动摇臂；22—驻车制动限位板；23—驻车制动拉绳；24—摇臂支；25—防护罩；26—摇臂销轴；27—调整孔堵塞；28—后蹄回位弹簧固定销；29—前蹄回位弹簧固定销；30—制动蹄限位杆；31—制动蹄限位弹簧

图4-14 丰田皇冠2.8轿车双向自增力式制动器

倒车制动时，后制动蹄 7 的上端离开支承销。整个制动蹄压靠到制动鼓上，并在摩擦力作用下，随制动鼓顺时针转过一个角度。在后蹄相对于支承销位移过程中，套在支承销上的拉绳吊环 19 被拉离后蹄，支架 8 上端也被拉起，并通过弹簧 9 将拨板的自由端向上拉起。这一系列零件的位移量取决于当时制动器实际间隙的大小。如果间隙还保持着设定值或增大很少，则自调拨板自由端向上的位移量不足以使之嵌入调整螺钉的棘齿间。只有制动器过量间隙增大到一定值时，拨板方能嵌入棘齿间。解除倒车制动时，制动蹄回位自调拨板被弹簧 10 压回到下平衡位置，同时将调整螺钉拨过相应于一个棘齿距的角度。若棘齿数为 z，螺距为 P，则调整螺钉被拨转角度为 $1/z$ 周，相应的自可调顶杆体 14 中旋出的距离为 P/z。于是,所累积的制动器过量间隙被完全削除。前进制动时，该自调装置完全不起作用。

采用只是在倒车制动后方可能起调整作用的间隙自调装置，将大大减少调整过头的可能性，因为倒车制动的机会本来很少，且进行倒车制动的时机未必正好是制动鼓受热严重的时候。自动调整鼓式制动器蹄鼓间隙如图 4-15 所示。

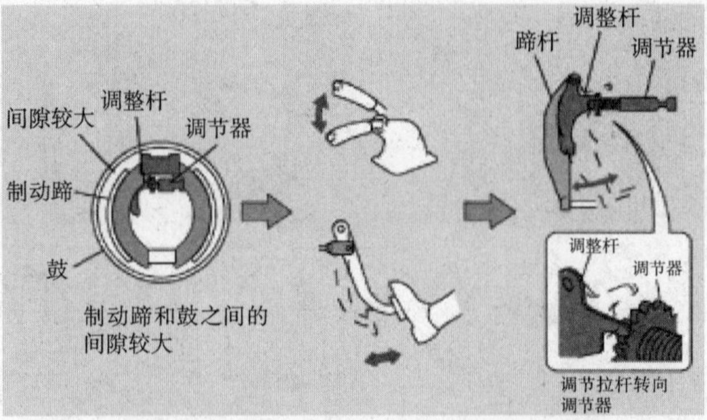

图4-15　自动调整鼓式制动器蹄鼓间隙

8．驻车制动

（1）驻车制动器的功用

驻车制动器必须能将满载并配备有手动变速器车辆停在坡度为30° 的斜坡上或配备有自动变速器的车辆停在坡度为20° 的斜坡上，且所需的手动力不能超过18N或脚力不能超过22N。同时驻车制动还有使车辆在坡道上能顺利起步和行车制动系失效后临时使用或配合行车制动器进行紧急制动的功能。

（2）组成

驻车制动器主要由制动手柄、均衡器、调整机构和钢缆等组成，如图4-16所示。这是轿车所采用的主流方式。

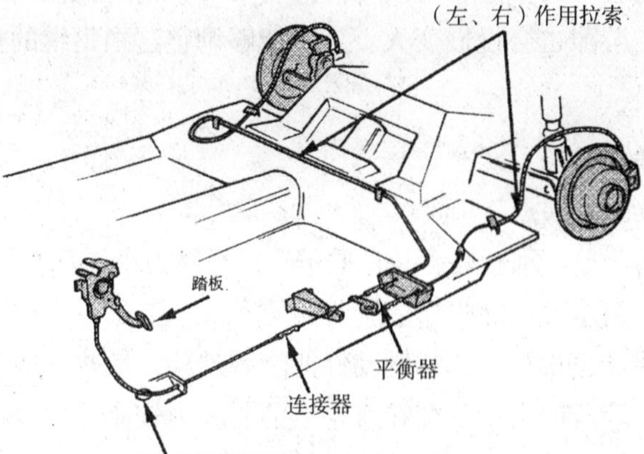

图4-16　驻车制动系统

（3）驻车制动操纵杆

驻车制动器通过车辆内部的踏板、操纵杆或手柄来操作。脚踏板和安装在车辆底板上的操纵杆是最常用的控制驻车制动器的装置，主要有以下几种形式，如图4-17所示。

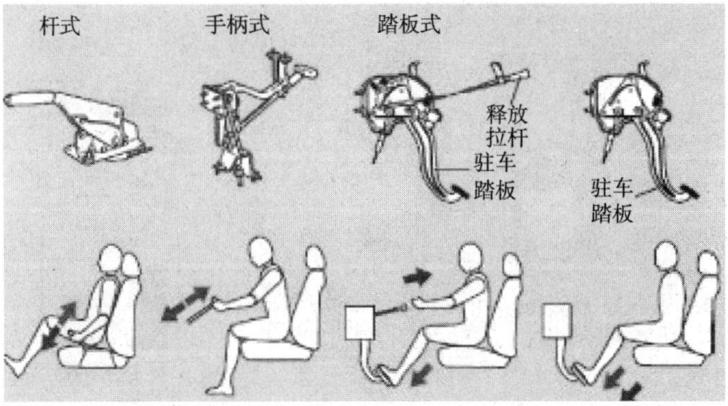

图4-17 驻车制动操纵杆

①杆式：主要在轿车和商用车辆中使用。

②手柄式：在一些商用车辆中使用。

③踏板式：在一些轿车和高档车辆中使用。

（4）驻车制动的工作过程

首先拉起驻车制动手柄，或踩下驻车制动踏板拉紧钢缆，其前端的棘爪会固定手柄或踏板，使汽车保持驻车制动状态。解除驻车制动时，稍稍拉起驻车制动手柄，或踩下驻车制动踏板的同时按下手柄前端的按钮，棘爪就会自动离开，使驻车制动手柄或踏板恢复原位。

驻车制动器是通过钢缆遥控操作的，在钢缆的中途还安装有称之为均衡器的制动力分配装置，它可以使左右两个车轮受到均等的制动力。钢缆在使用过程中会有伸长的特性。因此制动手柄的游隙也会慢慢变大。为了能够调整这根钢缆的伸缩性，所以设置有调节螺母。

9．鼓式制动器的特性

（1）鼓式制动器的优缺点

鼓式制动器结构简单、刚性好，并且质量小，操纵力小，具有自增力，驻车性能好，有良好的防污染和防潮能力，这些都是优点。

鼓式制动器的缺点也很多，比如制动性能衰减现象，散热能力差，水衰退和热衰退严重，制动时粉尘大等。但由于分配在后轮上的制动力较小，故这些缺点常常被人们所忽视，所以鼓式制动器用得较多，特别是后轮制动器。其次是摩擦片密封在制动鼓的内部，在连续使用制动器时，摩擦片产生的大量热不易散出，会使摩擦片受热膨胀并减小了摩擦力。另外鼓式制动器在水泥地面行驶时，轮毂浸水后会减小摩擦力，从而降低制动效能，而且要花很长时间才能干燥。

（2）鼓式制动器与盘式制动器的比较（表4-1）

表4-1　鼓式制动器和盘式制动器的比较

项　目	盘式制动器	鼓式制动器
自增力	无	有
驻车制动性能	差	好
制动衰减	小	大
自动调节装置	简单	复杂
维护保养	方便	复杂

计　划

根据日产颐达轿车的维修手册，将后轮制动器的检查更换工作计划提供如下：

1. 日产颐达轿车后轮鼓式制动器和驻车制动器结构（图4-18、图4-19）

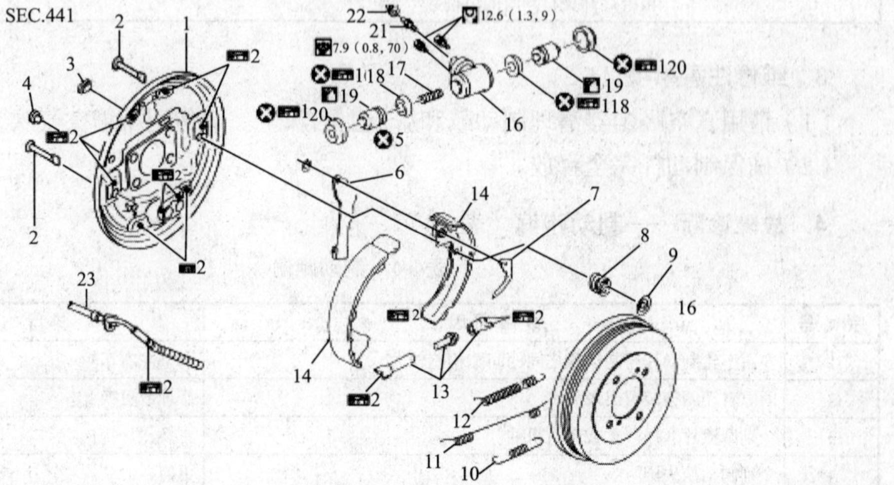

1—底板；2—蹄孔销；3—孔塞；4—孔塞；5—卡环；6—操作杆；7—调整杆；8—弹簧；9—保持架；10—回位弹簧（下侧）；11—回位弹簧（上侧）；12—调整器弹簧；13—调整器；14—制动蹄；15—制动鼓；16—轮缸；17—弹簧；18—活塞密封；19—活塞；20—防尘罩；21—放气阀；22—盖；23—驻车制动后电缆1:PBC（聚丁烯酮）润滑脂或硅基脂2:橡胶润滑脂:制动液

图4-18　颐达后轮制动器

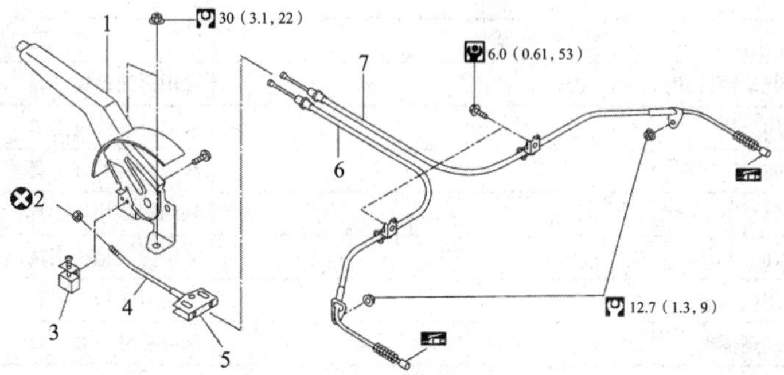

1—设备总成；2—调节螺母；3—驻车制动开关；4—前电缆；5—均衡器；6—左后电缆；7—右后电缆

图4-19　颐达驻车制动器

2. 维修数据和规格

制动摩擦片和制动鼓（表 4-2）：

表4-2 制动摩擦片和制动鼓

制动器型号		LT20D
制动摩擦片	标准厚度（新）	4.0mm
	磨损极限厚度	1.5mm
制动鼓	标准内直径（新）	203mm
	内径修理极限	204.5mm

驻车制动控制（表 4-3）：

表4-3 驻车制动控制

控制类型	把手
槽口数量在196 N（20kg，44lb）的力下	8～9
报警灯开关打开时的齿槽数	1

3. 维修注意事项

（1）请用真空吸尘器清理制动鼓和后板上的灰尘。请勿用压缩空气吹。

（2）确保制动杆完全释放。

4. 故障诊断——制动跑偏（表4-4）

表4-4 制动跑偏

序号	故障原因	排除方法
1	左右车轮制动片与制动鼓之间的间隙相差较大	调整左右车轮
2	间隙自动调整装置出现故障	修理或更换
3	个别摩擦片磨损严重或粘有机油	更换
4	个别制动鼓失圆	更换
5	个别制动分泵发卡有故障	检修

5. 鼓式制动器制动跑偏检修计划（表4-5）

表4-5 鼓式制动器制动跑偏检修计划

序号	检修步骤	工具/辅具
1	后轮鼓式制动器拆卸	常用拆装检查工具
2	检查制动片	常用拆装检查工具
3	检查制动鼓	常用拆装检查工具
4	检查制动分泵	常用拆装检查工具
5	检查制动其他部件	常用拆装检查工具
6	后轮鼓式制动器装配	常用拆装检查工具
7	后轮鼓式制动器的驻车调整	常用拆装检查工具

实 施

1. 实施准备

材料：制动蹄片 1 套、抹布若干；

设备：举升机、日产颐达轿车；

工具：拆装工具一套、游标卡尺。

2. 后轮鼓式制动器的拆装（表4-6）

表4-6　后轮鼓式制动器的拆装

拆装图示	序 号	拆装步骤
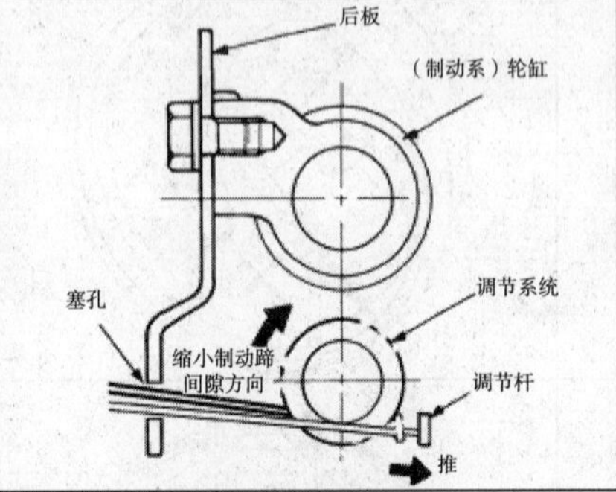	1	将轮胎从汽车上拆下
	2	松开驻车制动杆，拆卸制动鼓。如果拆卸制动鼓困难，按照下列步骤进行拆卸： 用线索或其他替代物，从图示后板上的塞孔（塞孔在轮缸侧）中压出调整杆。用平口改锥将调整器总成架调到规定的方向，即窄架对准加大的制动蹄
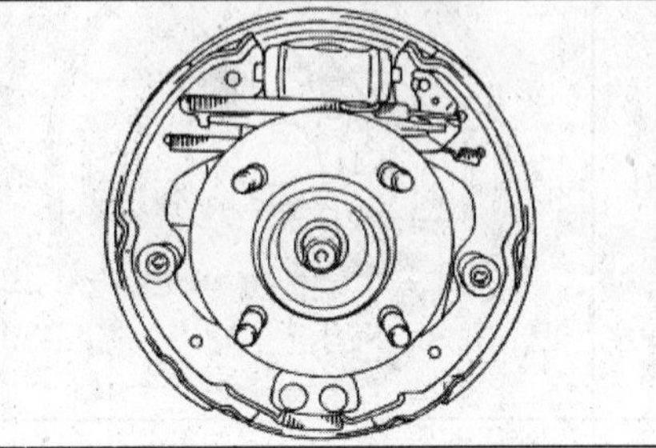	3	拉转固定架的时候，拉出蹄片固定销钉，然后拆卸蹄片总成。 注意： 请勿损坏轮缸防尘罩
	4	从控制杆上拆卸驻车制动后线缆。 注意： 请勿弯折驻车制动线缆
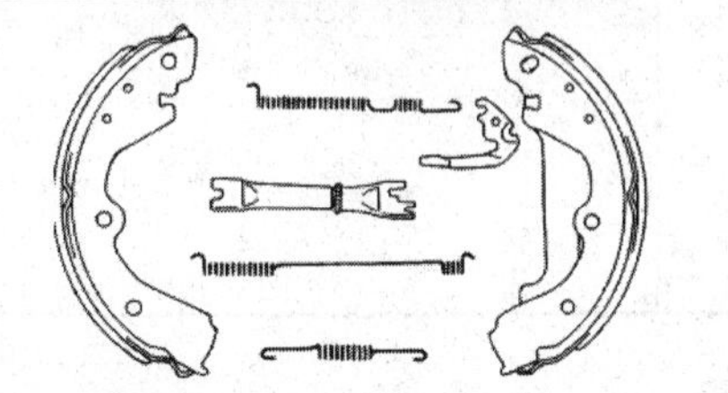	5	分解制动蹄总成（蹄片，弹簧，调整器，以及调整杆）
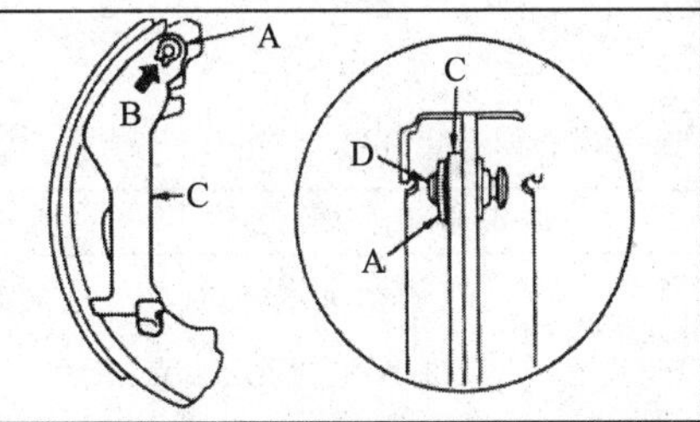	6	用工具从制动蹄片上分离控制杆，以拆卸固定卡环。 A：卡环　B：接触点 C：操作杆　D：销

3. 鼓式制动器检查（表4-7）

表4-7　鼓式制动器检查

序　号	检查项目	检查图示
1	摩擦片厚度检查 检查摩擦片厚度 标准厚度（A）：4.0mm（0.157 in） 磨损极限厚度（A）：1.5mm（0.059 in）	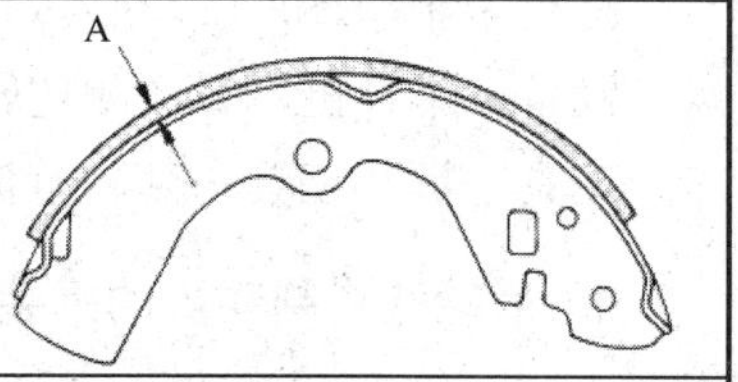
2	制动鼓内直径检查 检查制动鼓内径 测量区域：摩擦片接触面（中心） 标准内径 : 203 mm（7.992 in） 内径修理极限 : 204.5 mm（8.051 in）	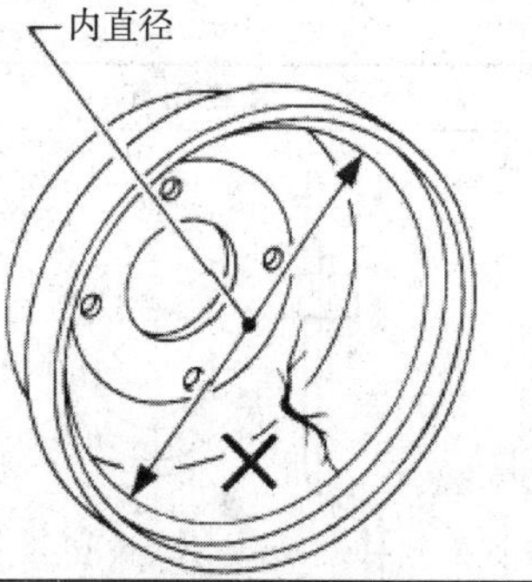
3	轮缸泄漏检查 • 检查轮缸有无制动液泄漏 • 检查有无磨损、裂纹和松弛。如果发现任何异常，更换部件	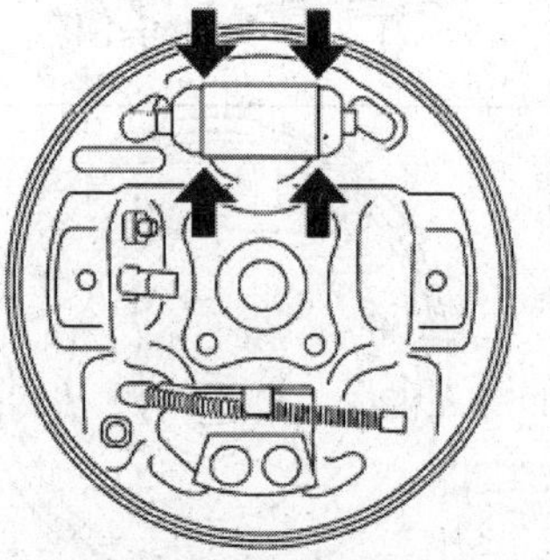
4	其他检查 • 制动鼓内部是否有过度磨损、损坏和裂纹 • 摩擦片有无过度磨损、损坏和剥离 • 蹄滑动表面有无过度磨损和损坏 • 复位弹簧是否松弛 如果上述任何部件出现故障，予以更换 • 检查后板有无损坏，裂纹和变形。如果发现故障，则进行修理或更换	

4. 鼓式制动器装配（表4-8）

表4-8　鼓式制动器装配

装配图示	序　号	装配步骤
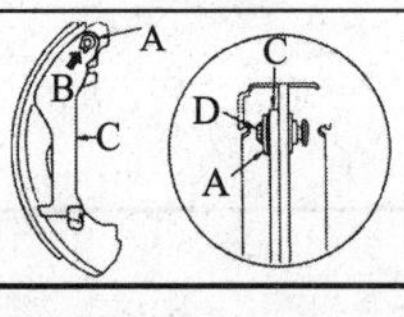	1	如果控制杆已经拆卸，按照下列步骤进行安装： a. 将控制杆安装到制动蹄上。 b. 在控制杆上安装卡环，使其卷曲直到它们的接触点汇合。 A：卡环　B：接触点 C：操作杆 D：销

续表

装配图示	序　号	装配步骤
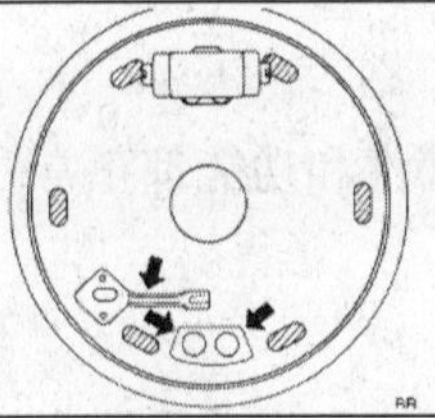	2	如图中箭头所示，将Nissan制动油脂（KRF0000005）涂抹到制动蹄滑动面上（阴影区）及后板上的其他部件
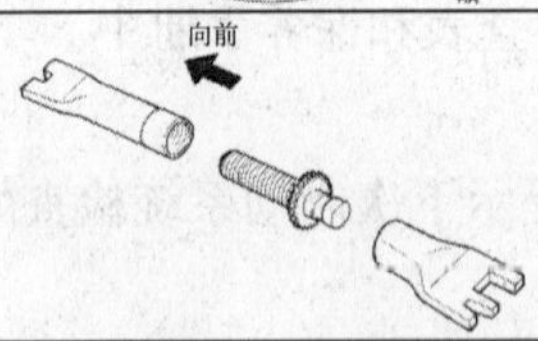	3	分解的时候，将东风 Nissan 指定的制动油脂（KRF00 00005）涂抹到螺钉上，同时区分左右轮，以便正确地安装。 右后轮螺纹攻丝方向：右旋螺纹 左后轮螺纹攻丝方向：左旋螺纹
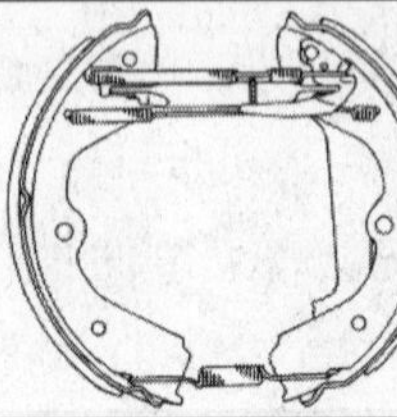	4	将蹄片、调整器、调整杆及弹簧组装到制动蹄总成上
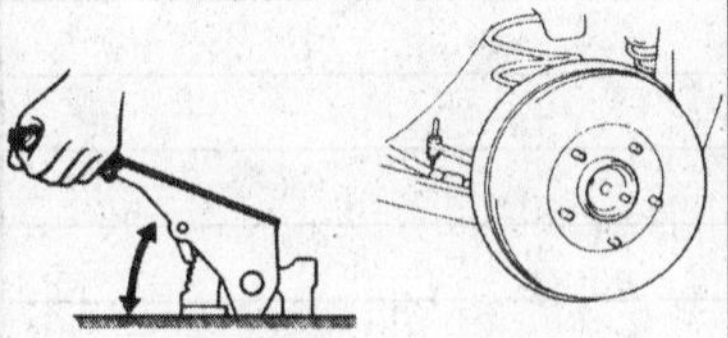	5	将驻车制动后电缆连接到控制杆上
	6	安装制动蹄片总成。安装完毕，确保所有的部件安装到位。 注意：请勿损坏轮缸防尘罩
	7	安装制动鼓
	8	踩下制动踏板几次（2~3次）
	9	调整制动蹄片间隙
	10	安装轮胎

5. 制动调整（表4-9）

表4-9　制动调整

调整图示	序　号	调整步骤
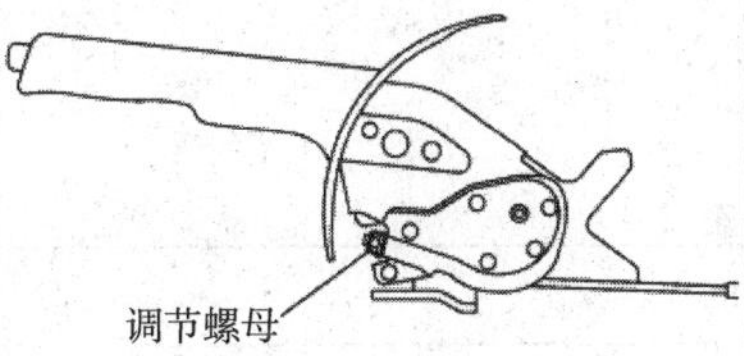	1	拆卸控制台罩
	2	拉起驻车制动拉杆，直到能够插入一个深套筒扳手
	3	插入深套筒扳手调整螺母。旋转调整螺母完全松离电缆，然后松开踏板
	4	踩下脚刹10次左右，然后调整后制动蹄片的间隙。 注意：确保牢固踩下脚刹
	5	旋转制动鼓确认没有阻力
	6	使用以下步骤调整驻车制动器电缆： 更换驻车制动电缆的时候，用490N（50kg，110lb）的力操作驻车制动杆，进行10次。 拉起驻车制动拉杆，直到能够插入一个深套筒扳手。 使用深套筒旋转调节螺母，从而调整驻车制动拉杆行程。 对驻车制动拉杆施加196N（20kg，44lb）的力，确认拉杆行程在指定槽口数量内（聆听并计算棘齿的响声进行检查）。 确认将驻车制动拉杆完全释放之后，后制动器上不受阻力
	7	安装控制台罩

检 验

工作质量的检查

更换后轮制动蹄片工作结束后，车辆维修工确认是否所有部件和功能都正常。

（1）检查车辆行驶时，车轮是否有制动跑偏现象。

（2）检查工时是否符合厂商标准。

（3）将更换的配件和材料填写到工作单上，同时记录到检查表和保养手册中。

（4）检查车辆是否进行过清洁。

（5）通知客户所做的工作，交付检查表，解释结算单，提示下次制动系统检查的日期或其他检查出而没有维修的问题。

展 示

通过工作页的完成，学生展示学习效果和工作任务的完成情况。

1．根据下图填写鼓式制动器组成。

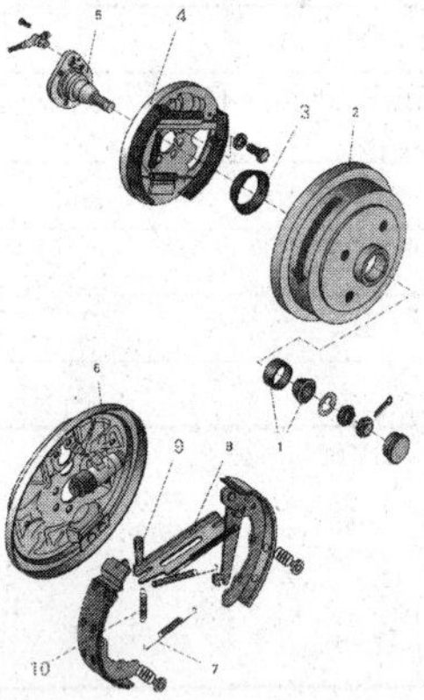

序 号	名 称
1	
2	
3	
4	
5	
6	
7	
8	
9	
10	

2．鼓式制动器分析。

原理图	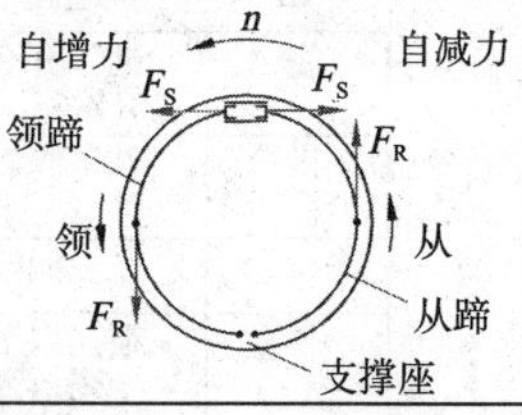
名 称	
定 义	
结构特点	
工作原理	

3．鼓式制动器的种类。

（1）非伺服制动器

名　称			
工作原理	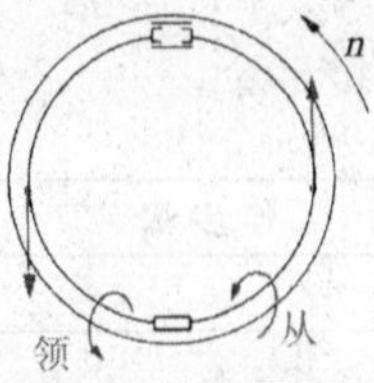	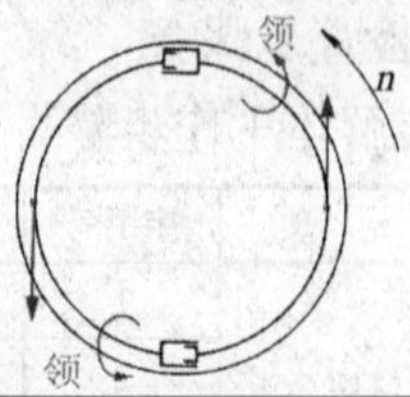	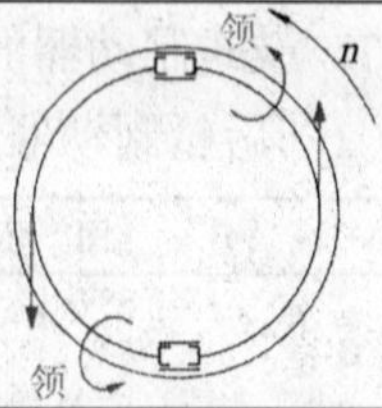
特　点			
前　行			
倒　车			

（2）伺服制动器

结　构			
工作原理	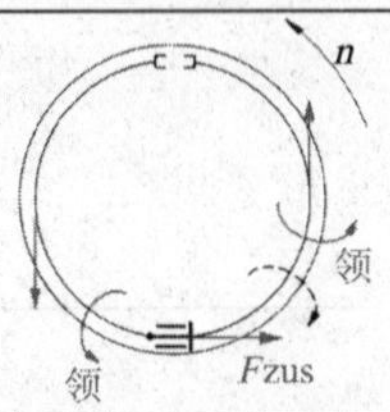	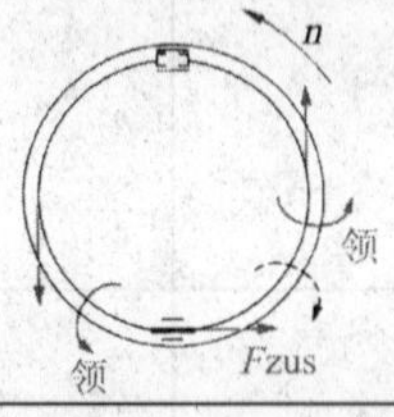	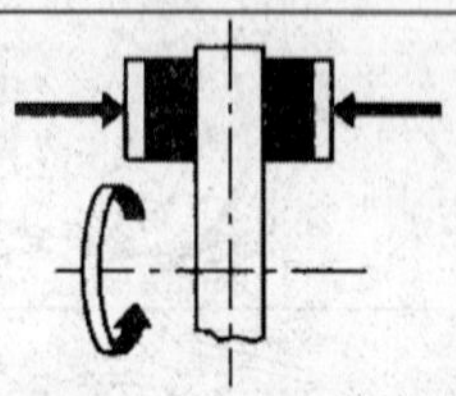
特　点			
前　行			
倒　车			

4．根据下图说出鼓式制动器的自动调节器机构的主要组成和工作原理。

组成：________________________________

____

____

____

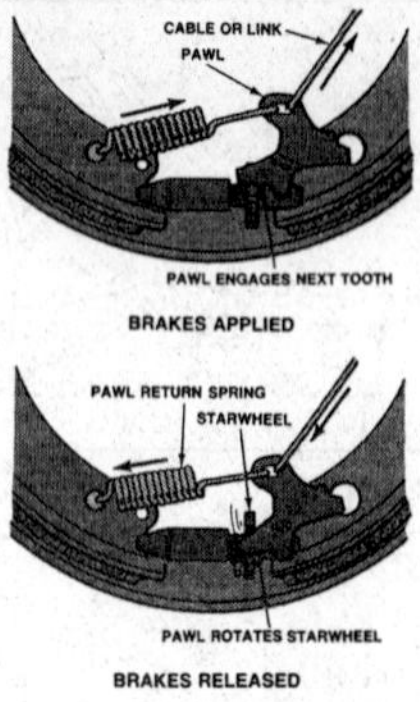

工作原理：________________________________

____

____

5．鼓式制动器的优点。

____

____

6．鼓式制动器的缺点。

____

7. 鼓式制动器的更换与检查步骤。

（1）后轮制动器的拆卸与解体工作步骤。

图　示	序　号	工作步骤	工　具
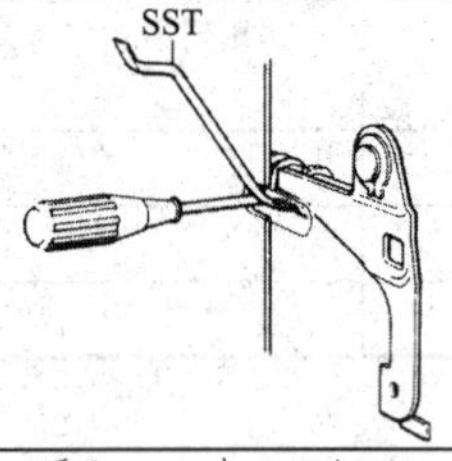	1		
	2		
	3		
	4		
	5		
	6		
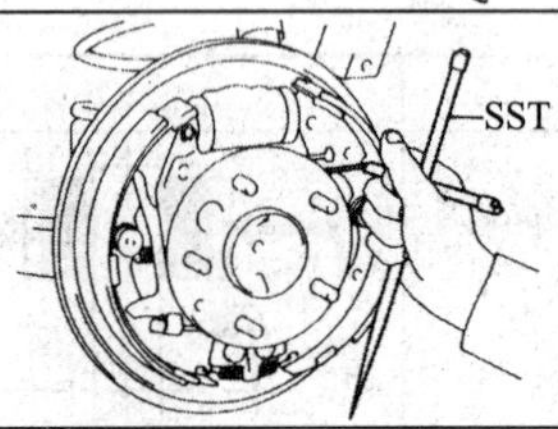	7		
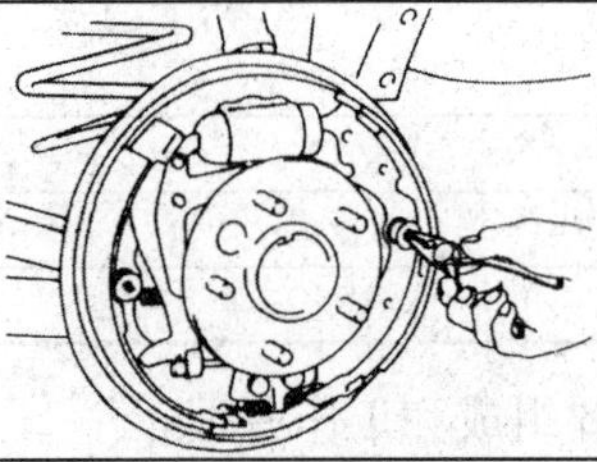	8		
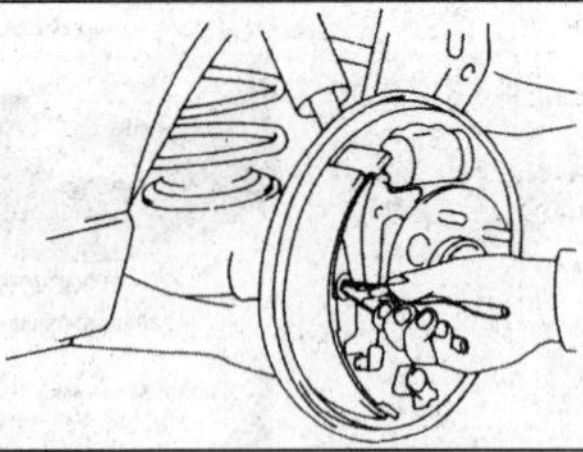	9		
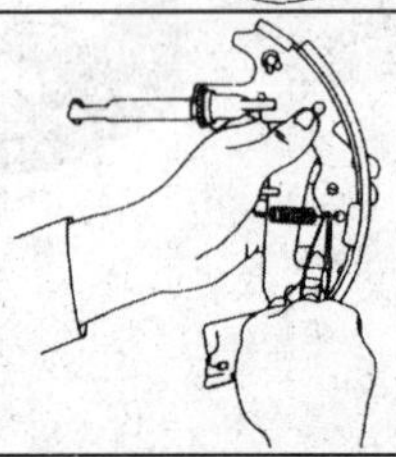	10		
	11		
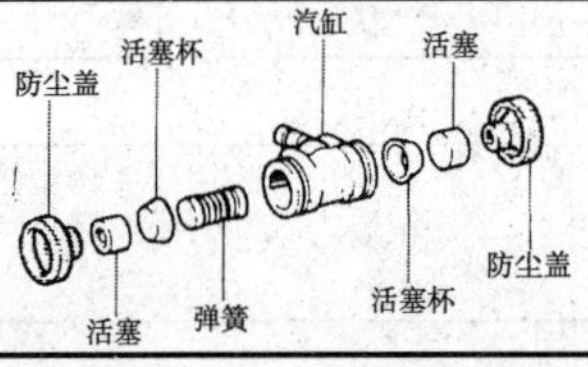	12		

（2）制动蹄片的检查。

图　示	检　查	标　准	工　具
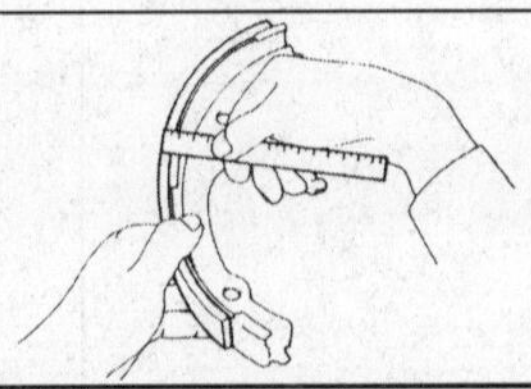	厚 度		
	表 面		
	磨 损		

（3）制动鼓的检查。

图　示	检　查	标　准	工　具
	内径		
	表面		
	变形		
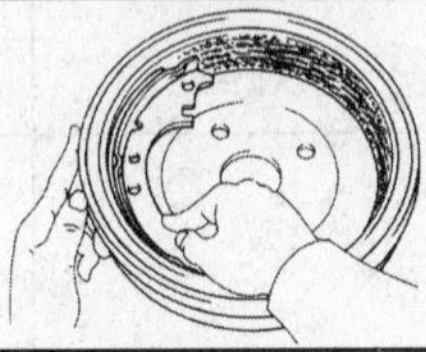	配合		

（4）制动泵检修。

____

（5）各种弹簧检查方法。

____

（6）调整螺母。

____

（7）制动底板。

____

（8）后轮制动器的装配与调整工作步骤。

图　示	序　号	工作步骤	工　具
	1		
	2		
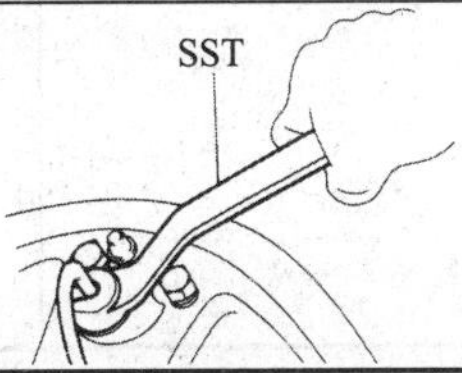	3		

续表

图　示	序　号	工作步骤	工　具
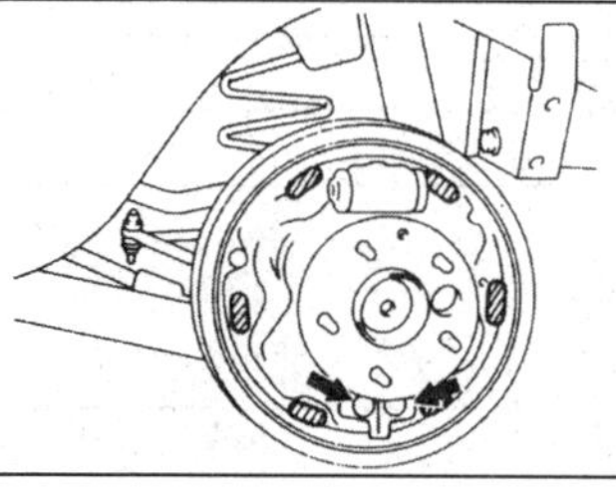	4		
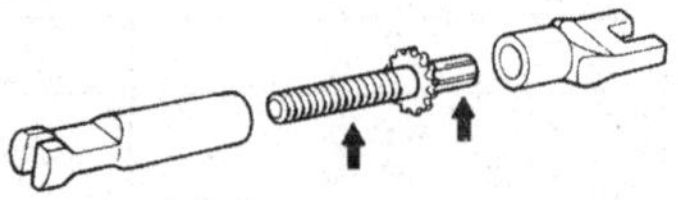	5		
	6		
	7		
	8		
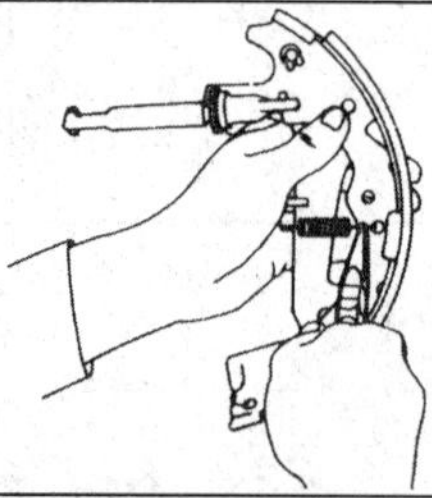	9		
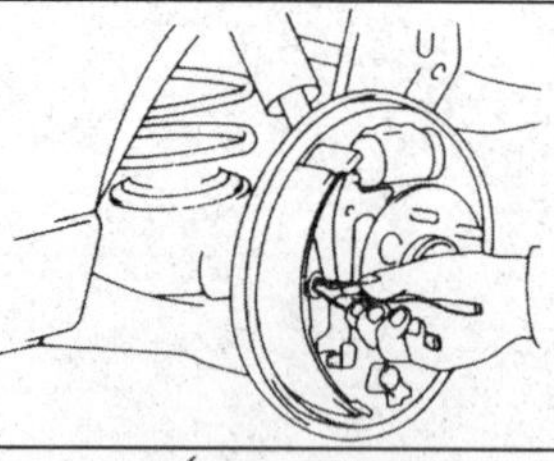	10		
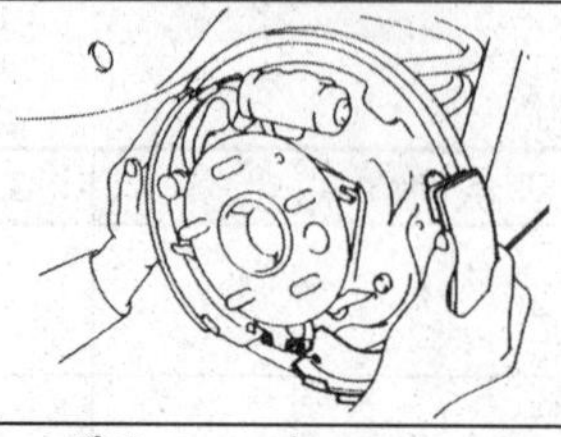	11		
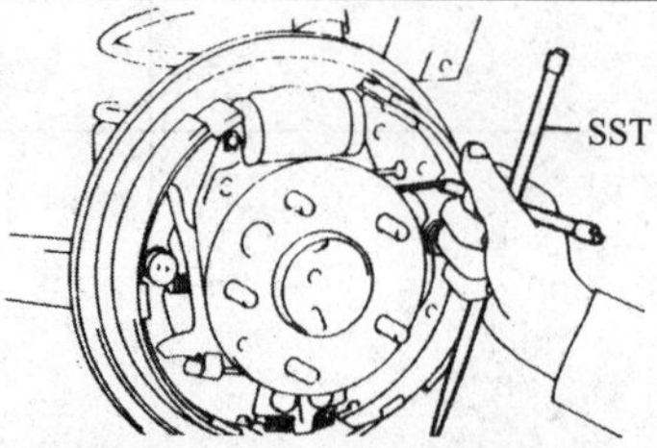	12		

续表

图 示	序 号	工 作 步 骤	工 具
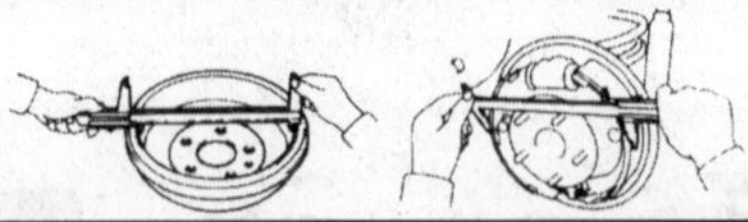	13		
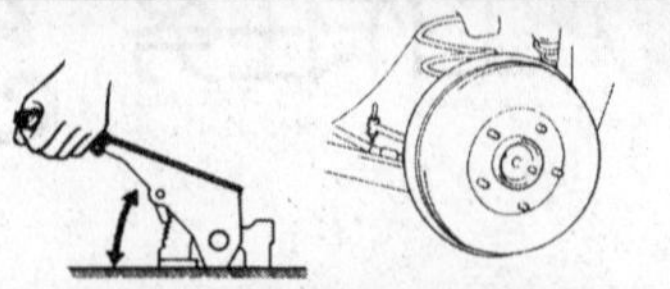	14		
	15		
	16		

8．鼓式制动器的故障分析。

（1）一端磨损严重则表明制动鼓__________，如制动蹄片磨损不均匀，则可能是制动鼓变成______所致。

（2）对于直径是 180mm，其磨损后允许的最大直径为________________。

（3）对于制动鼓表面划痕处理，较轻________，中度________，严重____________。

（4）温度过高或不让制动鼓慢慢冷却将造成制动鼓__________________________。

（5）弹簧变色是弹簧工作时____________的表现。

9．如何正确调节驻车制动器？

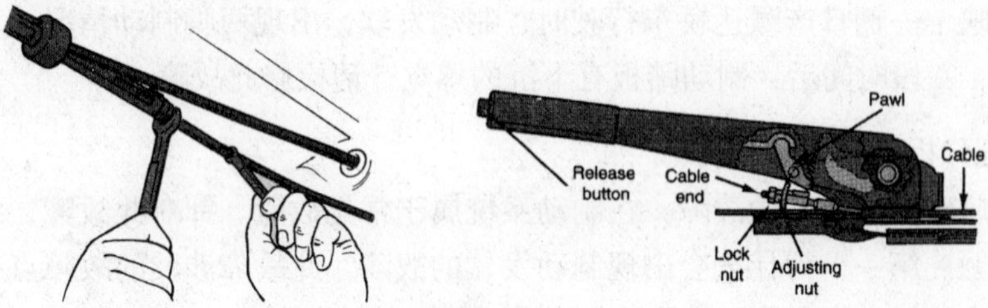

序 号	调 整 步 骤	工 具

10．经检查驻车制动器拉索膨胀，是何原因？会造成何后果？

____

____

____

11．政府法规要求驻车制动器应该能够在倾角为____的斜坡上使满载的汽车保持静止。

12．在调节驻车制动器以前，应该先将_________________调节正确。

工作任务 5

制动总泵的检修

导 向

1. 任务描述

客户反映：一辆日产颐达轿车行驶时，制动发软，出现两脚制动情况，而且当车辆在等红灯时，一段时间后，制动踏板有下沉的感觉，请检修此故障。

2. 任务分析

本故障属于制动发软的故障，在制动系统属于常见故障。针对此故障，维修人员应处理两个问题。第一，为什么会出现制动发软的故障？此故障涉及的故障点有哪些？第二，根据故障分析，作出故障排除计划，最后排除故障。

要想解决第一个问题，那么就需要维修人员对此故障作出正确的判断，此故障涉及的面比较广，但主要是制动总泵的问题，需要对制动总泵的结构特点、工作原理有所了解。要想解决第二个问题，就需要掌握制动总泵的检修方法、工作流程和注意事项。

信 息

制动总泵是整个制动系统的心脏。只有在驾驶员踩下制动踏板时才有制动力。驾驶员通过制动踏板将脚上的力作用于封闭的液压系统。

1. 制动总泵的基本结构

制动总泵主要由三部分构成，即储油罐、主缸体和主缸活塞。储油罐和主缸体通过补液孔和排液孔相通，为主缸工作提供制动液，如图 5-1 所示。

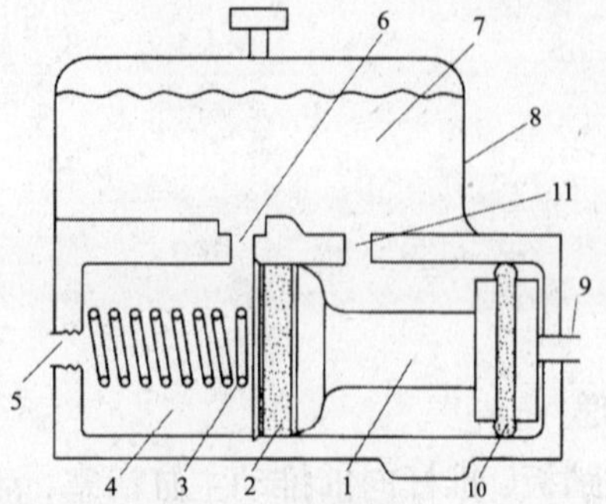

1—活塞；2—皮碗；3—弹簧；4—压力腔；5—主缸输出口；6—补液口；7—制动液；8—储液罐；9—推杆；10—密封圈；11—排液孔

图5-1　制动总泵

主缸活塞形状如图 5-1 所示，其中间比较细，一端有密封圈，防止制动液泄漏，另一端是带有皮碗的活塞头，皮碗的柔性唇缘既可以密封活塞前腔中的制动液，也能弯曲使活塞后腔中的制动液通过周边流向前腔。

按法规，轿车必须配备两个独立的制动回路，一个串接主缸就可以达到两个独立的制动回路，串接主缸是由两个主缸串接而成。如果一个制动回路失效，则在另一个制动回路中还可建立制动压力。

制动总泵的基本结构如图 5-2 所示。

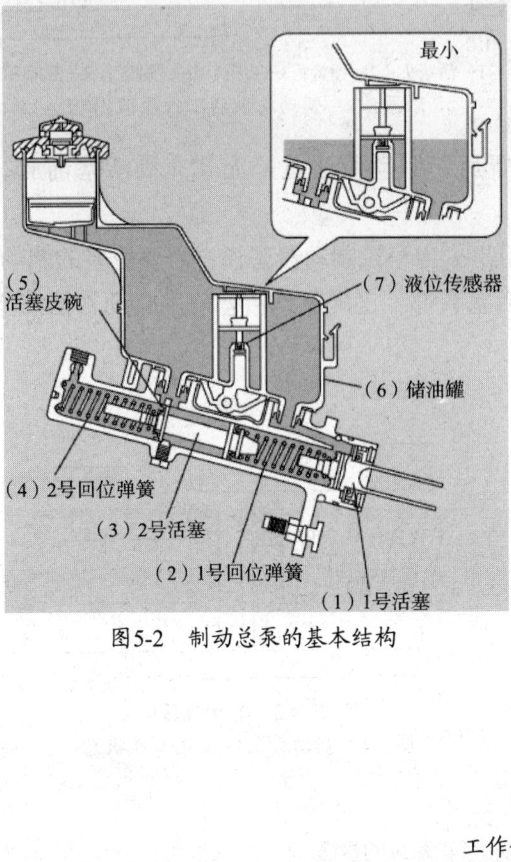

图5-2　制动总泵的基本结构

（1）1 号活塞

（2）1 号回位弹簧

（3）2 号活塞
（4）2 号回位弹簧
（5）活塞皮碗
（6）储油罐
（7）液位传感器

2．制动总泵的工作原理

制动时，驾驶员踩制动踏板，推杆向前推动主缸活塞，活塞带动皮碗一起向前移动。当补液孔被盖住时，具有一定压力的制动液体被输送到车轮制动器，使制动器工作。解除制动后，主缸内的回位弹簧迫使活塞迅速移回原位，活塞移动的速度快于制动液回主缸速度。为了避免活塞移动时，其前腔产生低压区，而影响活塞的回位速度，必须在活塞移动时，适时地为活塞前腔补充制动液。图 5-3 所示为物动总泵的工作原理图，储油罐中的制动液通过排液孔流到活塞后腔。

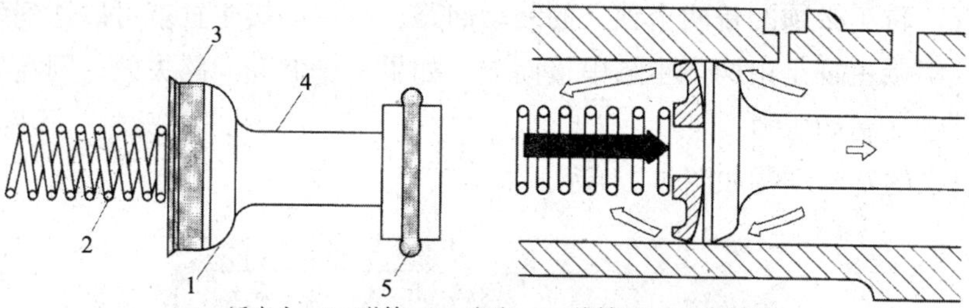

1—活塞头；2—弹簧；3—皮碗；4—线轴区；5—密封圈

图5-3　制动总泵的工作原理图

活塞回到静止位置后，制动液通过补充孔充满活塞前腔，皮碗再次密封住活塞头部。

排液孔另一个作用是：当车轮制动器磨损，需要更多的制动液补充时，储油罐中的制动液可从排液孔、活塞头部、皮碗流到活塞前腔自动补偿需要的制动液量，如图 5-4 所示。

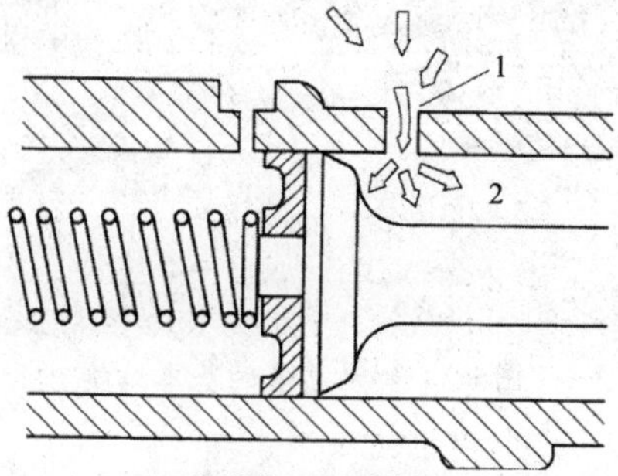

1—排液孔；2—活塞后腔

图5-4　制动总泵排液孔工作状态

3. 双主缸制动总泵工作过程

当踩下制动踏板时，把力通过推杆传送到总泵，推动活塞对制动液施加压力，总泵内的液压力通过制动管线传送到各个轮缸。

（1）正常运行，制动器不用时

此时总泵内各部件的位置关系如图 5-5 所示。

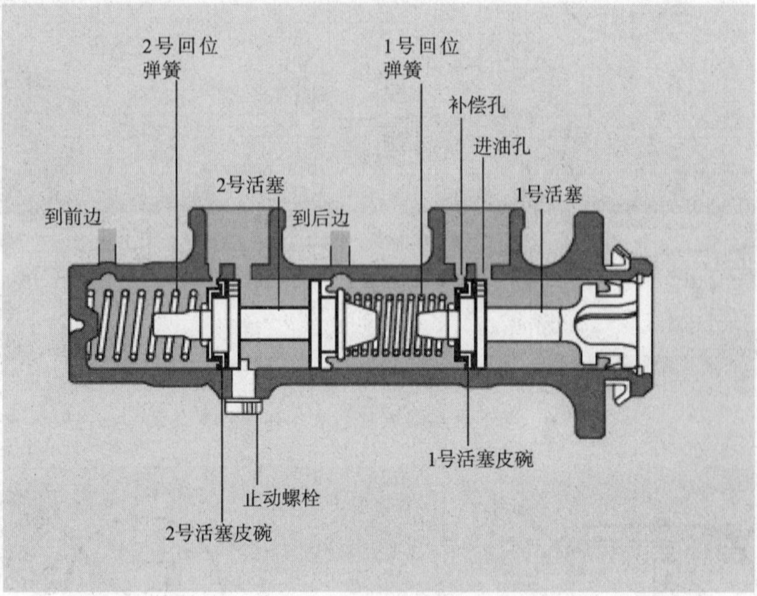

图5-5　未制动时总泵内各部件位置关系

1 号和 2 号活塞的活塞皮碗定位在总泵进油孔口与补偿孔口之间，总泵与储液箱之间形成一个通道。

由 2 号回位弹簧的力把 2 号活塞推到右边，但用一个止动螺栓防止其继续进去。

（2）正常运行，踩下制动踏板时

此时总泵内各部件的位置关系如图 5-6 所示。

1 号活塞移动到左边活塞皮碗封闭补偿孔口，阻塞总泵与储液箱之间的通道。当活塞推得更远时，增加了总泵内的液压力。该压力作用在后轮缸上。由于此液压力推动 2 号活塞，2 号活塞与 1 号活塞以相同的方法工作，作用在前轮缸上。

（3）正常运行，放松制动踏板时

此时总泵内各部件的位置关系如图 5-7 所示。

由液压力和回位弹簧的力把活塞返回到原位上。但是，因为制动油液不会马上从轮缸中返回，总泵内部的液压力会暂时向下降（形成真空）。结果是储油箱里的制动油液就通过进油口从活塞顶部上的许多小孔流入总泵和活塞皮碗四周。活塞已返回到其原位后，从轮缸渐入储液箱。补偿孔还吸收由于温度变化而可能在缸内发生的制动油液容积的变化，这防止了在不使用制动器时出现的液压力升高现象。

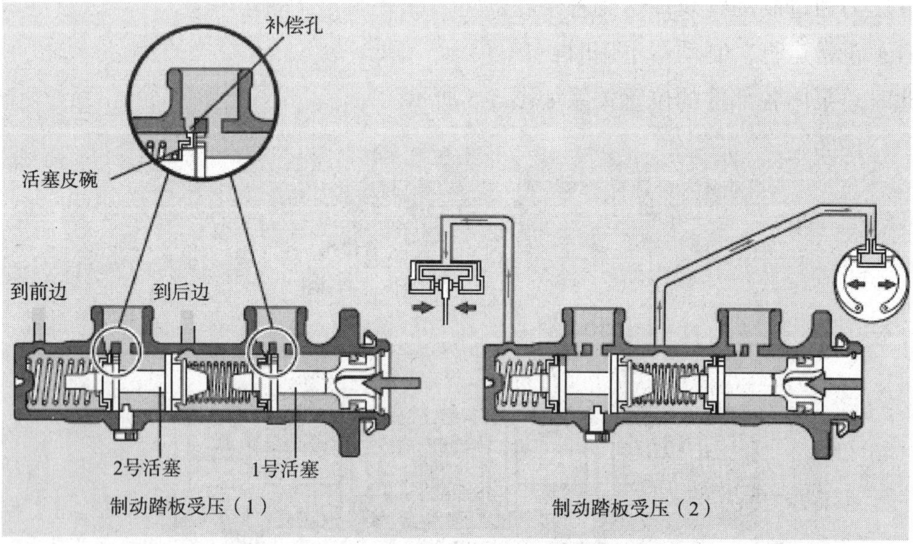

图5-6　踩下制动踏板时总泵各部件位置关系

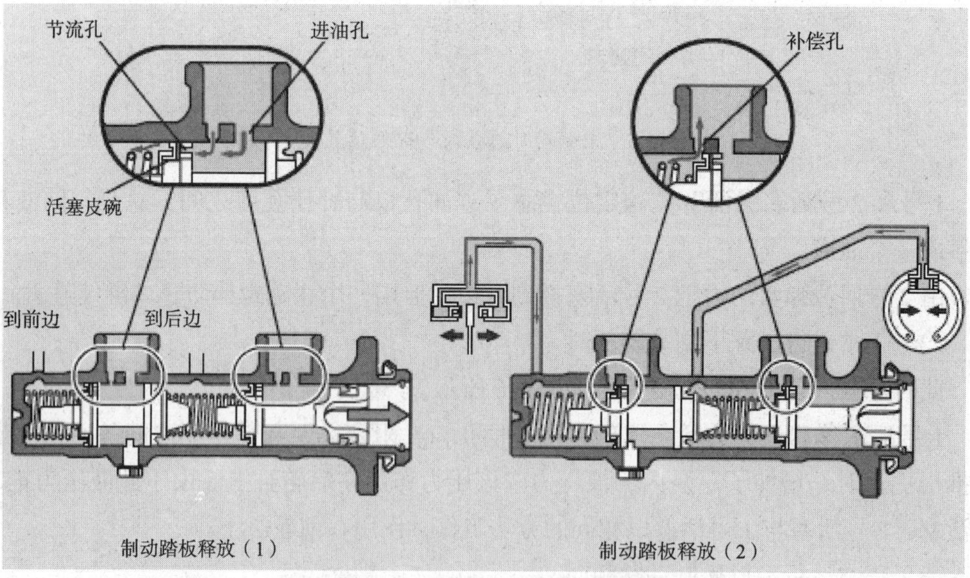

图5-7　松开制动踏板时总泵各部件位置关系

（4）后侧油液泄漏

当后侧工作腔油液泄漏时，总泵工作情况如图 5-8 所示。

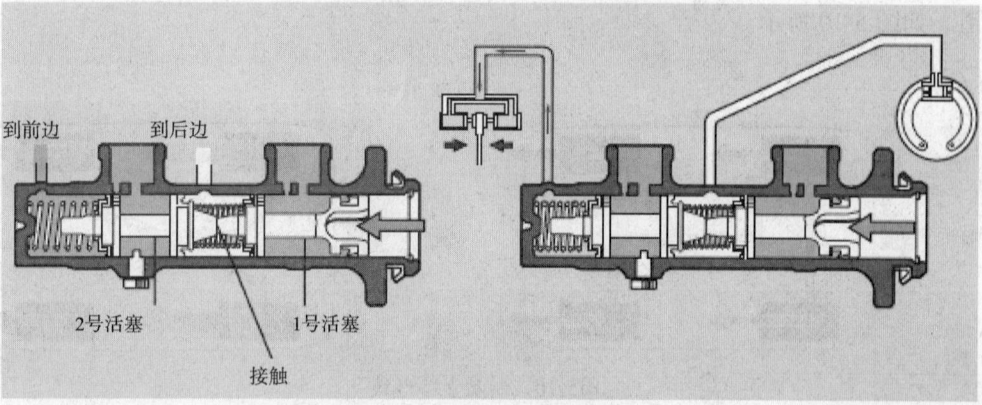

图5-8　后侧油液泄漏时总泵工作情况

当踩下制动踏板时，1 号活塞移动到左侧，但是在后侧不产生液压力。因此，1 号活塞压缩回位弹簧，触发 2 号活塞，并推动它，2 号活塞增加总泵前端的液压力，让两制动器在总泵前开始工作。

（5）前侧油液泄漏

当前侧工作腔油液泄漏时，总泵工作情况如图 5-9 所示。

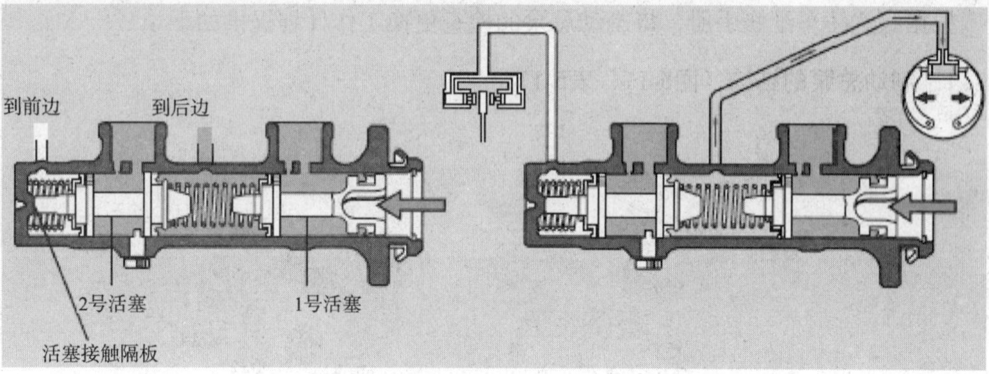

图5-9　前侧油液泄漏时总泵工作情况

因为液压力不在前侧产生，2 号活塞前移，直到它触发到总泵远端的壁为止。当 1 号活塞更远地推向该位置的左侧时，液压力在总泵的后侧就增加，让两只制动器从总泵后端开始工作。

4．制动管路

制动液压系统被分隔成两个系统的管线，主要防止制动管线破裂，制动油缸泄漏出来，制动器就不再工作。把总泵送到两个系统的液压力传送到制动钳或者轮缸。制动管线布置在 FR 车辆上，制动管线被分成前轮系统和后轮系统，而在 FF 车辆上，采用对角管道，如图 5-10 所示。

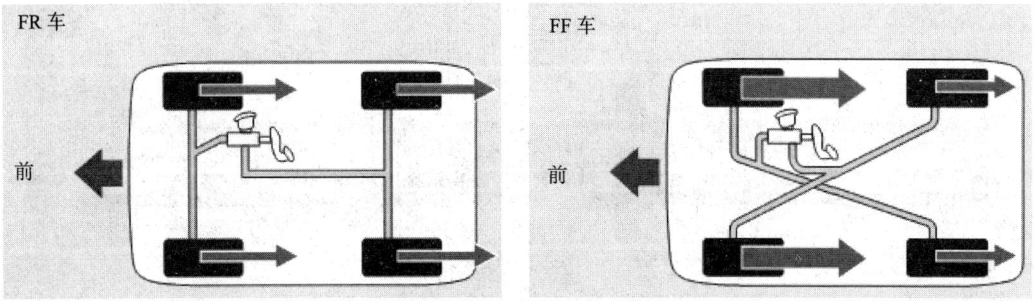

图5-10　制动管路形式

因为在 FF 车辆中施加到前车部的负载很大，所以前轮用的制动力要比后轮的大。为此，如果用于 FR 车辆的同样制动管线系统用在 FF 车辆中，如果前轮制动系统失灵，制动力就太弱，所以使用连接右前轮 / 左后轮和左前轮 / 右后轮的对角管线系统。这样，如果一个系统失灵，另一个系统仍保持一定程度的制动力。

计 划

根据颐达轿车维修手册，将制动总泵的检查更换工作计划提供如下：

1．制动总泵的结构（图5-11、表5-1）

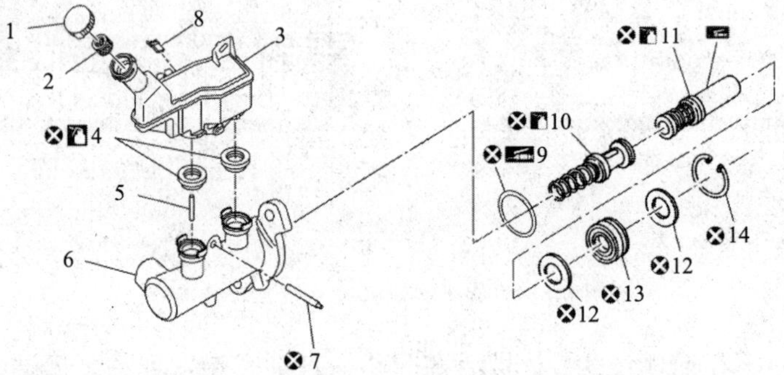

1—储液罐盖；2—机油滤清器；3—储液罐；4—密封圈；5—活塞限位器；6—缸体；7—销；8—制动液位开关接头；9—O形圈；10—副活塞总成；11—主活塞总成；12—板；13—导向零部件；14—卡环

图5-11　颐达轿车制动总泵结构

表5-1　制动总泵的结构

制动总泵规格	
缸筒内径	22.22mm（0.875in）

2．故障诊断（表5-2）

表5-2　故障诊断

故障现象	故障原因
制动踏板发软 制动踏板下沉	制动系统泄漏或管路内有空气
	制动总泵损坏
	制动片与制动鼓之间距离不当

3．检修流程（图5-12）

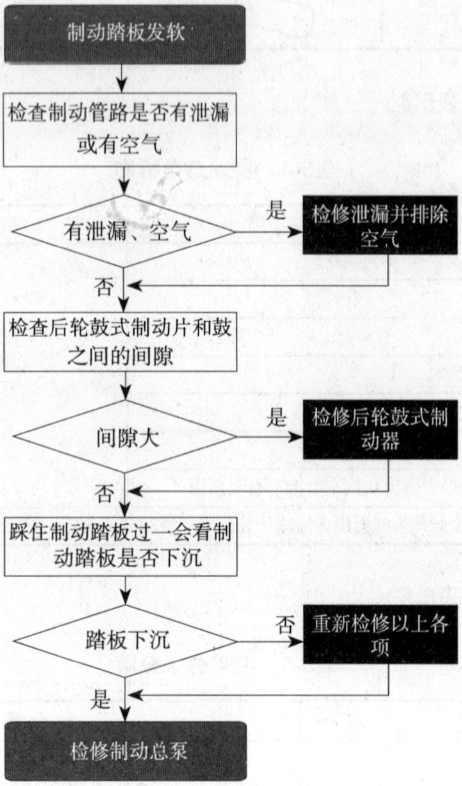

图5-12　制动总泵检查流程图

实 施

1．实施准备

材料：制动液1桶、抹布若干；

设备：颐达轿车1台、举升机1台、损坏的制动总泵若干、钳夹1台；

工具：常用工具一套、专用工具（表5-3）。

表5-3　专用工具

工具编号 工具名称	工具图示	使用说明
GG94310000 油管螺母套头 *a*：10mm（0.39in）	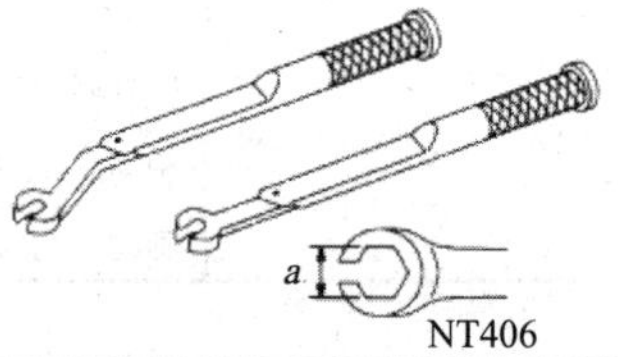	安装制动油管
尖冲头 端部直径：4mm（0.16in）		拆卸与安装储液罐固定销

2．制动总泵拆卸（表5-4）

表5-4　制动总泵拆卸

序　号	拆卸步骤	拆卸图示
1	排出制动液	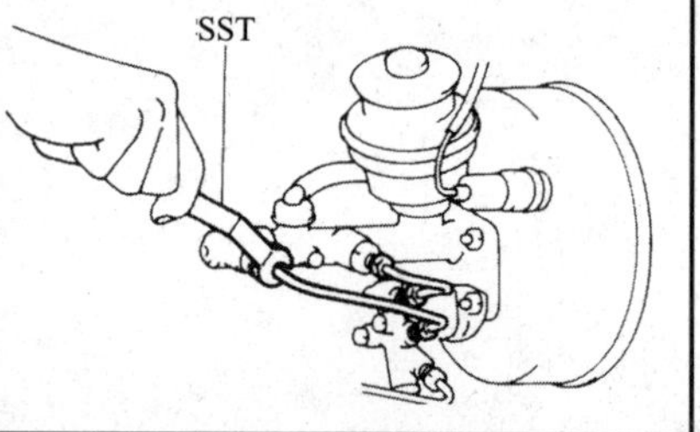
2	拆下蓄电池	
3	拆卸空气管	
4	拆卸空气滤清器	
5	断开制动液液位开关线束接头	
6	使用油管螺母套头从总泵上拆下制动管	
7	拆卸总泵总成固定螺母，然后从汽车上拆下总泵总成	
注意：不要将制动液溅到漆面上，否则会损坏油漆。如果制动液溅到漆面上，请立即用干布擦拭并用水清洗干净		

3．制动总泵分解（表5-5）

表5-5　制动总泵分解

分解图示	序号	分解步骤
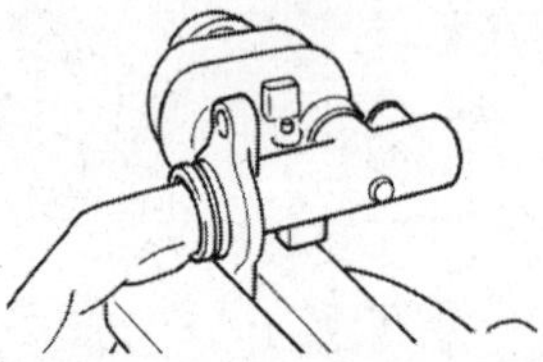	1	如图所示，将缸体法兰部分固定在卡钳中。 注意： • 使用铜皮或布料裹住法兰，以便固定在卡钳中而不受损。 • 将总泵总成固定到钳夹中时请勿夹得太紧。 • 工作时，用布盖住主活塞连杆以免被损坏
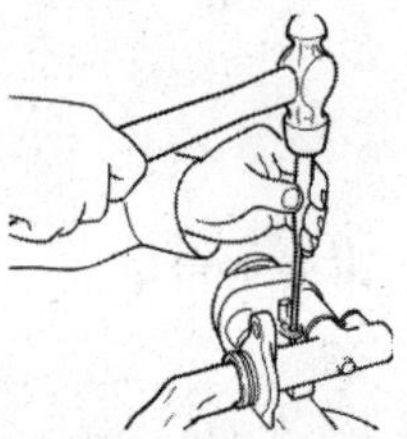	2	使用尖冲头[通用维修工具：直径大约4mm（0.16in）]，拆卸储液罐上的固定销
	3	从钳夹上拆卸总泵总成
	4	从缸体中拆卸储液罐和密封圈

续表

分解图示	序号	分解步骤
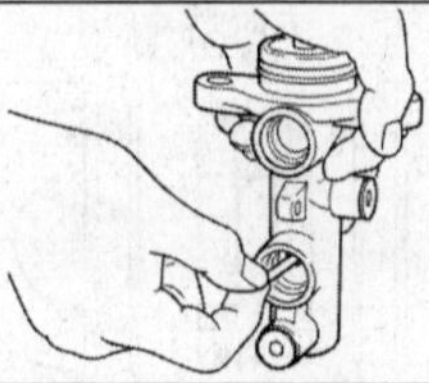	5	推动主活塞的同时，通过缸体上的次级油舱凸台上的孔洞，拆卸活塞止推器
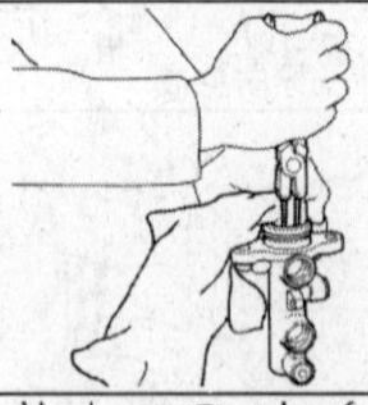	6	推动主活塞的同时，拆卸卡环。 注意： • 勿使活塞弹出
	7	握住主活塞连杆，拆卸主活塞总成，板与导轨总成，直向拉出零件，以防止活塞皮碗被缸体内壁夹住
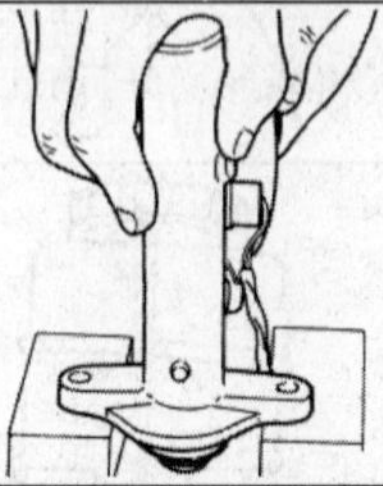	8	从主活塞上拆卸板和导向总成 注意： • 勿使连杆被板内壁碰损
	9	使用柔软的木块敲打法兰，并小心地笔直拉出副活塞总成以免损坏缸体内壁

4. 制动总泵分解后检查

• 检查缸体的内壁有无损坏、磨损、腐蚀和小孔。如果发现故障，更换缸体。

• 检查皮碗和密封胶圈有无发胀变形。

• 检查回位弹簧有无损坏。

5. 制动总泵组装（表5-6）

表5-6　制动总泵组装

序　号	组装步骤	组装图示
1	用制动液涂抹缸体内壁，主活塞总成及副活塞总成。 注意： • 清洗和组装时，切勿使用汽油、煤油等矿物油。 • 确保缸体内壁，活塞及活塞皮碗没有沾染污垢与尘土等异物。组装的时候，注意不要让维修工具伤及零部件。 • 请勿将零部件跌落。如果有零部件跌落，请勿再使用	副活塞总成 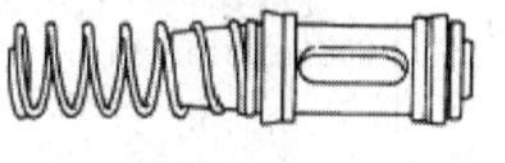 主活塞总成 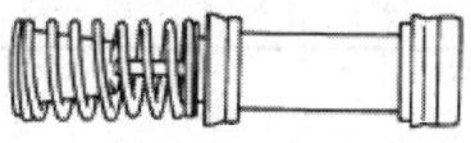
2	然后按此顺序将副活塞总成和主活塞总成插入缸体。 注意： • 注意活塞皮碗的方向，并笔直插入以免皮碗被缸体内壁夹住。 • 一定要把内部组件当成一个零件更换	
3	在推进主活塞时，将副活塞的切口与缸体上活塞止推器固定孔对齐。然后依据副活塞的切口位置，安装活塞止推器	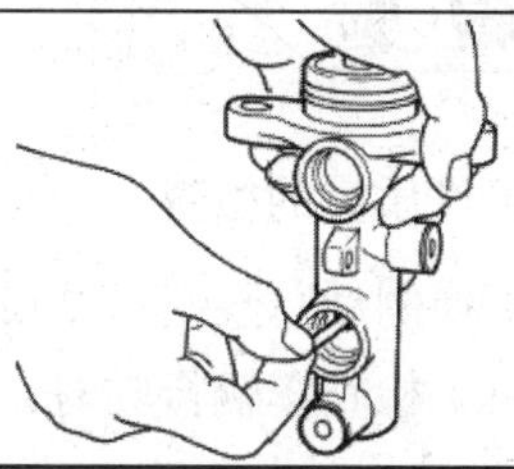

续表

序　号	组装步骤	组装图示
4	将板与导轨总成装入缸体。 注意： • 勿使主缸活塞碰损。 • 观察导轨总成的安装方向。 • 请勿跌落O形圈。 • 使导轨或板笔直插入缸体内壁	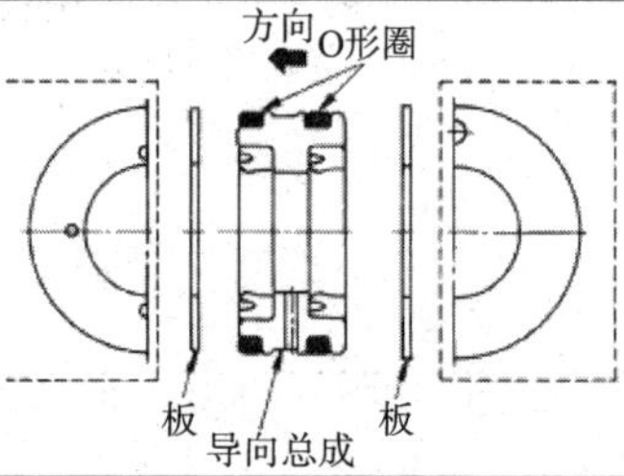
5	注意勿使主缸活塞连杆碰损，操作中最好辅以软布。推动主活塞，将卡环安装到缸体上。 注意： • 确认卡环已牢牢卡入缸体内直径凹槽中	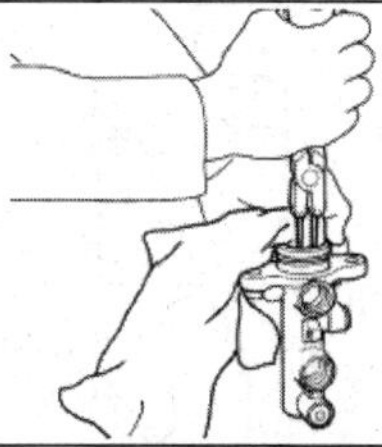
6	在密封圈上涂抹制动液，然后将它安装到储液罐中	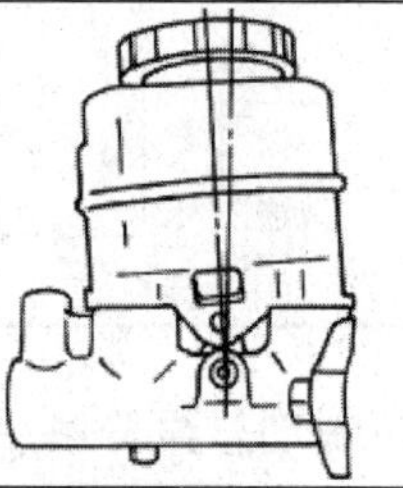
7	将储液罐安装到缸体上。 注意： • 观察储油箱的安装方向	
8	将缸体法兰部分固定在卡钳中。 注意： • 使用铜皮或布料裹住法兰，以便固定在卡钳中而不受损。 • 将总泵总成固定到钳夹中时请勿夹得太紧。 • 使缸体的制动管安装侧的一面朝上，以确保固定法兰（缸体的斜销孔向上）	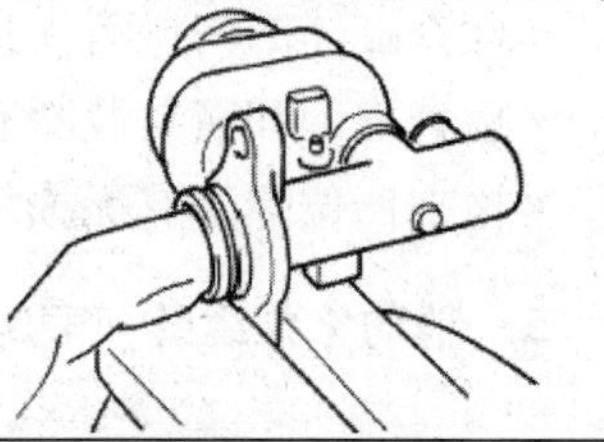
9	使用尖冲头 [通用维修工具：直径约4 mm（0.16 in）]，将储液箱的固定销插入销孔	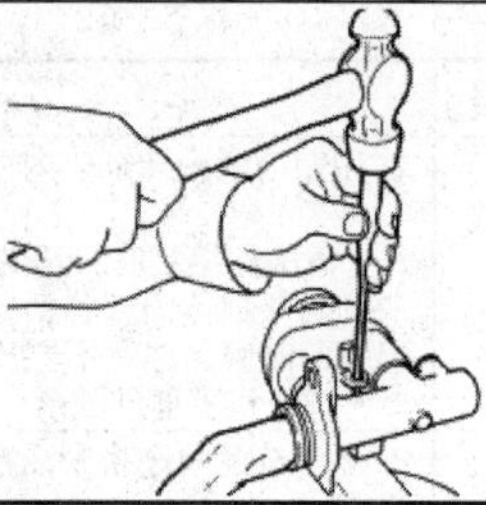

检　验

工作质量的检查

更换制动总泵工作结束后，车辆维修工确认是否所有部件和功能都正常。

（1）检查车辆行驶时，当踩下制动踏板，是否还有制动发软的现象。

（2）检查车辆停止时，当踩下制动踏板不动，过一会是否有制动踏板下沉的现象。

（3）将更换的配件和材料填写到工作单上，同时记录到检查表和保养手册中。

（4）检查车辆是否进行过清洁。

（5）通知客户所做的工作，交付检查表，解释结算单，提示下次制动系统检查的日期或其他检查出而没有维修的问题。

展 示

通过工作页的完成，学生展示学习效果和工作任务的完成情况。

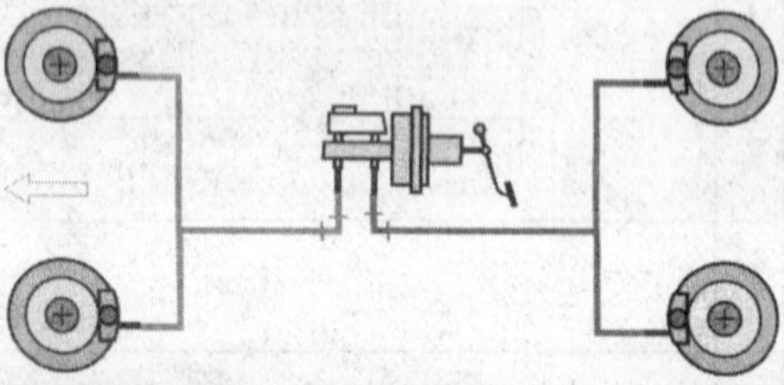

1. 请简述制动总泵的作用及特点。

作用：______________________

特点：______________________

2. 请将制动总泵的结构填入下表中。

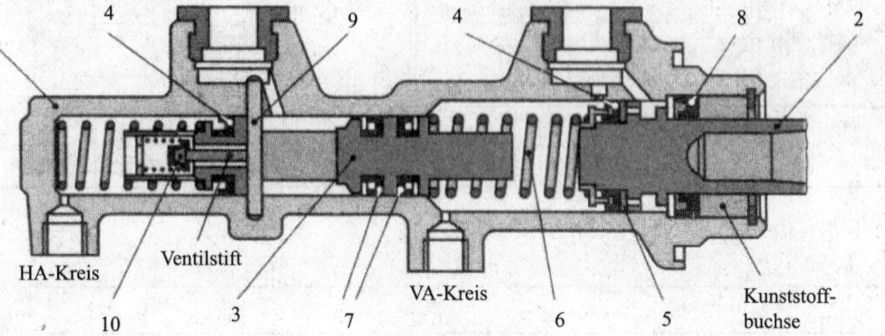

序　号	名　称	序　号	名　称
1		6	
2		7	
3		8	
4		9	
5		10	

3. 请写出鼓式制动器各状态工作过程的关键词。

图形	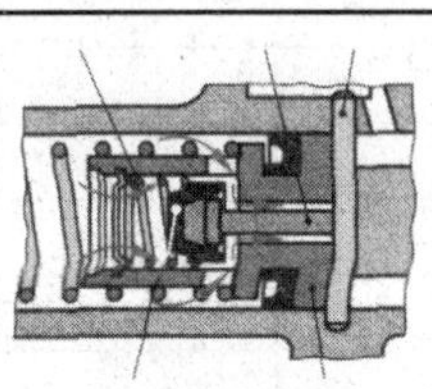	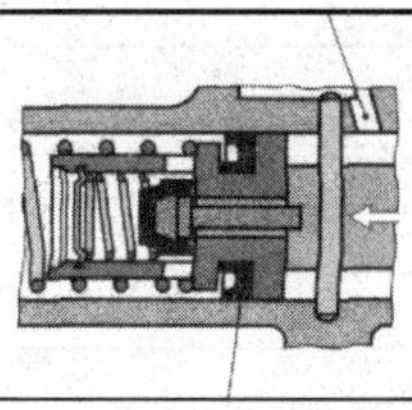	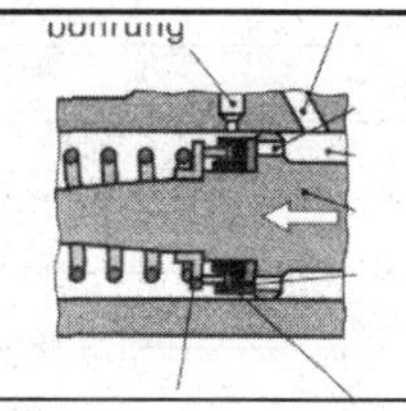	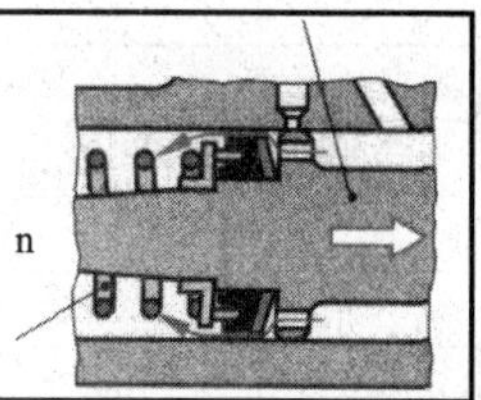
状态				

续表

工作过程				

4．请写出制动总泵失效时制动过程各个状态的关键词。

工作图示	a）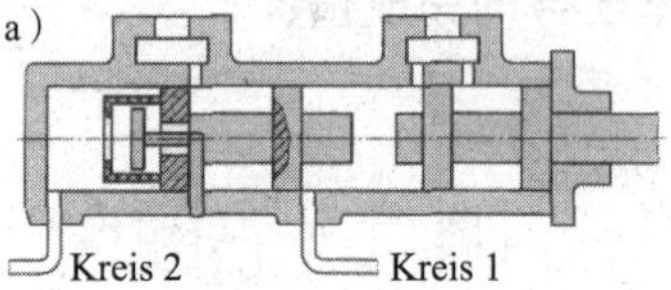	b）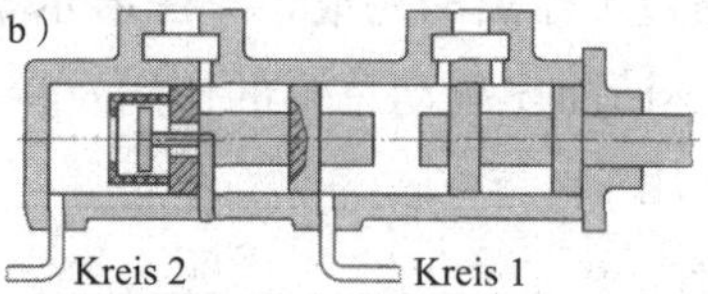
状态		
工作图示	c）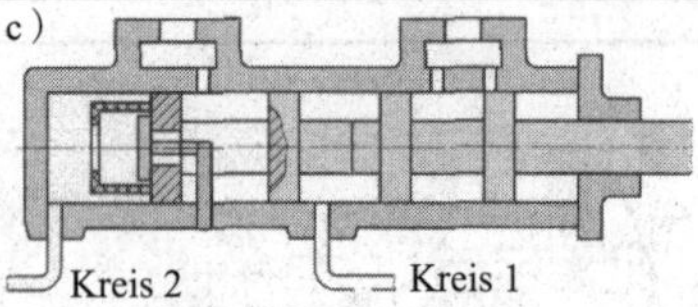	d）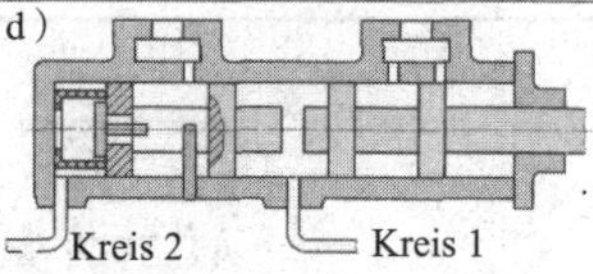
状态		

5．制动踏板行程过低，三条主要原因是什么？

6．如果制动踏板行程过低，如何检查？

7．请写出制动总泵的检查步骤。

序　号	检查步骤	工具/辅具

8．制动总泵分解检查主要有哪些方面？

9．铸铁主缸能否研磨，如有轻微的锈蚀应如何处理？

10．在装配主缸前用何清洗？

11．如果补偿孔由于某种原因被阻塞，车辆将会出现何种现象？是何原因？

12．如何检查补偿孔？

工作任务 6

真空助力器的检修

导向

1. 任务描述

一辆颐达轿车行驶时，出现制动发沉，制动距离长的故障，请问应如何检修?

2. 任务分析

本故障在制动系统属于常见故障。针对此故障，维修人员应处理两个问题。第一，为什么会出现制动发沉的故障？此故障涉及的故障点有哪些？第二，根据故障分析，作出故障排除计划，最后排除故障。

要想解决第一个问题，那么就需要维修人员对此故障作出正确的判断，此故障涉及的面比较广，但主要是制动真空助力器的问题，需要掌握真空助力器的结构和工作原理。要想解决第二个问题，就需要掌握制动真空助力器的检修方法、工作流程和注意事项。

信息

制动真空助力器是一种制动助力装置，它利用发动机真空与大气压之间压差产生与制动踏板力成正比的强大力（动力助力）来操纵制动器，制动真空助力器利用进气歧管里产生的真空。

1. 真空助力器的基本结构

真空助力器由下面零部件组成，结构如图 6-1 所示。

（1）阀操纵杆

（2）推杆

（3）助力器活塞

（4）助力器壳体
（5）膜片
（6）膜片弹簧
（7）阀体
（8）反作用盘
（9）空气滤清器
（10）阀体密封
（11）变压室
（12）恒压室
（13）单向阀

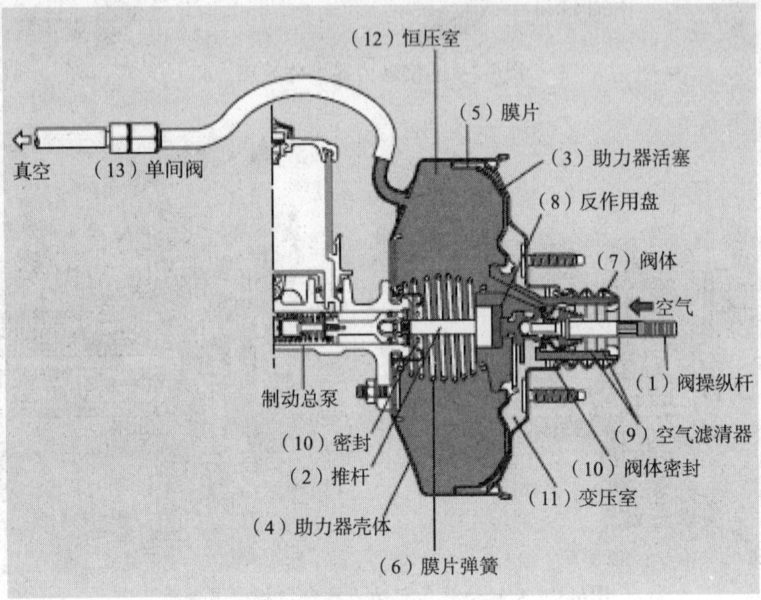

图6-1　真空助力器的结构组成

2．真空助力器的工作原理

真空助力器利用压差原理增加制动作用力。典型的真空助力器有一个增压室，通过一个柔性膜片将之分为两个小室。当柔性膜片一侧的空气压力大于另外一侧时，压力差便产生。为了平衡两个小室的压力，高压力的一侧空气推动该膜片向低压力空间的另一侧移动。力传递到膜片相连的推杆上，再加上驾驶员施加在制动踏板上的力，共同作用于制动总泵主缸，如图 6-2 所示。

该方式产生的力的大小与两侧的压差成正比，也就是说，压差越大，力也越大。力的大小等于压差乘以膜片表面积。

3. 真空助力器的工作过程

（1）制动器不工作时

制动器不工作时，变压室和恒压室连通，外部空气通道关闭，工作活塞或隔膜两侧的压力相同，真空助力器不工作，如图 6-3 所示。

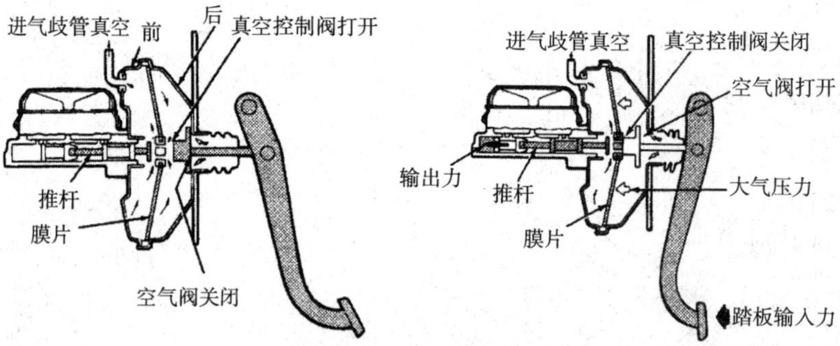

图6-2　真空助力器工作原理

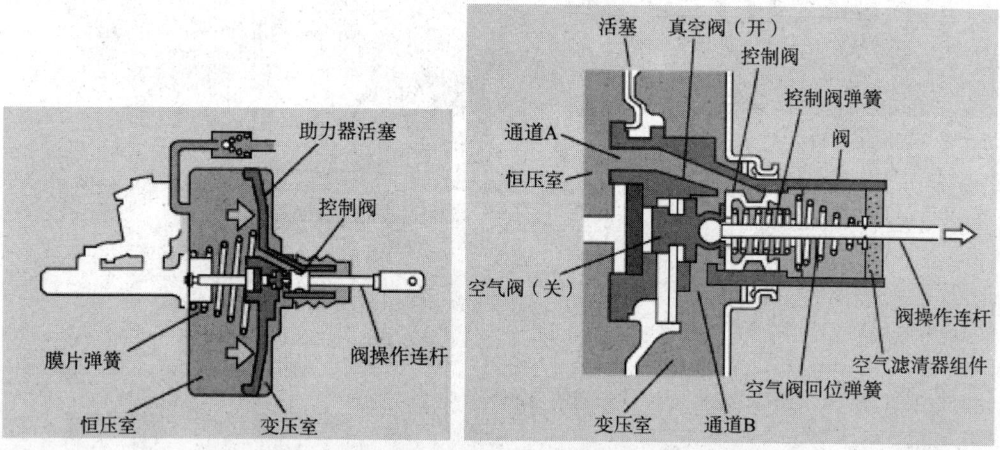

图6-3　未制动时真空助力器内结构位置关系

此时，空气阀连接在阀操纵杆上，并由空气阀回位弹簧将其向右拉动，控制阀由控制阀弹簧向左推动，这样使空气阀接触到控制阀。因此，防止通过空气滤清器滤芯的大气进入变压室。

在这种情况下，阀体的真空阀是与控制阀分开的，在通道 A 与通道 B 之间形成一个开口。由于在恒压室里始终有一个真空，所以此时在可变压力室也有一个真空，结果是由膜片弹簧将活塞向右推动。

（2）制动器工作时

当踩下制动踏板时，阀操纵杆推动空气阀，使它向左移动。这时可变压力室与外部空气连通，外部空气流入压力室内，工作室与真空室之间的压力差产生的作用力克服活塞回位弹簧力推移膜片、压杆和活塞向前移动，如图 6-4 所示。

由控制阀弹簧推到顶住空气阀的控制阀也向左移动，直到它接触到真空阀为止。这样阻塞通道 A 与通道 B 之间的开口。

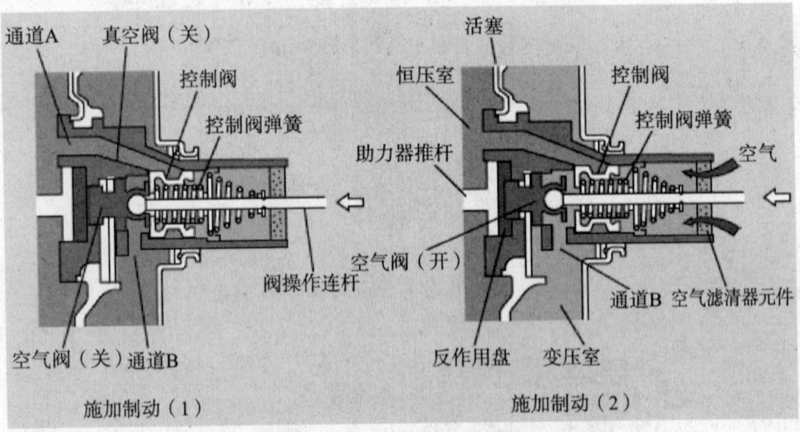

图6-4　制动时真空助力器内结构位置关系

当空气阀向左更远移动时，它将移动离开控制阀。这样让大气通过通道 B（通过空气滤清器芯后）进入可变压力室。恒压室与可变压力室之间的压力差使得活塞向左移动。这样又依次使反作用盘向左移动助力器推杆并增加制动力，如图 6-5 所示。

（3）保持状态

当达到所需的制动力，且制动踏板和主缸之间的反作用力达到平衡时，阀操纵杆和空气阀停止移动，但是，活塞由于压力差继续向左移动，控制阀弹簧使控制阀保持与真空阀接触，但是，与活塞一起移动，如图 6-6 所示。

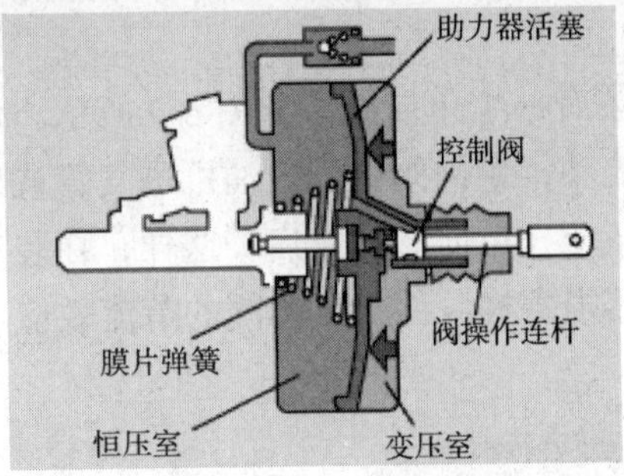

图6-5　制动工作时真空助力器工作状态

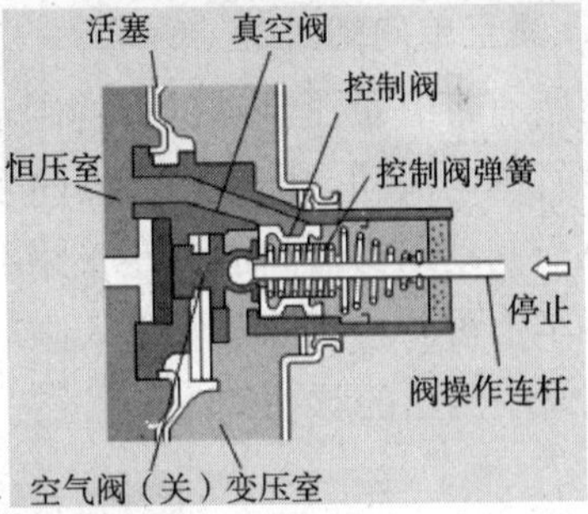

图6-6　保持状态真空助力器内结构位置关系

因为控制阀向左移动并接触到空气阀，防止了大气进入可变压力室，故可变压力室里的压力稳定。结果是在恒压室与可变压力室之间有一个恒定的压差，因此，活塞停止移动，仍保持现有的制动力，如图 6-7 所示。

（4）最大制动力

如果制动踏板踩到底时，空气阀就完全移动离开控制阀。在这种情况下，可变压力室注满大气，这时在恒压室与可变压力室之间压力差变得最大。这导致最大的助推力作用在活塞上，如图 6-8 所示。

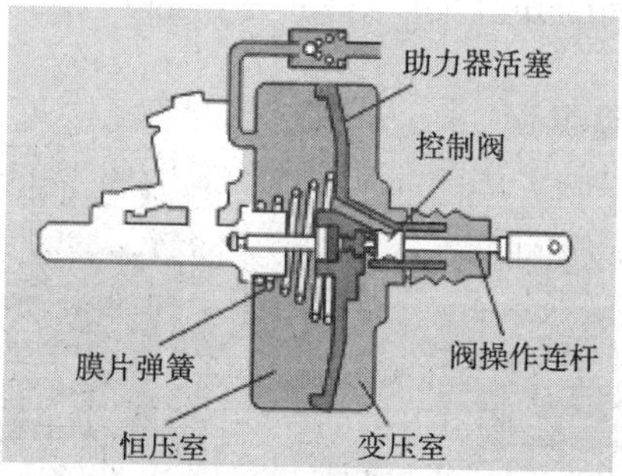

图6-7　保持状态真空助力器工作状态

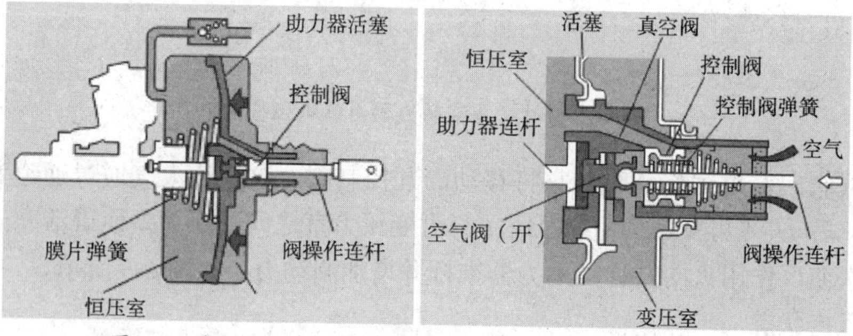

图6-8　最大制动力时真空助力器工作状态和结构位置关系

即使此后把附加力施加到制动踏板上，对活塞的助推力仍保持不变。附加力施加到助力器推杆上再原样传送到总泵上。

4．真空单向阀

在所有带有负压制动助力的制动系统上都装有一个单向阀，如图 6-9 所示。该阀只允许空气单向流动，即从助力器向发动机方向流动，单向阀位于汽油机进气管或柴油机真空泵与制动助力器间的负压管路上，只要有负压，单向阀就开启。这样，在装有汽油机的汽车上可防止燃油蒸气进入制动真空助力器损害橡胶件。单向阀的节流效应可抑制从进气管中流出的脉动气流。

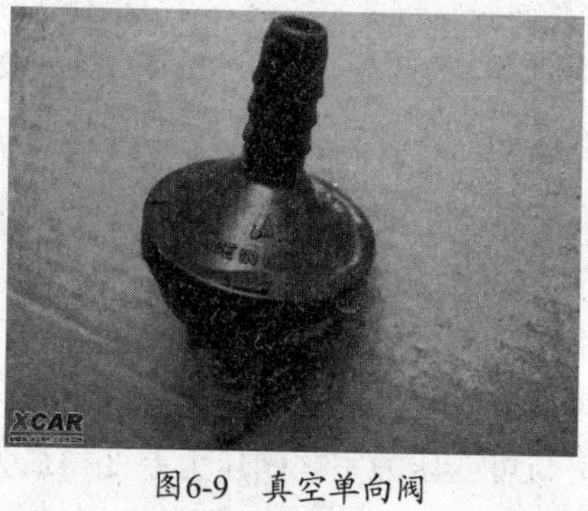

图6-9　真空单向阀

警告：

有时发动机回火会损坏单向阀，一旦发生，助力消失，制动沉重。

安装指南：

真空单向阀要按指向发动机进气管或真空泵的箭头方向安装在负压管路上，如安装错误，则无法实现单向阀的功能。单向阀要装在发动机进气管处，但不应因发动机的热辐射而损害它的功能。

计 划

根据颐达轿车的维修手册，将真空助力器的检查更换工作计划提供如下：

1. 真空助力器图示及型号（图6-10、表6-1）

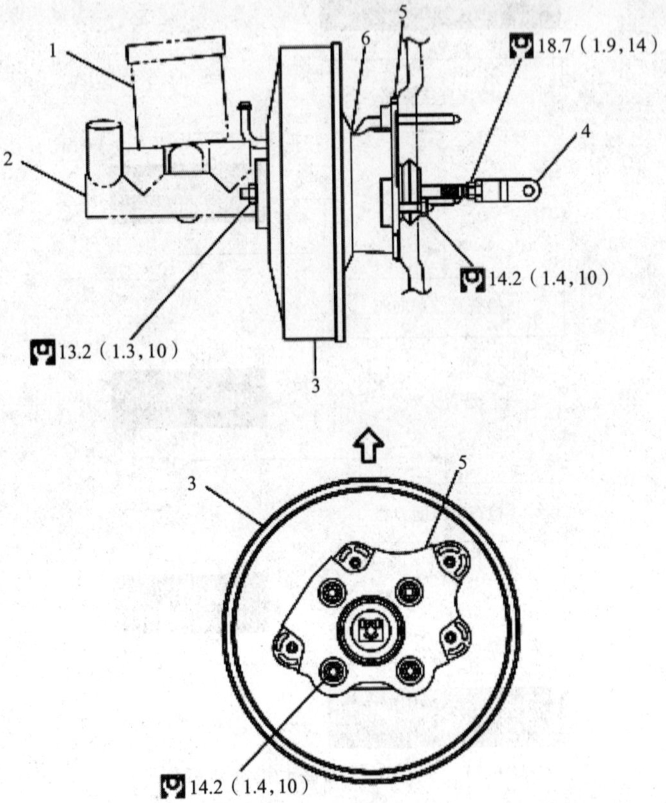

1—储液罐；2—主缸；3—制动助力器；4—叉杆；5—垫片；6—衬垫

图6-10 颐达车真空助力器

表6-1 真空助力器型号

真空助力器	助力器型号	C255
	膜片直径	255mm（10.04in）

2. 故障诊断——制动踏板力偏大（表6-2）

表6-2　故障诊断——制动踏板力偏大

故障现象	故障可能原因	排除方法
制动踏板力偏大感觉费力	真空制动助力器失效	检查真空助力器，确定真空助力器失效后更换
	真空管破损松脱	更换或紧固
	单向阀损坏	检查更换
	制动总泵或分泵损坏	检修或更换

3. 检修工作流程

制动踏板力偏大检修的工作流程如图 6-11 所示。

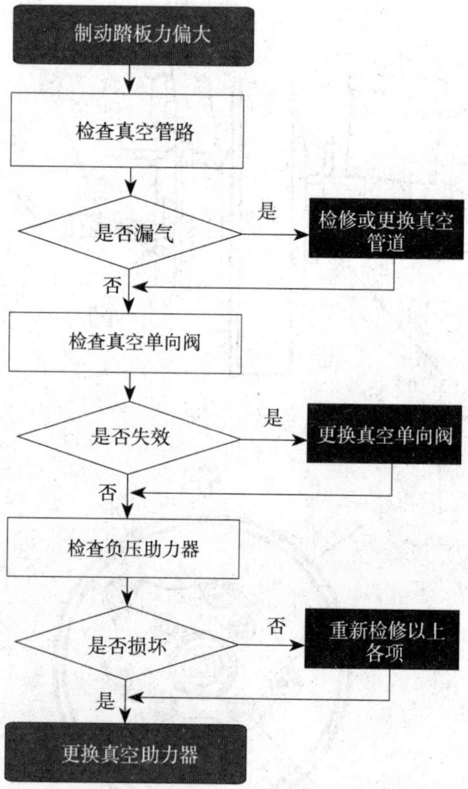

图6-11　制动踏板力偏大检查流程图

实　施

1. 实施准备

设备：举升机，颐达轿车 1 台；

工具：拆装工具一套、手动真空泵 1 个。

2. 制动真空管路检查

（1）制动真空管路（图 6-12）

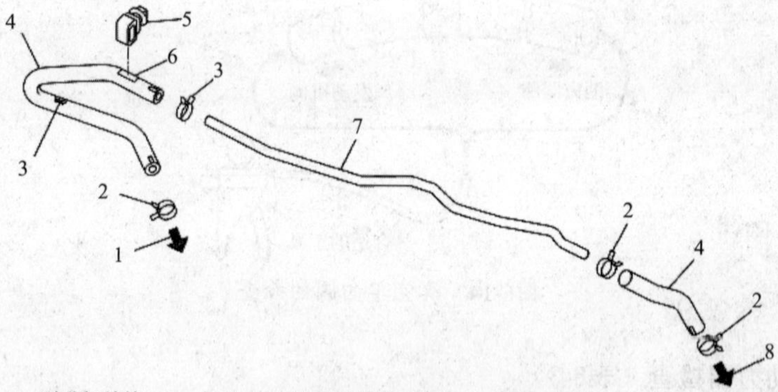

1—到进气歧管；2—卡子；3—发动机侧识别标牌（内置单向阀）；4—真空软管；
5—卡箍；6—卡箍位置印记；7—真空管；8—至制动助力器

图6-12　颐达轿车制动真空管路

（2）检查

目视检查：检查是否组装正确，有无损坏和老化，如图 6-13 所示。

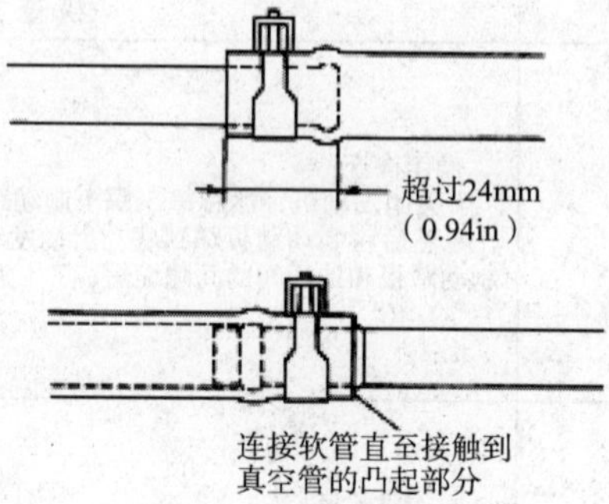

图6-13　真空管路的安装

注意：

• 因为真空软管中有单向阀，所以必须安装在正确的方向。为确认安装正确，请参见对应的印记或标签。如果软管安装方向出错，制动助力器将不能正常工作。

• 将真空软管至少插入 24mm（0.94in）。

• 切勿在组装时使用润滑油。

3. 真空单向阀检查

使用手动真空泵检查，如图 6-14 所示。

接至助力器侧（1）时：真空压力应该在 –66.7kPa（–500mmHg；–19.69inHg）下，最多下降 1.3kPa（10mmHg；0.39inHg），并持续 15s。

接至发动机侧（2）时：不要施加真空。

如果真空管出现损坏或者变形，将真空软管连同单向阀作为一个整体部件予以更换。

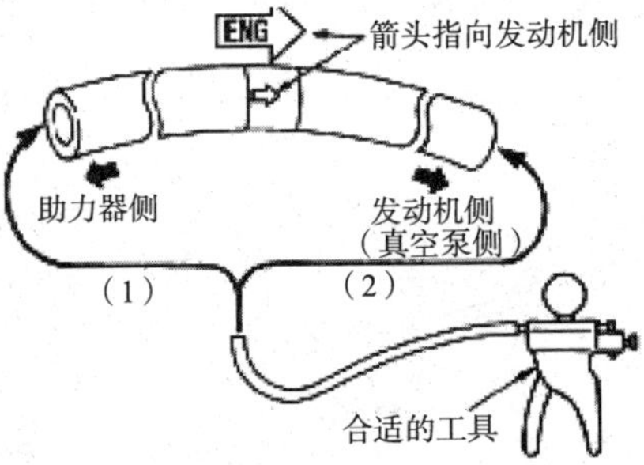

图6-14 真空单向阀的检查

4．制动助力器检查（表6-3）

真空助力器失效以后，驾驶员会感到制动效能下降，在踩踏制动踏板时，会感到发硬，阻力加大，这时应及时更换助力器总成。检查真空助力器的好坏还可按以下方法进行判断：

表6-3 制动助力器检查

检查图示	检查方法
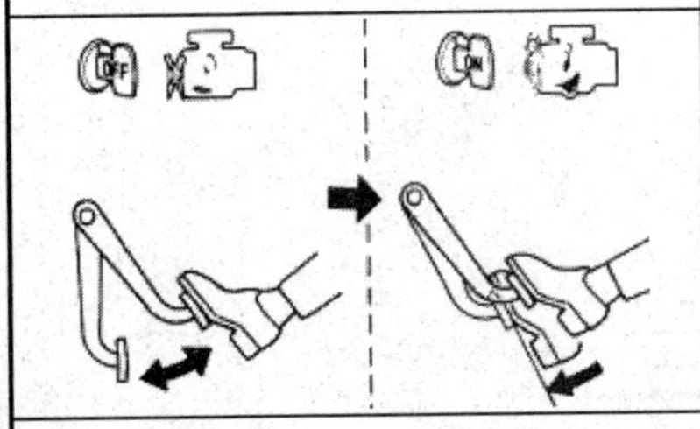	操作检查： • 关闭发动机，然后每5s踩下制动踏板一次，使真空气压变为大气压。 • 然后将制动踏板踩到底，启动发动机，当真空气压达到标准时，确认制动踏板和地板间的间隙缩短
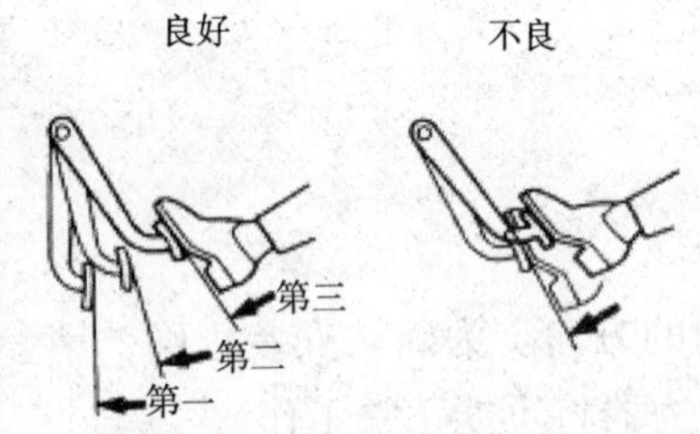	气密性检查： • 启动发动机空转大约1分钟，在助力器中呈现真空时关闭发动机。 正常踩下制动踏板，将真空气压变为大气压。确认制动踏板和地板间的距离慢慢增加。 • 在发动机运转时踩下制动踏板，然后踩住踏板关闭发动机。踩住踏板30s后踏板行程应该没有变化

检 验

工作质量的检查

更换真空助力器工作结束后，车辆机电维修工确认是否所有部件和功能都正常。

（1）检查制动距离是否过长和制动踏板是否过沉。

（2）检查工时符合厂商标准。

（3）将更换的配件和材料填写到工作单上，同时记录到检查表和保养手册中。

（4）检查车辆是否进行过清洁。

（5）通知客户所做的工作，交付检查表，解释结算单，提示下次制动系统检查的日期或其他检查出但没有维修的问题。

展 示

通过工作页的完成，学生展示学习效果和工作任务的完成情况。

1. 请简述真空助力器的作用。

____

____

____

____

2. 根据下图回答问题。

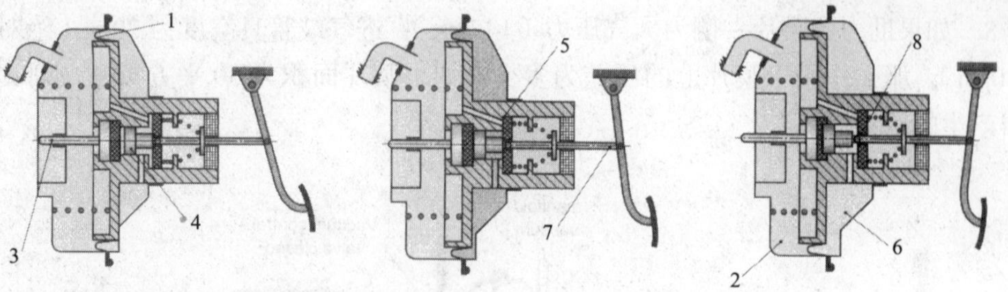

（1）说出上图中各部件序号的名称。

序 号	名 称	序 号	名 称
1		5	
2		6	
3		7	
4		8	

（2）结合上图解释真空助力器的工作原理，并分别用彩色笔画出？

3. 如果真空助力器损坏，车是否还有制动？将会导致什么结果？

____

4. 真空助力器的正常运转要求发动机能够提供至少________的真空。

5. 请写出真空助力器的测试步骤。

测试方式	测试步骤
运行测试	
漏气测试	

6．请简述真空助力器上单向阀的功能。

7．助力器推杆与总泵之间的间隙调整不当，将会造成何故障现象？

8．如果助力器膜片一侧为大气压力（14.7psi），进气歧管真空度为20hg（绝对压强为10psi），那么作用于膜片上的压差为多少？如果膜片面积为50平方英寸，则真空助力器产生的压力为多少？

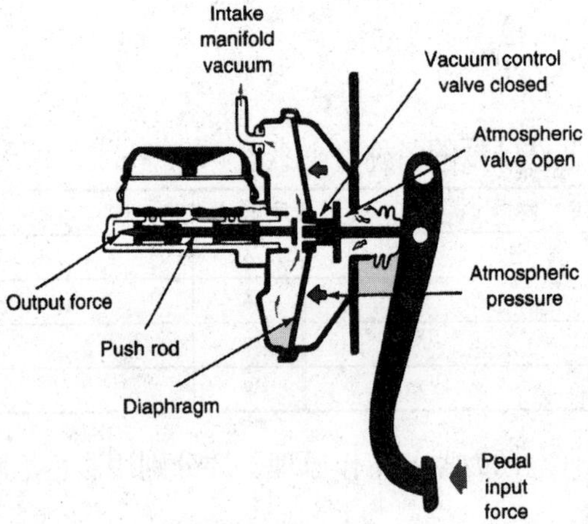

工作任务 7

ABS制动防抱死系统的维护

导 向

1．任务描述

客户反映:一辆丰田威驰轿车在行驶的过程中，ABS 故障灯常亮，请检查是何原因?

2．任务分析

针对该车 ABS 系统的检查，维修人员应处理两个问题。第一，什么是 ABS 系统?ABS 故障指示灯为何常亮?第二，ABS 故障指示灯常亮，应怎样处理？

要想解决第一个问题，需要维修人员对 ABS 系统的作用、组成及工作原理有充分的认识。要想解决第二个问题，就需要掌握 ABS 系统的检测方法。

信 息

在紧急制动过程中，为防止发生轮胎抱死和失去转向能力的现象，最有效的措施是反复踩下和释放制动踏板。但是，在紧急制动过程中，来不及这样做。

ABS 防抱死制动系统用计算机来测定制动过程中汽车轮胎的制动情况并能自动地压下和释放制动器，以调节汽车的制动状态。

1．什么是ABS

ABS 是英文 Anti-lock Braking System 的缩写，汉语意思为防抱死制动系统。目前 ABS 已经成为汽车的标准配置。

2．ABS系统的作用

如果制动中的车轮被抱死，就会使轮胎在地面上打滑。因而会失去操纵的稳定性，即失去通过操作转向盘保持车体稳定及控制其前进方向的能力。前轮如果被抱死，则转向盘就会完全失效。无论如何操纵转向盘，汽车也是沿着原有的方向继续前进。另外，如果在倾斜路面上后轮抱死，还会引起摆尾、车体调转方向、翻车等危险情况。

防抱死制动系统可以及早识别一个或多个车轮的抱死倾向并不再增加制动压力或降低制动压力，使车轮不会抱死，汽车获得最佳的控制性能，从而保证汽车安全和快速地制动使汽车停下来。

3. 汽车制动时的运动分析

（1）制动时车轮受力分析

如图 7-1 所示，当汽车在良好的路面上制动时，通过制动盘与制动片之间的摩擦，形成了摩擦力矩 T_μ，此力距与车轮转动方向相反。车轮在 T_μ 的作用下给地面一个向前的作用力，与此同时地面给车轮一个与行驶方向相反的切向反作用力 F_B，这个力就是地面制动力，它是迫使汽车减速或停车的外力。

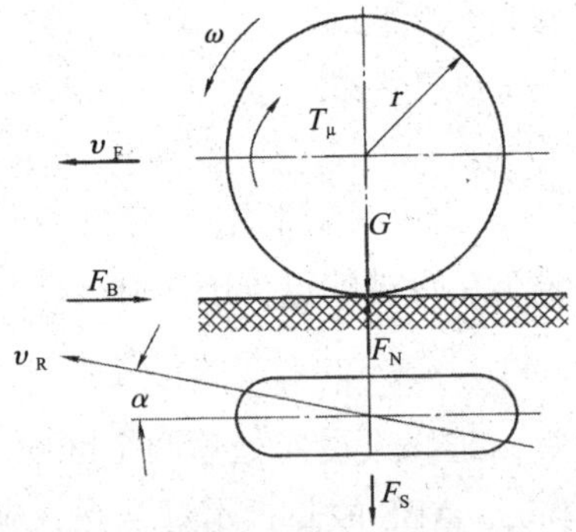

T_μ—制动中的摩擦力矩；v_F—汽车瞬时速度；F_B—地面制动力；G—车轮垂直载荷；
F_N—地面对车轮的反作用力；r—车轮的滚动半径；v_R—车轮的圆周速度；
F_S—侧向力；ω—车轮的角速度；α—侧偏角

图7-1　制动时车轮受力分析示意图

当汽车制动时，阻止车轮转动的是制动器摩擦力矩 T_μ，将制动器的摩擦力矩 T_μ 转化为车轮周缘的一个切向力，称其为制动器制动力 F_μ。

图 7-2 所示为不考虑制动过程中附着系数变化的地面制动力、制动器制动力及附着力三者的关系。在制动过程中，车轮只作减速滚动，并且随着摩擦力矩的增加，制动器制动力和地面制动力也随之增长，且在车轮未抱死前地面制动力始终等于制动器的制动力。此时，制动器的制动力可全部转化为地面制动力。但地面制动力不可能超过附着力。

当制动系液压力增大到某一值，地面制动力达到附着力，即地面制动力达到最大值。此时，车轮即开始抱死不转动出现拖滑的现象。当再加大制动压力时，制动器制动力随着制动器摩擦力矩的增长仍按直线关系继续上升。但是，地面制动力已不再随制动器制动力的增加而增加。

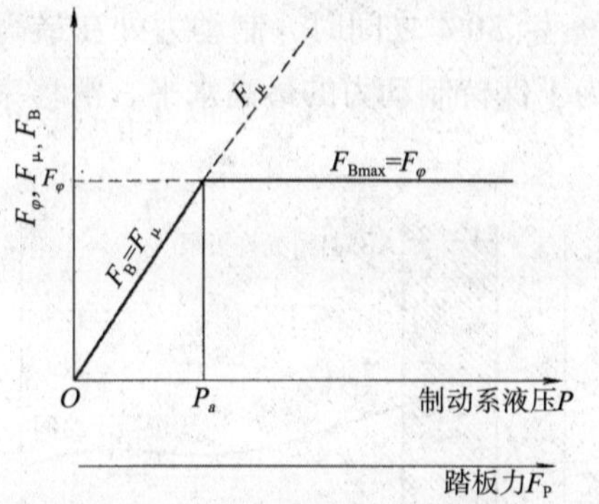

图7-2　地面制动力、制动器制动力和附着力的关系

要想获得好的制动效果，必须同时具备两个条件，即汽车具有足够的制动器制动力，同时又要有附着系数较高的路面提供足够的地面制动力。

影响附着系数的因素很多，如路面的状况、轮胎的花纹、车辆的行驶速度、轮胎相对于路面的运动状态等。在诸因素中，车轮相对于路面的运动状态对附着力有着重要的影响，特别是在湿路面上其影响更为明显。

（2）ABS 在制动时的物理过程

汽车匀速行驶时，汽车的实际车速与车轮滚动的圆周速度（也称车轮速度）是相同的。在驾驶员踩制动踏板使车轮的轮速降低时，车轮滚动的圆周速度（轮胎在路面上移动的速度）也随之降低了，但由于汽车自身的惯性，汽车的实际车速与车轮的速度不再相等，使车轮与轮速之间产生一个速度差。此时，轮胎与路面之间产生相对滑移现象，其滑移程度用滑移率表示。

滑移率是指车轮在制动过程中滑移成分在车轮纵向运动中所占的比例，用 S 表示。其定义表达式为

$$S=(v-\omega r)/v\times 100\%$$

式中 S——车轮的滑移率；

v——车轮中心的纵向速度（汽车实际车速）；

ω——车轮的转动角速度；

r——车轮的滚动半径。

制动滑移率是滑动摩擦在总的摩擦中的份额。当 S=100% 时车轮抱死，这时只有滑动摩擦，没有滚动摩擦；当 S=0 时，车轮为纯滚动。

汽车在不同路面行驶时附着系数与滑移率的关系如图 7-3 所示。

汽车在制动过程中，主要考虑两个方面，制动距离和制动时方向的稳定性。制动距离与制动力有关，而制动方向的稳定性与转弯力有关。

制动力与滑移率之间的关系可以从图 7-3 中很好地理解。制动力与滑移率不是成正

比例关系，当滑移率在 15% ~ 30% 之间时，制动力处在最高水平上。超过 30% 时，制动力就逐步下降。因此，为了保持制动力的最高水平，滑移率应自始至终保持在 15% 到 30% 的范围内。

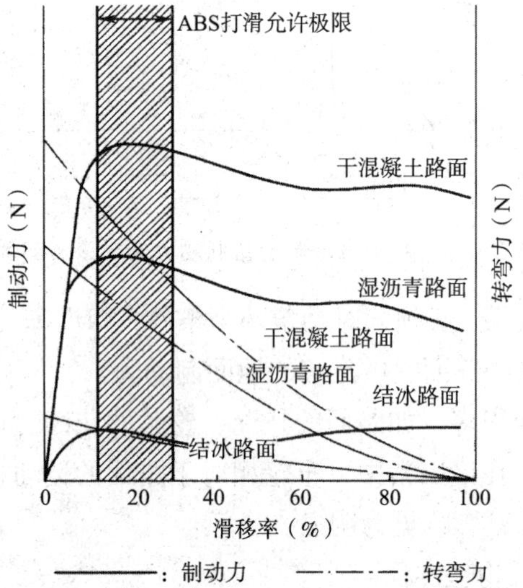

图7-3 汽车在不同路面行驶时附着系数与滑移率的关系

另外，还必须保持较高的转弯力以保持方向的稳定性。当 S=100% 时，车轮抱死，此时车轮将完全失去抵抗外界侧向力作用的能力。稍有侧向力的干扰（如路面不平的侧向力、汽车重力的侧向分力、侧向风力等），汽车就会产生侧滑而失去稳定性。而转向轮抱死将失去转向能力。从以上分析可知，制动时车轮抱死，制动效能和制动方向稳定性都将变坏。而如果制动时将车轮的滑移率控制在 15% ~ 30% 之间时，效果最好。

4. ABS的基本组成和工作原理

（1）ABS 是在常规制动系统部件上，通过增加相应的电子装置组成，其基本组成如图 7-4 所示。

主要电子部件如下：

①车轮转速传感器。车轮转速传感器是 ABS 制动控制的重要输入参量。车轮转速传感器检测车轮转速，并将测得的电信号传输至电控单元。按 ABS 结构形式，轿车上有 3 个或 4 个车轮转速传感器。根据转速信号可以算出车轮与路面间的滑移和识别各个车轮抱死的倾向。

②电控单元。电控单元按一定的数学计算程序，即按一定的控制算法和调节算法，处理各种传感器的信息。电控单元算出的结果用作液压调节器控制信号。

③液压调节器。在液压调节器中组合着几个电磁阀和一个回液泵。它们可将主缸和

轮缸间的液压管路接通或断开，从而实现对制动轮的控制。

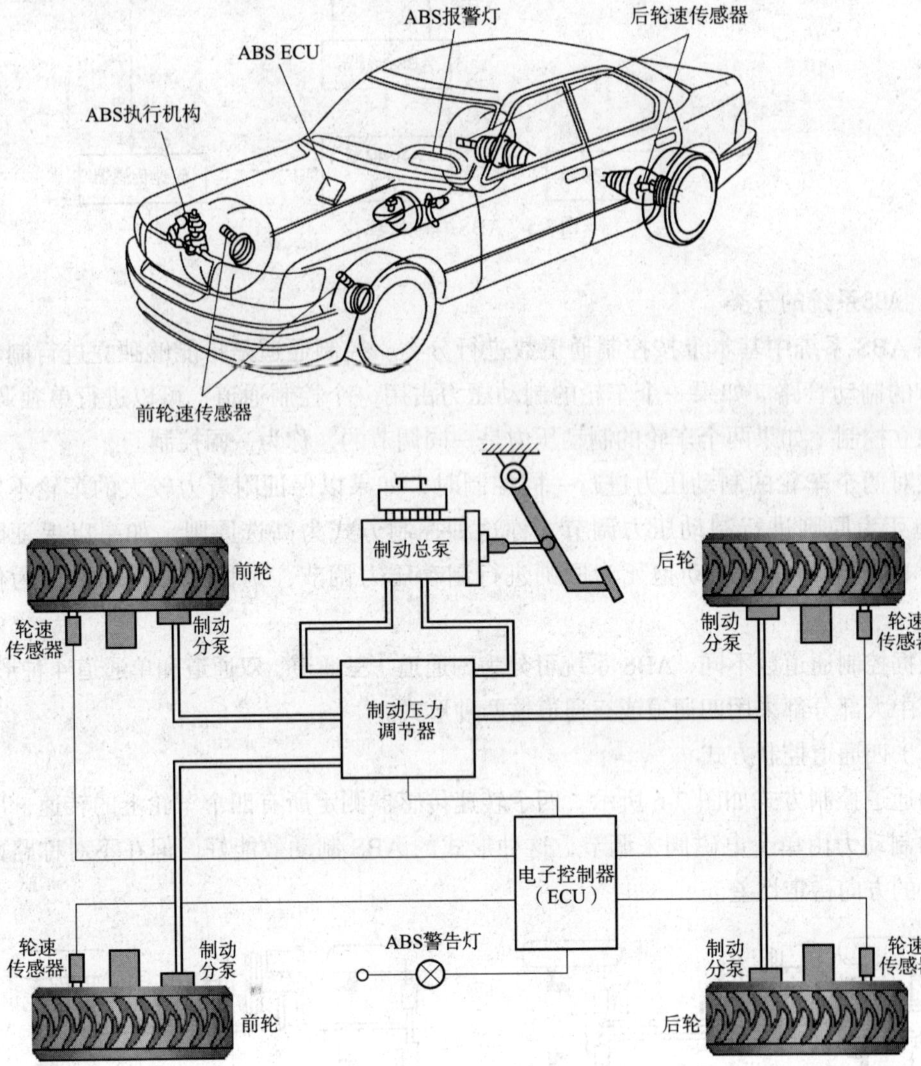

图7-4　ABS系统基本组成

（2）工作原理

ABS 电控单元根据车轮转速传感器信号，检测车轮的旋转速度及汽车的行驶速度。在制动过程中，虽然车轮的旋转速度在下降，汽车的减速度依然是有变化的，这要视制动时车速和路面情况，ABS 电控单元从制动时的车轮旋转速度来判断滑移率并用下面 3 种方式控制制动执行器的电磁阀：压力减小、压力保持和压力增加方式来控制车轮最佳的速度。使滑移率保持在 15% ~ 30% 之间，从而保证汽车制动的距离和车辆的稳定性，其工作原理如图 7-5 所示。

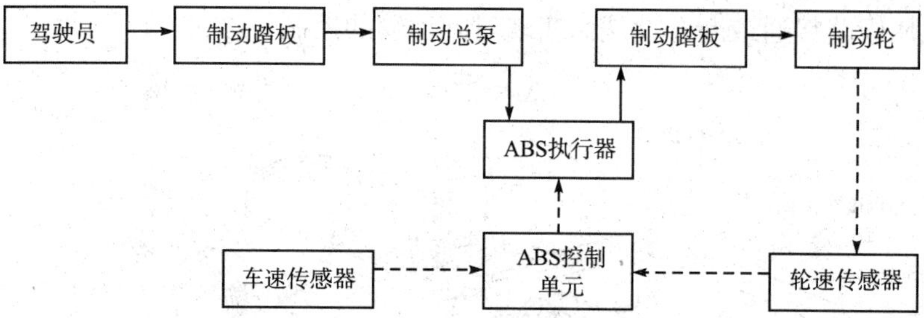

图7-5　ABS工作原理

5. ABS系统的分类

在 ABS 系统中基本上按控制通道数进行分类。控制通道是指能够独立进行制动压力调节的制动管路。如果一个车轮的制动压力占用一个控制通道，可以进行单独调节，称为独立控制；如果两个车轮的制动压力是一同调节的，称为一同控制。

在对两个车轮的制动压力进行一同控制时，如果以保证附着力较大的车轮不发生制动抱死为原则进行制动压力调节，称这种控制方式为高选原则；如果以保证附着力较小的车轮不发生制动抱死为原则进行制动压力调节，则称这种控制方式为低选原则。

根据控制通道数不同，ABS 系统可分为四通道、三通道、双通道和单通道 4 种形式，在轿车中大部分都采用四通道或三通道这两种形式。

（1）四通道控制方式

四通道控制方式如图 7-6 所示。四个转速传感器测定所有四个车轮上的转速，所有车轮的制动力由单个电磁阀来调节，这种形式的 ABS 制动效能好，但在不对称路面上制动时的方向稳定性差。

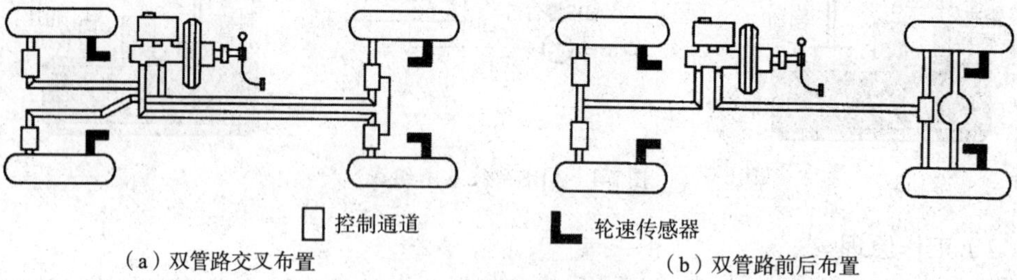

（a）双管路交叉布置　　（b）双管路前后布置

图7-6　四通道控制方式

（2）三通道控制方式

三通道控制方式如图 7-7 所示。两个前轮上的制动力通过单个电磁阀来调节，两个后轮则由一个电磁阀来调节。这种控制形式的 ABS 制动方向稳定性较好，但制动效能稍差。

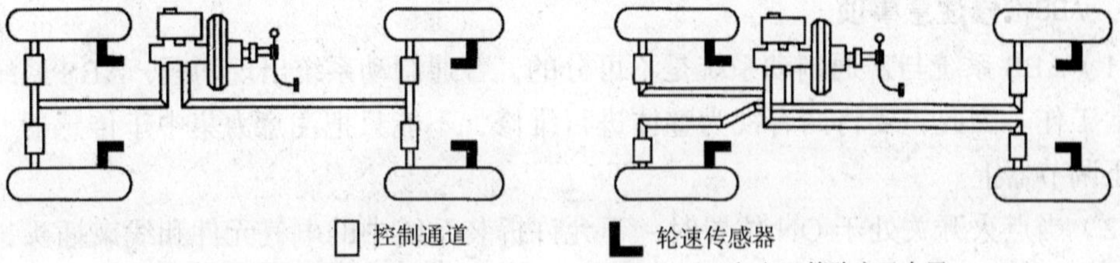

（a）双管路前后布置　　（b）双管路交叉布置

图7-7　三通道控制方式

计 划

ABS 系统发生故障时，组合仪表中的 ABS 警告灯将常亮，警告驾驶员 ABS 系统已发生故障。ABS 警告灯点亮的同时，控制单元把诊断故障代码（DTS）储存在储存器中。

1．ABS故障诊断的一般过程（图7-8）

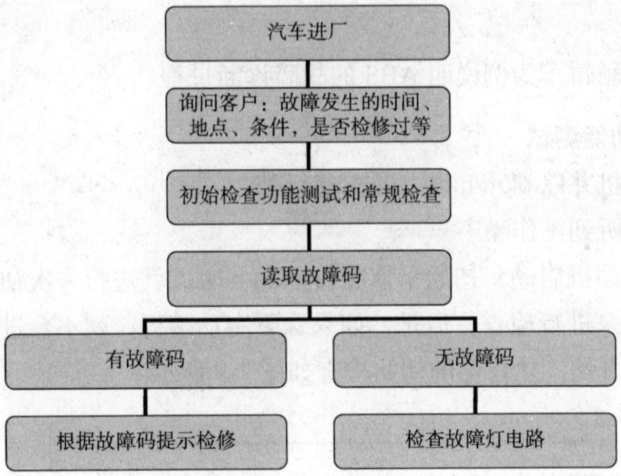

图7-8　ABS故障诊断

2．ABS系统检查计划的制订（表7-1）

表7-1　ABS系统检查计划的制订

序　号	工 作 步 骤	工具/辅具
1	初始检查功能测试	万用表
2	检查ABS故障灯	目测
3	读取故障码	专用仪器或人工读取
4	根据故障码的提示进行检修	专用工具或仪器
5	清除故障码	专用仪器或人工方法
6	试运行	

3. ABS检修注意事项

（1）ABS 系统与普通制动系统是不可分的，普通制动系统出现问题，ABS 系统就不能正常工作。因此，要将两者视为整体进行维修，不能只把注意力集中于传感器、ECU 和液压调节器上。

（2）当点火开关处于 ON 位置时，不允许拆装系统中的电气元件和线束插头，以免损坏电子控制单元。

（3）在车上用外接电源给蓄电池充电时，要先断开蓄电池正负极上的电缆线，然后对蓄电池充电，以免损坏电子控制单元。

（4）维修 ABS 液压控制装置时，切记要首先进行泄压，然后再按规定进行修理。例如，制动主缸和液压调节器设计在一起的整体 ABS 系统，其蓄压器存储了高达 18000kPa 的压力，以免高压制动液喷出伤人。

（5）制动液每隔两年至少要换一次，最好是每年更换一次。

实 施

下面以丰田威驰轿车为例说明 ABS 的故障诊断过程。

1. 初始检查功能测试

（1）启动发动机并以 6km/h 以上的车速行驶。

（2）检查是否听到工作噪声。

提示：每当发动机启动，初始车速超过 6km/h 时，就进行一次初始检查。对三位置电磁线圈和执行器泵进行检查。但是，如果踩下制动踏板，就不会进行初始检查，而是在制动踏板松开后开始。执行器的初始检查如图 7-9 所示。

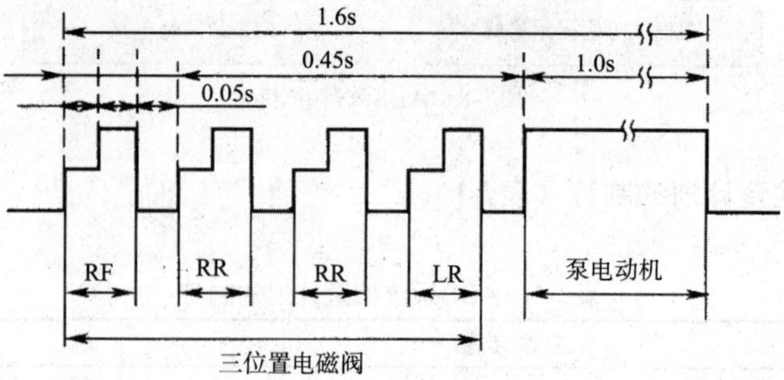

图7-9 执行器的初始检查

2. ABS故障码读取

（1）检查蓄电池电压：约为 12V。

（2）检查警告灯。接通点火开关，检查 ABS 警告灯，应点亮达 3s。否则检查和修理熔断器、警告灯灯泡或线束。

（3）脱开维修连接器，如图 7-10 所示，用维修专用工具连接检查连接器的端子 T_C 和 E_1。

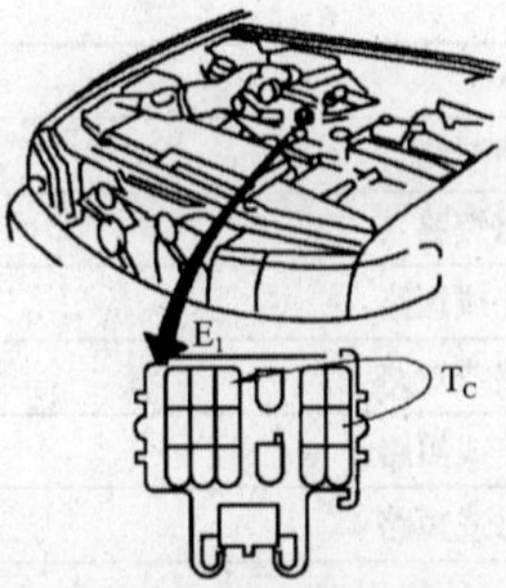

图7-10　故障码的提取

（4）如果诊断系统工作正常（无故障），警告灯会每 0.5s 闪一次。

（5）如有故障，4s 后警告灯会开始闪烁，数警告灯闪烁的次数，如图 7-11 所示。

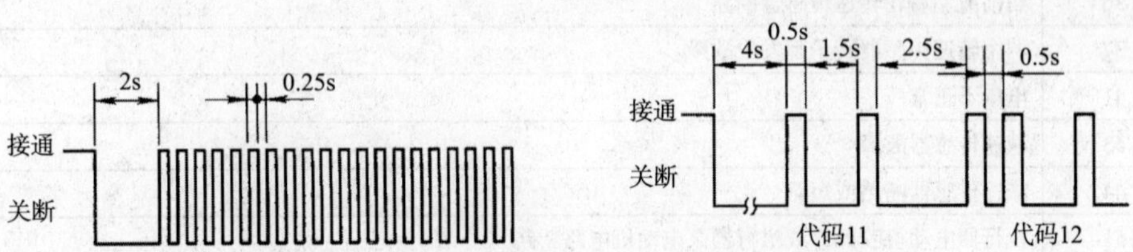

图7-11　正常码及故障码“11”和“12”的闪烁方式

（6）修理有故障部件后，将储存在 ECU 内的诊断代码清除。

（7）从检查连接器的端子 T_C 和 E_1 上拆下维修专用工具。

（8）接通点火开关，检查 ABS 警告灯，在点亮 3s 后熄灭。

3. ABS故障码清除

（1）接通点火开关。

（2）用维修专用工具连接检查连接器的端子 T_C 和 E_1。

（3）在 3s 内踩下制动踏板不少于 8 次，以清除 ECU 内的诊断代码。

（4）检查警告灯，应显示正常代码。

（5）从检查连接器端子 T_C 和 E_1 上拆下 SST（专用工具）。

（6）检查警告灯，应熄灭。

检 验

ABS故障码表（表7-2）

根据故障码表，查找 ABS 故障指示灯亮的原因和故障发生的大致范围。

表7-2　ABS故障码表

代　码	诊断故障部位
11	电磁线圈继电器电路断路
12	电磁线圈继电器电路短路
13	执行器泵电动机继电器电路断路
14	执行器泵电动机继电器电路短路
21	右前轮三位置电磁线圈断路或短路
22	左前轮三位置电磁线圈断路或短路
23	右后轮三位置电磁线圈断路或短路
24	左后轮三位置电磁线圈断路或短路
31	右前轮转速传感器故障
32	左前轮转速传感器故障
33	右后轮转速传感器故障
34	左后轮转速传感器故障
35	左前或右后轮转速传感器断路
36	右前或左后轮转速传感器断路
37	两个转速传感器转子都发生故障
41	电压不正常
43	减速传感器故障
44	减速传感器断路或短路
51	执行器电动机咬死，或执行器泵电动机电路断路

展　示

通过工作页的完成，学生展示学习效果和工作任务的完成情况。

1．ABS 的英文拼写和汉语意思。

____

2．ABS 系统的作用。________________________________

____

____

3．如何实现上述目的，即制动轮受力分析。

4．根据下表，分析附着系数与哪些因素有关。

____

____

行驶速度	轮胎状况	干燥路	潮湿路	大雨	涉水路	结冰路面
50	新的	0.85	0.65	0.55	0.5	小于0.1
	磨损的	1	0.5	0.4	0.25	
90	新的	0.8	0.6	0.3	0.05	
	磨损的	0.95	0.2	0.1	0.0	
130	新的	0.75	0.55	0.2	0.0	
	磨损的	0.9	0.2	0.1	0.0	

5. 滑移率公式。

6. 通过附着系数与滑移率的关系图，你能得出什么结论？

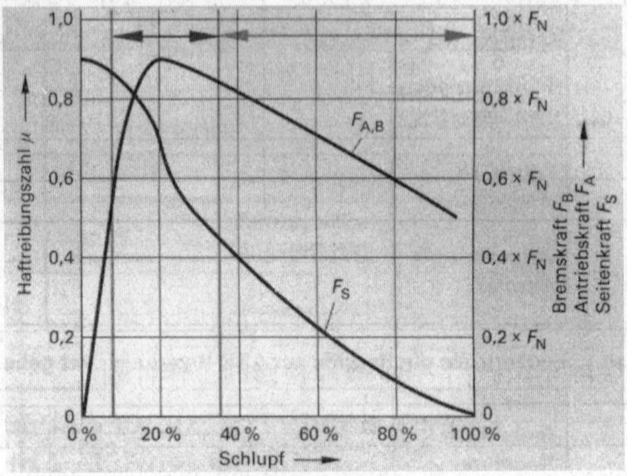

7. 根据下图，回答 ABS 系统的基本组成。

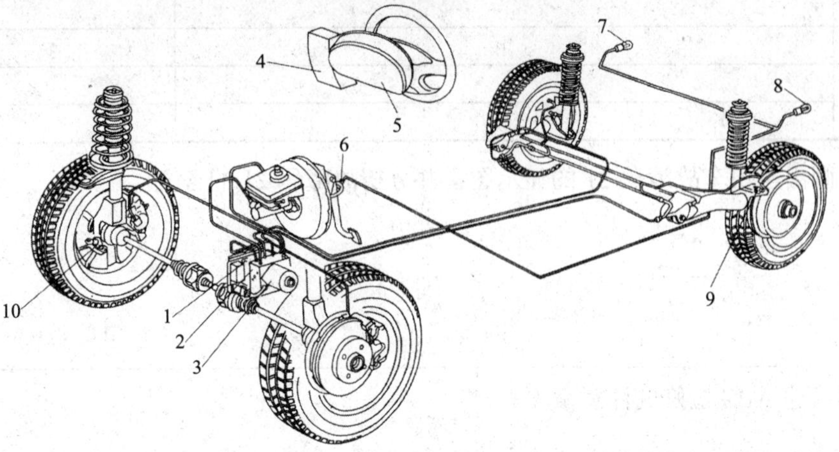

序　号	名　称	序　号	名　称	序　号	名　称	序　号	名　称
1		4		7		10	
2		5		8			
3		6		9			

8．写出 ABS 系统的工作原理流程图。

9．根据下图做出 ABS 系统的分类分析。

图　形	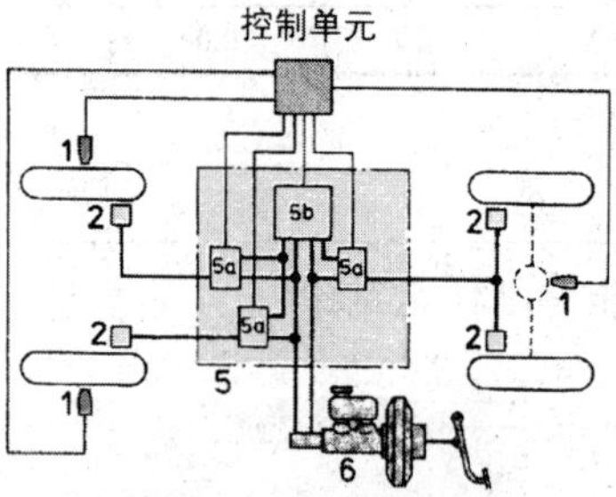 1—转速传感器；2—车轮制动缸； 3—制动力；4—路面状况	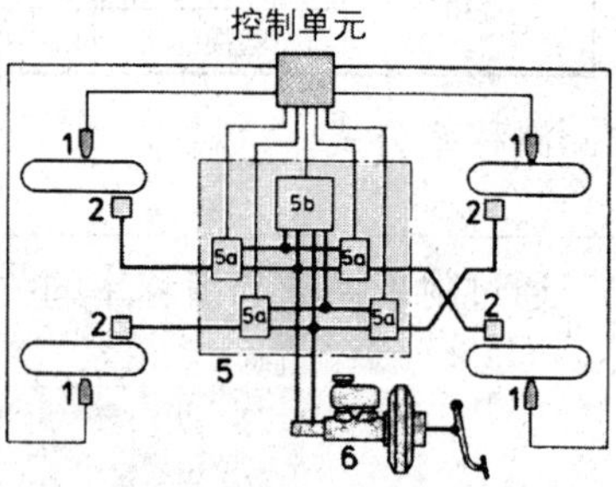 5—液压总成；5a—电磁阀； 5b—回流泵；6—主缸
名　称		
特　点		
请说明什么是低选原则?		

10．根据学校的实际车型做出 ABS 故障检修的工作计划。

序　号	工 作 步 骤	工具/辅具/注意事项

11．画出丰田车故障码 21 的显示图，并分析故障码 21 的含义。

12．简述 ABS 检修的注意事项。

工作任务 8

ABS制动防抱死系统传感器的检修

导 向

1. 任务描述

客户反映：一辆行驶了 40000km 的丰田威驰轿车 ABS 故障灯亮，提取故障码为 31，请问应如何检修？

2. 任务分析

针对该车制动系统的维护。维修人员应处理两个问题。第一，通过故障码，了解故障的含义。第二，检修故障方法和注意事项。

要想解决第一个问题，那么就需要维修人员对故障码的含义了解之后，再对故障码所涉及的内容有充分的了解。要想解决第二个问题，对故障码所涉及的检修内容、检修方法、工作流程和注意事项能详细准确地掌握。

信 息

1. 故障码31的含义

故障码 31 的含义：右前轮转速传感器故障。

车轮转速传感器用于测定汽车车轮转速。通过线束将车轮转速信号传输至汽车上的 ABS 电控单元。电控单元分别控制车轮制动压力，控制回路可防止车轮抱死。ABS 传感器实物如图 8-1 所示。

图 8-1　ABS 传感器实物

2. ABS车轮转速传感器的作用

车轮转速是 ABS 系统的重要参量，ABS 车轮转速传感器作用是检测车轮转速，并将测得的电信号传输至电控单元。

按 ABS 结构形式，轿车上有 3 个或 4 个车轮转速传感器。控制单元根据转速信号可以算出车轮与路面间的滑移率和识别出各个车轮抱死的倾向。

3. ABS车轮转速传感器的种类

ABS 车轮转速传感器根据其工作原理不同可分为：磁感应式车轮转速传感器（钢质脉冲轮）和霍尔式车轮转速传感器（多极磁环）。

4. 磁感应式ABS车轮转速传感器的组成及部件功能

目前大多数车轮转速传感器都采用电磁式转速传感器。车轮转速传感器由电磁感应传感头和信号转子两部分组成。

（1）结构

电磁式车轮转速传感器由活动部件齿圈、电磁线圈、永久磁铁、极轴和传感器外壳等构成，其结构如图 8-2 所示。

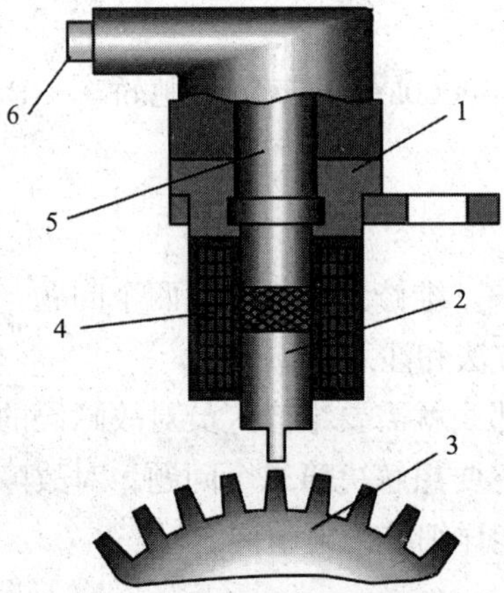

1—传感器外壳；2—极轴；3—齿圈；4—电磁线圈；5—永久磁铁；6—导线

图 8-2　电磁式轮速传感器的结构

（2）工作原理

传感器齿圈随车轮旋转的同时，当传感头的极轴与齿圈的齿隙相对时，极轴距齿圈之间的空气间隙最大，即磁阻最大。传感头的磁极磁力线只有少量通过齿圈而构成回路，在电磁线圈周围的磁场较弱，如图 8-3（a）所示；当传感头的极轴与齿圈的齿顶相对时，两者之间的空隙较小，即磁阻最小。传感头的磁极磁力线通过齿圈的数量增多，在电磁线圈周围的磁场较强，如图 8-3（b）所示。

齿圈随车轮不停地旋转，就使传感头电磁线圈周围的磁场以强—弱—强—弱……周期性地变化，因此电磁线圈就感应出交变电压信号，如图 8-4 所示，即车轮转速信号。

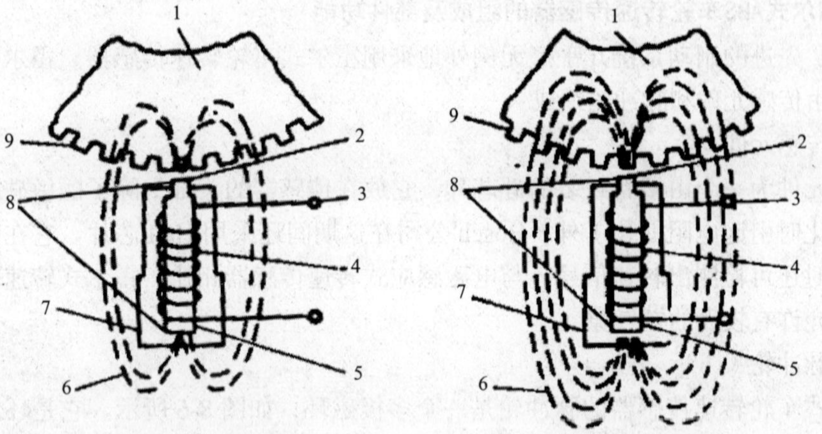

（a）齿隙与磁心端部相对时　　（b）齿顶与磁心端部相对时

1—齿圈；2—极轴；3—电磁线圈引线；4—电磁线圈；5—永久磁体；6—磁力线；7—电磁式传感器；8—磁极；9—齿圈齿顶

图 8-3　电磁式轮速传感器工作原理

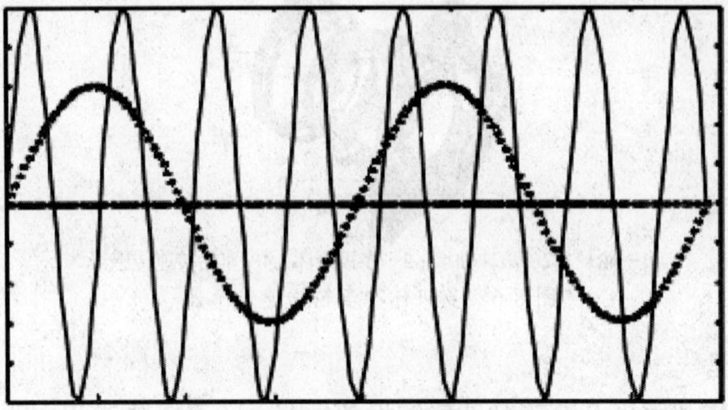

图 8-4　车轮转速传感器模拟信号图

这种交变电压信号经整形电路的变换后，可生成 ABS 电控单元能够处理的标准方波信号，如图 8-5 所示。ABS 电控单元根据方波信号的占空比来计算车轮的角速度。对车轮转速传感器要求，一是低速时信号输出幅度要足够大；二是防潮、抗振，具有良好的抗干扰能力和较高的工作可靠性。

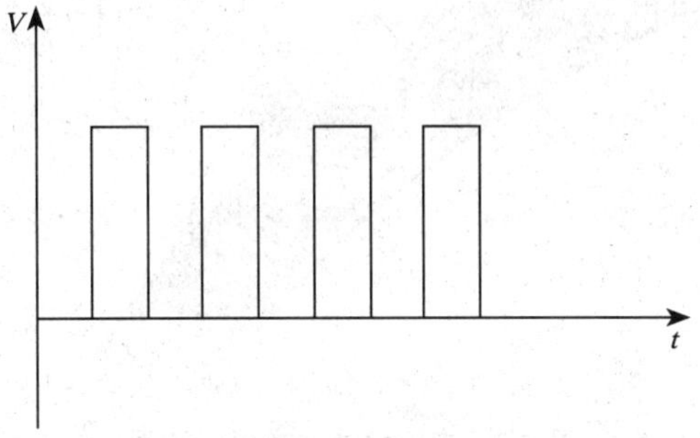

图 8-5　车轮转速传感器数字信号图

5. 霍尔式ABS车轮转速传感器的组成及部件功能

当今，先进的制动系统几乎毫无例外地采用霍尔式车轮转速传感器。霍尔式车轮转速传感器由传感元件和脉冲轮组成。

（1）传感元件

传感元件为一个由塑料封装的硅芯片，它放在传感器的头部，除了磁敏硅芯片（磁通密度变化时引起电阻变化）外，Bosch公司在这期间还采用Hall芯片。它在磁通密度变化最小时还可检测出转速信号。与电磁感应式转速传感器相比，霍尔式转速传感器与脉冲轮间允许有较大的空气隙。

（2）脉冲轮

霍尔式车轮转速传感器的脉冲轮是一个多极磁环，如图8-6所示。它是环形地放在非磁性金属支架上的磁极交替塑料元件。

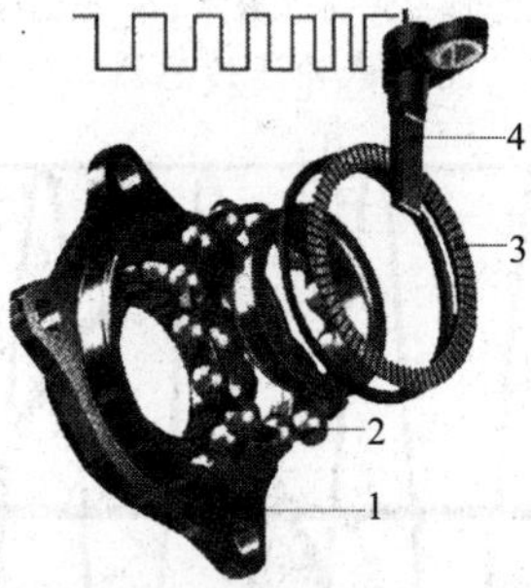

1—轮毂；2—滚珠轴承；3—多极磁环；4—车轮转速传感器

图8-6　多极脉冲车轮转速传感器

（3）工作原理

脉冲轮北极N和南极S充当脉冲轮的齿和齿隙。转速传感器芯片感受磁环上下不断交替的磁场变化，如图8-7、图8-8所示。在车轮转动，即多极磁环转动时，传感器芯片上的磁通密度不断变化。

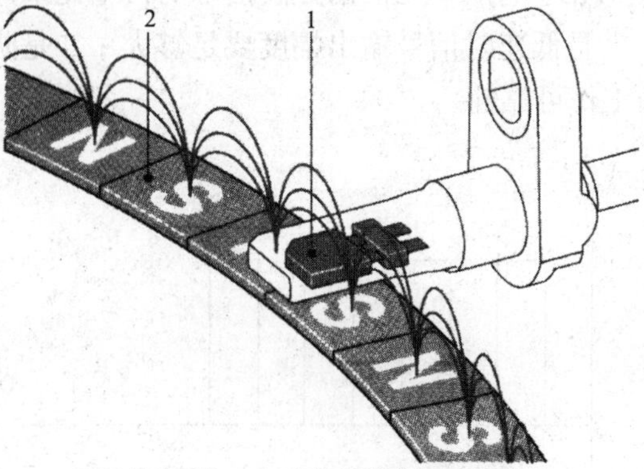

1—传感元件；2—南北磁极更迭的多极磁环

图8-7　有源转速传感器剖视图

也可用钢质脉冲轮替代多极磁环，产生均匀磁场放在 Hall 芯片上，如图 8-8（b）所示。脉冲轮转动时传感器周围的均匀磁场受到脉冲轮上的齿和齿隙不断更迭的“干扰”。因而引起霍尔元件电压的变化，霍尔元件将输出一毫伏级的准正弦波电压。此信号由电子电路转化成标准的脉冲电压。

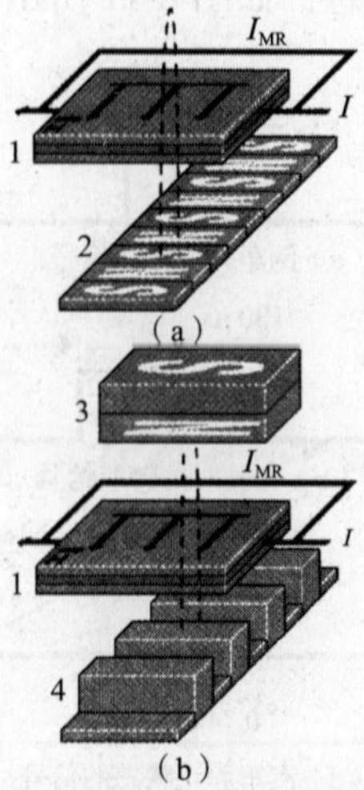

（a）有多极磁环的 Hall 芯片（b）有钢质脉冲轮和磁铁的 Hall 芯片

1—传感元件；2—多极磁环；3—磁铁；4—钢质脉冲轮

图 8-8　转速检测原理

（4）特征

霍尔式转速传感器的典型特征是将 Hall 测量元件、信号放大器和信号处理集成在一个芯片上，如图 8-9 所示。转速信号是以矩形脉冲的形式记忆电流传输的，如图 8-10 所示。电流脉冲频率与车轮转速成正比，并可检测出几乎到静止状态的车轮转速。

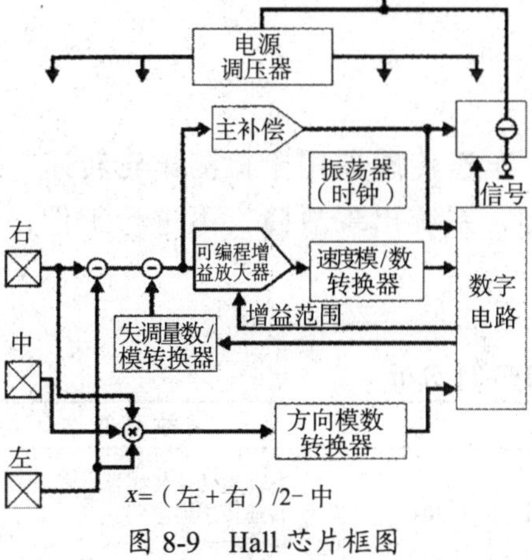

图 8-9　Hall 芯片框图

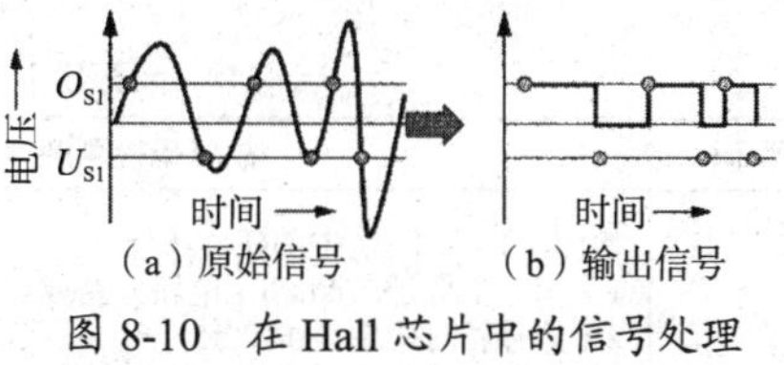

图 8-10　在 Hall 芯片中的信号处理

霍尔式转速传感器以数字信号方式传输，与电磁感应式转速传感器模拟信号传输相比，不受感应干扰电压影响。传感器尺寸小，质量轻，可以选用不同标准的传感器头部形状。

在 Hall 芯片中的信号处理如图 8-10 所示，数字信号的处理还可利用脉宽调制的输出信号传输编码的其他一些附加信息，如图 8-11 所示。

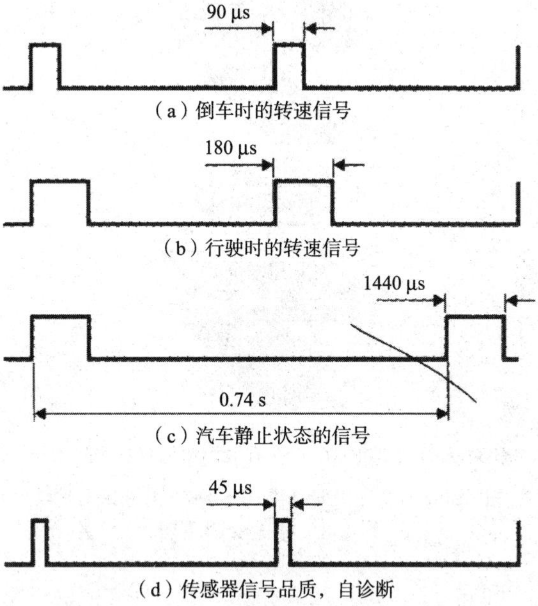

图 8-11　用脉宽调制信号传输编码信息

计 划

根据丰田威驰轿车的维修手册，将 ABS 制动防抱死系统传感器的检查工作计划提供如下：

1．故障码31的分析

故障码 31 是右前轮转速传感器故障，车速传感器用于检测车轮转速，此故障出现表示右前轮车速信号不能传输到 ECU，系统出现故障，不进行工作，主要分析见表 8-1。

表 8-1　故障码 31 分析

故 障 码	故障码检测条件	故 障 部 位
31	检测（1）~（3）中的任一条件： （1）车速不低于 10km/h，电路开路或短路时间不少于 30s。 （2）信号暂时中断至少 7 次。 （3）电路开路时间不少于 0.2s	（1）右前轮转速传感器。 （2）转速传感器电路。 （3）传感器安装。 （4）传感器转子

2. 右前轮传感器电路图（图8-12）

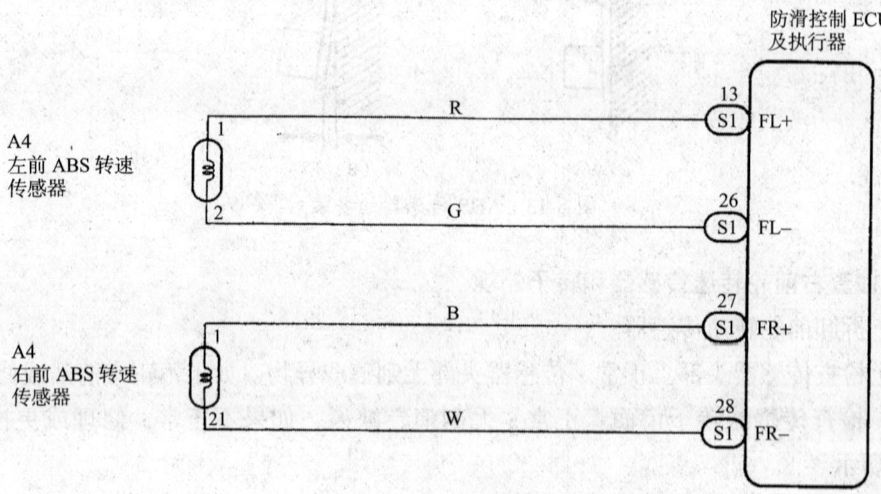

图 8-12 传感器电路图

3. 检修计划（表8-2）

表 8-2 检修计划

序 号	工 作 步 骤	工具/辅具
1	检查传感器转子	拆装工具
2	检查传感器的安装	拆装工具
3	检查右前轮传感器	万用表
4	检查转速传感器电路	万用表
5	用示波器检查车速传感器信号	示波器

实 施

1. 实施准备

材料：清洗剂、胶布等；

设备：带有 ABS 装置的丰田威驰轿车、解码仪、万用表、示波器等；

工具：组合工具。

2. 检查右前车速传感器安装

如图 8-13 所示，正常：安装螺栓正确紧固，传感器与前转向节之间无间隙，螺栓的拧紧力矩为 8.0N · m。如果不正常，更换右前轮或左前轮转速传感器。

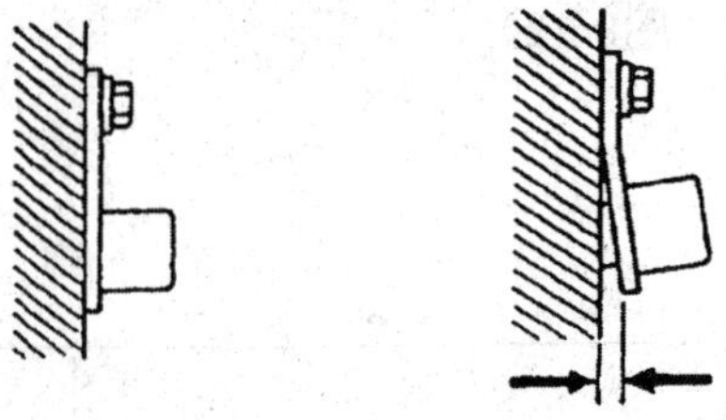

图 8-13　ABS 传感器的安装

3．检查右前轮转速传感器和转子外观

（1）拆卸前轮转速传感器。

（2）检查传感器头部。正常：传感器头部无刮痕或异物。如果不正常清洁或修理。

（3）检查传感器转子齿面。正常：无刮痕、缺齿。如果不正常，修理或更换，如图 8-14 所示。

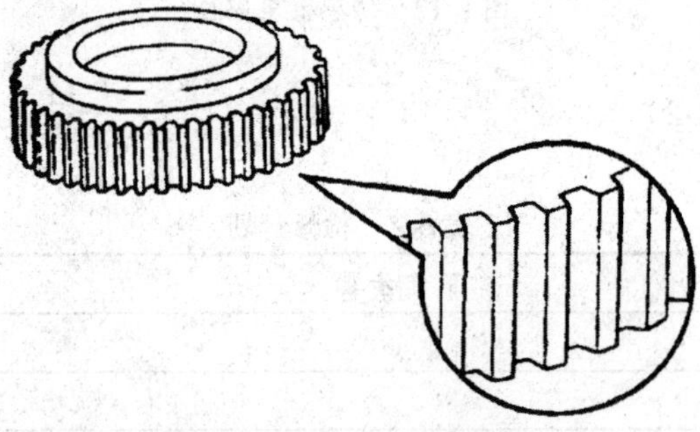

图 8-14　转子齿面的检查

4．检查右前轮转速传感器电路

（1）拆下前翼子板衬里，脱开转速传感器连接器。

（2）测量转速传感器连接器端子 1 和 2 之间电阻。正常电阻：1.4~1.8kΩ。

（3）测量转速传感器连接器端子 1 和 2 与车身搭铁之间电阻。正常电阻：不小于 1MΩ。如果不正常，更换传感器，如图 8-15 所示。

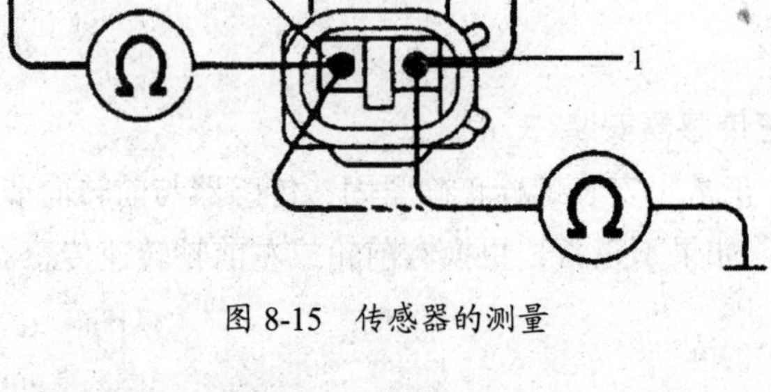

图 8-15　传感器的测量

（4）检查右前轮传感器和 ABS ECU 之间线束和连接器是否开路或短路。如果不正常，修理或更换线束或传感器。

（5）用示波器检查转速传感器信号。如果信号不正确，检查更换 ABS ECU，如图 8-16 所示。

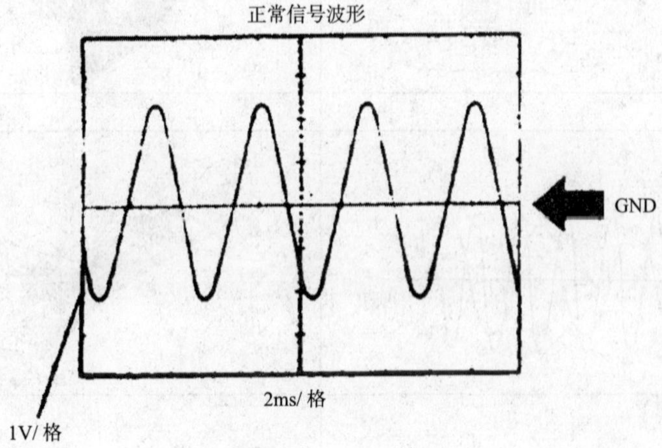

图 8-16　传感器信号

检 验

ABS故障的维修后检查

（1）清除故障码。

（2）检查故障指示灯是否还亮。

（3）进行试车，检查 ABS 系统是否正常。

（4）交车并向车主交代维修结果。

展 示

通过工作页的完成，学生展示学习效果和工作任务的完成情况。

1．故障码 31 的含义。

______

2．ABS 传感器的作用。

______

3．ABS 传感器的种类。

______

4．ABS 传感器的结构和工作原理。

______

图形 结构	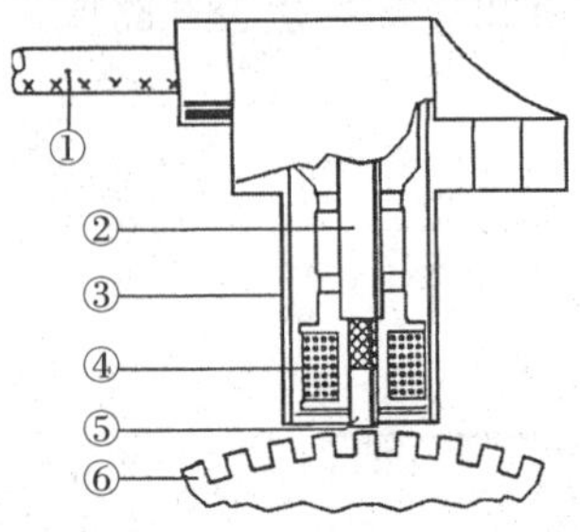	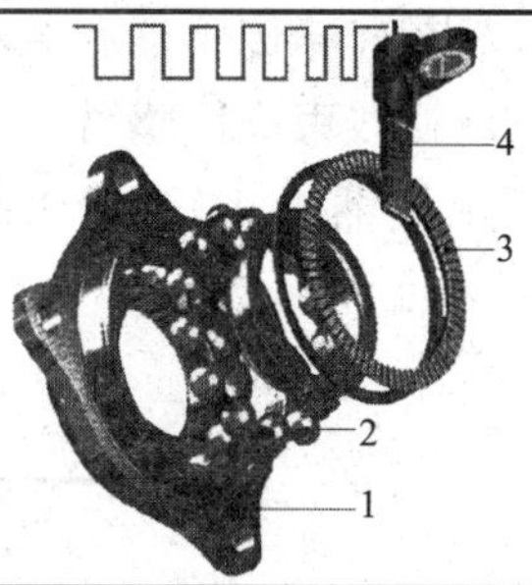
名 称		
工作 原理	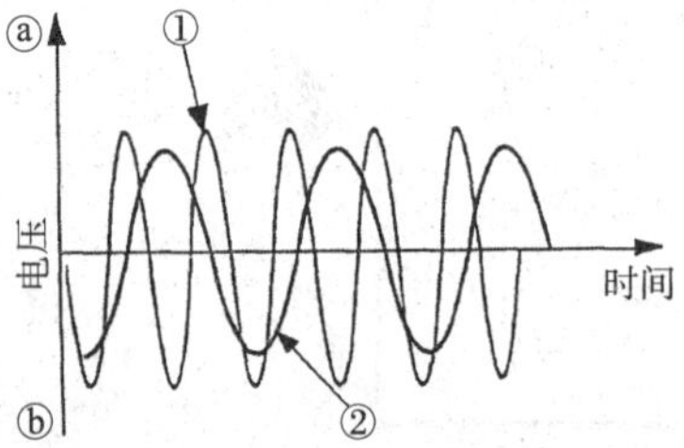	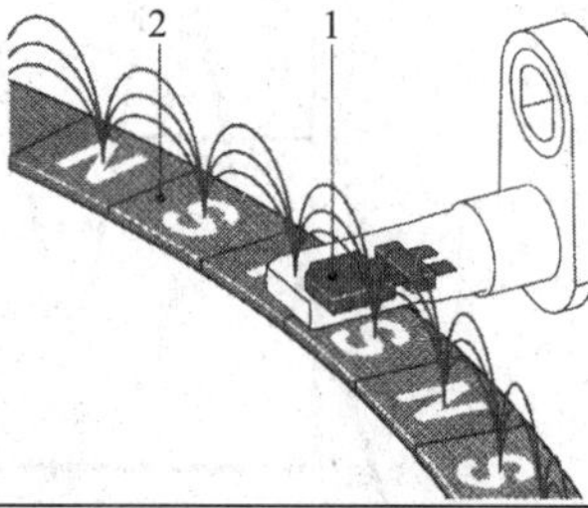
信号 特点	低转速：______高转速：______ 电压＋（正极）：______电压－（负极）：______	

5．故障码 31 的检修步骤 1——读电路图。

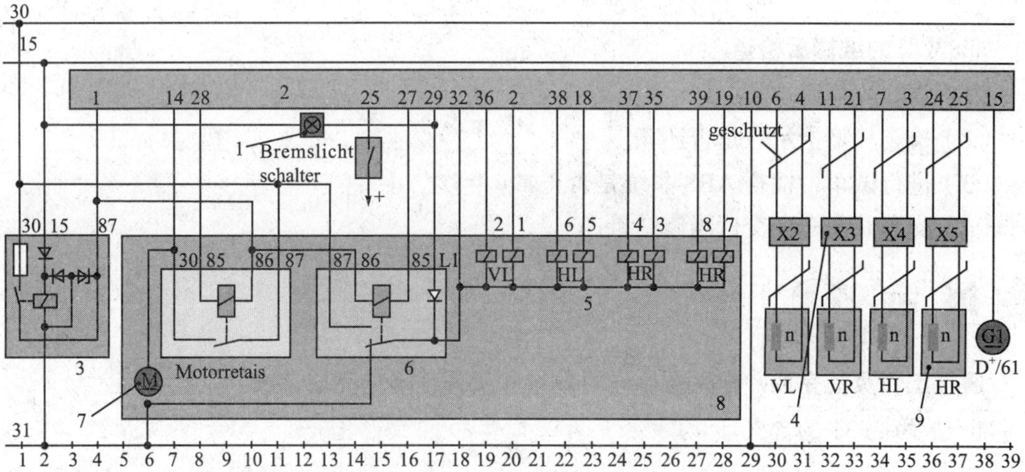

（1）在电路图上用红笔画出要检查的部位。

（2）确定检查的思路及通过图要了解的信息。

序　号	检查部位	了解信息	方　法

6．故障码 31 的检修步骤 2——制订具体检查计划。

序　号	工 作 步 骤	工　具
1	检查车轮转速传感器	
2	检查传感器的安装	
3	目测检查传感器转子齿面	

工作任务 9

ABS制动防抱死系统执行器的检修

导 向

1. 任务描述

客户反映：行驶了40000km的丰田威驰轿车要做维护保养，ABS故障灯亮，提取故障码为21，请检修。

2. 任务分析

针对该车出现的故障，维修人员应处理两个问题。第一，知道故障码的含义及故障码所涉及的内容。第二，根据故障码所涉及的内容排除故障。

要想解决第一个问题，那么就需要维修人员对故障码的含义了解之后，再对故障码所涉及的内容有充分的了解。要想解决第二问题,对故障码所涉及的检修内容、检修方法、工作流程和注意事项能详细准确地掌握。

信 息

1. 故障码21的含义

故障码21的含义：右前轮三位置电磁线圈断路或短路。

右前轮三位置电磁阀是ABS系统的执行器之一。

2. ABS执行器组成

ABS执行器主要由直流电动泵、液压控制单元（包括储能器和电磁阀）等构成，如图9-1所示。

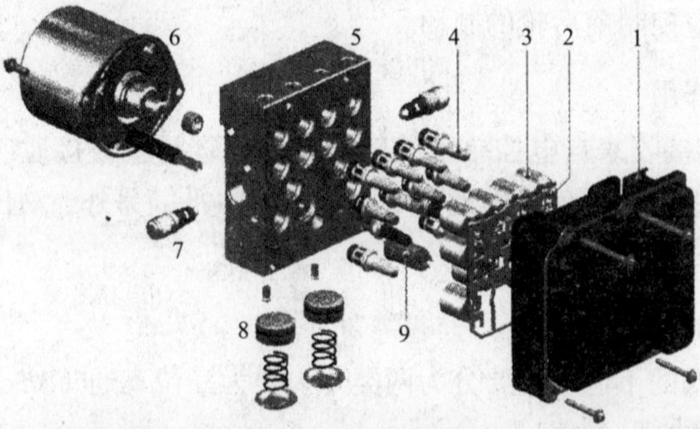

1—电控单元；2—电磁线圈组冲孔网格板；3—电磁线圈组；4—电磁阀；5—液压调节器体；
6—直流电动机；7—柱塞式泵；8—低压储液罐；9—压力传感器

图9-1　ABS执行器

（1）电动液压泵

ABS 系统所用的电动液压泵多为柱塞式液压泵，它由直流电动机、活塞式油泵、进出油阀等组成，其结构如图 9-1 所示。

电动液压泵根据 ECU 的信号确定是否工作，工作时通过提高制动液油压从而起到循环制动液的作用，它可以在汽车启动 1min 内将制动液压力提高到 14~22MPa。

（2）储能器（蓄压器）

储能器形式多样，如图 9-2 所示的气囊式蓄压器，其内腔充满了高压氮气，该蓄压器位于电磁阀和加油泵之间，由轮缸来的液压油进入蓄压器，进而压缩氮气，使蓄压器容积变大，以暂时储存制动液，并可使制动液的压力保持在 14~18MPa 之间。

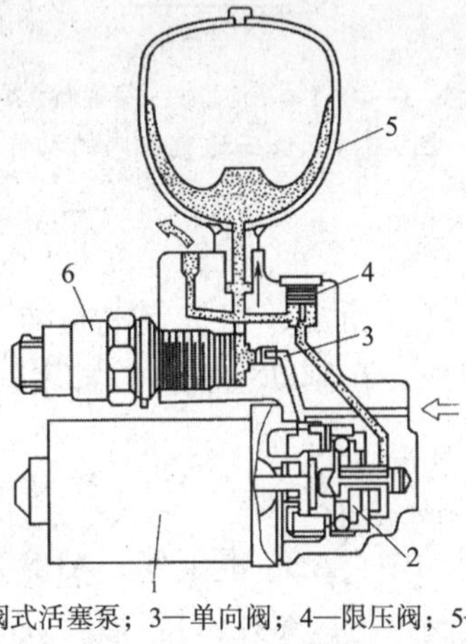

1—电动泵；2—回转球阀式活塞泵；3—单向阀；4—限压阀；5—蓄压器；6—压力开关

图9-2　气囊式蓄压器

（3）电磁阀

ABS 系统所用电磁阀由电磁线圈、固定铁芯和可动铁芯等组成，通过改变电磁阀的电流改变磁场力，可以改变柱塞的位置，从而控制液体通道的开闭。系统中通常有 4~8

个电磁阀，分别对应控制前后轮的制动。

3. ABS执行器作用

当 ABS 执行器接收来自电控单元的信号时，电磁阀就被接通或断开，轮缸的液压力就增加、减小或保持到使各轮的滑移率达到最佳水平。另外，液压油路就被改变以满足各种类型控制的要求。

4. ABS执行器的种类

根据使用电磁阀的不同，主要分为两类：一类为三位三通（3/3）电磁阀；另一类为二位二通（2/2）电磁阀。

三位三通电磁阀变为二位二通电磁阀是 ABS 系统发展的里程碑，3/3 阀的缺点是昂贵的电气控制和机械成本。2/2 阀使用的是廉价的电磁阀。三位三通电磁阀的动作如图 9-3 所示。

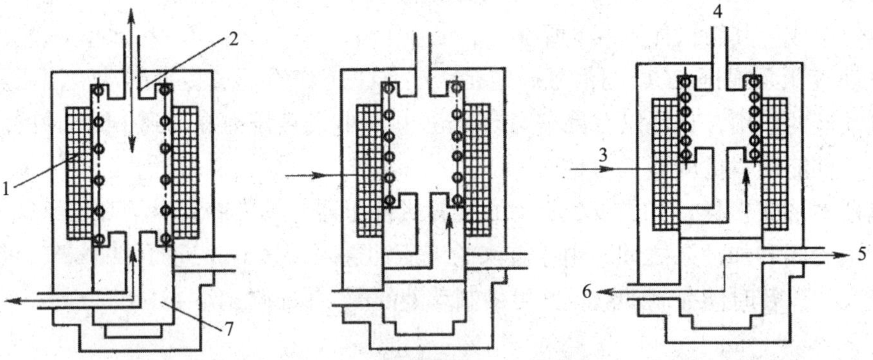

（a）电流为0　（b）电流小　（c）电流大

1—线圈；2—固定铁芯；3—电流；4—通主缸；5—通储液器；6—通轮缸；7—衔铁

图9-3　三位三通电磁阀的动作

5. 三位三通电磁阀工作过程

此制动压力调节系统如图 9-4 所示，它主要由制动踏板机构、制动主缸、回油泵、储液器、电磁阀、制动轮缸组成，在制动主缸与轮缸之间串联一电磁阀，直接控制轮缸的制动压力。

（1）常规制动

如图 9-4 所示，在正常制动中，ABS 不工作，ABS ECU 没有电流送至电磁线圈。此时，回位弹簧将三位置电磁阀推下，A 孔保持打开，B 孔保持关闭。当踩下制动踏板时，制动总泵液压上升，制动液从三位置电磁阀内的 A 孔流至 C 孔，送至盘式制动分泵。位于泵油路中的 1 号单向阀阻止制动液流入泵内。

当松开制动踏板时，制动液从盘式制动分泵，经三位置电磁阀内的 C 孔流至 A 孔和 3 号单向阀，流回制动总泵。

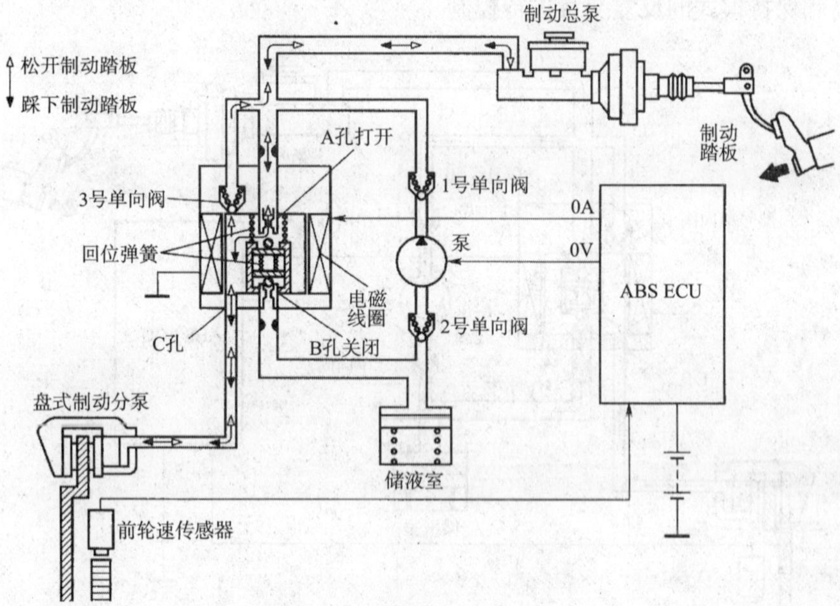

图9-4　丰田制动压力调节系统

因此，在正常制动中，ABS 不工作，其制动过程和没有 ABS 的制动过程是一样的。

（2）紧急制动

在紧急制动中，当任何一个车轮被抱死时，ABS 执行器根据来自 ECU 的信号，控制作用在车轮上的制动液压力，阻止车轮抱死。ABS 会按以下 3 种模式工作。

①“压力降低”模式。当车轮将要抱死时，ECU 将 5A 电流送至电磁线圈，产生一强磁力。三位置电磁阀向上移动，A 孔随 B 孔的打开而关闭。结果，制动液从盘式制动分泵流经三位置电磁阀内的 C 孔至 B 孔，从而流入储液室。同时，执行器泵的电动机由来自 ECU 的信号接通，制动液从储液室送回制动总泵。由于 A 孔、1 号和 3 号单向阀阻止来自总泵的制动液流入三位置电磁阀。结果，盘式制动分泵内的液压降低，阻止车轮被抱死。液压降低速率通过“压力降低”和保持模式反复交替进行调节。ABS 系统压力降低工作如图 9-5 所示。

②“压力保持”模式。随着盘式制动分泵内压力的降低或提高，轮速传感器传送一个信号，表示转速达到目标值，于是，ECU 供应 2A 电流至电磁线圈，将盘式制动分泵内的压力保持在该值。

如图 9-6 所示，当提供给电磁线圈的电流从 5A 降到 2A 时，在电磁线圈内产生的磁力也减小。于是回位弹簧的弹力将三位电磁阀向下推至中间位置，将 B 孔关闭。

③“压力提高”模式。当盘式制动分泵内的压力需要提高，以施加更大的制动力时，ECU 停止传送电流至电磁线圈，如图 9-7 所示。三位置电磁阀的 A 孔打开，B 孔关闭。从而使总泵内的制动液经三位置电磁阀内的 C 孔流至盘式制动分泵。液压提高速率通过

压力提高和保持模式的反复交替进行控制。

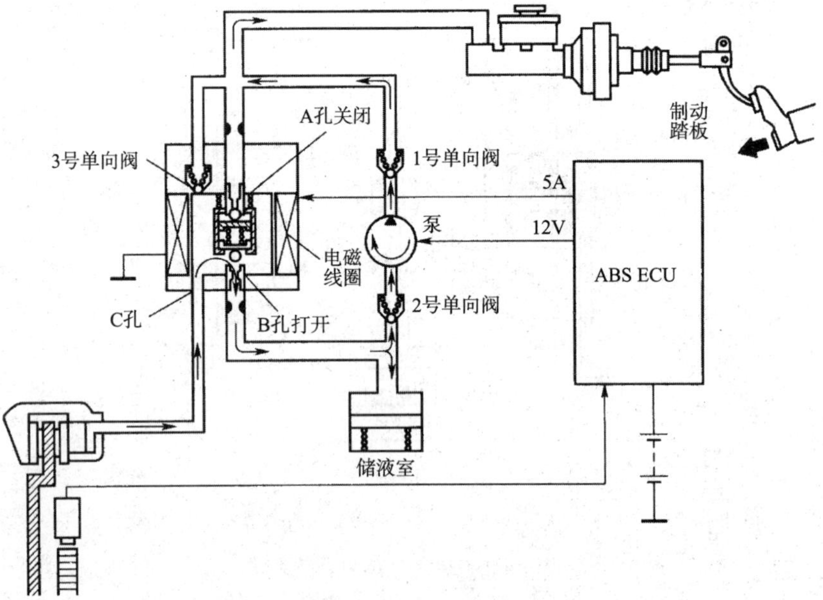

图9-5　“压力降低”模式

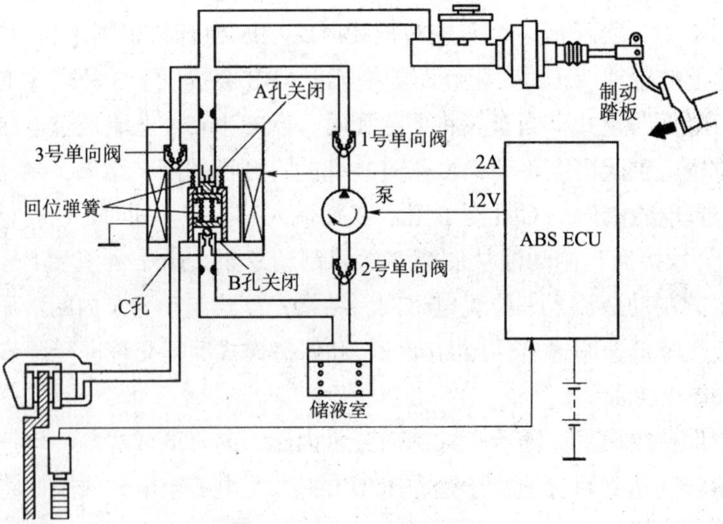

图9-6　“压力保持”模式

6. 二位二通电磁阀的组成及工作过程

桑塔纳2000GSI型和都市先锋/捷达王轿车采用的ABS执行器采用整体式结构、循环式调压。它与ABS的电子控制单元组合为一体后安装于制动主缸与制动轮缸之间，其外形如图9-8所示。

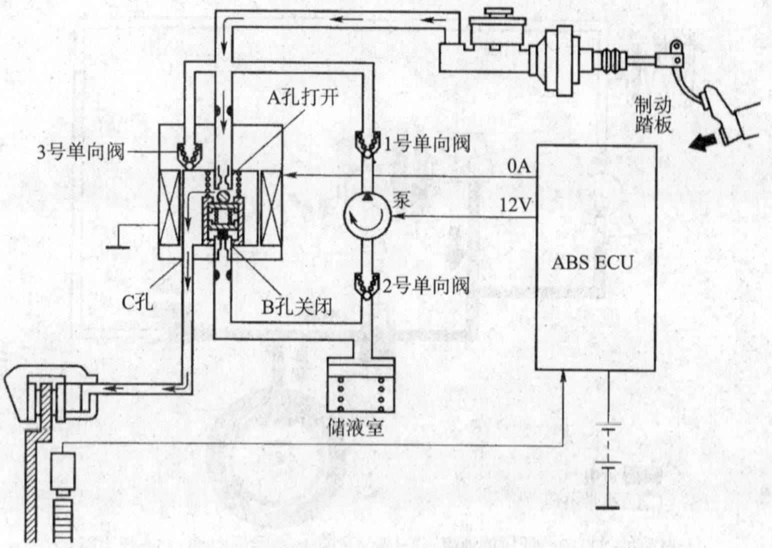

图9-7 “压力提高”模式

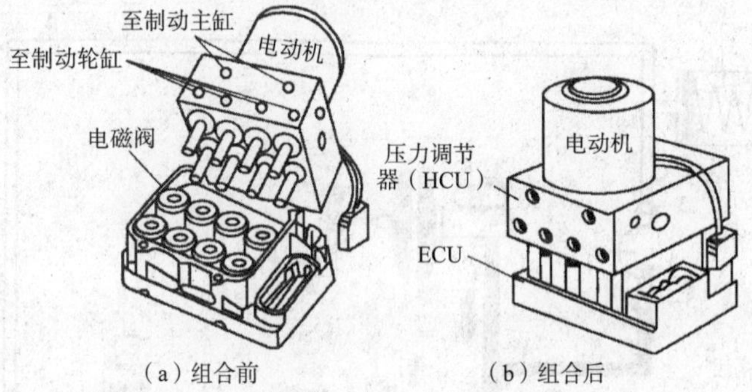

图9-8 桑塔纳2000俊杰乘用车ABS制动压力调节器

制动压力调节器的基本组成包括电磁阀、液压泵及低压储液器。低压储液器与电动液压泵合为一体装于液控单元上，液控单元之间包括 8 个电磁阀，每个回路一对，其中一个是常开进油阀，一个是常闭出油阀。

（1）常规制动过程

常规制动过程如图 9-9 所示，踩下制动踏板，ABS 尚未工作时，两电磁阀均不通电，进油电磁阀处于开启状态，出油电磁阀处于关闭状态，制动轮缸与低压储液器隔离，与主缸相通。制动主缸里的制动液被推入制动轮缸产生制动。

（2）保压制动过程

保压制动过程如图 9-10 所示，当 ABS 的电子控制单元通过轮速传感器检测到车轮的减速度达到设定值时，使进油电磁阀通电关闭，出油电磁阀仍处于断电关闭状态，制动轮缸里的制动液处于不流通状态，制动压力保持不变。

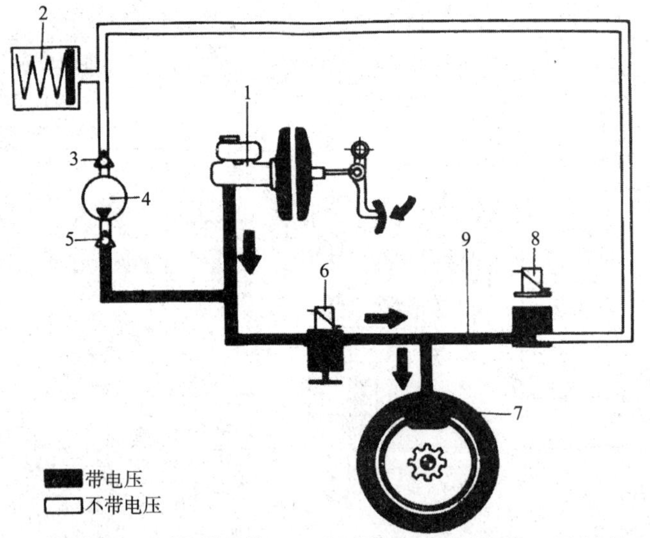

1—制动主缸；2—低压储液罐；3—吸入阀；4—电动回油泵；5—压力阀；
6—进油阀；7—车轮制动器；8—出油阀；9—连接管路

图9-9 常规制动过程

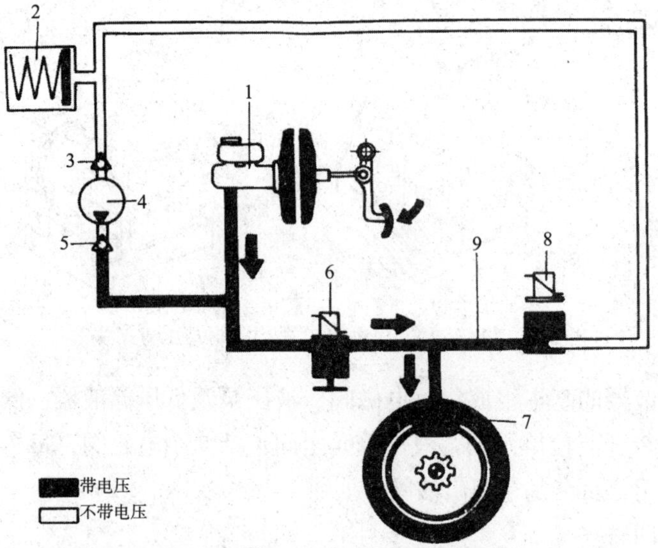

1—制动主缸；2—低压储液罐；3—吸入阀；4—电动回油泵；5—压力阀；
6—进油阀；7—车轮制动器；8—出油阀；9—连接管路

图9-10 保压制动过程

（3）减压制动过程

减压制动过程如图 9-11 所示，当 ABS 的电子控制单元通过轮速传感器检测到车轮趋于抱死时，进、出油电磁阀均通电，制动轮缸与低压储液器相通，制动轮缸里的制动液在制动时流向低压储液器，制动压力减小。同时电动回油泵通电运转及时将制动液泵回制动主缸，制动踏板有回弹感。当制动压力减小到车轮的滑移率设定范围内时，进油阀通电，出油阀断电，压力保持。

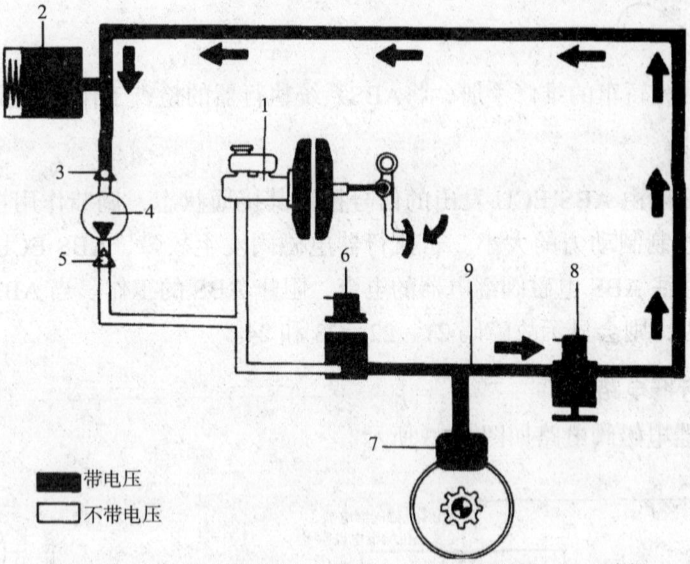

1—制动主缸；2—低压储液罐；3—吸入阀；4—电动回油泵；5—压力阀；
6—进油阀；7—车轮制动器；8—出油阀；9—连接管路

图9-11　减压制动过程

（4）增压制动过程

如图 9-12 所示，当 ABS 的电子控制单元通过轮速传感器检测到车轮的加速度达到设定值时，进、出油电磁阀均断电，进油阀开启，同时回油阀关闭，将低压储液器里的制动液泵到制动轮缸，制动压力增高。

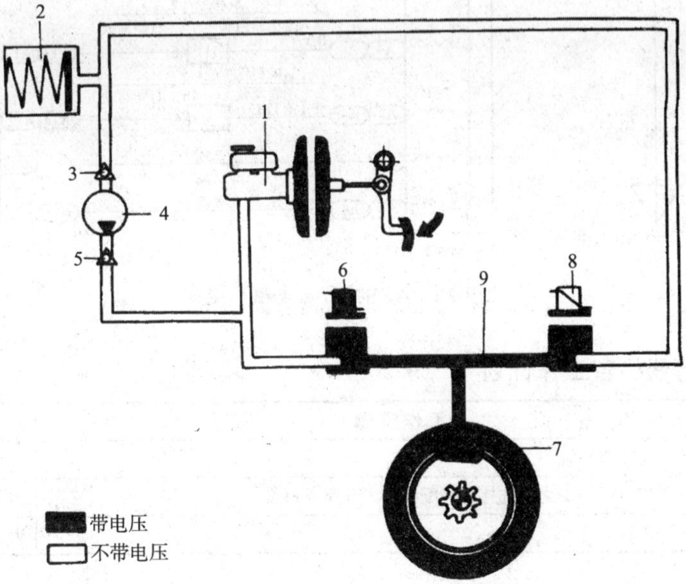

1—制动主缸；2—低压储液罐；3—吸入阀；4—电动回油泵；5—压力阀；
6—进油阀；7—车轮制动器；8—出油阀；9—连接管路

图9-12　增压制动过程

计 划

根据丰田威驰轿车的维修手册，将ABS系统执行器的检查工作计划提供如下：

1. 故障分析

执行器电磁阀由 ABS ECU 发出的信号控制其接通状态，调节作用在制动分泵上的液压力，从而控制制动力的大小。若执行器电磁阀发生故障，ABS ECU 便执行故障防护功能，切断通往 ABS 电磁阀继电器的电流，阻止 ABS 的工作。当 ABS 执行器电磁阀电路出现故障时，则会显示故障码 21、22、23 和 24。

2. ABS执行器电路图

ABS 执行器电磁阀电路如图 9-13 所示。

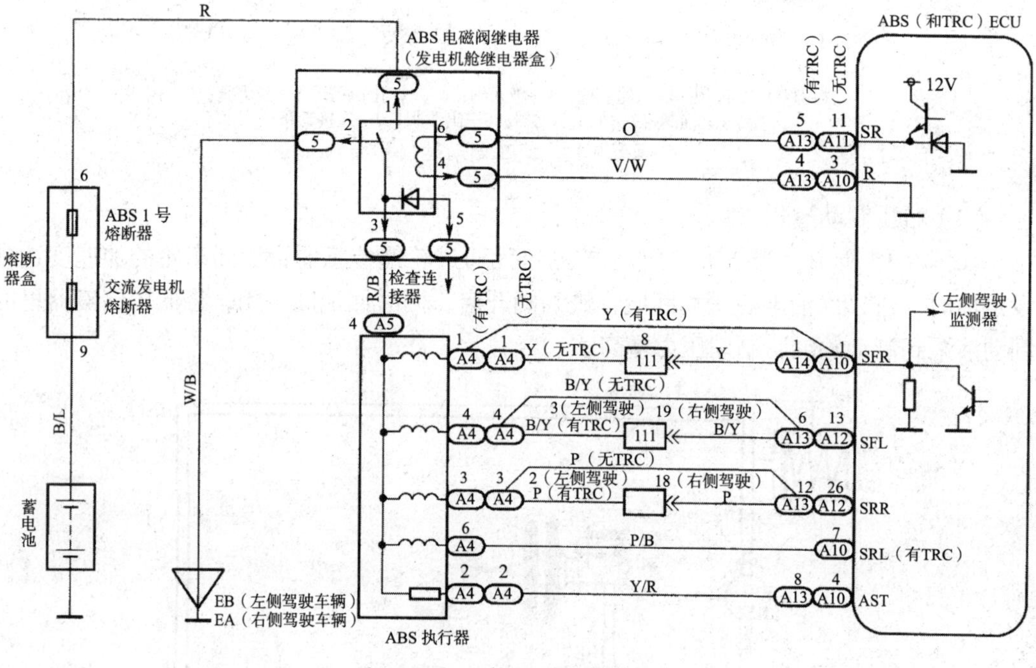

图9-13　ABS执行器电磁阀电路

3. ABS执行器检查工作计划

序　号	工作步骤	工具/辅具
1	检查执行器电磁阀电阻	万用表
2	检查执行器与ABS ECU之间连接器和配线有无开路或短路	万用表
3	检查ABS ECU	万用表

4. ABS执行器维修时注意事项

维修 ABS 液压控制装置时，切记要首先进行泄压，然后再按规定进行修理。例如，制动主缸和液压调节器设计在一起的整体 ABS 系统，其蓄压器存储了高达 18000kPa 的压力，以免高压制动液喷出伤人。

实 施

1．实施准备

材料：DOT3 制动液、胶布；

设备：举升机、丰田威驰轿车；

工具：万用表专用解码仪、拆装工具。

2．执行器的检查

（1）检查电磁阀

检查 ABS 执行器 A5 连接器第 4 号端子与 A4 连接器 1、3、4 端子之间是否导通，如图 9-14 所示。正常情况为导通，且每个电磁线圈的电阻为 1.1Ω。

如果以上检查不正常，更换 ABS 执行器；检查正常，则进行下一步检查。

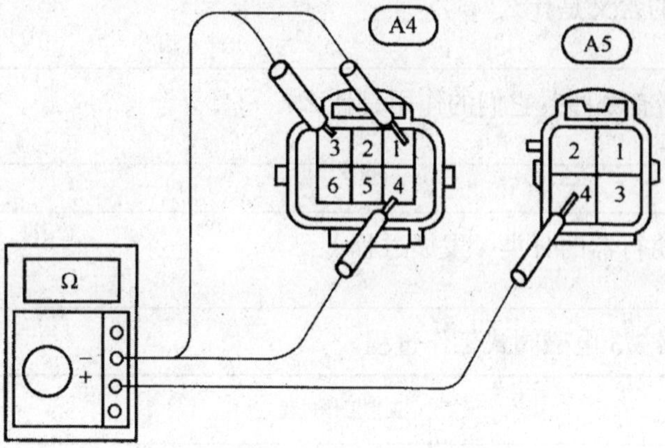

图9-14　ABS执行器的检查

（2）检查线路

检查 ABS ECU 与执行器之间连接器和配线有无开路或短路。如果检查不正常，修理或更换配线、连接器；检查正常，检查并更换 ABS ECU。

3．ABS执行器更换后ABS系统的排气

在每次拆卸过液压系统之后或更换制动液时，必须对系统进行排气。排气的方法可以采用手工或抽真空等方法。手工排气方法如下：

（1）熄灭发动机。

（2）尽力踩 5 次制动踏板，然后保持制动踏板踩下不动。

（3）拧开左前轮放气螺钉，直至踏板接触地板。使制动踏板保持接触地板，关闭左前轮放气螺钉。

（4）重复（2）和（3）步骤 10 次。

（5）按以上步骤依次对右前轮、右后轮和左后轮进行排气。

（6）如果踏板感觉依然不好，应重新进行排气。注意，此时只能进行后轮排气。

检 验

ABS故障排除之后的检查

（1）故障灯是否正常？

（2）制动液是否缺少？制动系统是否排气？

（3）试车检查 ABS 是否能正常工作？

展 示

通过工作页的完成，学生展示学习效果和工作任务的完成情况。

1．故障码 51 的含义是什么？

2．ABS 执行器有哪些？它们的作用是什么？

3．简述 ABS 执行器的分类（发展过程）。

4．ABS 执行器 3/3 电磁阀式工作过程。

<table>
<tr><th colspan="2">正常工作过程</th></tr>
<tr><td>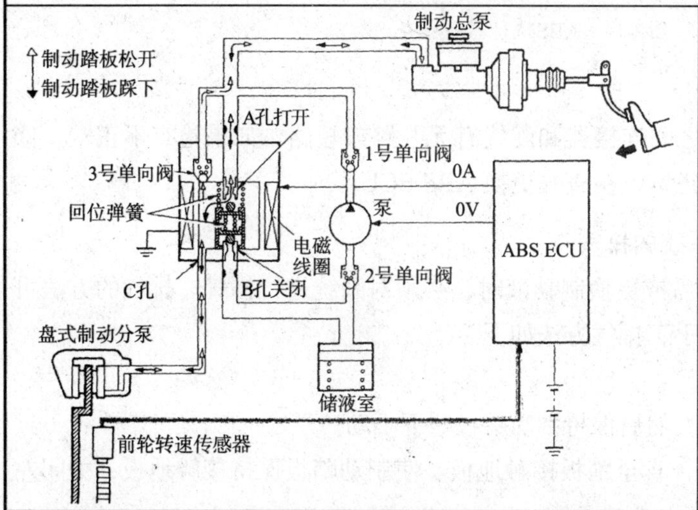
</td><td></td></tr>
</table>

续表

<table>
<tr><th colspan="2">紧急工作过程（压力降低）</th></tr>
<tr><td>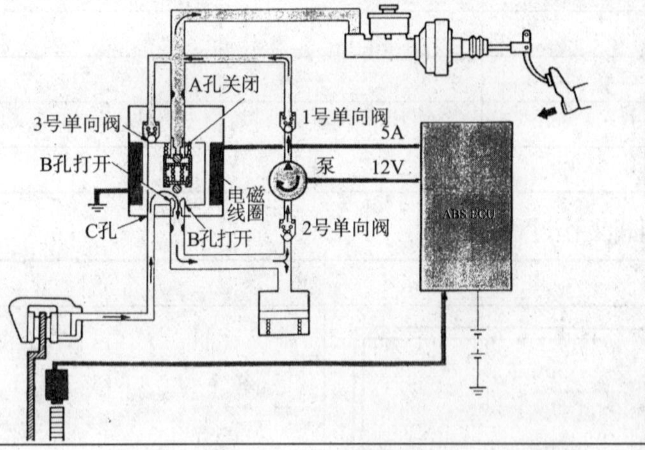
</td><td></td></tr>
<tr><th colspan="2">紧急工作过程（压力保持）</th></tr>
<tr><td>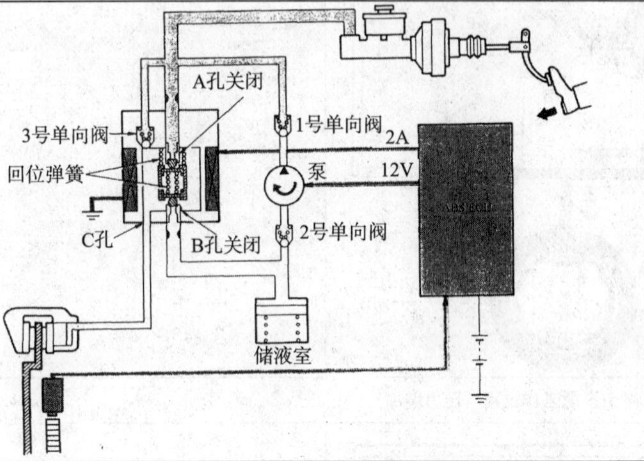
</td><td></td></tr>
<tr><th colspan="2">紧急工作过程（压力增长）</th></tr>
<tr><td>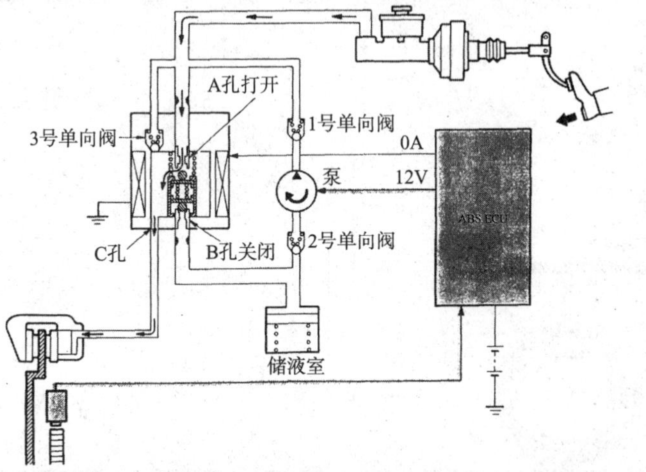
</td><td></td></tr>
</table>

5．请回答在 ABS 工作过程中，各部件所起的作用。

执行器工作状态	压力降低	压力保持	压力增加
电磁阀工作状态			
通电电流大小			
A孔			
B孔			

6．ABS 执行器 2/2 电磁阀式工作过程。

正常工作过程

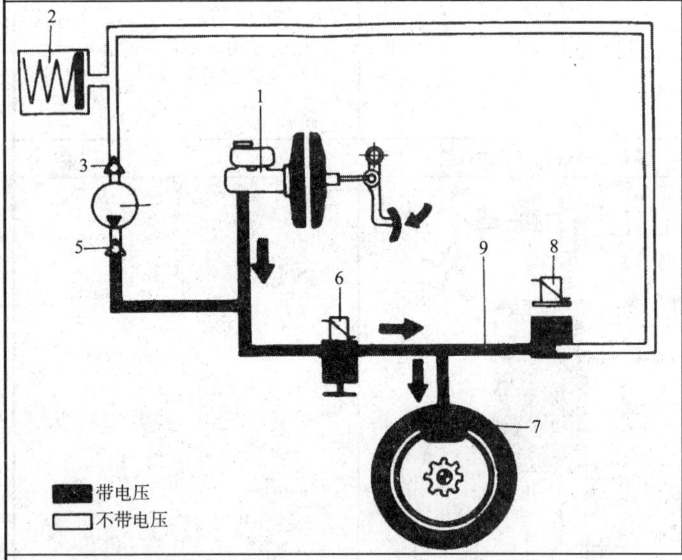

紧急工作过程（压力增加）

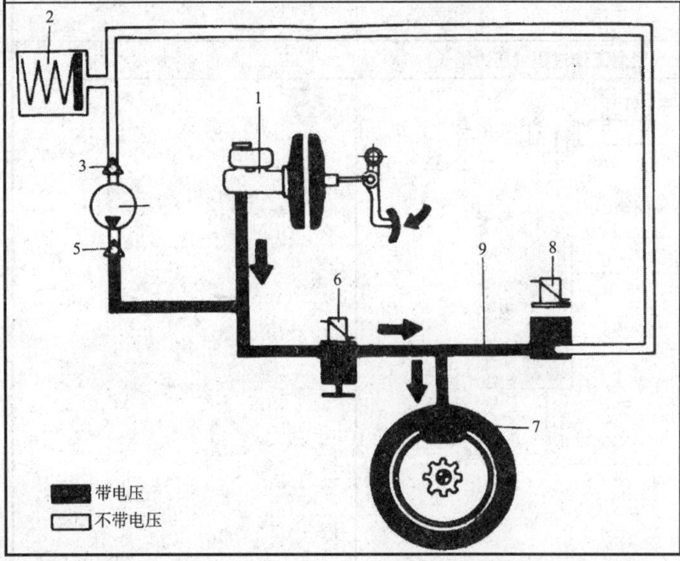

续表

<table>
<tr><td colspan="2">紧急工作过程（压力保持）</td></tr>
<tr><td>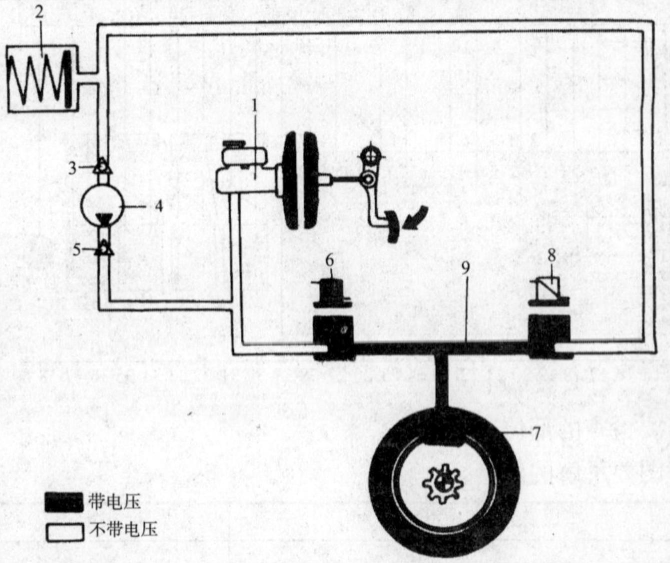
</td><td></td></tr>
<tr><td colspan="2">紧急工作过程（压力降低）</td></tr>
<tr><td>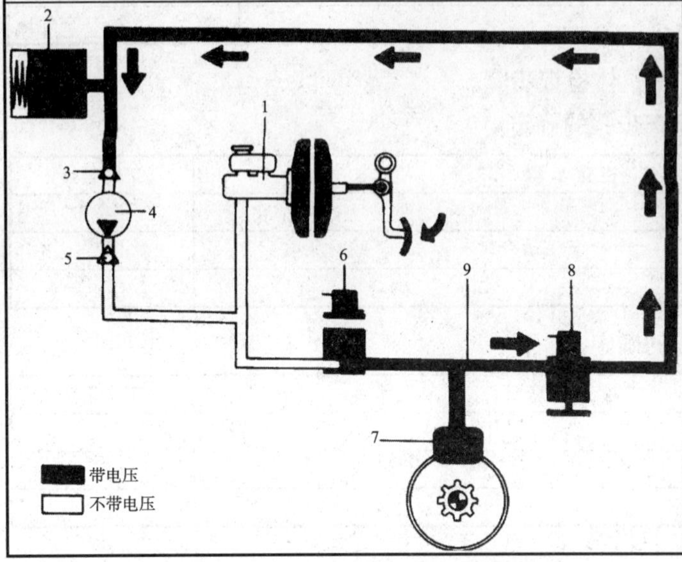
</td><td></td></tr>
</table>

7．故障码 51 的检修步骤 1——读电路图。

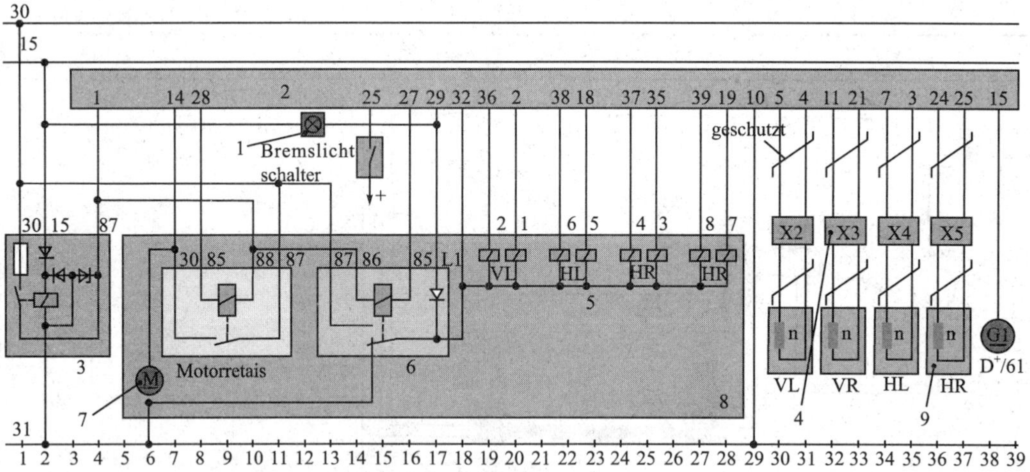

（1）在电路图上用红笔画出要检查的部位。

（2）确定检查的思路及通过图要了解的信息。

序　号	检查部位	了解信息	方　法

8．故障码51的检修步骤2——具体检查步骤。

（1）ABS 电磁阀电磁线圈检查步骤的确定。

序　号	检查步骤	工具/辅具
1		
2		
3		

（2）ABS 泵电动机检查步骤的确定。

序　号	检查步骤	工具/辅具
1		
2		
3		

工作任务10

悬架系统的维护

导 向

1．任务描述

客户反映：此车主驾驶一辆丰田威驰轿车最近需要出远门，发现汽车在路面高速行驶时，前悬架的前端有振动，请对此车底盘进行检查，维修人员应如何检查？

2．任务分析

针对该车底盘需要进行检查，维修人员应处理两个问题。第一，汽车底盘悬架方面发生振动，重点应检查哪些部件？第二，如果检查该系统，应如何检查并维修？悬架维修应注意哪些问题？

要想解决第一个问题，那么就需要维修人员掌握汽车底盘悬架系统的组成、工作原理、种类及部件功能等知识。要想解决第二个问题，就需要熟悉汽车悬架系统的检查方法、维护要点和注意事项。

信 息

汽车悬架系统在英语中是悬挂的意思，顾名思义，是将车轮与车身或车架相连，以便支撑车辆，并与其他一些部件构成可动的机构。

1．悬架的功能（图10-1）

（1）行驶时，与轮胎一起吸收和缓冲因路面不规则性而受到的各种振动、摆动和冲击，以便保护乘客和货物，并改善驾驶稳定性。

（2）传递因路面和车轮之间的摩擦产生的驱动力和制动力至底盘和车身。

（3）连接车身和车轮，将车身支撑在轴上，并在车身和车轮之间保持恰当的几何关系。

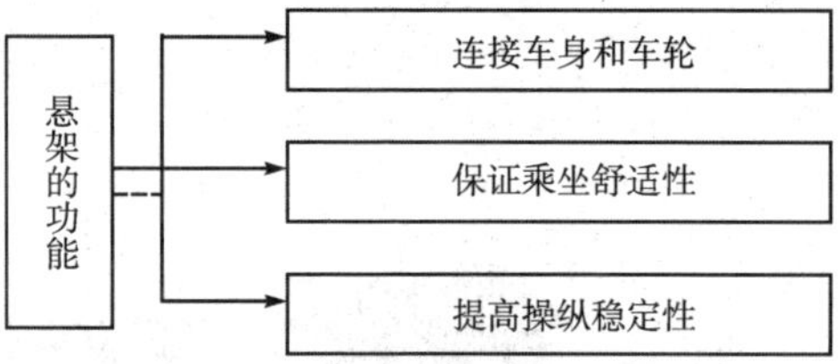

图10-1　悬架的功能

2．悬架系统的基本组成（图10-2）

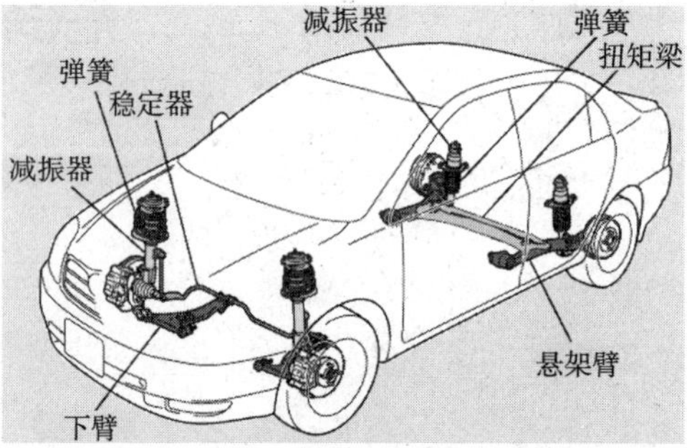

图10-2　悬架系统的基本组成

悬架系统主要组成部件和作用：

（1）弹簧

吸收来自路面的冲击，并承载汽车重量，保持车身姿态或高度。

（2）减振器

通过限制弹簧的振动来改变乘坐的舒适度，防止车身过度摇摆和跳动。

（3）连杆机构

使上述部件保持正确位置和控制车轮的纵向和横向运动，连杆结构包括下臂、稳定器和扭矩梁等。

3．悬架的种类

汽车悬架按基本构造可分为两大类，即独立悬架和非独立悬架，如图10-3所示。

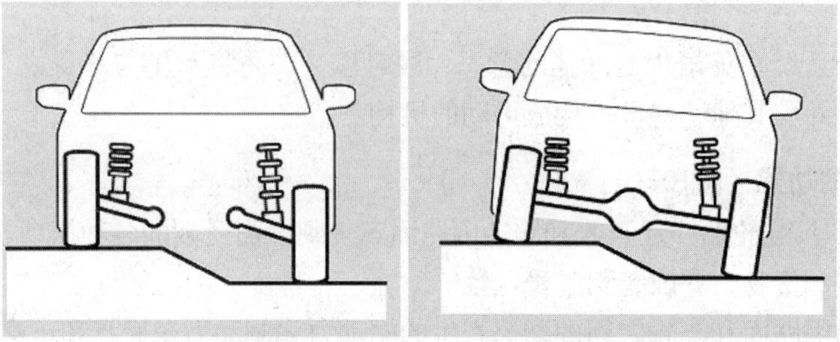

（a）独立悬架　　（b）非独立悬架

图10-3　独立悬架和非独立悬架

（1）独立悬架

每个车轮由安装在车身上的独立臂支撑。因此，左、右轮是独立运动的。独立悬架的特性如下：

① 乘坐舒适度好。

② 弹簧与车轮的定位无关，所以可用较软的弹簧。

③ 因为没有连接左右轮的轴，汽车底板和发动机安装位置可降低，使汽车重心下降。

④ 结构复杂。

⑤ 轮距和定位随车轮的上下运动而变化。

⑥ 多数型号配有稳定器杆以减少转弯时的横摇和改善乘坐的舒适性。

独立悬架方式是轿车的主流方式。几乎所有的汽车在前轮上均采用此方式。与车轴悬架方式相比虽然其构造复杂，成本昂贵，但是弹簧以下部分的质量小，车轮附着性能良好。并且操纵稳定性好，乘坐舒适。

（2）非独立悬架

两个车轮用一个桥壳或桥梁支撑，因此，左右轮一起运动，刚性车桥悬架的特性如下：

① 零件数量少和结构简单。因此维护容易。

② 对重载用途足够耐用。

③ 转弯时车身倾斜小。

④ 车轮上下运动时车轮定位变化小。因此，轮胎的磨损小。

⑤ 因为非悬架质量大，乘坐舒适度差。

⑥ 因为左右轮的运动相互影响，所以容易发生振动和摆动。

非独立悬架结构简单，成本低，而且强度和耐久性很不错。但是，弹簧质量大和左右轮的相互干涉不利于乘坐舒适性和操纵稳定性。所以装载质量大的大型客车和卡车多采用这种方式。

4．汽车前后悬架

汽车前后悬架的常见配置是前悬架采用麦弗逊式悬挂、双摇臂式悬架等，后悬架采用纵臂型带扭矩梁悬架、四连杆型悬架等。

（1）双摇臂式悬架

世界很多车型都采用这种结构，它给人以运动性强和高级的印象，双摇臂式也有很多构造和外形，固定车轴的转向节由上下 2 个摇臂支撑，通常在上下摇臂或下摇臂和车体之间设置有减振器。上下摇臂多是 A 型或 V 型，多以 2 个联结点来支撑车体。靠这 2 个联结点在前后方向上的支撑也很牢固。双摇臂式悬架的具体结构如图 10-4 所示。

悬架在上下移动时，会发生轮距和外倾度变化。因此下摇臂设计的较长，以减少轮距的变化。双摇臂式悬架的摆动情况如图 10-5 所示。

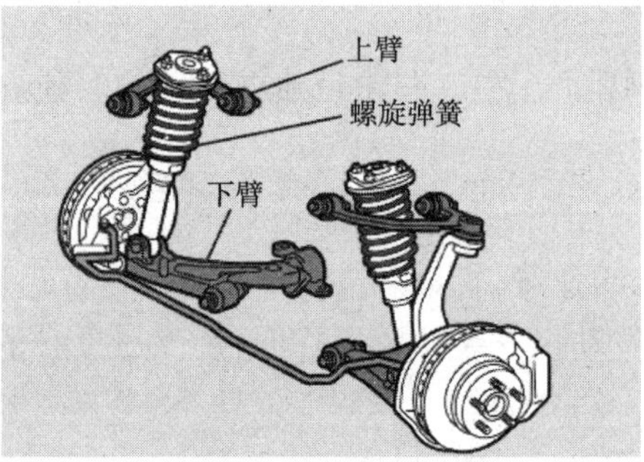

图10-4　双摇臂式悬架

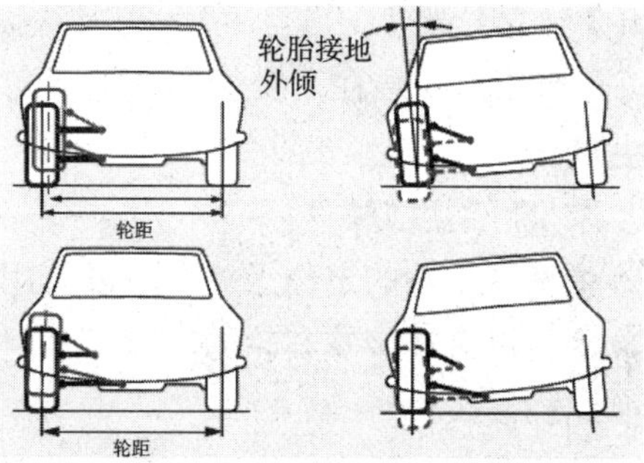

图10-5　双摇臂式悬架的摆动

双摇臂式悬架，从其复杂的构造上看成本较高，如果没有足够的空间就不利于其机能的有效发挥。但是这种悬架的优势是可以实现高自由度的设计（只要空间允许）。也就是说，前面讲的悬架摇臂长度可以自由配置。并且可以很容易发挥悬架机构的特点，即兼顾操纵稳定性和乘坐舒适性。从这点看来，这种悬架机构可以实现多自由度悬架结构的配置，可以说其基本性能比其他类型的悬架机构更胜一筹。

（2）麦弗逊悬架

这是中小型车辆的前悬架广泛使用的独立悬架系统，也用于FF型车的后悬架，这种类型的减振器兼做悬架的撑杆，其结构如图10-6所示，由减振器、螺旋弹簧、横摆臂、横向稳定杆等组成。减振器与套在外面的螺旋弹簧合为一体，构成悬架的弹性支柱，支柱上端与车身挠性连接，支柱的下端与转向节刚性连接。横摆臂的外端通过球头与转向节的下部连接，内端与车身铰接。

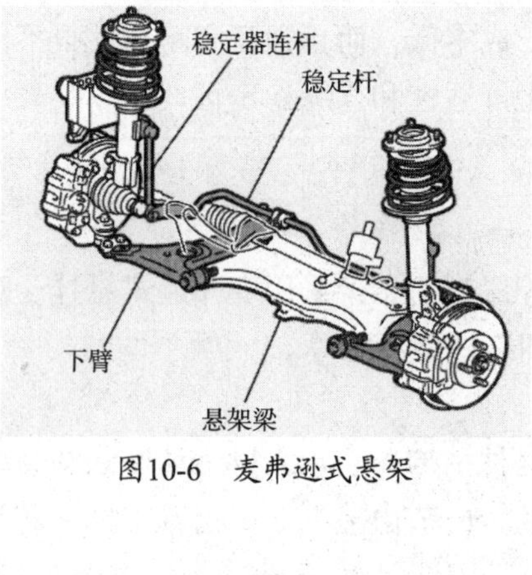

图10-6　麦弗逊式悬架

其特性如下：

① 悬架结构相对简单。

② 因为零件少，质量小，所以可减少非悬架重量。

③ 因为悬架占用空间少，可增加发动机室的可用空间。

④ 因为悬架支撑点之间距离大，因安装误差或零件制造误差对前轮定位的干扰小。因此，除了车轮前束外，一般不需要定位调整。

图10-7所示为麦弗逊式悬架的受力分析，在麦弗逊悬架上，减振器起悬架连接件的

作用，支撑汽车负载。然而，因为减振器承受来自轮胎的负载，其弯曲非常小。这就导致产生横向应力（图中所示的 A 和 B），在活塞杆和杆导管之间及在活塞和内壳之间产生摩擦，造成不正常的噪声和对乘坐舒适性产生不利影响。此问题可以通过将弹簧与减振器中心线偏置的方法减到最小，从而在力 A 和 B 的相反方向产生作用力 a 和 b。

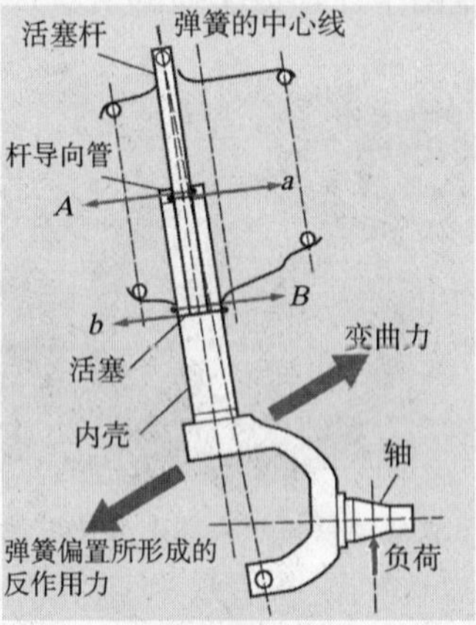

图10-7　麦弗逊式悬架受力分析

关于麦弗逊悬架，车坛历史上还有这么一段记载。麦弗逊（Mcpherson）是美国伊利诺斯州人，1891 年生。大学毕业后他曾在欧洲搞了多年的航空发动机，并于 1924 年加入了通用汽车公司的工程中心。20 世纪 30 年代，通用的雪佛兰分部想设计一种真正的小型汽车，总设计师就是麦弗逊。他对设计小型轿车非常感兴趣，目标是将这种四座轿车的质量控制在 0.9 吨以内，轴距控制在 2.74 米以内，设计的关键是悬架。麦弗逊一改当时盛行的板簧与扭杆弹簧的前悬架方式，创造性地将减振器和螺旋弹簧组合在一起，装在前轴上。实践证明这种悬架形式的构造简单，占用空间小，而且操纵性很好。后来，麦弗逊跳槽到福特，1950 年福特在英国的子公司生产的两款车，是世界上首次使用麦弗逊悬架的商品车。麦弗逊悬架由于构造简单，性能优越的缘故，被行家誉为经典的设计。

（3）纵臂型带扭矩梁悬架

图 10-8 所示为纵臂型带扭矩梁式悬架，这种类型主要用于前置发动机前轮驱动汽车的后悬架，采用由焊接在可扭转的前桥梁上的悬架臂和稳定器杆构成的结构。

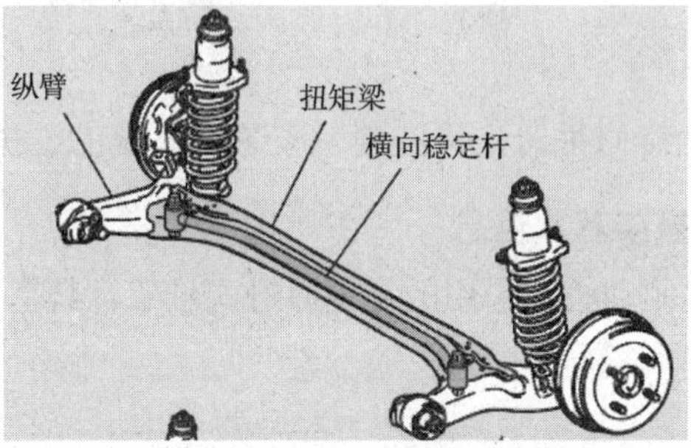

图10-8　纵臂型带扭矩梁式悬架

由于其简单的结构和紧凑尺寸，可减少悬架重量以获得较好的乘坐舒适性。此外，还能保证大的行李仓空间。

当横摇，如在转弯和在高低不平的道路上行驶时发生，稳定器杆随前桥梁扭转。其结果是因稳定器杆的作用减少横摇，因而保持车辆稳定性。

注意：当举升汽车时，不能用千斤顶或类似的工具顶升扭力梁，如图 10-9 所示。

图10-9　纵臂型带扭矩梁式悬架使用注意事项

（4）四连杆型悬架

图 10-10 所示为四连杆型悬架，这种类型用于后悬架。在所有刚性车桥悬架中，这种具有最佳乘坐舒适性。

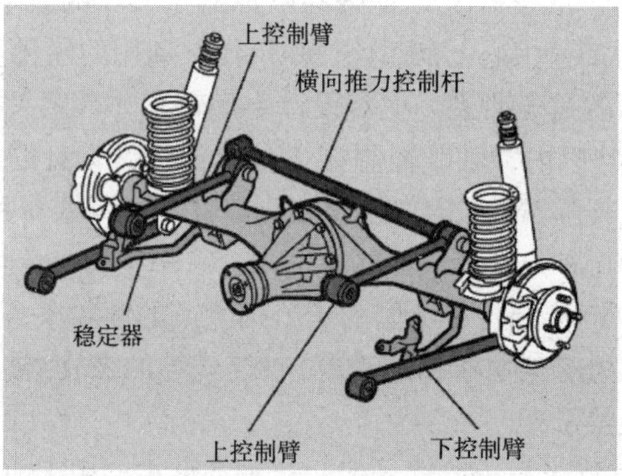

图10-10　四连杆型悬架

计 划

根据丰田威驰轿车的维修手册，将威驰轿车悬架系统的维护工作计划提供如下：

1. 丰田威驰轿车前悬架基本信息

前悬架是断开式转向驱动桥，采用的是麦弗逊式悬架，其基本结构如图 10-11 所示。

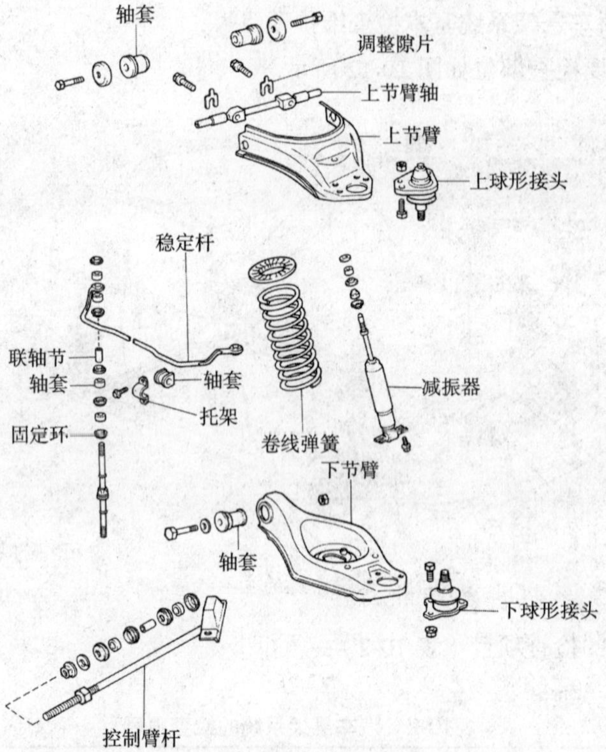

图10-11　威驰轿车前悬架组成

2．故障分析——汽车振动产生原因分析

悬架系统的各个部件都可能引起汽车的振动。可能涉及下支臂球头、减振器及磨损的转向横拉杆。如果这些零部件中的任何一个过度磨损，前悬架都会松动，从而在车速变化时，汽车可能会振动。另外，如果这些零件过度磨损可能听到来自前悬架的各种噪声。具体分析见表10-1。

表10-1　汽车振动产生原因分析

故障现象	故障诊断		故障处理
前悬架振动	1	车轮或轮胎不平衡	轮胎平衡性试验
	2	车轮轴承磨损或变松	调整车轮轴承
	3	转向横拉杆磨损	更换转向横拉杆
	4	球头磨损	更换球头
	5	前轮定位不正确	检查和调整前轮悬架
	6	减振器不工作	更换减振器

只要注意到发生前轮晃动、跑偏、轮胎磨损及过大的转向间隙时，就应重点检查球头是否松动和磨损。

3．丰田威驰轿车悬架系统基本检查维护项目

悬架系统的主要检查部位如图 10-12 所示。

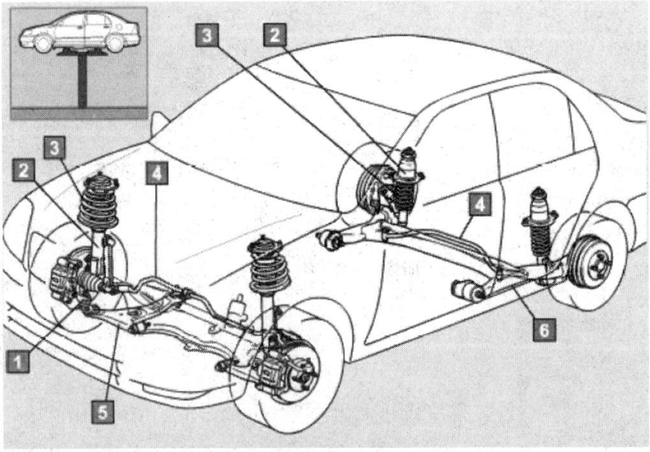

图10-12　悬架系统的主要检查部位

汽车悬架系统的检查项目（表 10-2）：

表10-2　汽车悬架系统的检查项目

序　号	检 查 项 目
1	球节是否损坏
2	减振器是否漏油
3	弹簧是否折断
4	稳定杆、支臂和拉杆是否弯曲或变形
5	胶套是否磨损
6	汽车底盘的螺栓和螺母是否松动

4．悬架维修安全注意事项

（1）悬架系统很多零部件都处于高压和张紧状态下。这些零件包括减振器、弹簧和扭杆弹簧等。拆卸这些部件的方法不正确时，会猛烈地弹出来，对人造成严重的伤害。从车上拆卸这些部件前，应确保所有的张力已经从这些部件上释放。

（2）轴承清洗干净后，一定不要用高压空气吹干轴承。不要用高压空气螺栓旋松及拆卸轴承，因为钢球会脱出，对人造成严重的伤害。

（3）在拆卸麦弗逊式减振器时，记住有些部件上有高张力。从汽车上拆卸这些部件前，首先要释放其张力或压力。此时，需要其他物体来支撑。

（4）悬架系统的零部件很重，搬运过程要小心，不要压伤手指或手。

（5）很多部件和总成必须按正确的顺序拆卸。

实 施

1．实施准备

材料：抹布；

设备：举升机、丰田威驰轿车；

工具：组合工具、踏板压力器。

2．底盘悬架系统的检查

（1）球节的检查（图 10-13、表 10-3）

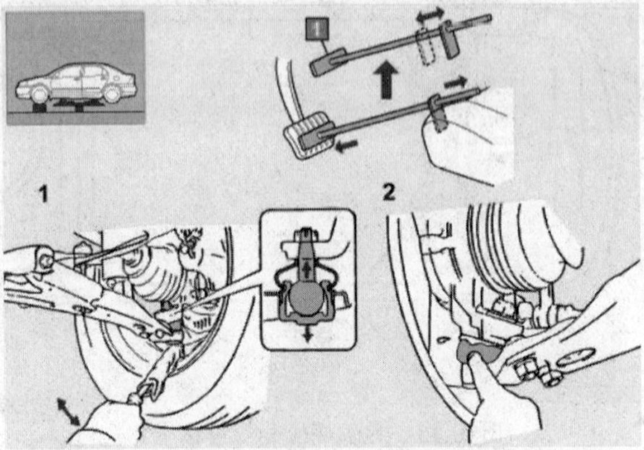

图10-13　球节检查

表10-3　球节的检查

序　号	检 查 步 骤	工具/辅具
1	使用制动踏板压力器保持制动踏板被踩下	踏板压力器
2	前轮垂直向前，举起车辆并且在一个前轮下放一个高度为180～200cm的木块	举升机
3	放低举升机直到弹簧承载一半的负荷	
4	在下臂的末端使用一个工具检查球节过余的上下滑动间隙	撬棍
5	检查球节防尘罩是否有裂纹、撕裂或者其他损坏	

（2）减振器是否漏油的检查

检查减振器应该没有油泄漏，如图 10-14 所示。

（3）弹簧是否折断的检查

检查弹簧应该没有折断。

（4）稳定杆、支臂和拉杆是否弯曲的检查

检查稳定杆、支臂和拉杆是否弯曲，应没有弯曲损坏。

（5）胶套是否磨损的检查

检查胶套应没有损坏和磨损。

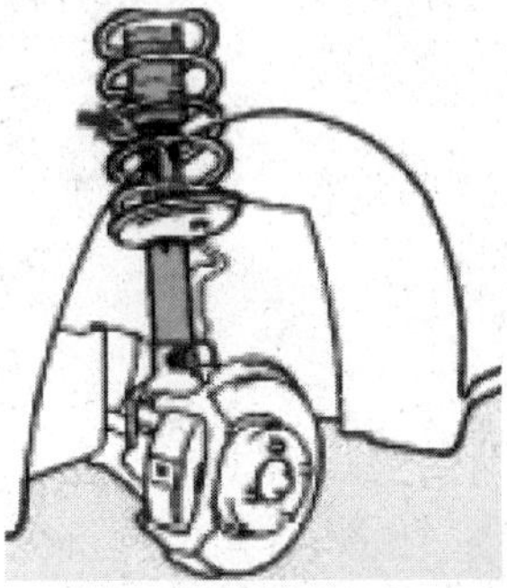

10-14　减振器漏油检查

（6）螺母和螺栓的检查

检查下述底盘连接的螺栓和螺母是否松动，具体位置如图 10-15、图 10-16 所示（表 10-4）。

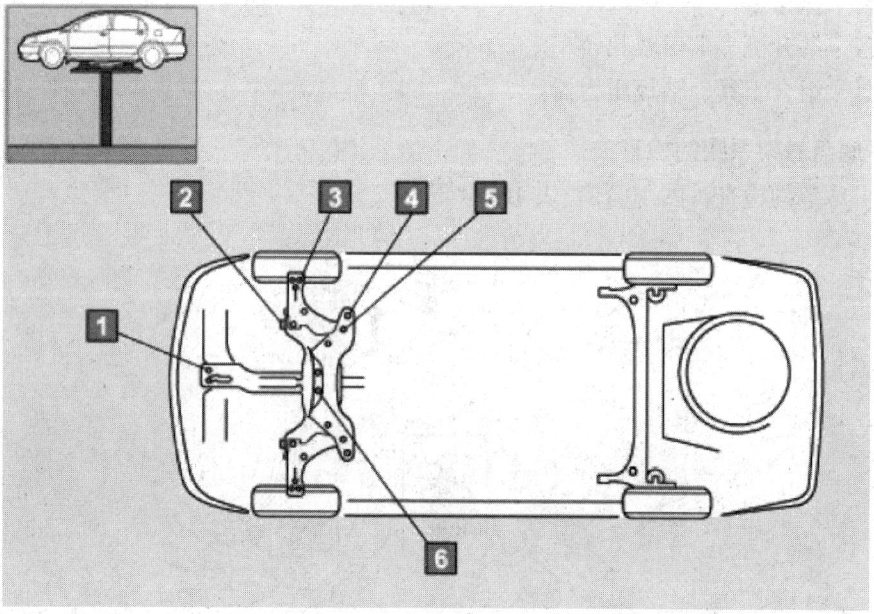

图10-15　悬架螺栓和螺母检查1

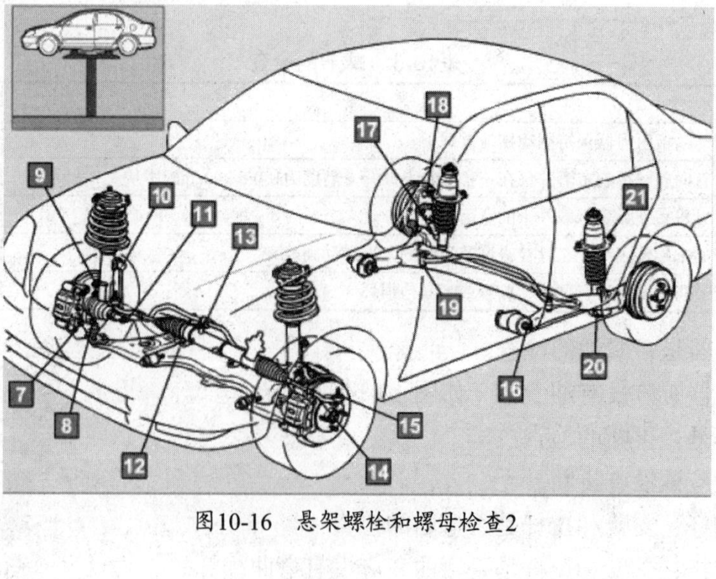

图10-16　悬架螺栓和螺母检查2

表10-4 检查底盘连接的螺栓和螺母

序号	检查项目	序号	检查项目
1	中间梁×车身	12	转向机外壳×横梁
2	下臂×横梁	13	稳定杆×车身
3	球节×下臂	14	横拉杆端头锁止螺母
4	横梁×车身	15	横拉杆端头×转向节
5	下臂×横梁	16	拖臂和桥梁×车身
6	中间梁×横梁	17	拖臂和桥梁×后轮毂
7	盘式制动器×转向节	18	制动分泵×背板
8	球节×转向节	19	稳定杆×拖臂和桥梁
9	减振器×转向节	20	减振器×拖臂和桥梁
10	稳定杆连接杆×减振器	21	减振器×车身
11	稳定杆×稳定杆连接杆		

检验

1. 工作质量的检查

维护保养工作结束后，车辆机电维修工确认是否所有部件和功能都正常。

（1）检查车辆行驶时，前端是否还有振动现象发生。

（2）检查车辆在不平路面行驶时，是否有噪声。

（3）检查工时符合厂商标准。

（4）将更换的配件和材料填写到工作单上，同时记录到检查表和保养手册中。

（5）检查车辆是否进行过清洁。

（6）通知客户所做的工作，交付检查表，解释结算单，提示下次底盘悬架系统检查的日期或其他检查出而没有维修的问题。

（7）回想准备工作是否完善，检查工作步骤的顺序。

2. 工作记录

（1）是否在检查表内记录了所进行的所有检查项目。

（2）是否在检查有故障栏处列出了无法或不应立即排除的所有已确认故障。

（3）是否已在检查表上签名。

3. 工作反思

（1）是否达到了规定目标。

（2）解释方式是否正确。

（3）与相关人员沟通的效率是否很高。

（4）组织工作是否很好。

展示

通过工作页的完成，学生展示学习效果和工作任务的完成情况。

1．汽车底盘系统的主要检查项目有哪些？即汽车行驶系如何组成？

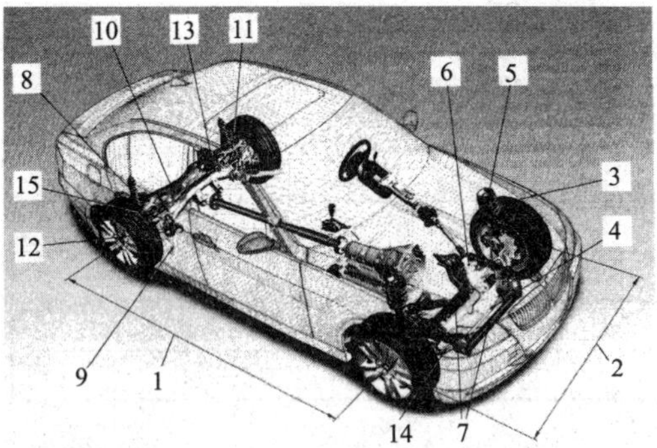

1.__________ 2.__________

3.__________ 4.__________

5.__________ 6.__________

7.__________ 8.__________

9.__________ 10.__________

11.__________ 12.__________

13.__________ 14.__________

15.__________

2．汽车车身构造。

车身图形	名　称	结构特点
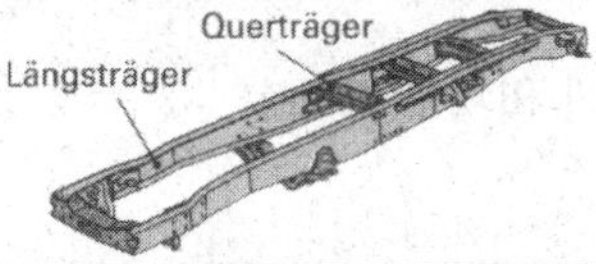		

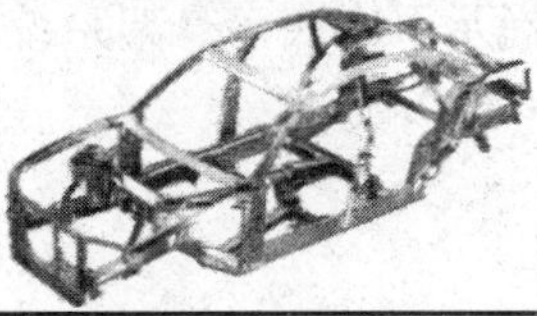		

3．请写出汽车行驶时作用于前轮和前轮悬架三个方向上的力，并写出垂直轴方向上可能出现的运动状态。

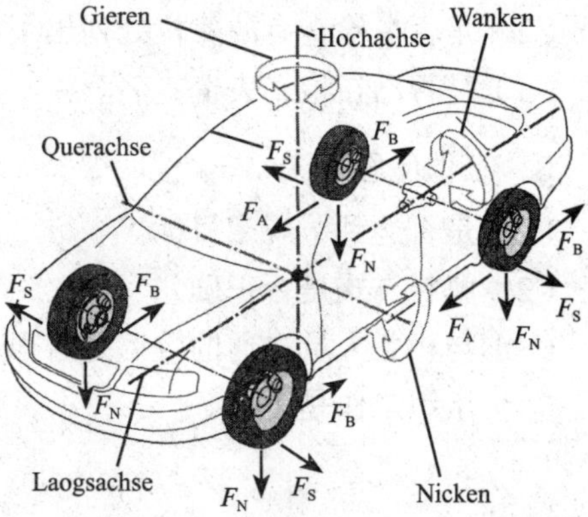

____

____

____

____

____

4．汽车悬架系统的作用。

（1）______________________________

____

____

（2）______________________________

____

____

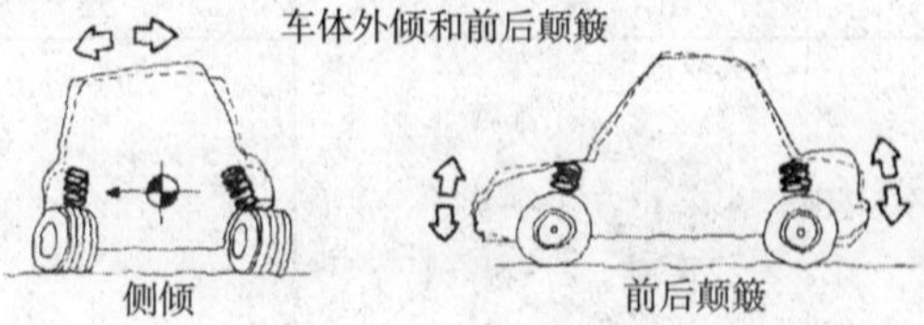

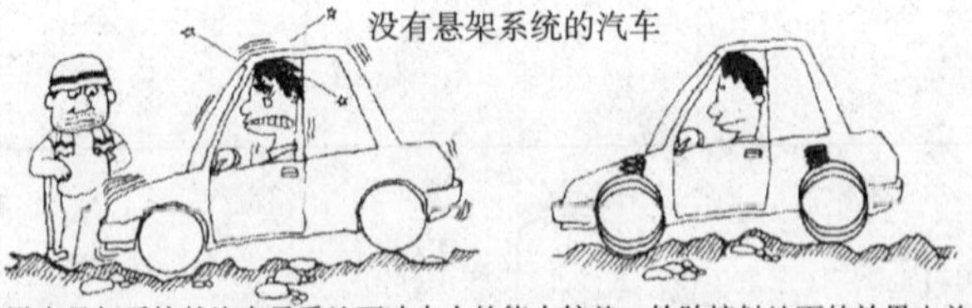

没有悬架系统的汽车承受地面冲击力的能力较差，轮胎接触地面的效果也差

（3）______________________________

____

____

5．汽车悬架系统的其他零件。

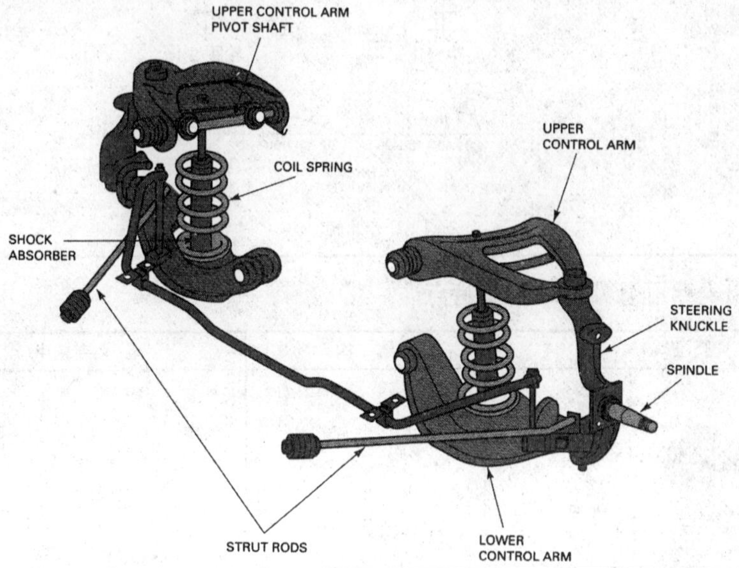

名　称	安装位置（在图中标出）	作　用
		连接车轮与悬架
		连接车轮和车架的重要零件，相当于悬架的骨架
		汽车在高速转弯时能防止车身过度倾斜
		在制动过程中可以防止控制臂来回摆动
		使车轮上下左右运动
		吸收前后方向上的冲击

6．请写出汽车前悬架双摇臂悬架的结构和特点。

续表

<table>
<tr><th>图　形</th><th>结　构</th><th>结构特点</th></tr>
<tr><td>
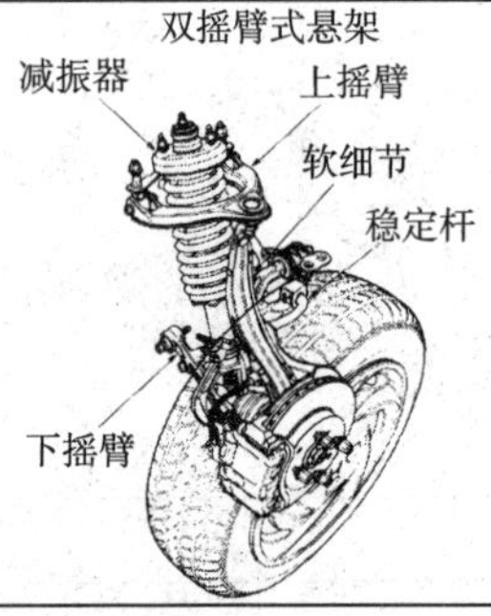

</td><td></td><td></td></tr>
<tr><td colspan="3">
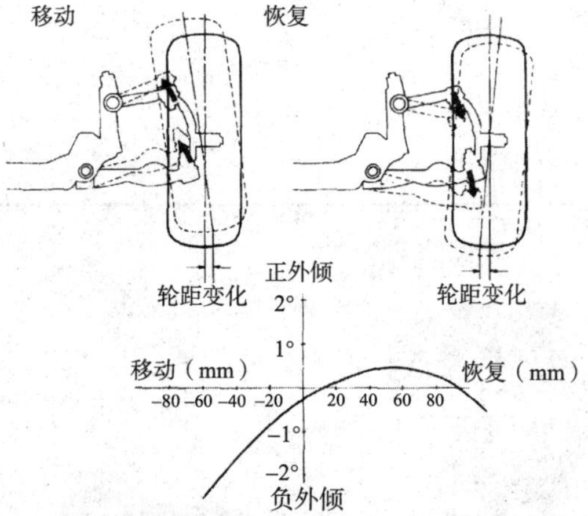

</td></tr>
</table>

7．请写出麦弗逊悬架的结构和特点。

<table>
<tr><th>图　形</th><th>结　构</th><th>结构特点</th></tr>
<tr><td>
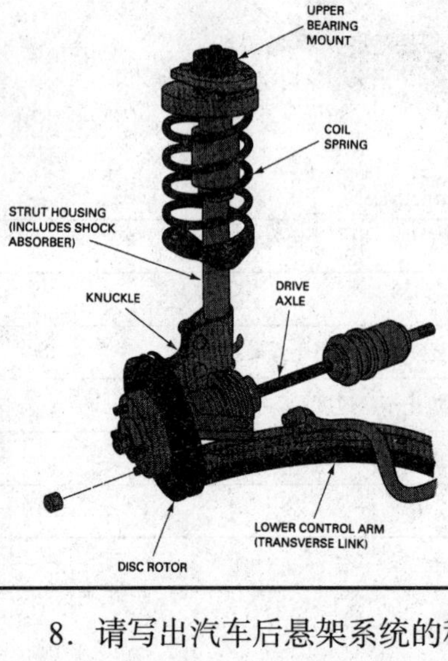

</td><td></td><td></td></tr>
</table>

8．请写出汽车后悬架系统的种类及特点。

续表

汽车后悬架图形	结　构	特　点
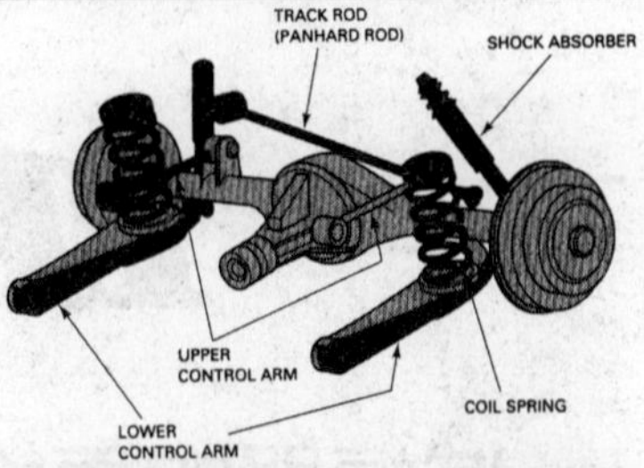		
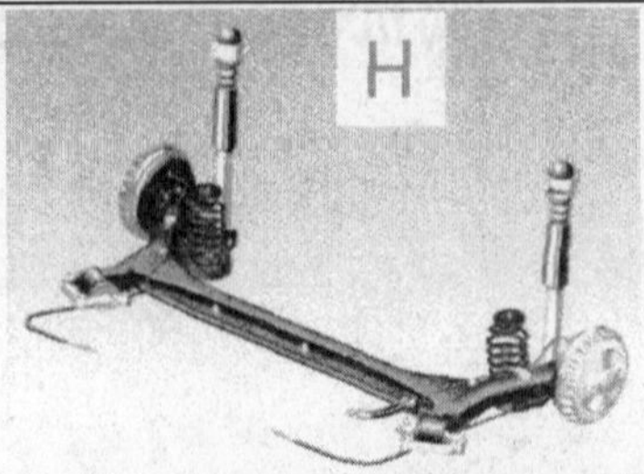		

9．汽车悬架主要维修项目有哪些？

10．请写出汽车下支臂球头的检查方法和更换步骤。

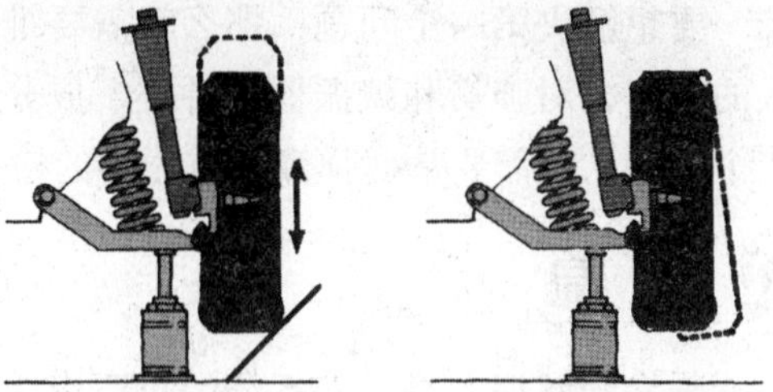

工作任务 11

减振器的更换

导向

1. 任务描述

客户反映：车主驾驶一辆上海别克君越轿车，最近感觉车辆行驶的稳定性和乘坐的舒适性都变差，走坑洼路面时，车身摆动加大，请问是何故障？如何检查？

2. 任务分析

针对该车出现的故障现象，维修人员应处理两个问题。第一，汽车行驶的稳定性和舒适性与哪些方面有关。第二，如果检查该系统，应如何检查？注意哪些问题？

要想解决第一个问题，那么就需要维修人员对汽车悬架系统中的弹簧和减振器有深入的了解，对弹簧和减振器的种类、成分、组成、工作原理有充分的认识。要想解决第二个问题，就需要掌握弹簧和减振器的检查方法、更换方法和注意事项。

信息

弹簧和减振器是悬架系统的重要组成部件，弹簧和减振器的好坏直接关系到汽车行驶的稳定性和乘坐的舒适性，下面就介绍一下汽车的弹簧和减振器。

1. 弹性

如果一个力作用在一个用橡胶之类材料制成的物体上，将在物体内产生应力，当这个力释放时，物体将恢复其原来的形状，称为弹性特性，如图 11-1 所示。汽车的弹簧利用弹性原理，使车身缓冲和使乘车者免受道路冲击。

即使一个物体有弹性，如果作用在其上的力过大，则将超过弹簧极限，这样就阻止该物体完全恢复到原有形状，称为“塑性”。

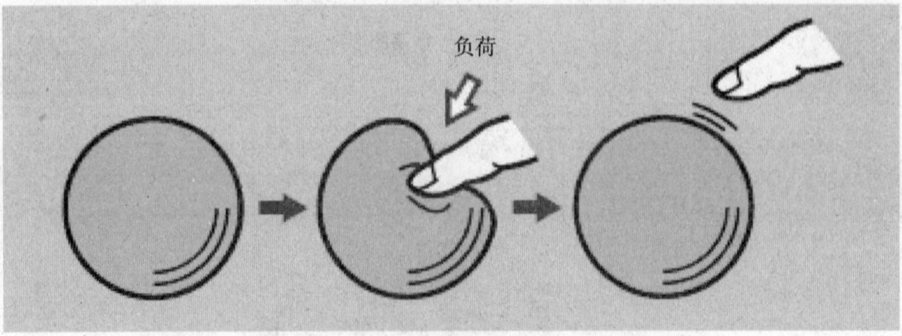

图11-1　物体的弹性

2. 弹簧系数

弹簧的变形与作用在其上的力成正比变化。即力（W）与被变形的量（a）相除得到的值是不变的。这一不变的值（K）被称作“弹簧刚度系数”或“弹簧系数”，如图 11-2 所示。

弹簧系数低的弹簧称为“软”，而弹簧系数高的弹簧称为“硬”。

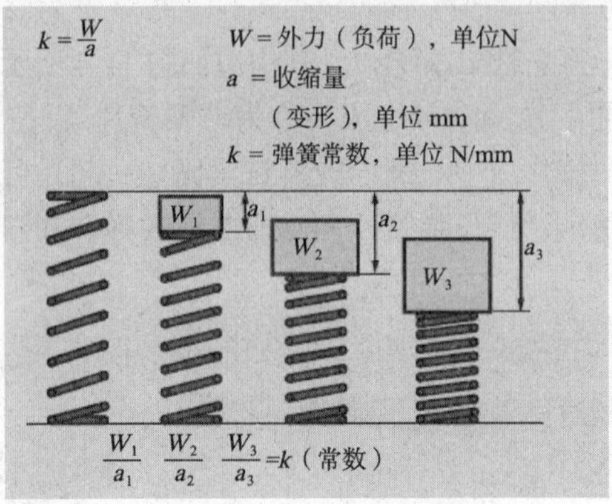

图11-2　弹簧系数

3. 弹簧振荡

当车轮碰到一个凸起物时，汽车的弹簧将被迅速压缩。因为每个弹簧会立即试图恢复其原有的长度以释放压缩的能量，它将伸长超过其原有长度。然后，弹簧将对其试图恢复原有长度产生的回弹作出响应，并将收缩到小于其原有长度。这个称作弹簧振荡的进程重复多次，直到弹簧最终回到其原有长度，如图 11-3 所示。

如果弹簧振荡不受控制，这不仅会使乘坐不舒适，还会导致驾驶的不稳定。为防止这种情况发生，配备了减振器。

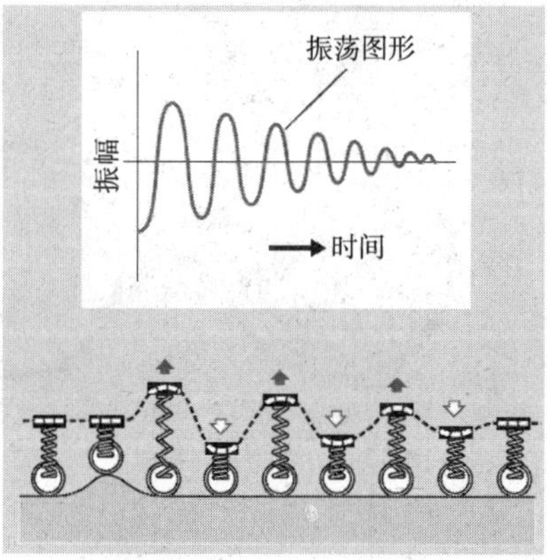

图11-3　弹簧振荡

4．汽车弹簧的种类

在汽车悬架系统中，使用的弹簧是金属弹簧和非金属弹簧。金属弹簧即钢板弹簧、螺旋弹簧和扭杆弹簧。非金属弹簧即橡胶弹簧和空气弹簧。

（1）钢板弹簧

钢板弹簧多应用于非独立悬架系统中，其构造如图 11-4 所示。

钢板弹簧由一组弯曲的弹簧刚带组成，称为"弹簧片"，按照最短到最长的次序层叠在一起。这个层叠的弹簧片用中心螺栓或铆钉紧固在一起，可防止弹簧片滑动到不合适位置，他们用弹簧夹固定。最长弹簧片两端弯曲形成弹簧片卷耳用于将弹簧连接到车架或构件上。

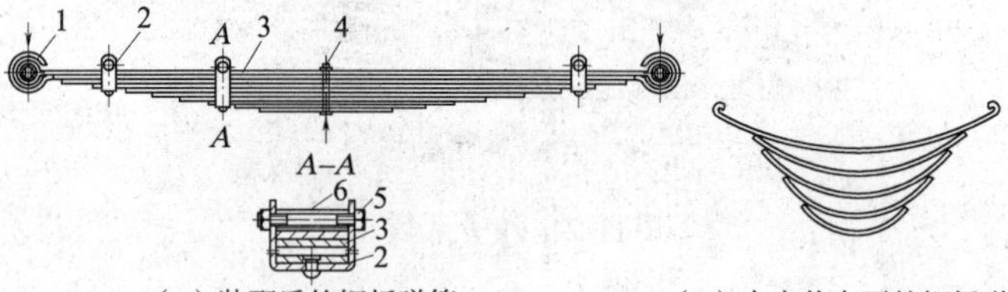

（a）装配后的钢板弹簧　　（b）自由状态下的钢板弹簧

1—卷耳；2—钢板夹；3—弹簧片；4—U形螺栓；5—钢板夹螺栓；6—套钢板夹螺栓管

图11-4　钢板弹簧结构

一般，弹簧片越长，将越软。而且，弹簧片越多，承受的负载越大。另外，弹簧将变得越坚实并将影响乘坐舒适性。

钢板弹簧特性如下：

① 因为弹簧本身有足够的刚度将轴保持在正确的位置，为此没有必要使用拉杆。

② 功能是通过片间的摩擦控制自身的振荡。

③ 对重载用途有足够的耐用性。

④ 由于弹簧片间的摩擦，对其而言，吸收来自路面的微小振动是困难的。因此，钢板弹簧一般用于大型商用车辆、载重量大和耐用性要求高的车辆。

⑤ 每个弹簧片的弯度称为滚距，因为弹簧片的弯度越大，弹簧片越短，所以每个弹簧片的弯曲形状在层叠中下面的比上面的大。

⑥ 中心螺栓拧紧时,各个弹簧片有一定程度的变平,使弹簧片的两端相互压得非常紧。

⑦ 弹簧片总的曲率被称为“挠度”(图 11-5)。然而,这种摩擦也使乘坐舒适度降低,因为这将较容易地阻碍弹簧的自由挠曲。

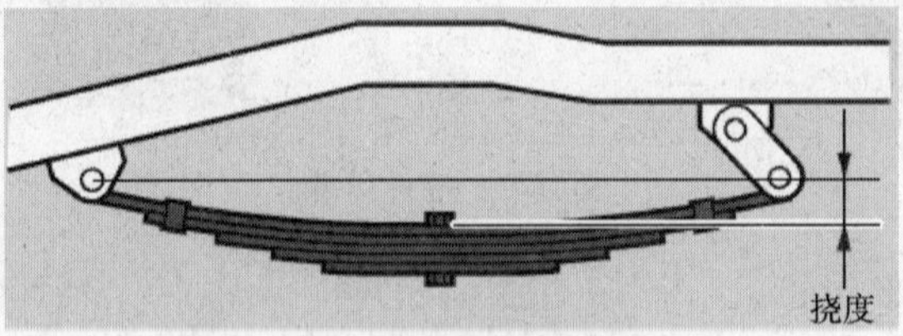

图11-5 弹簧的挠度

⑧ 曲率的目的。弹簧被弯曲时，曲率使弹簧内的弹簧片一起摩擦，这种摩擦引起的摩擦力很快缓冲弹簧的振荡。这个摩擦力称作片间摩擦，是钢板弹簧的最大特点之一。但是这种摩擦力也使乘坐舒适性降低，因为它将较容易地阻碍弹簧的挠曲。因此，片弹簧主要用于商用车辆中。

⑨ 弹簧回弹时，为了防止簧片间出现间隙，从而防止污物和砂等掺入弹簧片之间造成磨损。在每个弹簧片两端之间插入消音衬垫以改善弹簧片的相互滑动 (图 11-6)。每个弹簧片的两端厚度渐薄，使它们相互接触时施加适当大小的压力。

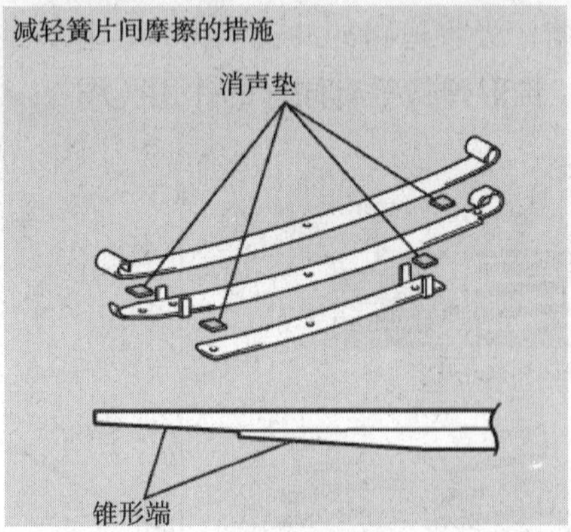

图11-6 钢板弹簧消音装置

（2）螺旋弹簧

螺旋弹簧多应用于独立悬架，有些汽车的后轮非独立悬架也采用螺旋弹簧做弹性元件。螺旋弹簧用特种弹簧钢杆形成螺旋状而制成。当螺旋弹簧上有一负载时，整个杆在弹簧收缩时扭转。用此方式，外力的能量被存储起来缓冲冲击，其结构如图 11-7 所示。

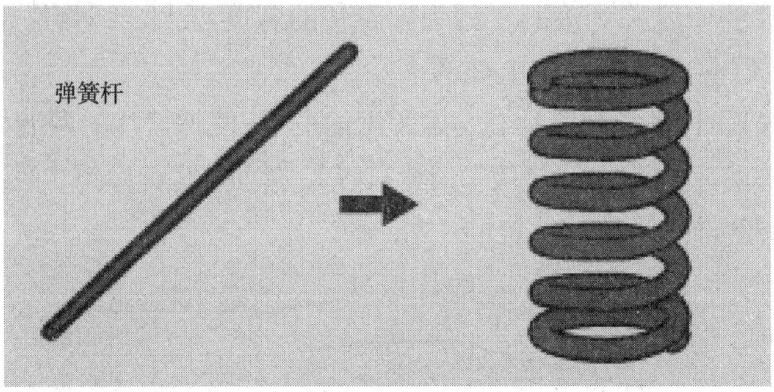

图11-7　螺旋弹簧

螺旋弹簧的特性如下：

① 单位重量的能量吸收率比钢板弹簧大。

② 可制成软弹簧。

③ 因为与钢板弹簧不同，没有片间摩擦力，没有由弹簧本身的振荡控制，所以必须与其一起使用减振器。

④ 因为没有对横向力的抵抗力，支撑轴的连接机构是必须的。

如果螺旋弹簧由直径均匀的弹簧钢棒做成，整个弹簧与负载变化成比例地均匀挠曲。这意味着如果使用软弹簧、其刚度不足以应付重负载，而如果使用硬弹簧，仅仅是轻负载就会使乘坐不舒适。

然而，如果使用等变直径的钢棒，弹簧两端的弹簧刚度系数比中心的小。因此，在轻负载时，弹簧两端将收缩，吸收道路的冲击。另外，弹簧的中央部分有足够的刚度对应于重负载。变节距弹簧，锥形弹簧等有同样的作用（图 11-8）。

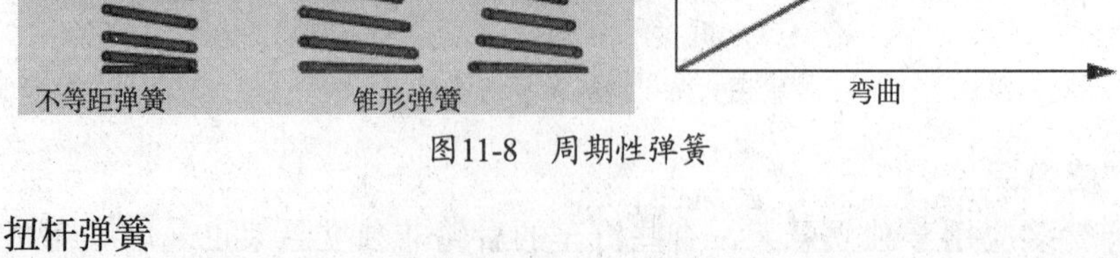

图11-8　周期性弹簧

（3）扭杆弹簧

扭杆弹簧是一个弹簧杠杆，利用其扭转弹性阻止扭转。扭转一端固室在车架上或车身的其他构件上，另一端固定在承受扭转负载的部件上，如图 11-9 所示。

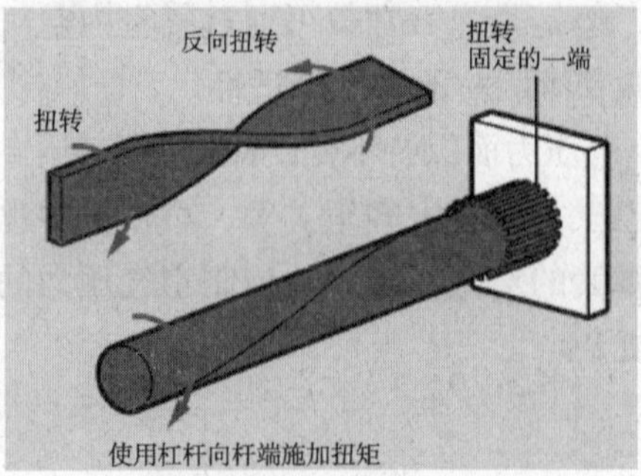

图11-9　扭杆弹簧

扭杆弹簧特性如下：

① 由于单位重量的能量吸收率比其他弹簧大，悬架重量可减轻。

② 悬架系统的布置简化。

③ 与螺旋弹簧一样，扭转弹簧不控制振荡，所以必须与减振器一起使用。

（4）橡胶弹簧

橡胶弹簧因外力而变形时通过产生内摩擦来吸收振动，其结构如图 11-10 所示。

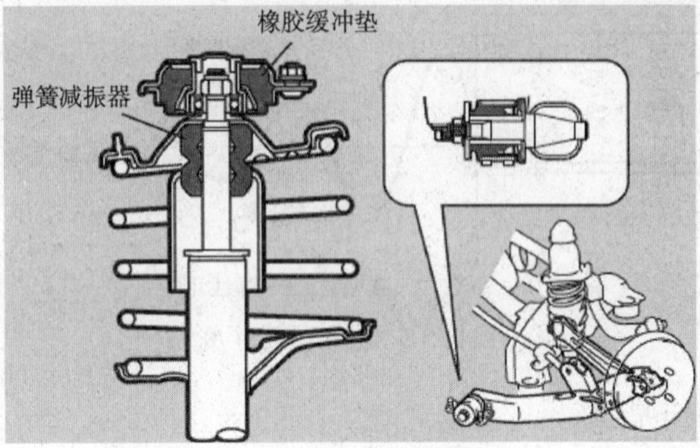

图11-10　橡胶弹簧

橡胶弹簧特性如下：

① 可制成任何形状。

② 使用时无噪声。

③ 不适宜用于支撑重载。

因此，橡胶弹簧主要做辅助弹簧，或用作衬套、隔套、缓冲垫，限位器和悬架系统的其他支撑件。

（5）空气弹簧

这是将密封起来的空气在被压缩时产生的反弹作用力当作弹簧使用的装置，如图 11-11 所示。

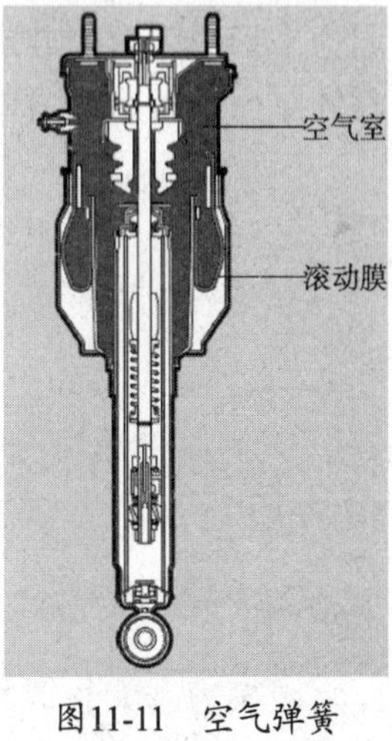

图11-11　空气弹簧

空气弹簧特性如下：

车辆不加载时特别软，但是其弹簧常数可通过气室内空气压力的增加随负载的增加而增加。这将增强车辆轻载和满载时的乘坐舒适性。

车辆高度可通过调整空气压力而保持不变，即使负载变化时。

空气弹簧多用于观光巴士（豪华大客车）等，小轿车中也有部分车型用它代替金属弹簧。然而，在使用空气弹簧的空气悬架中，控制空气压力的装置和压缩空气的压缩机由发动机驱动，所以悬架复杂。

5．减振器

（1）减振器的作用

减振器是为了连接悬架可动部分弹簧和车体而安装的。悬架弹簧具有吸收路面冲击的功能，这对由于受路面冲击而变弯的弹簧会弹回，所以振动不会马上停止。这样一来，汽车不停地颠簸将操纵性能降低。减振器就是吸收部分来自路面的冲击，给悬架的上下摇动以适当的弱化，以减小振动的一种部件。

减振器的作用是吸收这种振荡，如图 11-12 所示。减振器不仅改善乘坐舒适性，而且使轮胎有较好的操纵稳定性和改善转向稳定性。

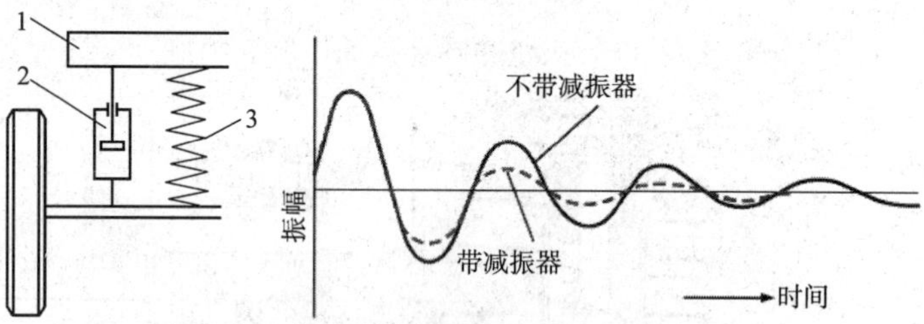

1—车架；2—减振器；3—弹性元件

图11-12　减振器的作用

（2）减振器的工作原理

汽车悬架系统采用液力减振器，其基本工作原理是利用油液通过狭窄通道时产生的阻力来形成阻力的方式，如图 11-13 所示。在减振器中使用一种专用油，称作减振器油，作为工作介质。

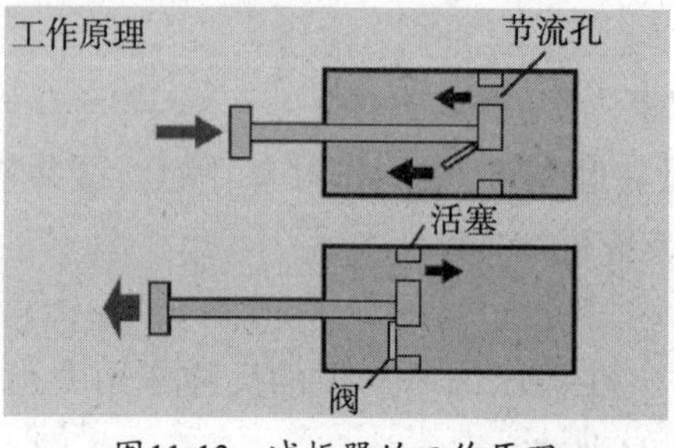

图11-13　减振器的工作原理

减振力越大，缓冲本身的振荡越快，但是缓冲作用产生的冲击也越大。减振力还随活塞的速度而变化。

阻尼力的大小随车架与车桥相对速度的增减而增减，并且与油液黏度、孔道的多少及孔道截面积等因素有关。根据减振力变化的不同，有以下几种类型的减振器，如图 11-14 所示。

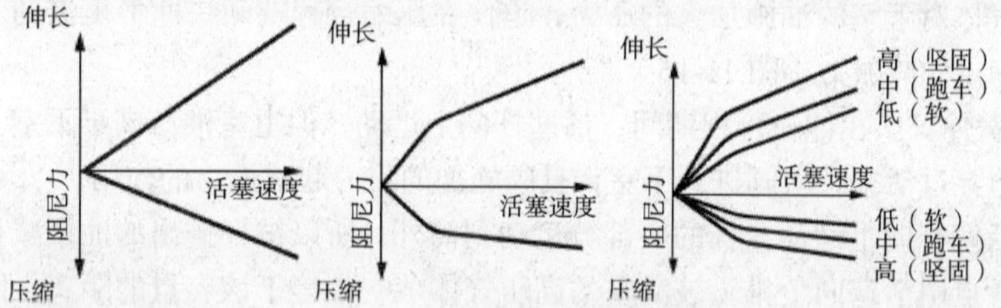

（a）减振力与活塞速度成比例的类型；（b）相对于活塞速度有两级减振力的类型；（c）减振力根据驾驶方式改变的类型

图11-14 减振器阻尼力的大小

（3）减振器的种类

① 按作用分类：

单作用型：只在伸张行程中起减振作用的减振器。

多作用型：在压缩和伸张行程中均能起减振作用的减振器。

② 按结构分类：

单筒型：结构上只有一个油缸。

双筒型：结构上具有双重油缸。

③ 按工作介质分类：

液压型：工作介质为液体。

充气型：工作介质为气体。

6. 单筒型减振器

单筒型减振器的代表性类型是 DuCarbon（杜卡本），它需要高压氮气（2.0 ~ 2.9MPa）。

（1）结构

单筒型减振器的结构如图 11-15 所示，缸内储气室和油室被可自由上下运动的活塞分开，因为它们能自由上下运动，故被称为“自由活塞”。

（2）单筒型减振器特性

① 良好的热辐射，因为单筒直接暴露于大气中。

② 筒的一端充有高压气体，用一自由活塞与油完全分开。这将确保操作期间不会发生空穴现象和湿气现象，从而提供更稳定的缓冲。

③ 工作噪声大大降低。

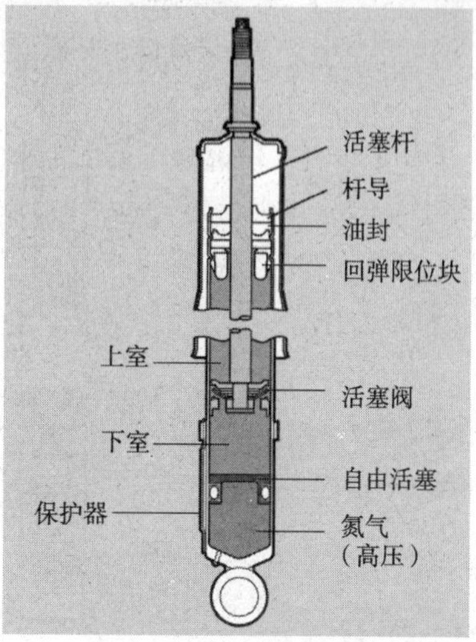

图11-15 单筒型减振器

④ 长度较长，外管同时是活塞的导向缸，易受飞石等击损，适应空间位置有限。

（3）工作过程

① 弹簧压缩。在压缩行程期间，活塞向下运动，使下室油压高于上室。因此，下室的油被迫通过活塞式滑阀进入上室，此时阀的流动阻力产生减振力。

高压气体对下室的油施加大的压力，迫使在压缩行程期间快速平衡流到上室。这将确保一个稳定的减振力（图 11-16）。

② 弹簧伸长。在伸长行程期间，活塞杆向上运动，但上室油压高于下室。因此，上室的油被迫穿过活塞式滑阀进入下室，且阀施加的阻力起减振力的作用。

因为活塞杆向上运动，杆的一部分运动到筒外，所以被杆排出的油量减少。为对此进行补偿，自由活塞向上推（被活塞的高压气体）一个等于该容量的距离。回弹过程如图 11-17 所示。

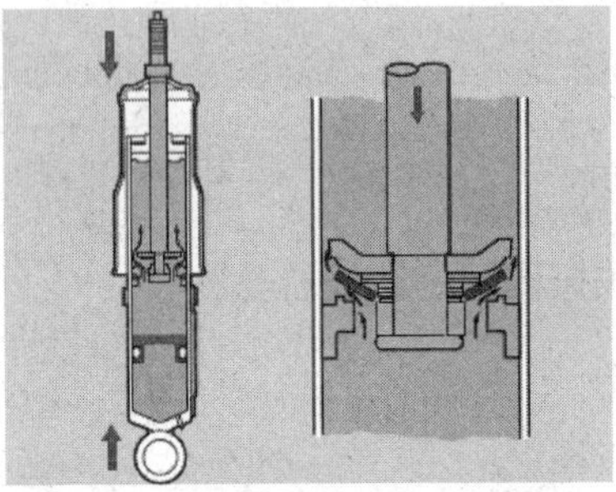

图11-16　单筒减振器的压缩过程

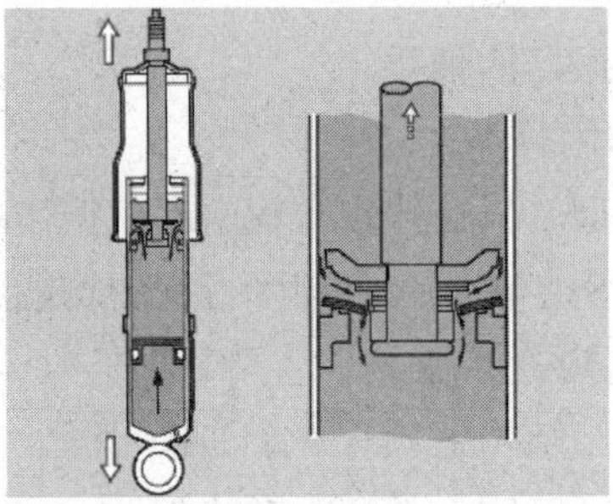

图11-17　单筒减振器的回弹过程

7．双筒型减振器

双筒型减振器是指油室具有双重油缸构造的方式。与单筒式相比，油的流动和阀的配置等都有所不同。双筒减振器的具体结构如图 11-18 所示。

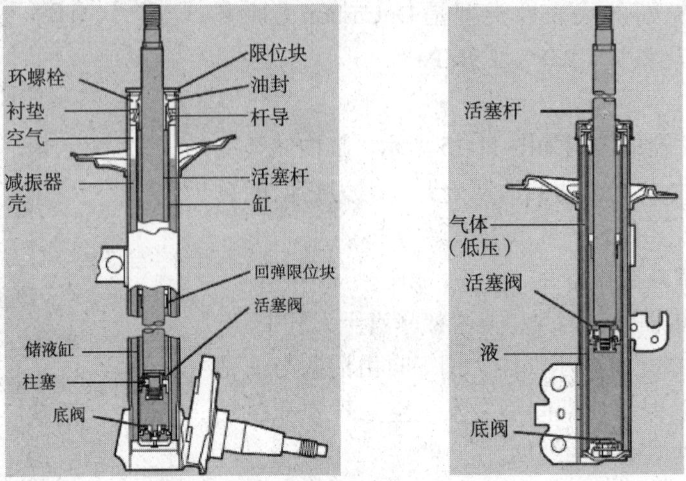

图11-18　双筒减振器的具体结构

（1）结构

在减振器壳内有一缸，缸内有一上下运动的活塞。在活塞杆底部，装有活塞式滑阀，在减振器伸长时产生减振力。在缸的底部有一底阀，在减振器压缩时，产生减振力。

缸内装有减振器油，储油室内只有 2/3 装油。余下的充有大气压力的空气或低压气体。储油室用作液体出入缸的储箱。

低压充气型充有低压气体（0.3 ~ 0.6MPa）。这将防止只装有油的减振器可能发生的空穴现象和混气现象而产生不正常的噪声，最大程度地减少空穴和混气现象，使得有可能获得更稳定的减振力，于是改善了乘坐舒适性和驾驶稳定性。

在有些低压充气减振器中，省去了底阀，减振力由活塞式滑阀在冲击和回弹期间产生。

（2）特性

① 对飞石损伤不敏感。

② 因其储油均衡室位于工作缸外侧，所以这种减振器较短，可装于狭窄的空间。

③ 对超载敏感（丧失阻尼力）。

（3）工作过程

① 冲击期间（图 11-19）。活塞杆的运动速度高：活塞向下运动时，活塞下 A 室的压力变高。液体推开活塞式的单向阀并在实际无阻力的情况下流入 B 室（不产生减振力）。同时，与活塞杆推入缸内时活塞杆排除的液体体积相等的液体被迫通过片阀并流入储液室。此时流动阻力产生减振力。双筒减振器冲击过程底阀的作用情况如图 11-20 所示。

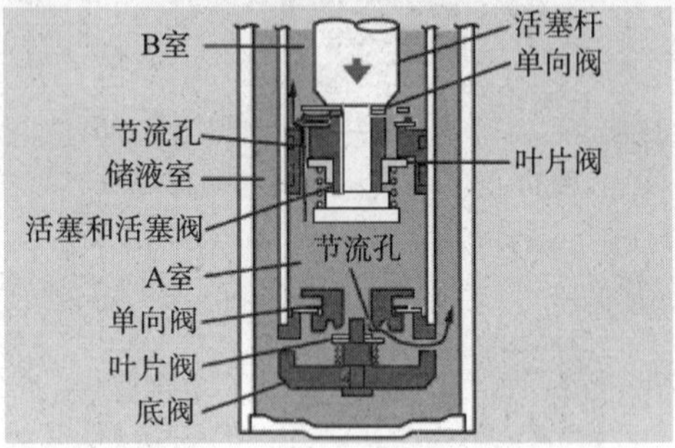

图11-19　双筒减振器的冲击过程

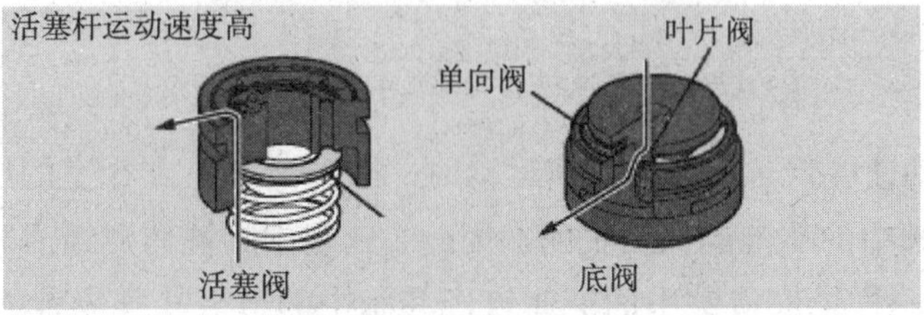

图11-20　双筒减振器冲击过程底阀的作用情况1

活塞杆的运动速度低：如果活塞杆的速度很低，活塞式滑阀中的单向阀和底阀中的片阀均保持关闭，因为 A 室的液体流经节流孔也进入 B 室和储液室（A 室、B

室、储液室图中无），以致使产生小的减振力。双筒减振器冲击过程底阀的作用情况如图 11-21 所示。

图11-21　双筒减振器冲击过程底阀的作用情况1

② 回弹期间（图 11-22）。活塞杆的运动速度高：活塞杆向上运动时，活塞上方 B 室的压力变高，B 室内的液体打开活塞式滑阀中的片阀并流入室 A。此时，液体的流动阻力起减振力的作用。由于活塞杆向上运动，活塞杆的一部分移到缸外，所以被排出的液体体积减少。为对此进行补偿，液体从储液室流经底阀的单向阀并在实际无阻力的情况下流入 A 室。双筒减振器回弹过程底阀的作用情况如图 11-23 所示。

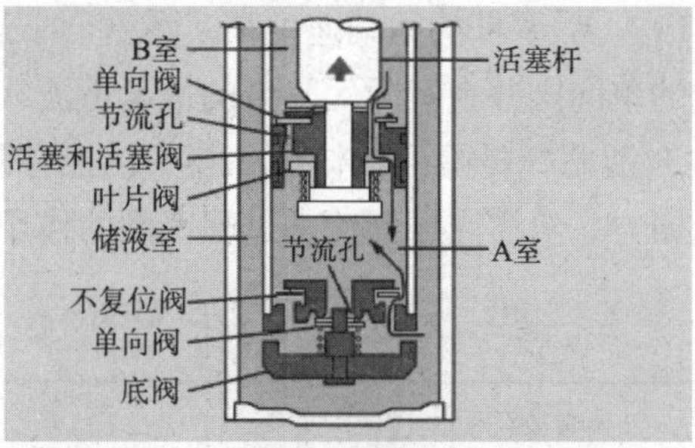

图11-22　双筒减振器的回弹过程

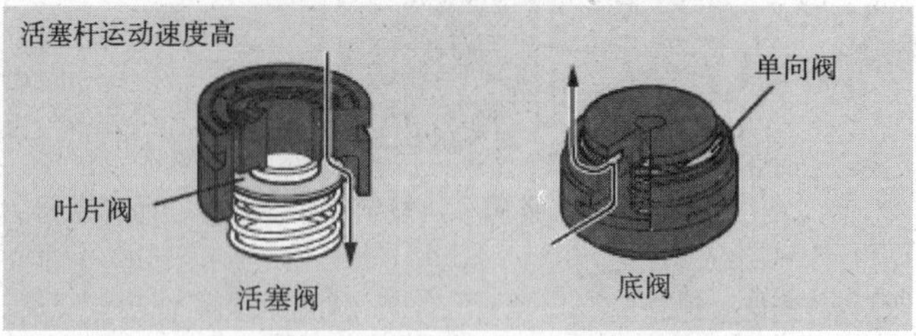

图11-23　双筒减振器回弹过程底阀的作用情况2

活塞杆的运动速度低：活塞杆低速运动时，因为活塞上方 B 室的压力低，活塞式滑阀中的片阀和底阀中的单向阀保持关闭。因此，B 室中的液体流经活塞式滑阀中的节流孔并流入 A 室。同样，储液室中的液体流经底阀中的节流孔并流入 A 室，所以仅产生小的减振力。双筒减振器回弹过程底阀的作用情况如图 11-24 所示。

图11-24　双筒减振器回弹过程底阀的作用情况3

计 划

1. 上海别克君越轿车前悬架的组成图

前悬架是断开式转向驱动桥，采用的是独立悬架。具体结构如图 11-25 所示。

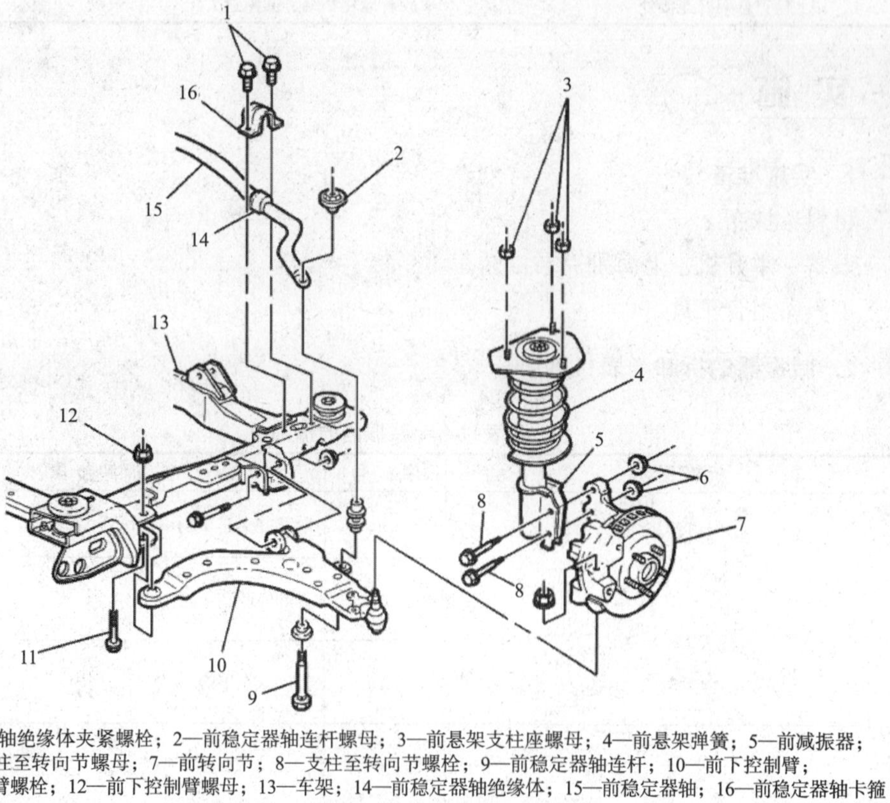

1—前稳定器轴绝缘体夹紧螺栓；2—前稳定器轴连杆螺母；3—前悬架支柱座螺母；4—前悬架弹簧；5—前减振器；
6—支柱至转向节螺母；7—前转向节；8—支柱至转向节螺栓；9—前稳定器轴连杆；10—前下控制臂；
11—前下控制臂螺栓；12—前下控制臂螺母；13—车架；14—前稳定器轴绝缘体；15—前稳定器轴；16—前稳定器轴卡箍

图11-25　别克君越轿车前悬架的组成

2. 故障分析：舒适性和行驶稳定性变差与哪些因素有关（表11-1）

乘坐舒适性不良是指汽车在不平的路面行驶时，车身产生的振动不能迅速衰减，使乘坐性能受到破坏的现象。

表11-1　舒适性和行驶稳定性变差可能原因

故障现象	可能原因
舒适性不良	车轮轮胎不平衡
	球头、胶套老化或损坏
	弹簧损坏
	减振器损坏

3．故障诊断：检修计划（表11-2）

表11-2　检修计划

序　号	检查项目	检查内容	处理方法
1	检查轮胎	规格、胎压、磨损	检修或更换
2	检查减振器	泄漏、损坏	更换
3	检查弹簧	折断、损坏	更换
4	检查悬架杆连接处	胶套老化粘结、间隙过大	更换

实　施

1．实施准备

材料：抹布；

设备：举升机、上海别克君威轿车；

工具：组合工具。

2．减振器的拆卸（表11-3）

表11-3　减振器的拆卸

拆卸图示	序　号	拆卸步骤
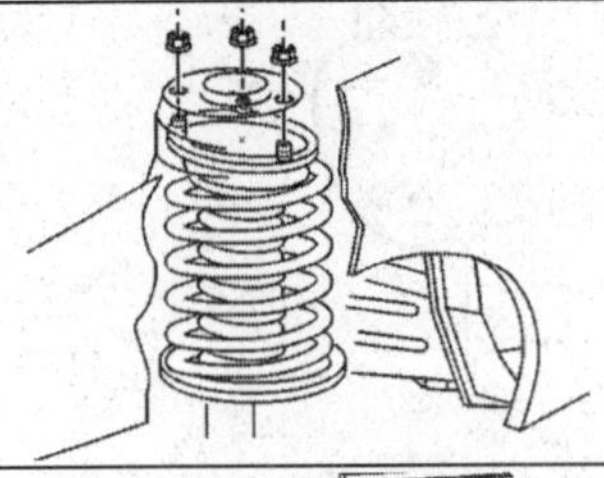	1	升起并支撑车辆
	2	拆卸轮胎和车轮
	3	拆卸减振器螺母
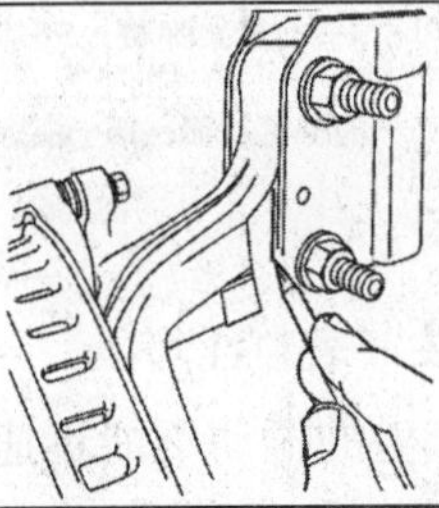	4	于转向节上将减振器作标记

续表

拆卸图示	序　号	拆卸步骤
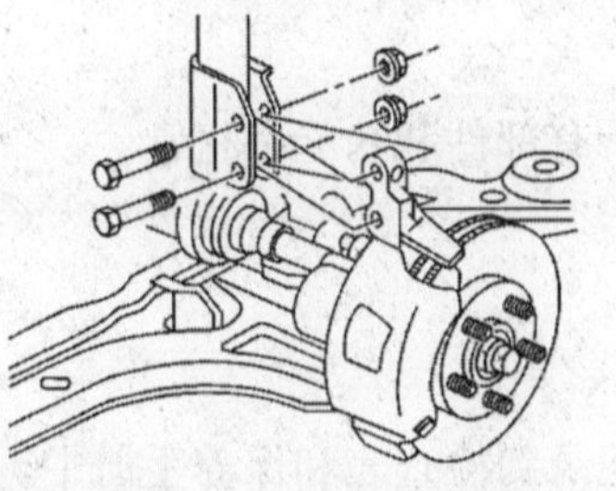	5	拆卸减振器下螺栓和螺母
	6	拆下减振器

3．减振器的检查

压缩并拉长减振器推杆，检查在操作过程中有无异常阻力或不正常响声，如有异常，应更换。

4．减振器的安装（表11-4）

表11-4　减振器的安装

安装图示	序　号	安装步骤
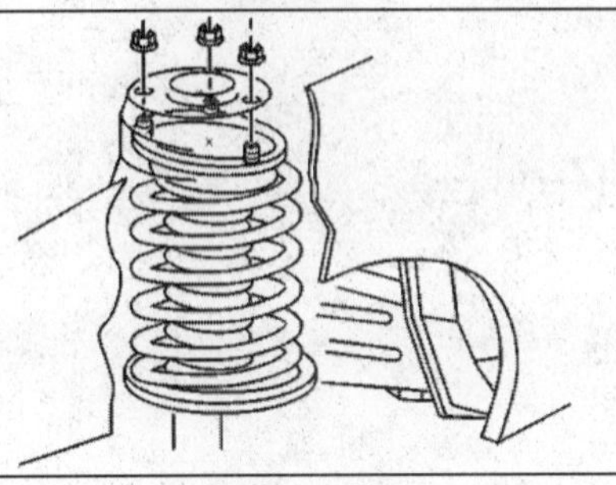	1	安装减振器： 特别注意事项：务必小心操作，以免在搬动悬架螺旋弹簧时，损坏或划伤涂层。损坏涂层会导致早期故障
	2	紧固减振器上部螺母； 紧固减振器上部螺母至41N·m（30 磅英尺）
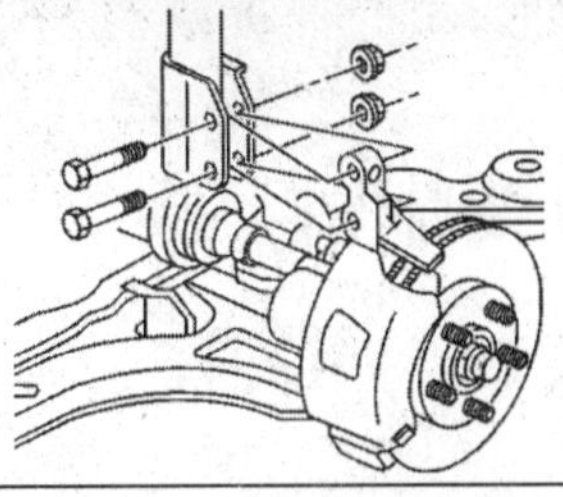	3	安装减振器下螺栓和螺母
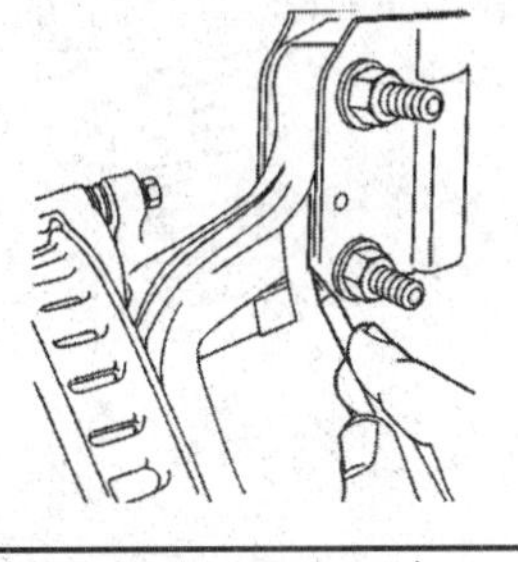	4	将支柱与转向节上的标志对齐； 紧固支柱下端螺母至123N·m（90磅英尺）
	5	安装轮胎和车轮
	6	降下车辆

检 验

1. 工作质量的检查

减振器更换工作结束后，车辆维修工应确认是否所有部件和功能都正常。

（1）检查车辆行驶时，前端是否还有摆动现象发生。

（2）检查车辆在不平路面行驶时，是否有噪声。

（3）检查工时符合厂商标准。

（4）将更换的配件和材料填写到工作单上，同时记录到检查表和保养手册中。

（5）检查车辆是否进行过清洁。

（6）通知客户所做的工作，交付检查表，解释结算单，提示下次底盘悬架系统检查的日期或其他检查出而没有维修的问题。

（7）回想准备工作是否完善，检查工作步骤的顺序。

2. 工作记录

（1）是否在检查表内记录了所进行的所有检查项目。

（2）是否在检查有故障栏处列出了无法或不应立即排除的所有已确认故障。

（3）是否已在检查表上签名。

3. 工作反思

（1）是否达到了规定目标。

（2）解释方式是否正确。

（3）与相关人员沟通的效率是否很高。

（4）组织工作是否很好。

展 示

通过工作页的完成，学生展示学习效果和工作任务的完成情况。

1. 简述汽车弹簧的作用。

____

____

2. 按图所示，求此弹簧的弹性系数。

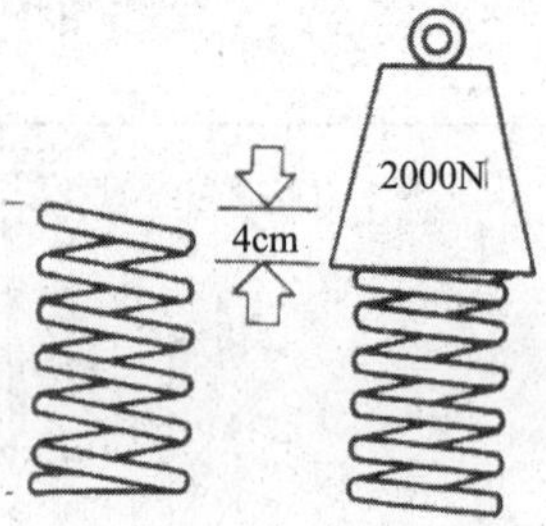

3．汽车弹簧种类。

弹性元件	图　示	结构特点
钢板弹簧	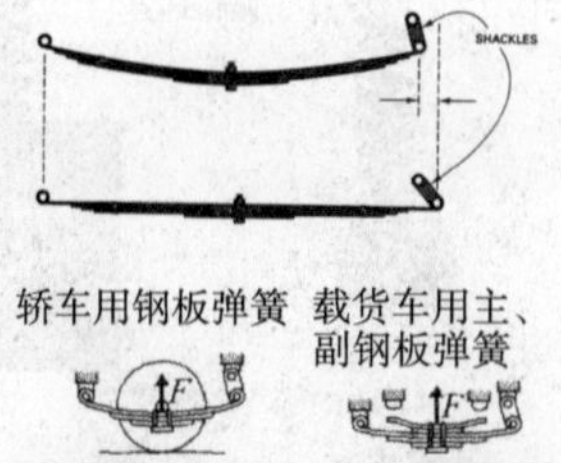	
螺旋弹簧	圆柱形弹簧 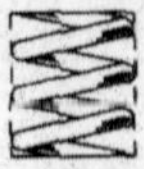 桶形弹簧 	
扭杆弹簧	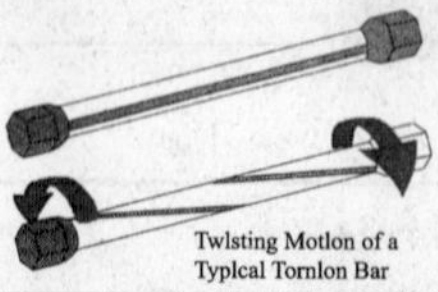	

4．弹簧变形曲线及其对应的弹簧类型。

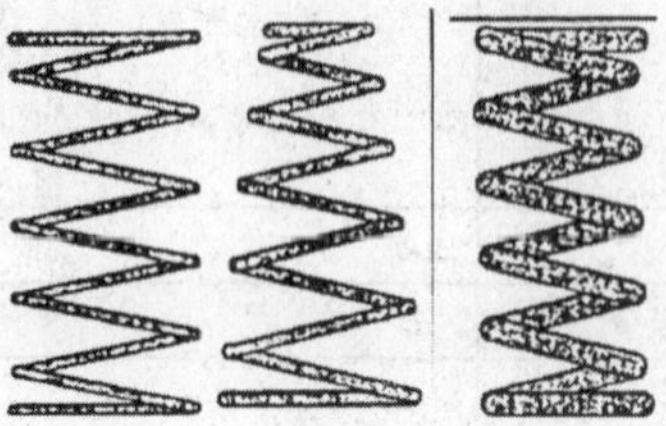

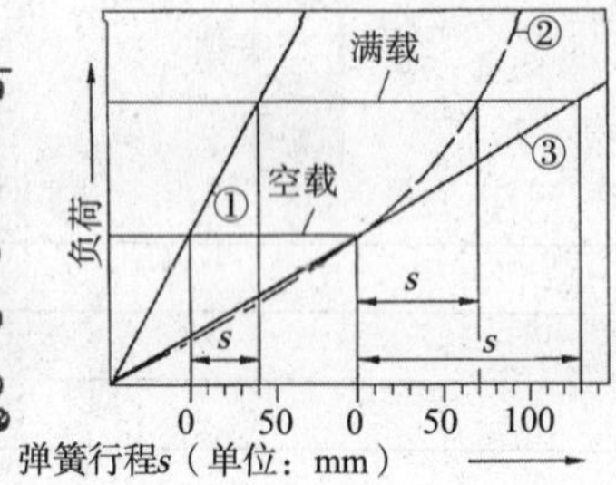

①＿＿＿＿＿＿＿＿②＿＿＿＿＿＿＿＿＿＿③＿＿＿＿＿＿＿＿＿＿

我们希望看到哪种曲线？＿＿＿为什么？＿＿＿＿＿＿＿＿＿＿＿＿＿＿＿＿

＿＿＿＿＿＿＿＿＿＿＿＿＿＿＿＿＿＿＿＿＿＿＿＿＿＿＿＿＿＿＿＿

5．根据下面的数据，说出所给的弹簧分别用于前轮驱动轿车的哪个车轮上。

力/N	高　度/cm	弹性系数	位　置
600	19	45	
590	19	45	
290	19	36	
277	19	35	

6．根据下图说明汽车减振器的作用。

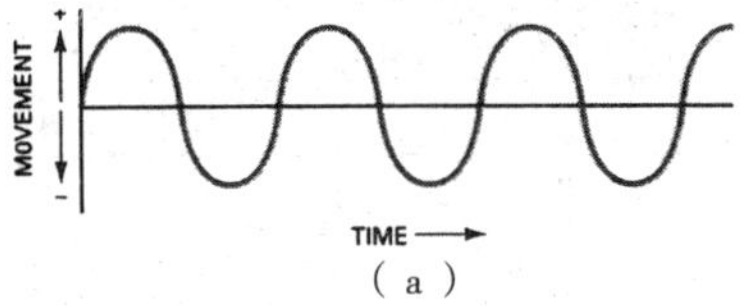

(a)

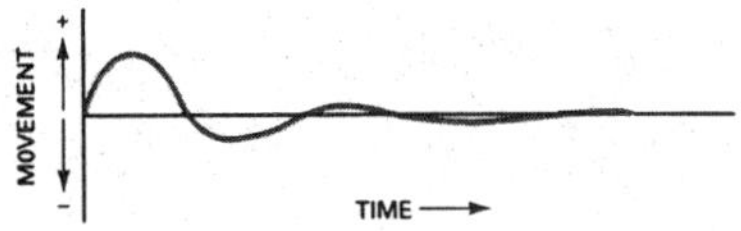

(b)

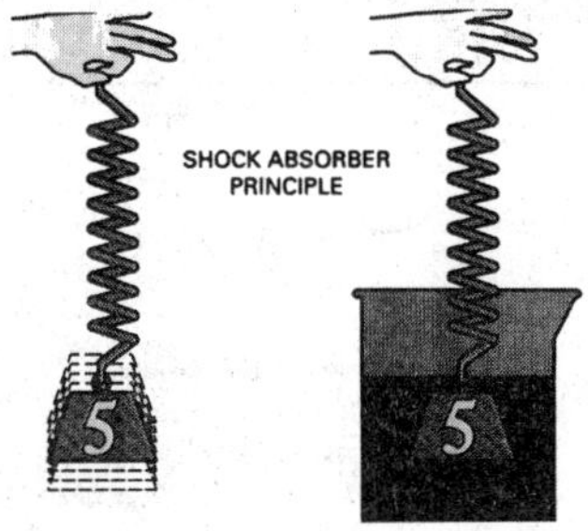

(c)

(a) 图________________________(b) 图________________________

(c) 图____

____

在减振器中减振器所需的力是通过什么产生的？________________

7. 减振器的构成。

结构图形	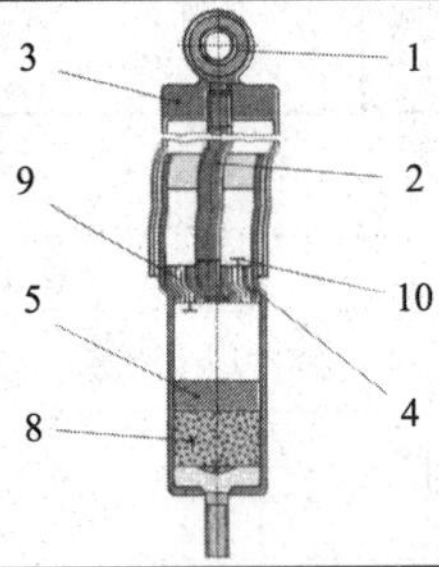	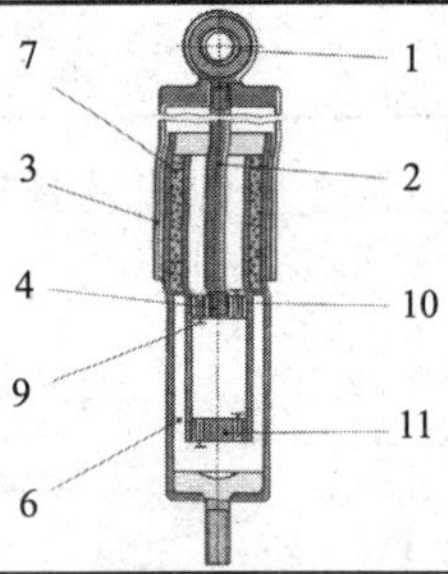
分类名称		
结构组成	1	2
	3	4
	5	6
	7	8
	9	10
	11	12

8. 减振器的工作原理。

工作原理图	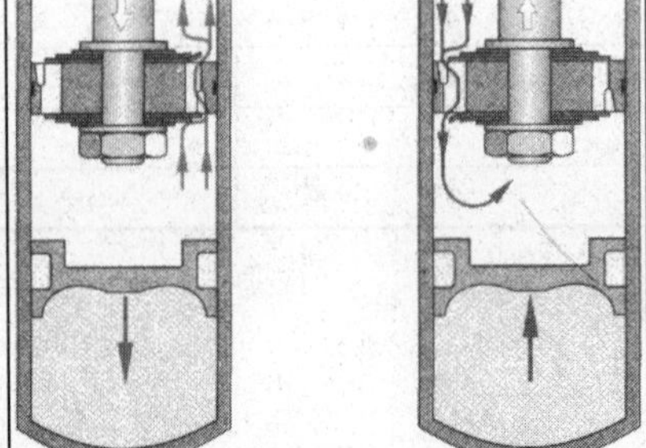	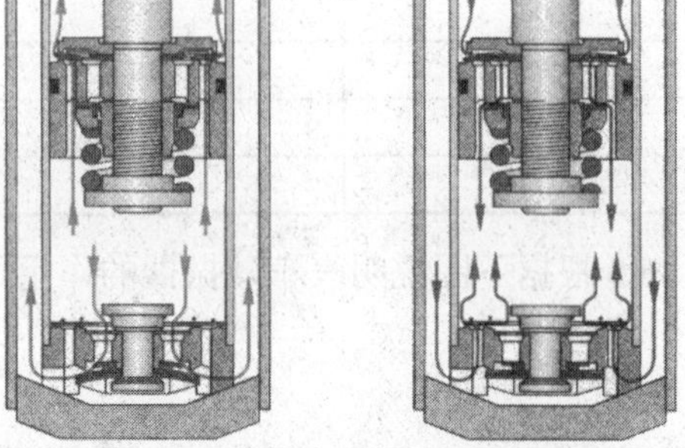

续表

工作过程（伸长）		
工作过程（压缩）		
特　点		
结　论	1. 汽车减振器的阻尼力与哪些因素有关？汽车减振器的选择是否阻尼力越大越好？ 2.应如何选择减振器？	

9．减振器发生故障会影响车辆行驶，请补充减振器故障对以下方面的影响。

车轮：________________

制动距离：________________

轮胎：________________

车身：________________

行驶安全：________________

10．减振器的检查方法。

____

____

____

11．为了更准确地判断减振器的损坏情况，需要拆卸左侧的弹簧支柱。请为下表中的拆卸过程排序，并将序号填入序号下面的空格中。

序　号	工作步骤
	卸下制动盘并挂车身上
	从弹簧支柱拆下转速传感器的导线并挂起来
	拆车轮
	取出弹簧支柱
	将横撑3424按照箭头指示方向插入插模
	拆下隔热垫1
	拆下车轮轴承箱和弹簧支柱之间的螺栓连接
	从制动钳上拆下固定螺栓2
	将棘轮旋转90°，并从横撑3424上取下
	将车轮轴承箱从减振器上向下取出
	旋下减振器上方用于固定的六角螺母
	用手将制动盘朝弹簧支柱的方向按压
	从车轮悬挂臂上取下连接杆

12．为什么不允许把拆下的气压减振器随意扔掉？您认为正确的项目请在括号内画“√”。

（　）（1）因为充气有毒。

(　)(2) 因为减振器油是易燃品。

(　)(3) 因为它的活塞和活塞杆可以继续应用。

(　)(4) 因为如果不按操作规程对其清除会出现爆炸的危险。

(　)(5) 因为减振器由生产厂家维修便宜。

13. 在更换减振器后需要再次调整悬架，在安装螺旋弹簧时需要注意什么？另外还需要更换哪个零件？

____

____

____

工作任务 12

电控悬架系统的检修

导 向

1. 任务描述

客户反映：LS400 轿车 NORM 指示灯闪烁，请问维修技师这是什么意思？如何检修？

2. 任务分析

针对该车出现的故障现象，维修人员应处理两个问题。第一，NORM 指示灯闪烁代表什么意思，第二，NORM 指示灯亮后应如何检修？注意哪些问题？

要想解决第一个问题，那么就需要维修人员对汽车电控悬架深入了解，知道其组成作用和工作原理。要想解决第二个问题，就要根据包括各悬架系统的结构特点，确定电控悬架系统的检修方法和注意事项。

信 息

汽车的操控性与舒适性一直是衡量汽车性能的两大核心标准，但两者有时很难兼顾。良好的操控性需要汽车有较硬的悬架，但较硬的悬架必然会降低汽车的舒适性。怎样才能在两者之间寻求一种较好的平衡呢？目前，汽车采用电控悬架解决这个难题，如图 12-1 所示。常见的电控悬架有超声悬架系统（SSS）、自适应阻尼控制系统（ADS）、自动行驶控制系统（ARC）和丰田控制悬架系统（EMS）。丰田 EMS 电子调节悬架和空气悬架用电子控制减振器和气体弹簧的阻尼力以便进一步改善乘坐的舒适性和行驶性能。现以丰田 EMS 和空气悬架为例介绍汽车电控悬架系统。

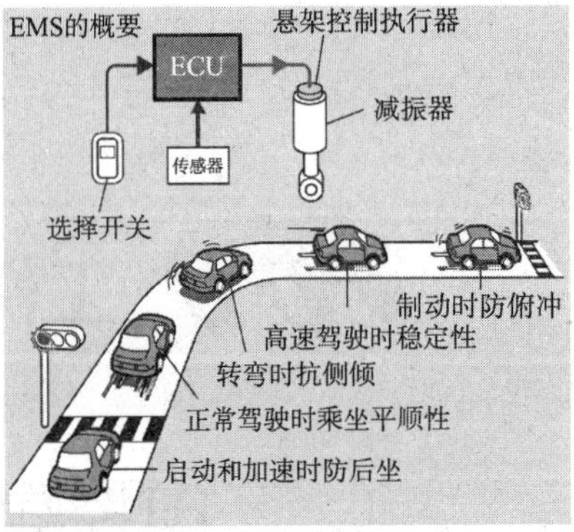

图12-1　电控悬架系统

1. EMS电子调节悬架

EMS是一个缩写词组，它的名称为“电子调节悬架”。主要通过改变减振器节流孔的大小，调节液流量，使阻尼力发生变化（图12-2）。阻尼力由电子调节悬架的电子控制模块根据选择开关状况和行驶条件自动控制。

EMS不仅保证增加乘坐舒适性并提供极佳的行驶稳定性，还提供诊断功能和故障自动防护功能。

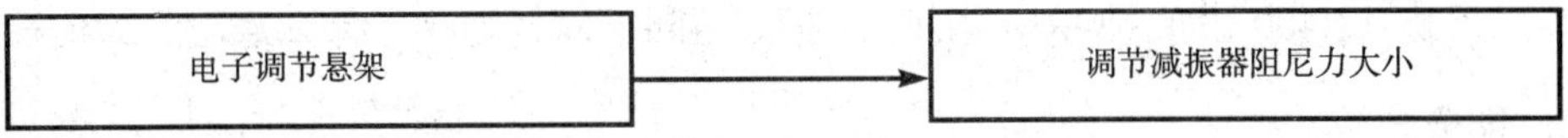

图12-2　EMS电子调节悬架的作用

2. 空气悬架

空气悬架使用一个电子控制模块来控制弹簧，该悬架采用具有压缩空气弹性的空气弹簧。可以通过调节空气容量来改变弹簧刚度和车高，还提供诊断功能和故障自动防护功能（图12-3）。

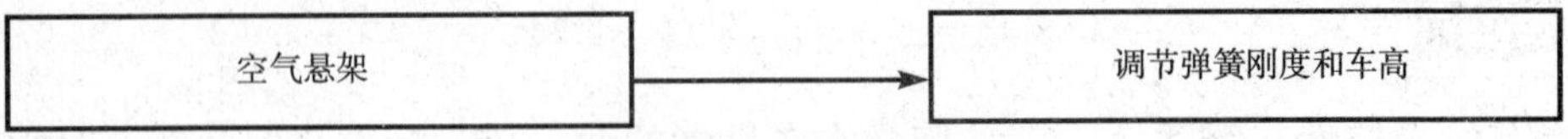

图12-3　空气悬架的作用

3. 电控悬架的组成

LS400轿车电控悬架系统由压缩空气系统和电子控制系统两部分组成，其组成如图12-4和图12-5所示。

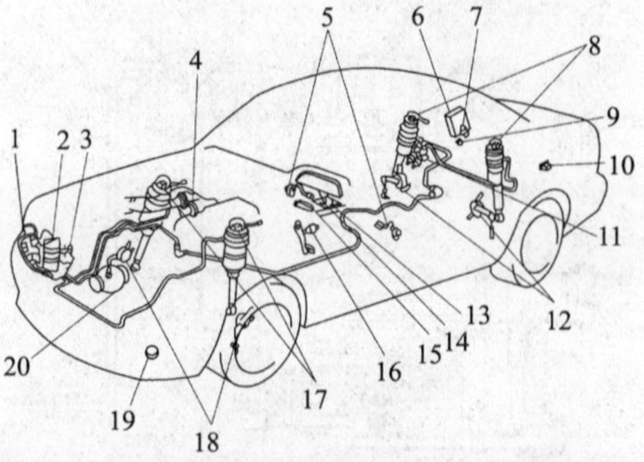

1—干燥器与排气阀；2—空气压缩机；3—No.1高度控制阀；4—主节气门位置传感器；5—门控开关；6—EMS ECU；7—No.2高度控制电磁阀；8—后悬架控制执行器；9—高度控制连接器；10—高度控制自动切断开关；11—No.2高度控制阀与溢流阀；12—后高度传感器；13—驾驶模式选择开关；14—高度控制开关；15—转向盘转向与转角传感器；16—制动灯开关；17—前悬架控制执行器；18—前高度传感器；19—No.1高度控制继电器；20—储气筒与调节阀

图12-4　丰田LS400轿车电控空气悬架系统的基本组成

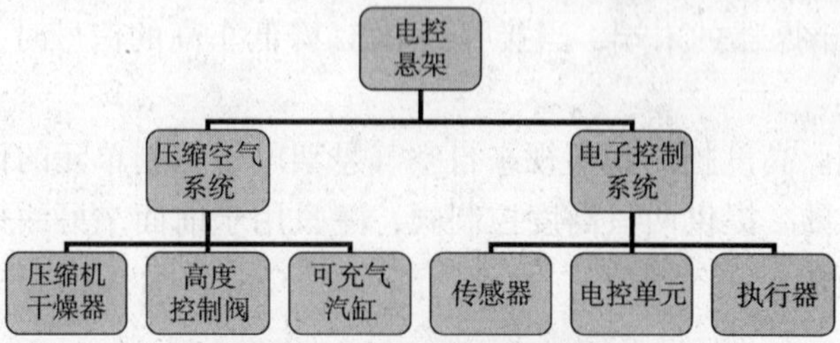

图12-5　电控悬架的组成

（1）压缩空气系统

压缩空气系统由下列部件组成：4 组气动减振器、供应系统压缩空气的空气压缩机、压缩空气干燥器、高度电磁阀、压缩空气排气阀、压缩空气管路等。图 12-6 所示为丰田 LS400 轿车空气悬架压缩空气系统图。

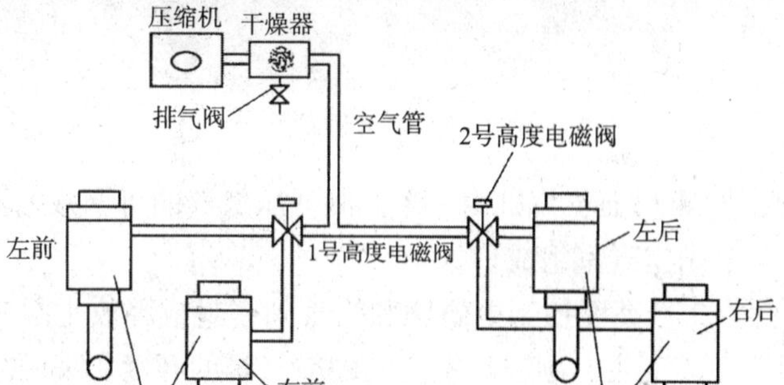

图12-6　丰田LS400轿车空气悬架压缩空气系统组成

① 空气压缩机。空气压缩机提供的压缩空气用以增加汽车高度，如图 12-7 所示。压缩机的结构形式为往复活塞式，由直流电动机驱动。

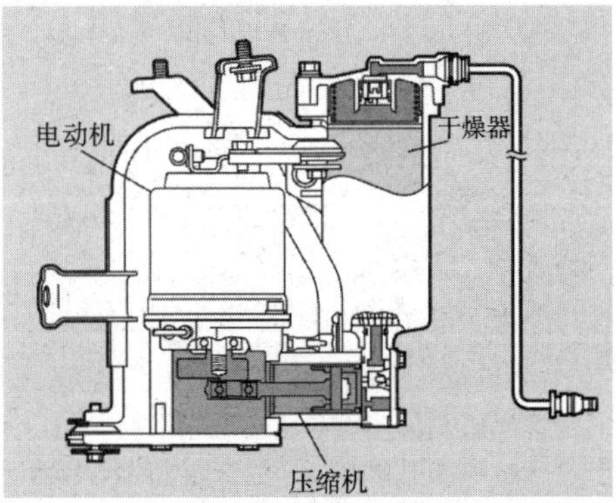

图12-7　空气压缩机

② 干燥器、排气阀。干燥器用于分离压缩空气中的水分，防止管路结冰，干燥剂为氧化硅胶。当汽车高度下降时，分离的水分被释放到大气中，不需要更换干燥剂。

排气阀固定在干燥器的末端，当接收到 ECU 降低车高的信号时，它从系统中释放压缩空气到大气中。

③ 高度控制阀。高度控制阀要视来自空气悬架电子控制单元的信号而控制来自气动缸的压缩空气流量。提供两只高度控制阀，一只用于前面；另一只用于后面。高度控制阀如图 12-8 所示。

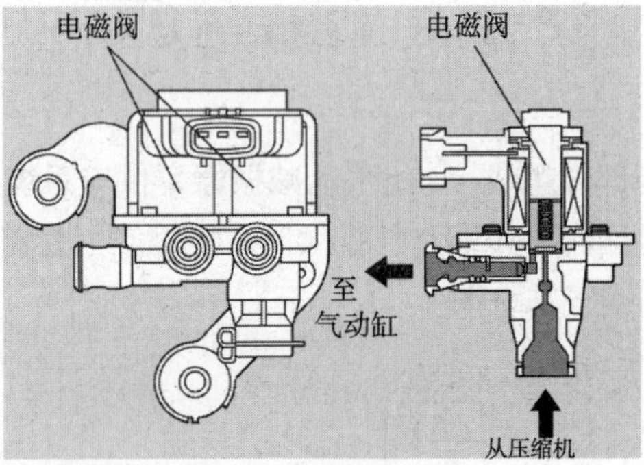

图12-8　高度控制阀

④ 可充气汽缸。每个可充气汽缸由一个充满低压氮气的可调减振器、一个存储压缩空气的主空气室和--个副空气室组成。

高度控制由 1 号、2 号高度控制电磁阀和排气阀密封或释放主空气室内的压缩空气实现。悬架刚度调节靠改变主、副空气室之间的空气阀的开度实现。减振器阻尼力由旁通活塞节流口的流量改变。

（2）电子控制系统组成

丰田 LS400 轿车空气悬架电子控制系统如图 12-9 所示。主要由传感器、执行器和电控单元组成，具体部件如下：

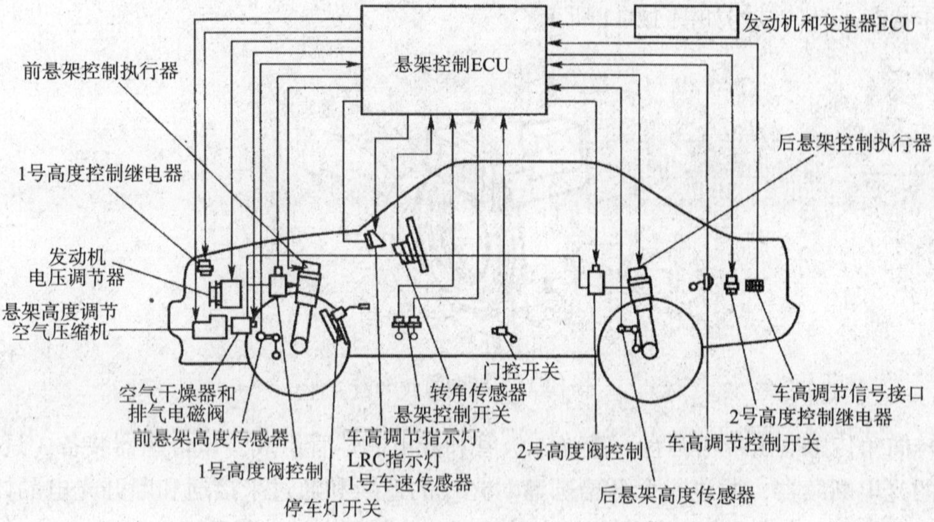

图12-9　丰田LS400轿车空气悬架电子控制系统组成

传感器：悬架高度传感器、汽车转向角传感器、各种手动控制开关和汽车仪表板上的各种仪表和指示灯等。

执行器：车辆高度控制阀、压缩空气排气阀和减振器电动机。

控制器：悬架控制 ECU。

4. 主要传感器

（1）高度控制传感器

车身高度传感器的功用是将车身与车桥之间的相对高度变化（悬架变形量的变化）转换为电信号并送给电控单元。把高度控制传感器装入每个轮里，该传感器把车辆高度中的变化转变成操纵连杆旋转角度的变化。具体结构如图 12-10 所示。

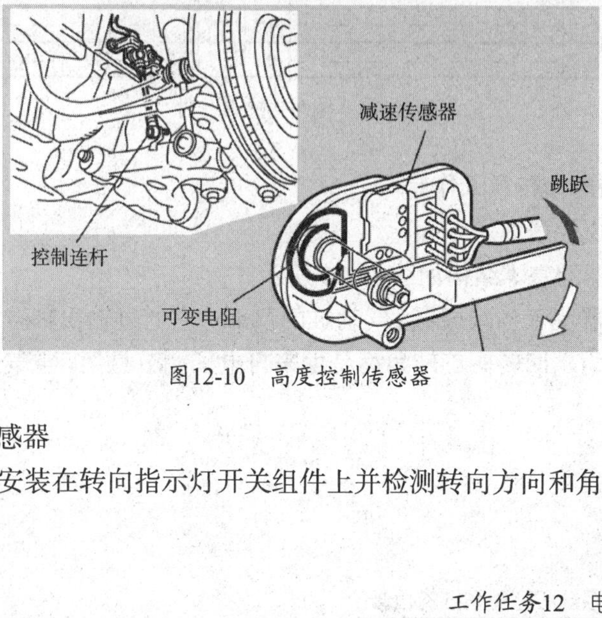

图12-10　高度控制传感器

（2）转向角传感器

转向角传感器安装在转向指示灯开关组件上并检测转向方向和角度，以反映转向盘的工作状态。具体结构如图 12-11 所示。

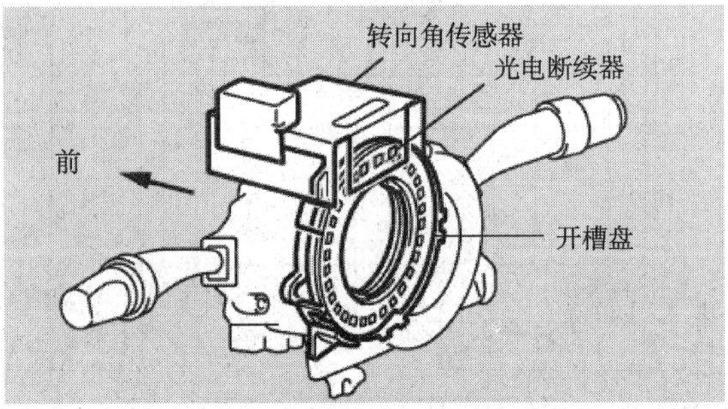

图12-11　转向角传感器

转向角传感器由带槽圆盘、发光二极管和光电晶体管组成。该传感器装备 3 只带相位差的光电断续器，通过一个开槽圆盘对光线的遮断和通过来接通和断开光电晶体管，以实现对转向方向和角度的检测。转向传感器信号如图 12-12 所示。

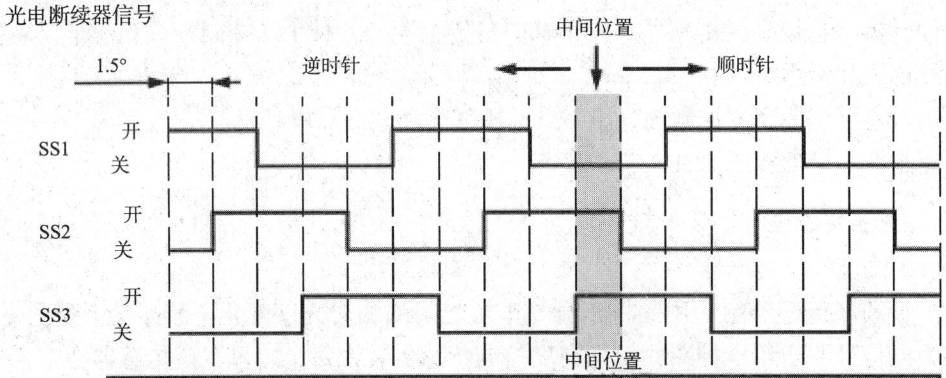

No.	逆时针		←				→ 顺时针		
SS1	开	— — — — — — —	开	关	关	关	开	— — — — —	关
SS2	关	— — — — — — —	开	开	开	关	关	— — — — —	关
SS3	关	— — — — — — —	关	关	关	开	开	— — — — —	开

图12-12　转向传感器信号

5. 主要执行器的结构及工作原理

（1）悬架控制执行器

悬架控制执行器的基本结构如图 12-13 所示。

悬架控制执行器位于各减振器 / 气动缸的顶部。它通过输出轴转动减振器回转阀来改变减振器的阻尼力。回转阀旋转角度是由来自电子调节悬架 / 空气悬架电子控制单元的信号控制的。

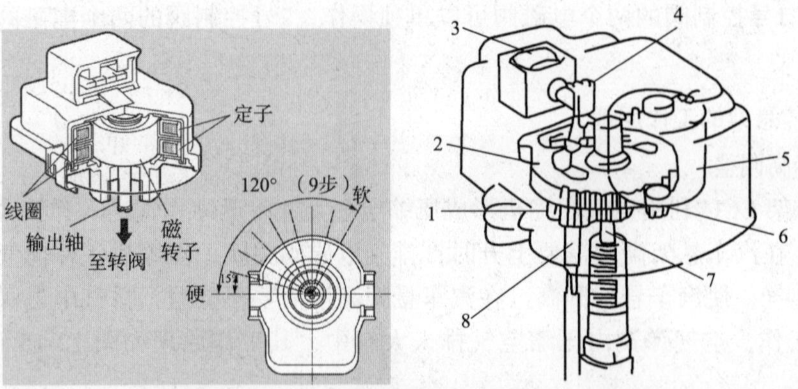

1—空气阀驱动齿轮；2—扇形齿轮；3—电磁线圈；4—制动杆；
5—电动机；6—小齿轮；7—阻尼调节杆；8—空气阀控制杆

图12-13 悬架控制执行器的基本结构

悬架控制执行器的组成如图 12-13 所示。步进电动机 5 通过小齿轮 6 和阻尼调节杆 7，改变悬架刚度和阻尼力状态。电磁线圈 3 通电时，制动杆 4 往回拉，扇形齿轮 2 被锁住，各转阀均不能转动，悬架参数保持相对稳定。步进电动机的工作原理如图 12-14 所示。

步进电动机转子由永久磁铁制成，定子有两对磁极，其上绕有 A—B、C—D 两相绕组。两相绕组通电状态与转子位置的对应关系如下：

当通电 A 为“+”——B 为“-”时，转子处于图（b）低状态位置；

当通电 A 为“-”——B 为“+”时，转子处于图（b）中状态位置；

当通电 C 为“+”——D 为“-”时，转子处于图（b）高状态位置。

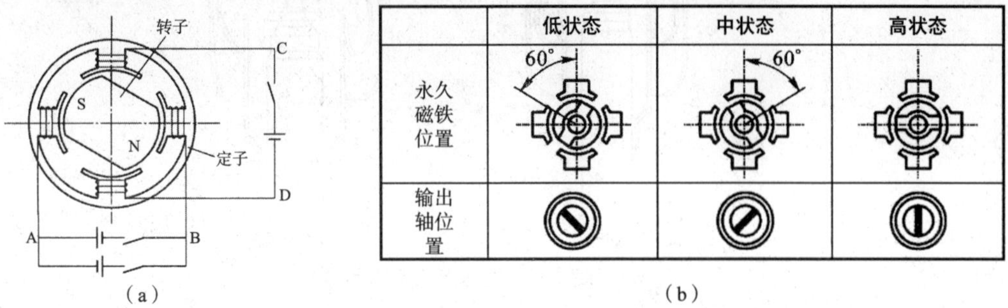

图12-14 步进电动机工作原理

（2）高度控制阀

高度控制阀按照 ECU 的指令，控制压缩空气流入或流出可充气汽缸。线圈通电，控制阀打开，压缩空气充入汽缸，车高上升。

当车高下降时，ECU 使车高控制阀和排气阀线圈同时通电，排气阀打开，汽缸中的压缩空气排入大气。

1号高度控制阀控制前悬架，2号高度控制阀控制后悬架。每个控制阀均有两个电磁阀，其中1号控制阀的两个电磁阀可以单独操作，2号控制阀的两个电磁阀不能单独操作。

6. 电控悬架的工作原理

（1）车高调整

空气悬架 ECU 利用空气压缩机形成压缩空气，并将压缩空气送入弹簧和减振器的空气室中，在汽车悬架高度需要上升时，排气电磁阀关闭，压缩机工作向气动减振器充入压缩空气，使汽车悬架升高。在汽车悬架高度需要下降时，排气电磁阀打开，压缩机停止工作，空气弹簧内压缩空气排入大气中，其工作原理如图 12-15 和图 12-16 所示。

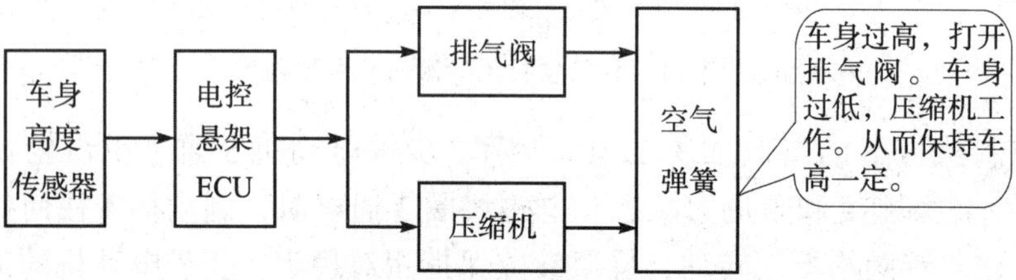

图12-15　车高高度控制原理图

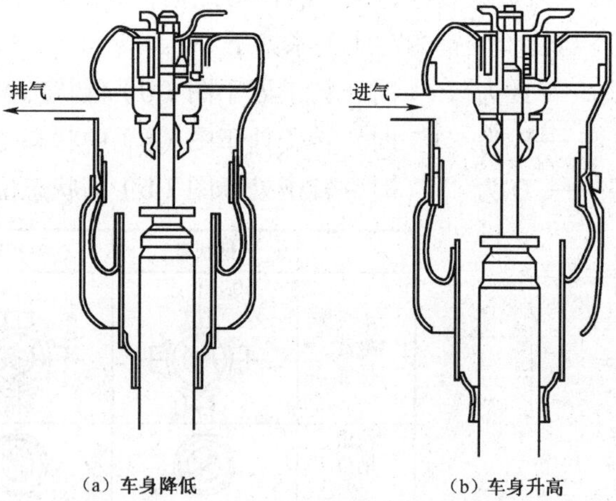

图12-16　空气悬架车身高度调整

（2）减振器阻尼力控制

如图 12-17、图 12-18 所示。减振器回转阀在阻尼调节杆的带动下旋转，减振器两腔室之间的通道有三种开度。回转阀通道在水平位置（高状态）时，通道面积最小，节流作用最强，阻尼力最高；逆时针旋转 60° （低状态）时，通道面积最大，节流作用最小，阻尼力最低；顺时针旋转 60° （中状态）时，通道面积居中，节流作用居中，阻尼力中等。悬架阻尼的调节原理如图 12-19 所示。

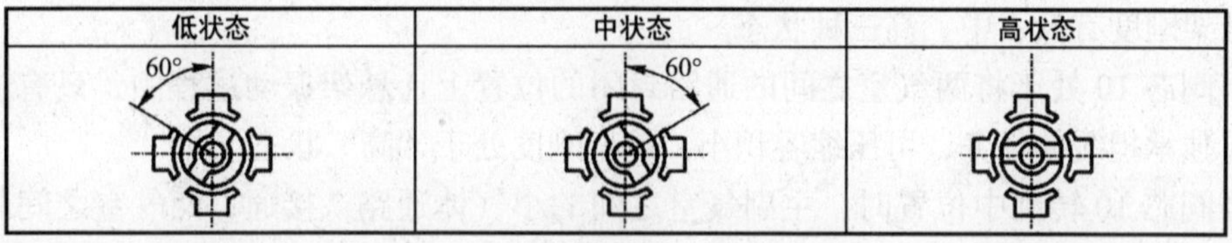

图12-17　减振器阻尼力控制1

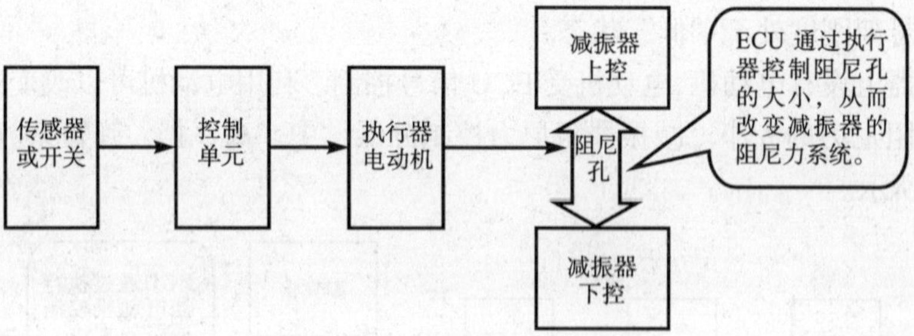

图12-18　减振器阻尼力控制2

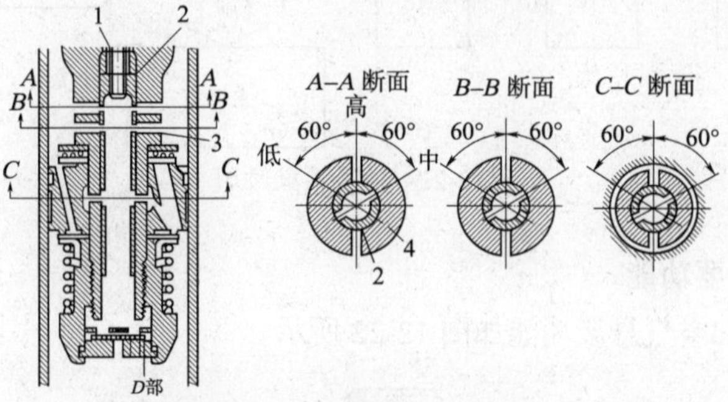

1—阻尼调节器杆；2—回转阀；3—阻尼孔；4—活塞杆

图12-19　悬架阻尼的调节原理

（3）弹性系数控制

如图 12-20 所示，主副气室之间的阀体 8 上有大小两个气体通路 7、9，气阀控制杆 2 转动，带动阀芯 10 转过一个角度，改变通路大小，从而改变主、副气室之间的空气流量，使悬架刚度发生改变。

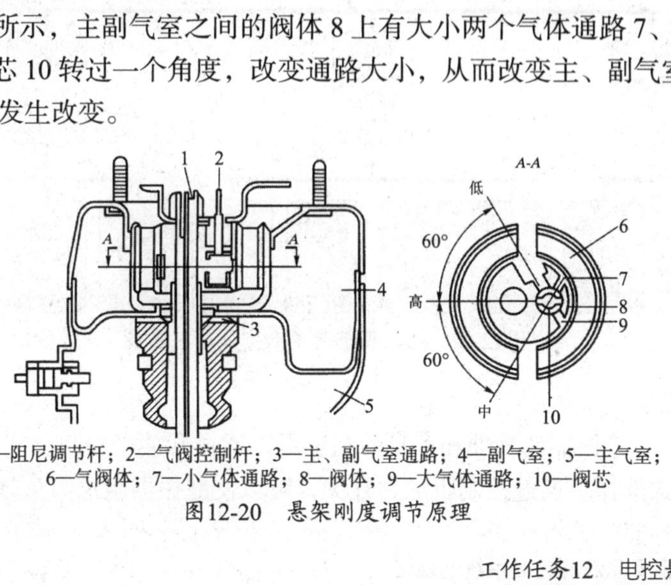

1—阻尼调节杆；2—气阀控制杆；3—主、副气室通路；4—副气室；5—主气室；
6—气阀体；7—小气体通路；8—阀体；9—大气体通路；10—阀芯

图12-20　悬架刚度调节原理

悬架刚度有低、中、高三种状态。

当阀芯 10 处于将两气室之间的通路封闭的位置上，悬架振动过程中，只有主气室气体单独承担缓冲任务，可压缩容积小，悬架刚度处于“高”状态。

当阀芯 10 转到中位置时，主副气室之间的小气体通路 7 接通，两气室之间的气体流量小，悬架处于“中”状态。

当阀芯 10 转到低位置时，主、副气室之间的大气体通路 9 接通，两气室之间的气体流量大，悬架刚度处于“低”状态。

在减振器上设有电动机，电动机受 ECU 信号控制。利用电动机可以改变通路的大小，从而改变了阻尼力的大小。减振器阻尼力控制分低、中、高 3 挡。弹簧系数的控制过程如图 12-21 所示。

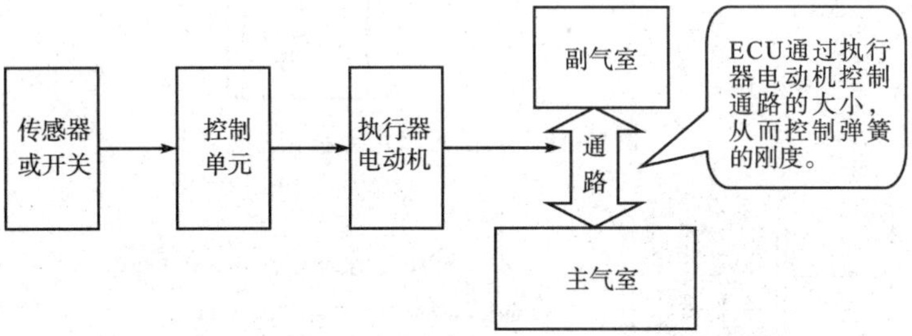

图12-21　弹簧系数控制

7. 电控悬架主要功能

电控调节悬架和空气悬架功能如图 12-22 所示。

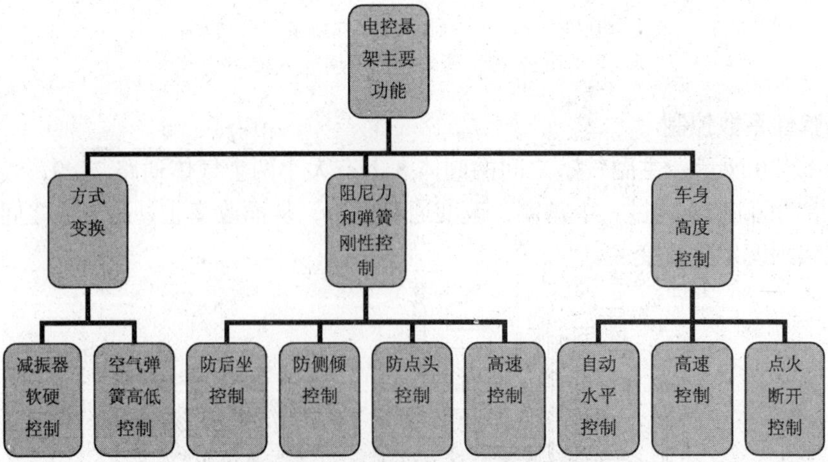

图12-22　电控调节悬架和空气悬架功能

（1）方式变换

正常行驶时，减振器的软硬和车身的高度可以通过开关来控制。

① 阻尼方式选择。通过控制阻尼力开关，可以使减振器阻尼力从软变换成硬。阻尼

开关与阻尼方式选择如图 12-23 所示。

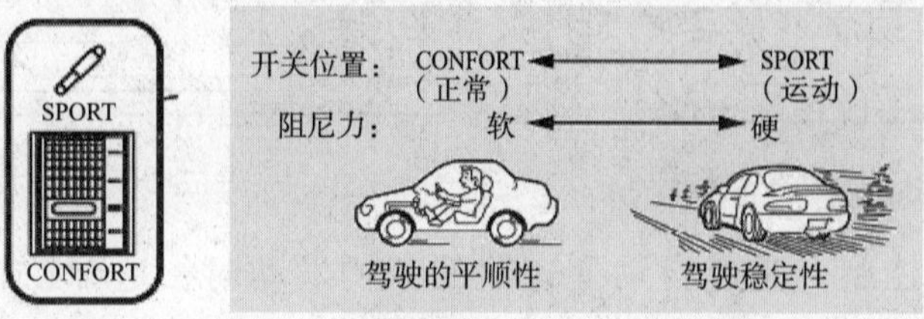

图12-23　阻尼开关与阻尼方式选择

② 高度控制。通过高度开关，可以使车高设定从低位到高位。高度控制开关与高度控制如图 12-24 所示。

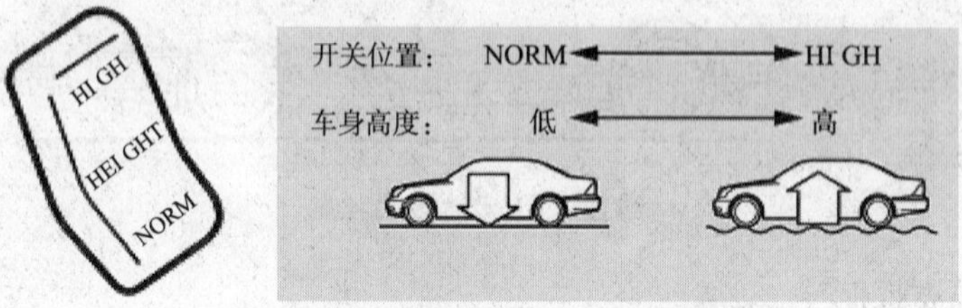

图12-24　高度控制开关与高度控制

（2）阻尼力和弹簧刚性控制

① 防后坐控制。将阻尼力变换到较坚硬上，这就能在加速过程中抑制下坐现象。这样把车辆姿态的变化减至最小，如图 12-25 所示。

② 防侧倾控制。将阻尼力变换到较坚硬上，这就抑制车辆的侧倾现象。这样把车辆姿态的变化减至最小并提供极佳的可控制性，如图 12-26 所示。

图12-25　防后坐控制

图12-26　防侧倾控制

③ 防点头控制。将阻尼力变换到较坚硬上，这就能抑制制动时的制动点头现象，这样把车辆姿态的变化减至最小，如图 12-27 所示。

④ 高速控制。将阻尼力变换到较坚硬上，这样的控制提供高速时极佳的行驶稳定性和可控制性，如图 12-28 所示。

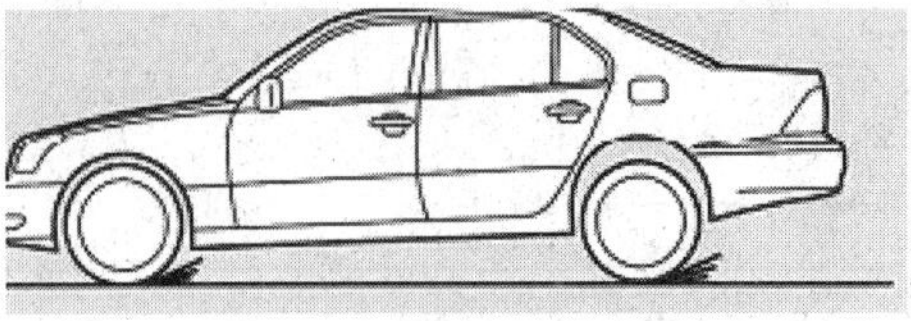

图12-27　防点头控制

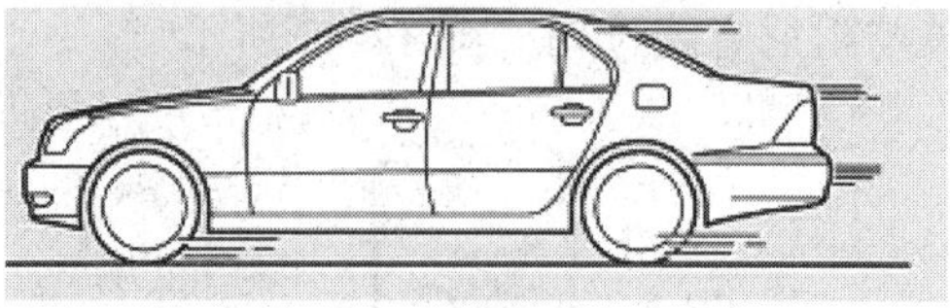

图12-28　高速控制

⑤ 变速后坐控制。装有自动变速器的车辆发动时，这种控制器限制后端下坐的量。当变速器从“N”范围变速到“D”范围时，就将阻尼力设定到坚硬上，如图 12-29 所示。

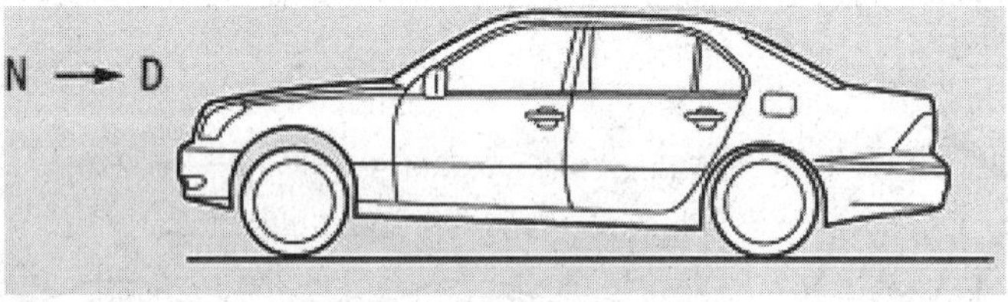

图12-29　变速后坐控制

（3）车身高度控制

① 自动水平控制。无论乘客及行李重量如何，使车高保持高度不变。操纵高度控制开关，使目标车高变换成“正常”或“高位”，如图 12-30 所示。

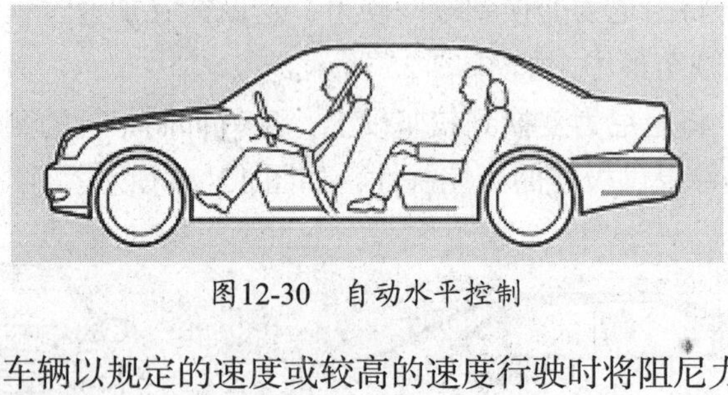

图12-30　自动水平控制

② 高速控制。当车辆以规定的速度或较高的速度行驶时将阻尼力变换到较坚硬状态，这样控制在高速时提供极佳的稳定性和可控制性，如图 12-31 所示。

③ 点火断开控制。当由于在点火开关点火后乘客或行李的重量减轻，车高变成比目标高度要高时，该控制就将车高降低到目标高度。这种控制改善了停车时的车辆姿态，如图 12-32 所示。

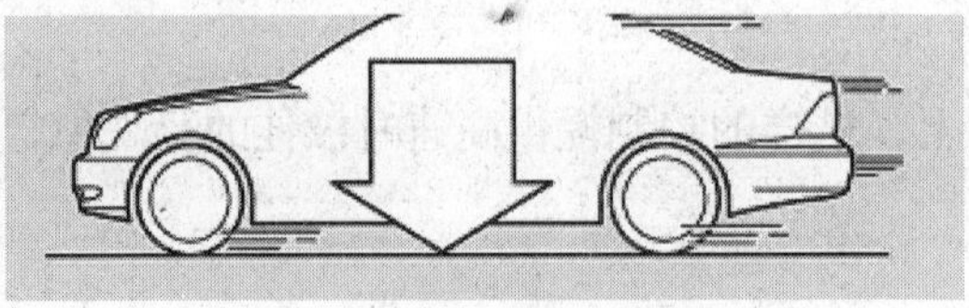

图12-31　高速控制

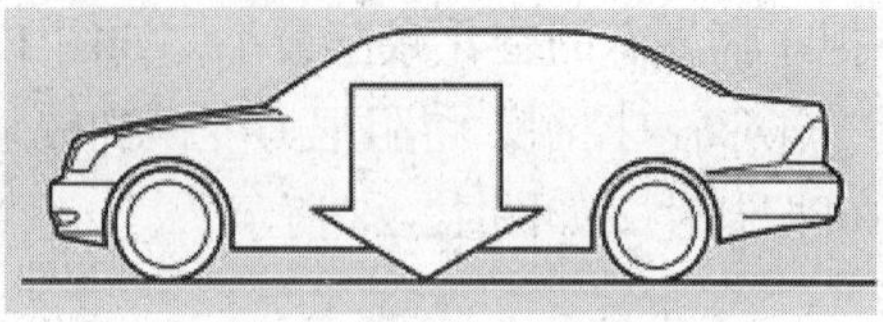

图12-32　点火断开控制

计 划

以丰田 LEXUS　LS400（1994 型）为例，进行检修。

1. LEXUS　LS400电控悬架电路图（图12-33）

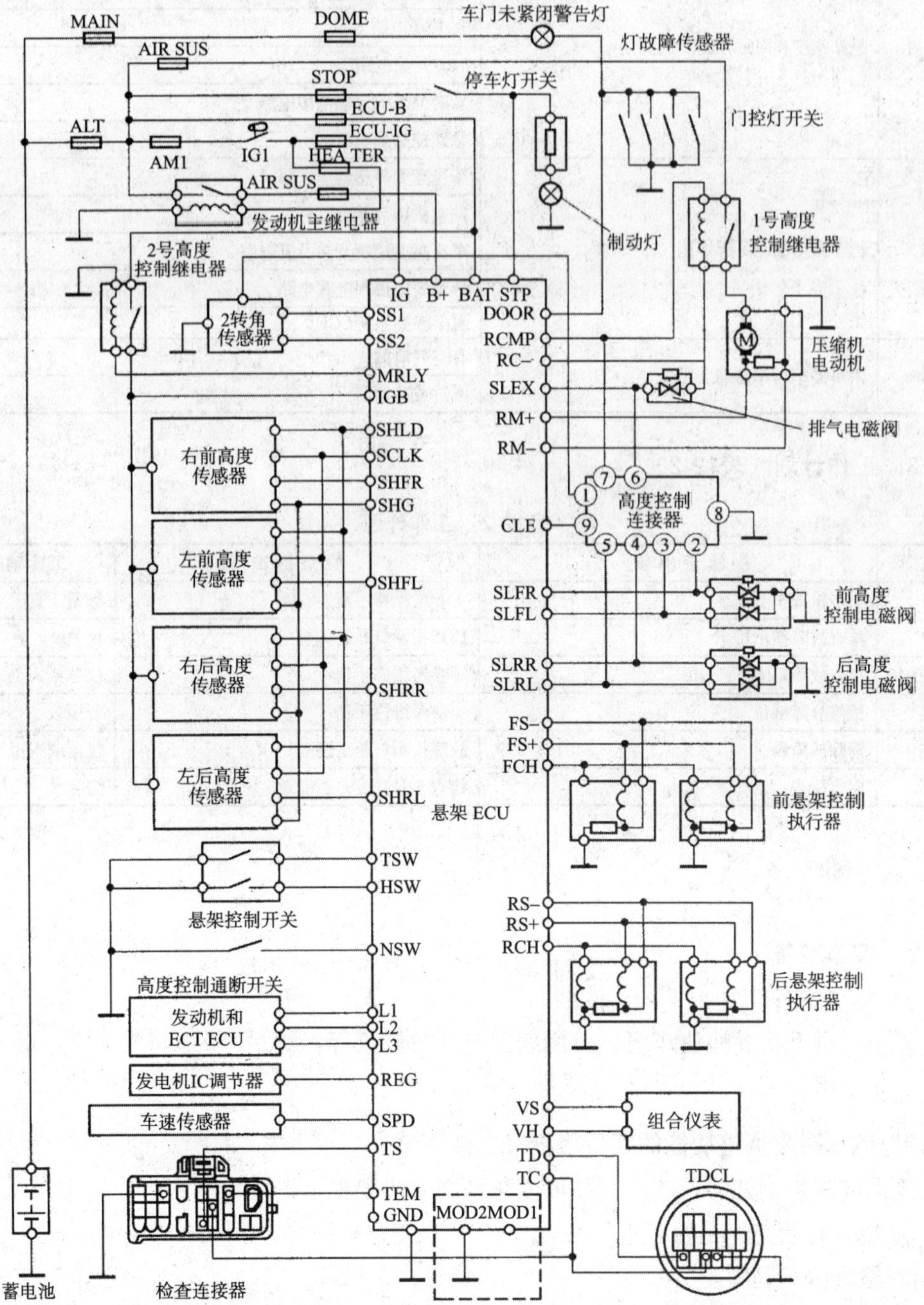

图12-33　丰田LS400轿车空气悬架电子控制系统电路图

2. 故障分析（表12-1）

表12-1　故障分析

序　号	故障现象	可能的故障部位
1	悬架刚度和阻尼控制不起作用	悬架控制执行器及电路
		TC端子电路
		TS端子电路
		LRC开关电路
		悬架控制执行器电源电路
		悬架控制系统ECU
2	汽车高度控制不起作用	车身高度传感器
		发电机调节器电路
		车身高度控制开关及其电路
		汽车高度控制电源电路
		悬架控制系统ECU
3	汽车停车时车身高度很低	有空气泄漏
		汽缸或减振器

3. 工作计划（表12-2）

表12-2　工作计划

序　号	检查部位	检查标准	工具/辅具
1	初步检查车身高度	（参考维修手册）	测量工具
2	检查故障指示灯	故障指示灯是否闪烁	目测
3	提取故障码	（参考维修手册）	仪器或人工
4	检修故障部位	（参考维修手册）	万用表
5	消除故障码	故障指示灯是否还亮	仪器或人工
6	漏气检查	检查车身高度是否变化	泡沫水

实施

1. 实施准备

材料：抹布；

设备：举升机、检修车辆、万用表、专用解码仪等；

工具：组合工具。

2. 汽车高度调整功能的初步检查（功能测试）

操作高度控制开关检查汽车高度变化情况，步骤如下：

① 检查轮胎充气是否正常。

② 检查汽车高度。

③启动发动机，将高度开关从 NORM 位置切换到 HIGH 位置。检查完成高度调整

所需的时间和汽车高度的变化量。从操作高度控制开关到 ECU 将压缩机启动约需 2s，从压缩机启动到完成高度调整需 20~40s，汽车高度的变化量为 10~30mm。

④在汽车处于 HIGH 位置调整状态下，启动发动机并将高度控制开关从 HIGH 位置切换到 NORM 位置，各种数值与前述相同。高度调节方法如图 12-34 所示。

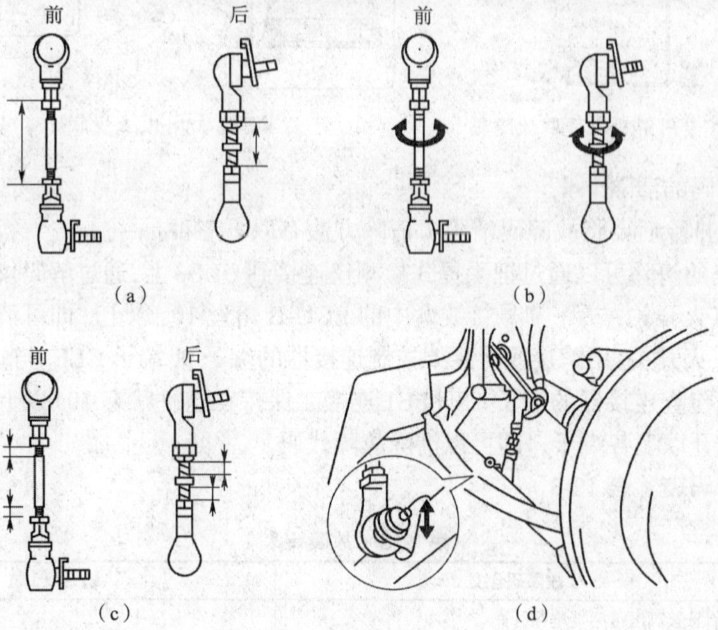

图12-34　高度调节方法

3．故障码提取

如果电子调节悬架和空气悬架电子控制单元检测到该系统中有故障时，NORM 指示灯就会闪烁故障指示灯，向驾驶员发出警告。图 12-35 和图 12-36 分别为 LRC 指示灯与车身高度指示灯。

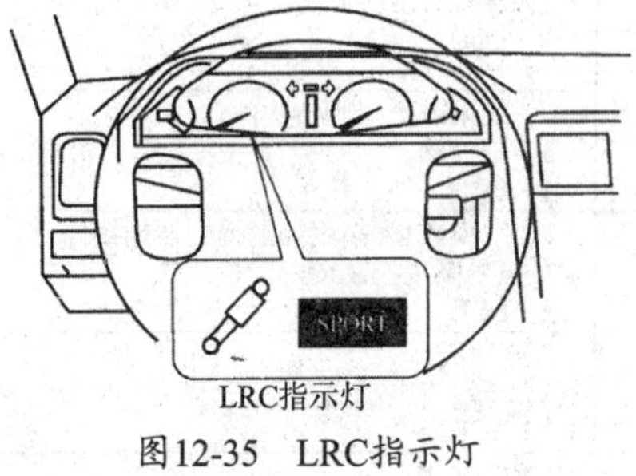

图12-35　LRC指示灯

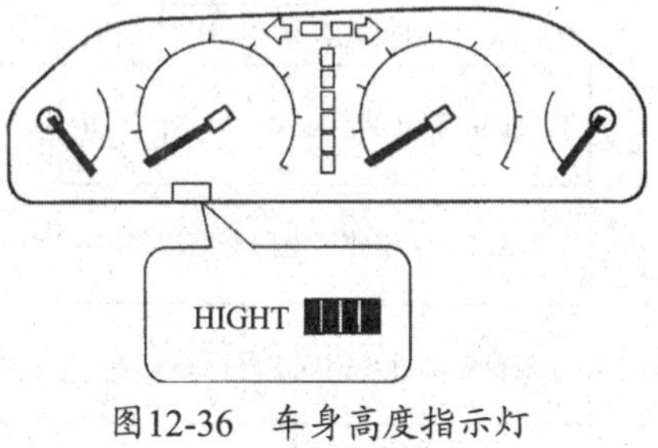

图12-36　车身高度指示灯

（1）故障码的读取

故障码的读取可以通过手提式检测仪连接到直接与电子控制模块互通的 DLC3 上或者通过使 DLC3 的 TC 和 CG 端子之间短路并观察闪烁的模式来读出 DTC。图 12-37 和

图 12-38 分别为用专用解码仪提取故障码和人工提取故障码。

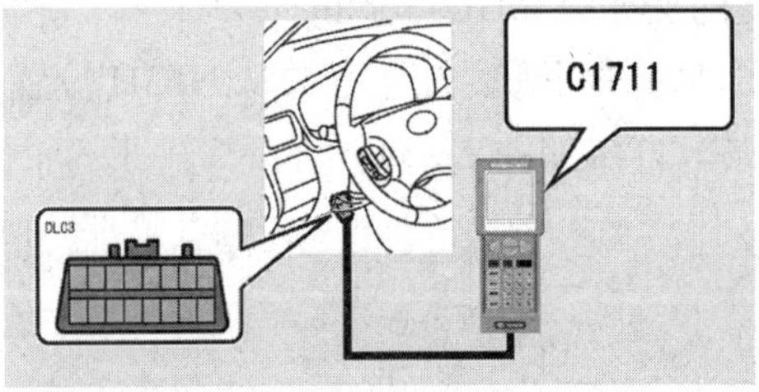

图12-37　专用解码仪提取故障码

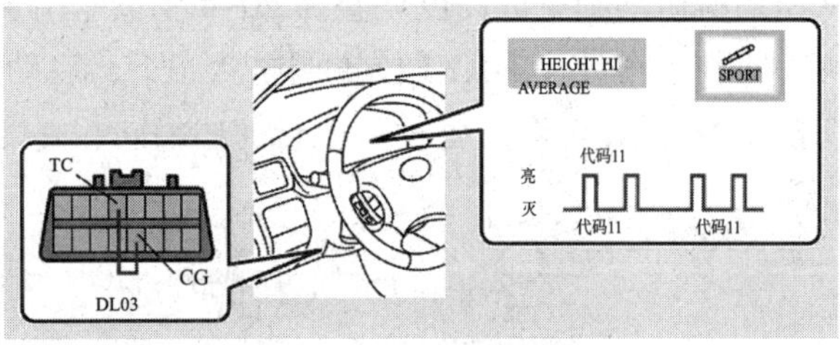

图12-38　人工提取故障码

（2）故障码的清除

系统故障排除后要将故障码清除，清除方法有以下三种。

① 故障码的清除可以通过把手提式检测仪连接到DLC3上，通过解码仪清除故障码。

② 关闭点火开关，拆下 2 号接线盒中的 ECU-B 熔丝 10s 以上，即可清除故障代码。

③ 关闭点火开关，用跨接线将悬架控制连接器的端子 9（端子 CLE）与端子 8（端子 E）连接，同时使检查连接器的端子 TS 和 E1 连接。保持在这一状态 10s 以上，然后接通点火开关，并脱开以上各端子，即可以清除故障代码。

（3）故障码表（表 12-3）

表12-3　故障码表

故障码	故障码含义	检查部位
11	右前悬架高度传感器电路开路	（1）线束或悬架高度传感器插接件； （2）悬架高度传感器； （3）ECU
12	左前悬架高度传感器电路开路	
13	右后悬架高度传感器电路开路	
14	左后悬架高度传感器电路开路	
21	前悬架控制执行器电路断路或短路	（1）线路或插接件； （2）悬架控制执行器； （3）ECU
22	后悬架控制执行器电路断路或短路	
31	1号高度控制阀电路断路或短路	（1）线束或悬架高度控制阀插接件； （2）悬架高度控制阀； （3）ECU
33	2号高度控制阀电路断路或短路（RH）	
34	2号高度控制阀电路断路或短路（LH）	
35	排气阀电路断路或短路	（1）线束或排气阀插接件； （2）排气阀； （3）ECU
41	1号高度控制继电器电路断路或短路	（1）线束或1号高度控制继电器插接件； （2）1号高度控制继电器； （3）ECU
42	压缩机电动机自锁或电路断路	（1）线束； （2）压缩机电动机； （3）ECU
52	排气阀电源电路	（1）排气阀； （2）气动减振器； （3）高度控制阀； （4）ECU
71	高度控制开关在关闭状态或开关电路短路	（1）线束或高度控制开关插接件； （2）高度控制开关； （3）ECU

4．以故障码11、12、13、14为例说明故障检修的方法

（1）故障码含义：高度传感器出现故障，此故障的出现说明ECU接收不到传感器信号。

（2）电路图（图 12-39）

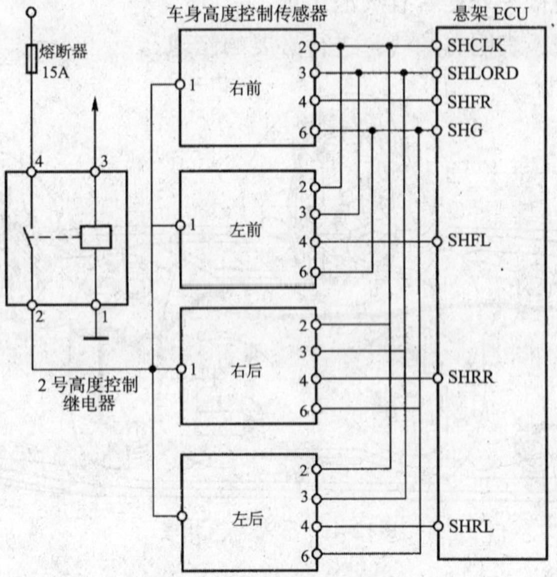

图12-39　高度传感器电路

（3）检修流程（图 12-40）

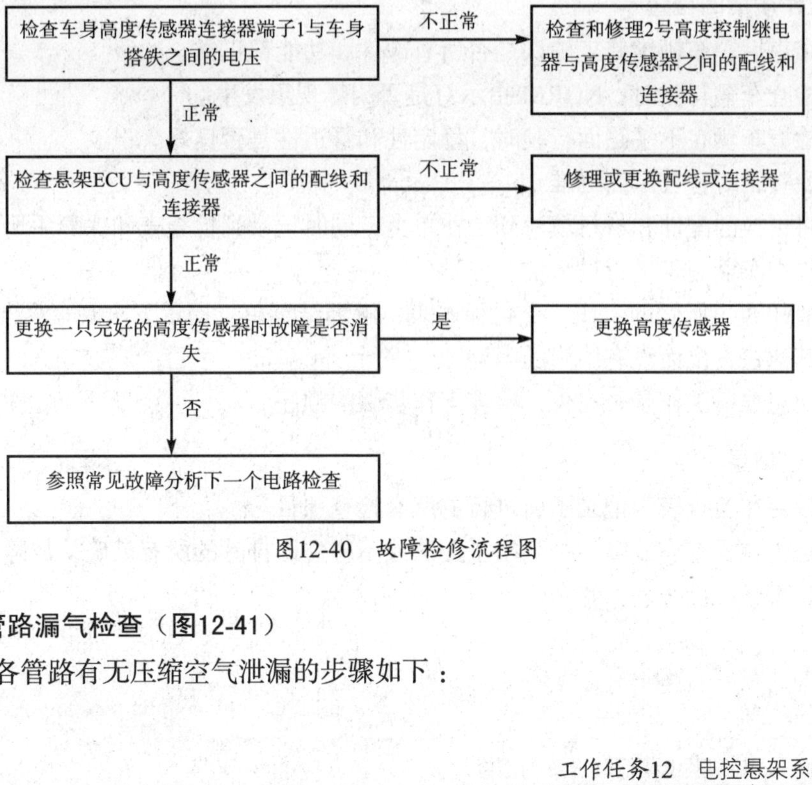

图12-40　故障检修流程图

5．管路漏气检查（图12-41）

检查各管路有无压缩空气泄漏的步骤如下：

① 检查各管路是否有明显的磨损或折断，如没有进行下一步。

② 将肥皂水涂在所有空气管路接头上。

③ 使空气压缩机运转，在空气管路中建立空气压力。

④ 检查空气管路接头处是否有气泡出现。

⑤ 如有气泡出现，表明有漏气，进行必要的修理。

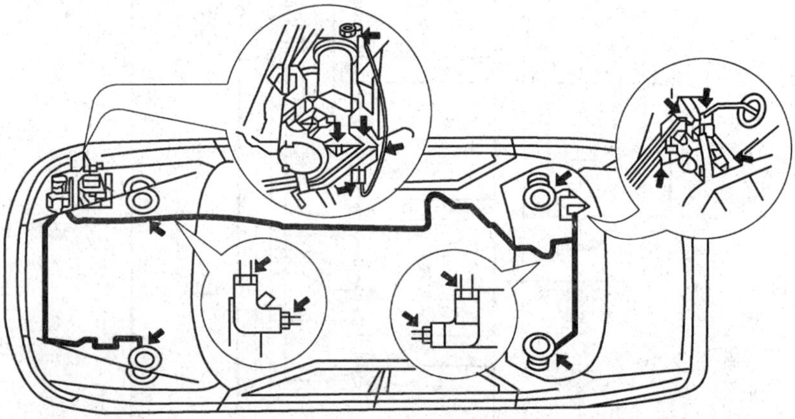

图12-41　管路漏气检查

检　验

1．工作质量的检查

工作结束后，车辆维修工确认是否所有部件和功能都正常。

（1）检查车辆行驶时，NORM 指示灯是否闪烁现象发生。

（2）检查车辆在不平路面行驶时，稳定性和舒适性是否良好。

（3）检查工时符合厂商标准。

（4）将更换的配件和材料填写到工作单上，同时记录到检查表和保养手册中。

（5）检查车辆是否进行过清洁。

（6）通知客户所做的工作，交付检查表，解释结算单，提示下次底盘悬架系统检查的日期或其他检查出而没有维修的问题。

（7）回想准备工作是否完善，检查工作步骤的顺序。

2．工作记录

（1）是否在检查表内记录了所进行的所有检查项目。

（2）是否在检查有故障栏处列出了无法或不应立即排除的所有已确认故障。

（3）是否已在检查表上签名。

3．工作反思

（1）是否达到了规定目标。

（2）解释方式是否正确。

（3）与相关人员沟通的效率是否很高。

（4）组织工作是否很好。

展 示

通过工作页的完成，学生展示学习效果和工作任务的完成情况。

1．与普通悬架相比，电控悬架有哪些优点？

____

____

2．判断关于电控悬架下面叙述是否正确（正确画“√”，错误画“×”）。

（ ）（1）EMS 通过改变减振器节流孔大小和调节油流量来改变阻尼力。

（ ）（2）空气悬架通过调节空气容量来控制弹簧刚度和车高。

（ ）（3）EMS 具有诊断功能和失效保护功能。但是，空气悬架不具备这些功能。

（ ）（4）阻尼方式或高度控制的工作状态是自动控制的，所以它们不被指示出来。

3．请根据下图序号，写出电控悬架的组成名称。

（1）____________________

（2）____________________

（3）____________________

（4）____________________

（5）____________________

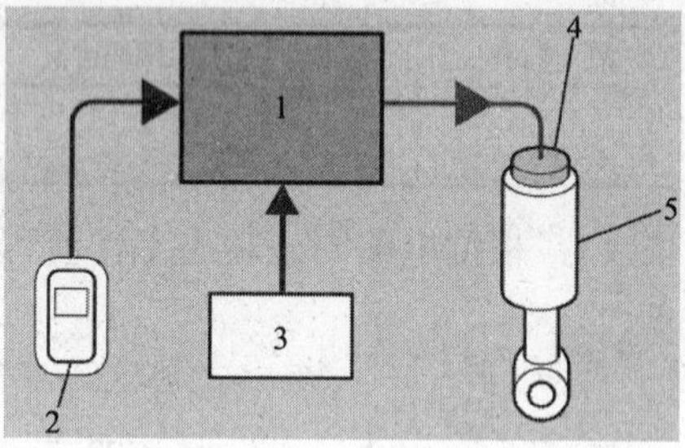

4．下面关于电控悬架叙述正确的是（　　）。

A. 不管乘客的重量或负载多少，车辆保持在固定高度。

B. 按照路面变化或行驶条件，把阻尼力控制到一个目标值上。

C. 在制动时抑制汽车点头现象并保持车辆最小的倾斜度。

D. 在加速时抑制汽车下坐现象并保持车辆最小的倾斜度。

5．根据下图解释电控悬架执行器的以下问题。

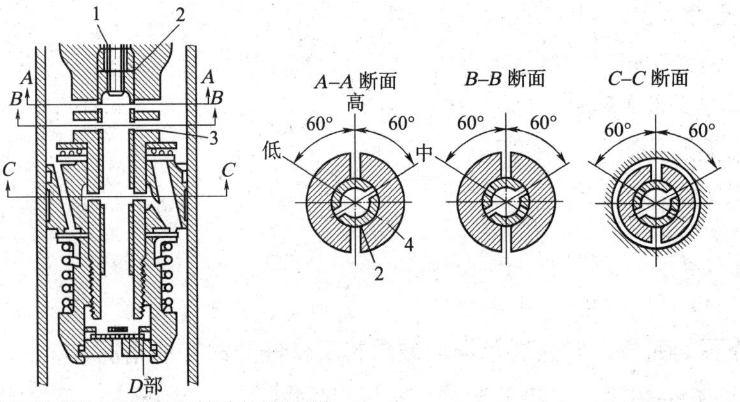

（1）请用方块图写出阻尼控制流程图。

（2）请用方块图写出悬架刚度控制流程图。

6．故障指示灯闪烁，经检查为故障码 21，请分析。

故 障 码	故障码含义	检 查 部 位
21		

7．根据电路图，写出工作流程、检修计划、注意事项。

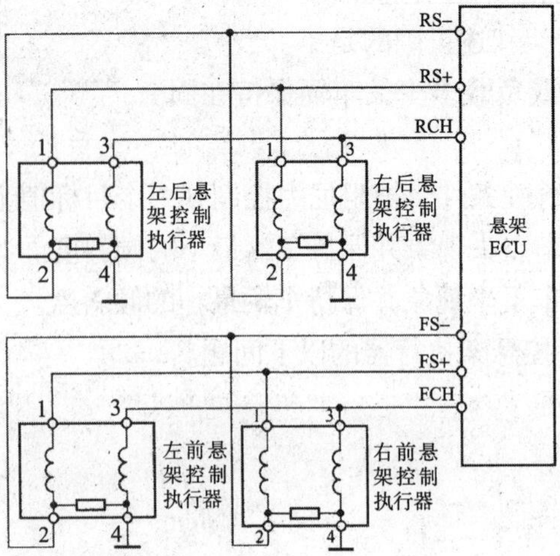

（1）请用方块图写出检修流程图。

（2）检修计划。

序　号	检修步骤	标准值	检查方法
1			
2			
3			

（3）检修注意事项。

____

____

____

工作任务 13

机械转向系统的检修

导 向

1．任务描述

客户反映：一辆丰田皇冠2.8轿车转向变得越来越困难，并且转弯时，转向器发出沉闷的声音，请检修并排除故障。

2．任务分析

针对该车出现的故障现象，维修人员应处理两个问题。第一，汽车转向困难和转向噪声与哪些因素有关？第二，如果检查该系统，应如何检查？注意哪些问题？

要想解决第一个问题，那么就需要维修人员详细了解汽车转向系统的基本组成部件和工作原理，并对汽车转向器的种类、组成、工作原理有清楚的认识。要想解决第二个问题，就需要掌握汽车转向系统和转向器的检查方法、更换方法和注意事项。

信 息

汽车转向系统按转向动力源的不同分为机械转向系统和动力转向系统两大类。机械转向系统以驾驶员的体力作为转向动力源。动力转向系统除了驾驶员的体力外，还以汽车的动力作为辅助转向能源，动力转向又可分为液压式和电动式。

1．转向系统的作用

转向系统的作用是把汽车转向盘的转动变为转向车轮的方向变动，从而按驾驶员的意愿改变汽车的行驶方向和保持汽车稳定的直线行驶。

2．对转向系统的要求

汽车转向装置和制动装置、加速装置一样是将驾驶员的操作意志传达给汽车的重要装置。说到转向装置的性能，它并非单指转动转向盘能使汽车拐弯就可以了。这里存在着一个汽车的实际转向与驾驶员预想的转向之间差距问题。随着汽车的进化，对操纵的舒适性、安全性都提出了更高的要求。归纳如下：

（1）来自路面不平度所引起的颠簸应衰减，尽可能少地传到转向盘上。但这种衰减又不致使驾驶员失去路感。

（2）转向系统运动学的基本设计必须满足阿克曼条件：在转向时，左、右转向前轮轴线的延长线都相交于一点。

（3）依靠转向系统适当的引导性（特别是使用橡胶连接件时），使汽车对微小的转向修正也有快捷的反应。

（4）当放松转向盘时，车轮应能自动回到直行位置，并能稳定在这个位置上。

（5）为了操纵方便，转向传动比（转向盘从一侧转到另一侧极限位置的总圈数）应尽可能小。转向力不仅取决于转向传动比，还取决于前悬架负荷、悬架布置（后倾角、主销内倾角、主销偏置距），以及轮胎胎面花纹和路面的特性。

3．机械转向系统的基本组成

汽车机械转向系统由转向操纵机构、转向器和转向传动机构三个主要部分组成，如图 13-1 所示。

（1）转向操纵机构

此机构主要作用是进行转向操纵，转向操纵机构包括转向盘和转向管柱等。

（2）转向器

变换来自方向盘的转向扭矩和旋转变位，把它们通过转向传动机械传送车轮并使车辆转向。目前汽车上常用的转向器是齿轮齿条式转向器和循环球式转向器。

（3）转向传动机构

转向传动机构是一种杆和臂的组合件，通过这些杆和臂把转向器的运动传送给左右前车轮。转向传动机构包括转向摇臂、转向拉杆、转向节和转向梯形臂等。

4．转向盘

（1）构造

骨架（钢、铝合金）外皮（柔性合成树脂或合成橡胶，不易打滑，碰撞时缓冲）。

（2）功能

驾驶员通过方向盘进行转向并在碰撞时吸收动能。方向盘尺寸大省力，尺寸小轻便灵活，方向盘发展的方向是方向盘的外径缩小，而手握部分变粗。

5．转向管柱

转向管柱是由把方向盘旋转传送到转向器的转向主轴和把转向主轴固定到车身上的柱管组成的。转向管柱的结构如图 13-2 所示。

转向主轴的顶端是锥形的和锯齿形的，方向盘是用一只螺母装配到其上面的。

转向管柱装有一套碰撞吸能机构，该机构吸收推力，否则在撞击时该推力就施加到驾驶员身上。转向管柱通过断开式托架装配到车身上，这样转向管柱在碰撞中很容易塌缩。

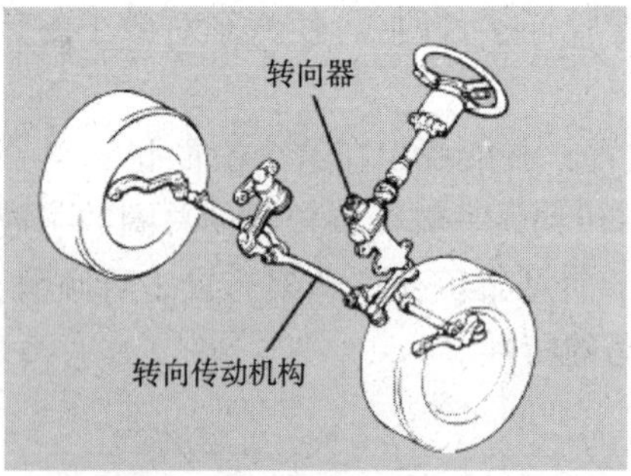

图13-1 机械转向系统的组成

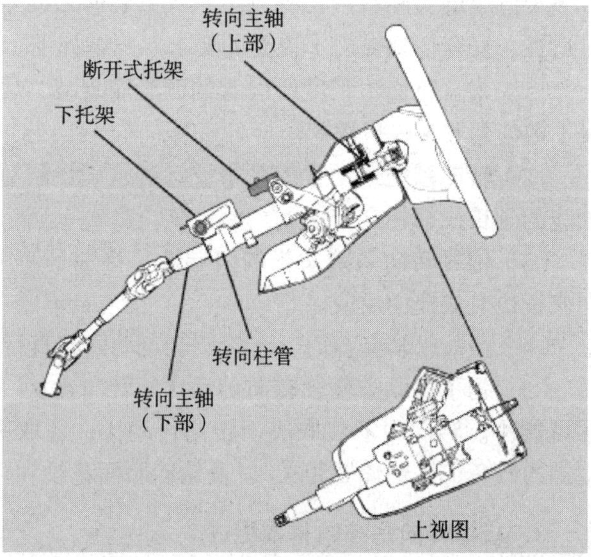

图13-2 转向管柱

一般说来，用挠性接头或万向节把转向主轴的下部连接到转向器上以便将从转向器到方向盘的路面振动传输减至最小。

除碰撞吸能机构（图 13-3）外，在某些车辆上的转向主轴还可能装有许多的转向控制系统。例如：转向锁室机构、倾斜转向机构、伸缩式转向机构等。

图13-3 碰撞吸能装置

碰撞吸能机构由下托架、断开式托架、中间轴和碰撞吸能板组成。转向管柱通过下托架和断开式托架安装在仪表加强件上。转向管柱和转向机壳体与中间轴连接。

当转向机壳体在第一次碰撞过程中移动，中间轴收缩，这样减少转向管柱和方向盘伸进客厢的机会。

当第二次撞击中，把碰撞动能传递给方向盘时，碰撞吸能机构和驾驶员安全气囊帮助吸收碰撞动能。

另外，断开式托架和下托架分离，使整个转向管柱向前移动。此时，碰撞吸能板变形，帮助吸收第二次撞击的碰撞动能。

注意：

因为碰撞吸收转向管设计成能吸收轴向冲击的结构，取下方向盘时，千万不能试图用锤敲打转向主轴，因为用劲可能会使碰撞吸能机构中的销断裂。应始终使用为安全拆下方向盘设计的专用维修工具。

破损后的转向管柱不可再用，必须使用新的转向管柱进行更换。

6. 转向器

转向器必须有下述品质：在直线行驶位置时没有晃动；低摩擦，从而具有高效率；高刚性和可调整性。由于这些原因，当今主要有两种类型的转向器达到要求，循环球式转向器和齿轮齿条式转向器如图 13-4 所示。

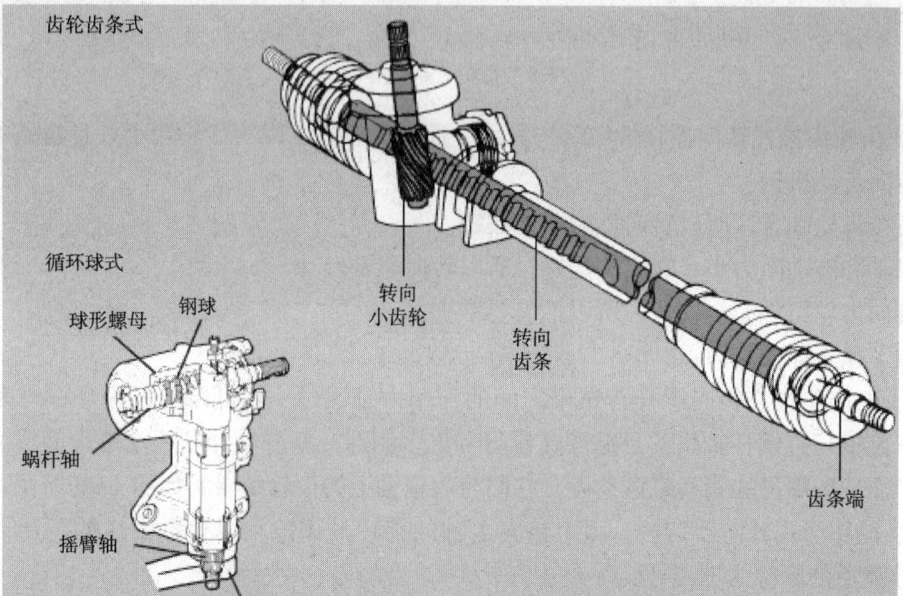

图13-4 循环球式转向器和齿轮齿条式转向器

(1) 齿轮齿条式转向器

① 组成及工作原理。齿轮齿条式转向器主要由一根转向齿条和一个转向小齿轮组

成。转向主轴下端上的转向小齿轮与转向齿条啮合。当转动方向盘时，转向小齿轮就转动，向右向左移动转向齿条。通过转向齿条接头和横拉杆接头把转向齿条的运动传送到转向节臂上，如图 13-5 所示。其转向传动比由转向小齿轮的转数（等于转向盘的转数）与转向齿条的相应行程的比值来确定。转向齿条采用适当的齿形可以使传动比在整个行程中是变化的。这样可减少为修正转向所需的作用力或行程。

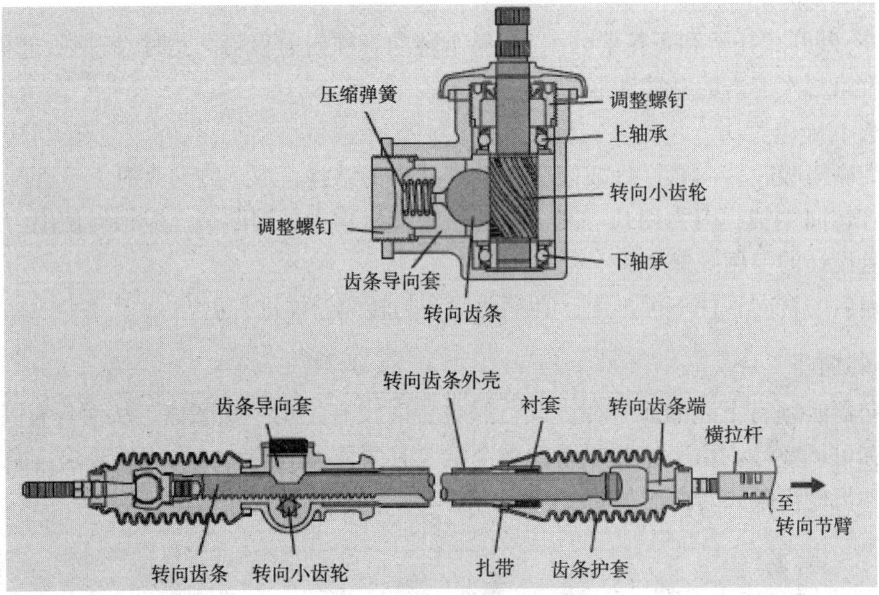

图13-5　齿轮齿条式转向器

② 齿轮齿条式转向器特性。结构紧凑、简单和轻便。因为齿轮箱小并且齿条本身可用作转向传动机构。

直接齿轮啮合，所以转向反响非常灵敏。

滑动和转动阻力小，转矩传送好，所以转向非常轻。

转向齿轮组件完全密封，所以不需要维护。

（2）循环球式转向器

① 工作原理。转向螺杆与螺母之间的作用力是通过一串低摩擦的循环钢球来传递的。螺旋槽切进蜗杆轴里并且循环球螺母和许多钢球在蜗杆轴和循环球螺母旋槽里循环滚动。循环球螺母的侧面有齿条齿，它们与齿扇轴上的齿轮啮合，如图 13-6 所示。

② 循环球式转向器特性。因为转向主轴的旋转是靠滚动球接触传送的，所以循环球螺母滑动的摩擦力非常小。

这种结构可以承受大载荷。

滑动阻力小，因为由于循环球的作用在蜗杆轴与齿扇轴之间的摩擦非常小。

操作角度大。

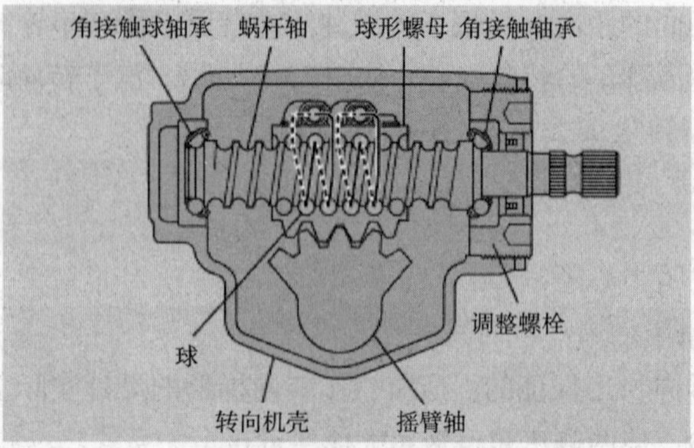

图13-6 循环球式转向器

7．转向传动机构

（1）转向传动机构的设计要求

汽车在转向行驶时，要求车轮相对于地面做纯滚动，否则如果有滑动的成分，车轮边滚边滑会导致转向行驶阻力增大，动力损耗、油耗增加，也会导致轮胎磨损增加。

转向传动机构是一个杆和臂的组合件，它们把转向器的运动传送给左右前轮。转向传动机构必须十分精确地把转向盘的运动传送给前轮，因为车辆行驶的同时前轮在上下跳动。为实现这样的功能设计了各式各样的传动机构布置和连接结构。但其基本设计原理必须满足阿克曼条件（图 13-7）。

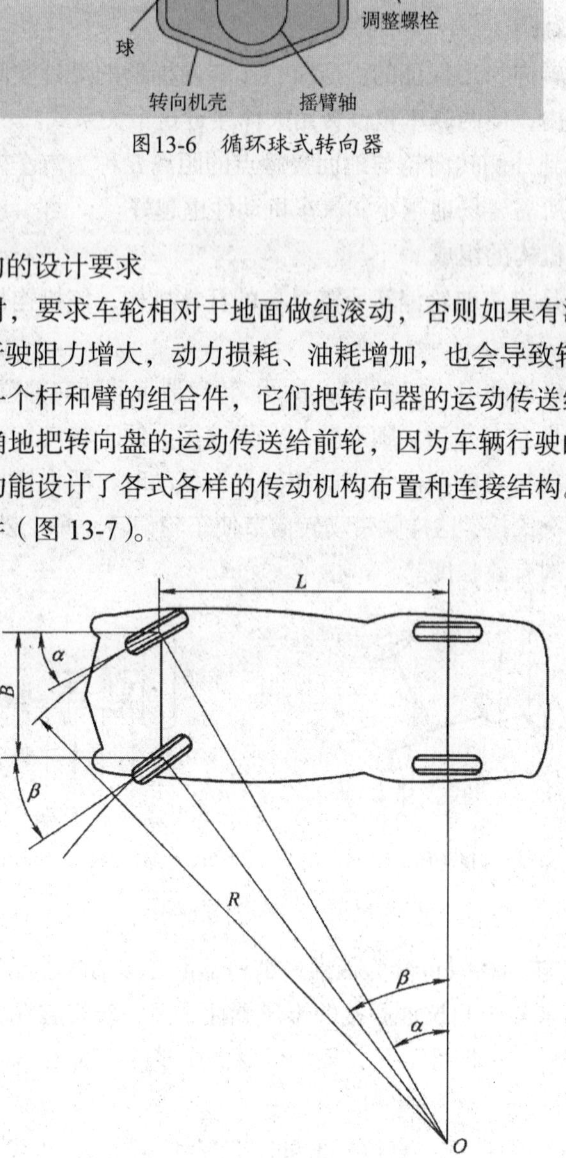

图13-7 阿克曼条件

汽车转向时，内侧车轮和外侧车轮滚过的距离是不等的。对于一般汽车而言，后桥左右两侧的驱动轮由于差速的作用，能够以不同的转速滚过不同的距离。但前桥左右两侧的转向轮要滚过不同的距离，保证车轮做纯滚动就要求所有车轮的轴线都交于一点方能实现。此交点 O 称为汽车的转向中心，如图 13-7 所示。汽车转向时内侧转向轮偏转角 β 大于外侧转向轮偏转角 α 。α 与 β 的关系是

$$\cot\alpha = \cot\beta + \frac{B}{L}$$

式中：B——两侧主销中心距；

L——汽车轴距。

这一关系是由转向梯形保证的。所有汽车转向梯形的设计实际上都只能保证在一定的车轮偏转角范围内，使两侧车轮偏转角大体接近这个关系式。

从转向中心 O 到外侧转向轮与地面接触点的距离 R 称为汽车转弯半径。转弯半径 R 越小，则汽车转向所需要场地越小，汽车机动性也越好。

（2）转向传动机构的组成

转向传动机构是指使前轮偏转所需具备的杆件机构，该机构把转向摇臂的摆动，转变成汽车前轮的偏转运动。

基本转向传动机构的组成如图 13-8 所示，转向器带动转向摇臂沿圆弧（左右来回地）摆动，使中间拉杆也左右移动。随动臂与车架铰接，便于转向传动机构的支撑。中间拉杆两端分别与两根横拉杆相联。当中间拉杆左右移动时，两根横拉杆跟着移动。而横拉杆与转向节通过球头铰接，这样就带动转向节使车轮偏转。每个横拉杆上均带有调节管，可用于调整横拉杆的有效长度。

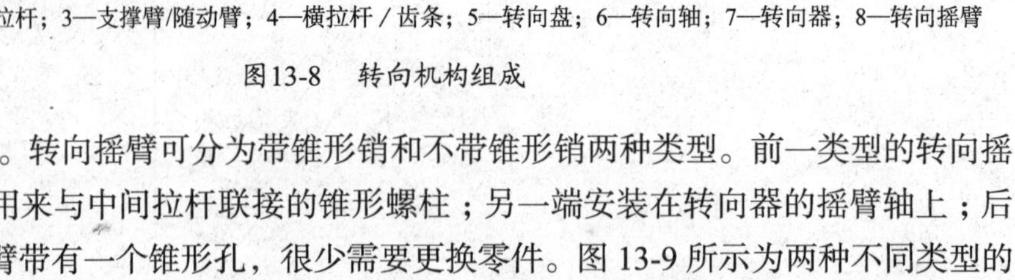

1—转向节臂；2—外拉杆；3—支撑臂/随动臂；4—横拉杆 / 齿条；5—转向盘；6—转向轴；7—转向器；8—转向摇臂

图13-8　转向机构组成

① 转向摇臂。转向摇臂可分为带锥形销和不带锥形销两种类型。前一类型的转向摇臂一端带有一个用来与中间拉杆联接的锥形螺柱；另一端安装在转向器的摇臂轴上；后一类型的转向摇臂带有一个锥形孔，很少需要更换零件。图 13-9 所示为两种不同类型的转向摇臂。

② 中间拉杆。中间拉杆（直拉杆）可以有多种不同的结构设计。图 13-10 列举了中间拉杆的一些结构类型。它们之间最大的区别在于中间拉杆与其他杆件的连接方式。连接方式可以是枢轴、螺柱、套筒和锥形支撑架。

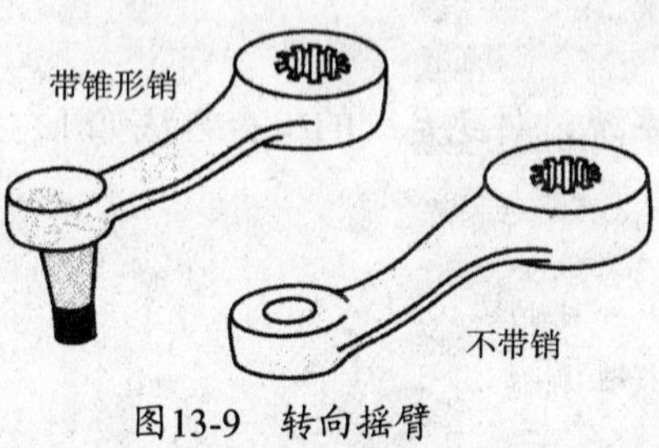

图13-9　转向摇臂

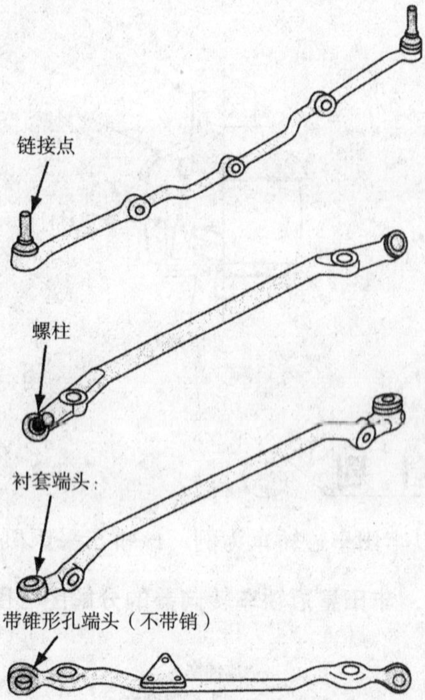

图13-10　中间拉杆

③ 随动臂。随动臂同样也有多种不同的结构设计。其主要的区别在于随动臂的端头结构。其主要的类型有套筒型、锥形支撑架形和螺柱型。图13-11所示为不同类型的随动臂。

（a）套筒型　（b）锥形支撑架形　（c）螺柱型
图13-11　不同类型的随动臂

④ 横拉杆和调节管。横拉杆组件由内横拉杆、外横拉杆和调节管组成。调节管是一段内螺纹管，它端部的圆周沿轴向开有小切槽。调节管上还装有两个夹箍，分别位于调节管两端，在调整好后，将横拉杆紧固在一起。

调节管内螺纹一端是左旋而另一端为右旋。这样可在不拆解的情况下，通过转动调节管调整横拉杆组件的有效长度。

横拉杆端头装有球头铰，它可保证同时沿横向和竖直方向的运动。图 13-12 所示为一个球头实例图。横拉杆端头的补偿弹簧可缓冲路面对转向系统的冲击。在某些横拉杆端头还装有黄油嘴。通过黄油嘴可给球头铰加注润滑脂。

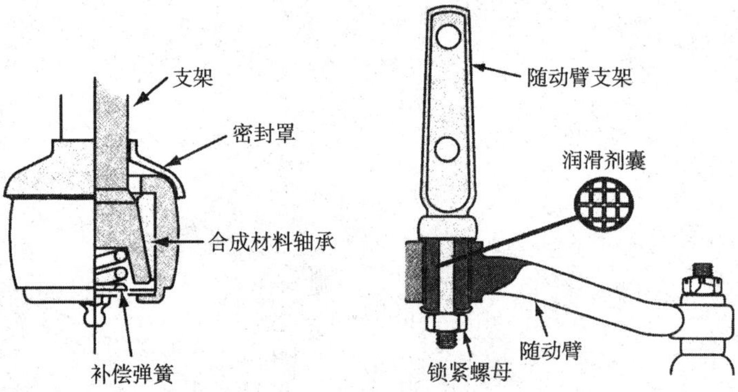

图13-12　球头

计 划

以丰田皇冠轿车为例，该轿车采用机械转向系统，对此系统的检查方法如下：

1. 丰田皇冠轿车转向器的分解图（图13-13）

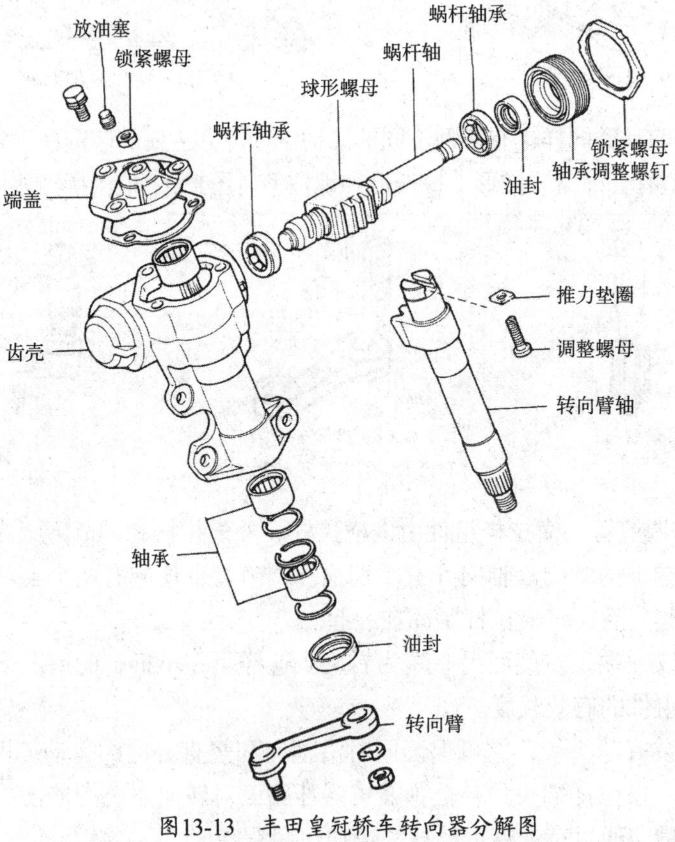

图13-13　丰田皇冠轿车转向器分解图

2．故障分析：转向沉重、回转不良和自由间隙过大与哪些因素有关

转向沉重、回转不良和方向盘自由间隙过大是转向系统常见的故障，那么这些故障都与汽车的哪些因素有关呢？分析见表13-1。

表13-1 故障分析

故障现象	可能原因	排除方法
转向困难	胎压不正确	将胎压充气到适当程度
	润滑不够	将悬架和转向连杆作好润滑
	车轮定位不正确	检查前轮定位
	转向连杆弯曲或磨损	检查连杆
	上下转向臂球形接头磨损	更换球形接头
	转向器故障	修理转向器
回转不良	胎压不正确	将胎压充气到适当程度
	润滑不够	将悬架和转向连杆作好润滑
	车轮定位不正确	检查前轮定位
	转向齿轮调整不良或断裂	调整或修理转向齿轮
游隙过大	前轮轴承有磨损	更换转向器
	上下转向臂球形接头磨损	更换球形接头
	转向连接磨损或弯曲	检查连杆
	转向齿轮调整不良或断裂	调整或修理转向齿轮

3．检修计划（表13-2）

表13-2 检修计划

序号	检查项目	检查内容	处理方法
1	检查轮胎	胎压	检修或更换
2	检查车轮定位	前束、车轮外倾、主销内倾、主销后倾等	调整
3	检查转向连杆	折断、损坏	更换
4	检查上下臂球形接头	胶套老化粘结、间隙过大	更换
5	检查转向器	转向器的分解检修	

实 施

1．实施准备

材料：抹布润滑油；

设备：举升机、检修车辆；

工具：组合工具、专用工具等。

2. 转向沉重的诊断（表13-3）

表13-3　转向沉重的诊断

序号	检 查 方 法	故 障 判 断
1	判断是否为轮胎和车轮定位故障： 顶起前桥，使两前轮悬空，转动转向盘，若感到转向盘变轻，则说明故障部位在前桥、车轮或其他部位	（1）前轮气压过低，应将轮胎充气到规定气压。 （2）前轮定位不正确，应检查前轮定位参数，并调整至规定值。 （3）三角下摆臂严重变形或损坏，导致前轮定位失准，应更换或修复三角下摆臂
2	判断是否为转向传动机构故障： 顶起汽车前部，若转向仍感沉重，说明故障在转向器或转向传动机构。可进一步拆下转向摇臂与直拉杆的连接，此时若转向变轻，说明故障在转向传动机构	（1）检查各球头销是否装配过紧或止推轴承是否缺油损坏。 （2）各拉杆是否弯曲变形。 （3）转动车轮检查车轮轴承松紧度
3	判断是否为转向器故障： 拆下转向摇臂后，若转向仍沉重。则转向器本身有故障	（1）检查转向器是否缺油。 （2）检查调整转向器主动轴上下轴承预紧度和啮合间隙。 （3）解体检查转向器内部有无部件损坏

3. 转向器的检修

（1）转向器的拆装分解（表 13-4）

表13-4　转向器的拆装分解

分 解 图 示	序号	分 解 步 骤
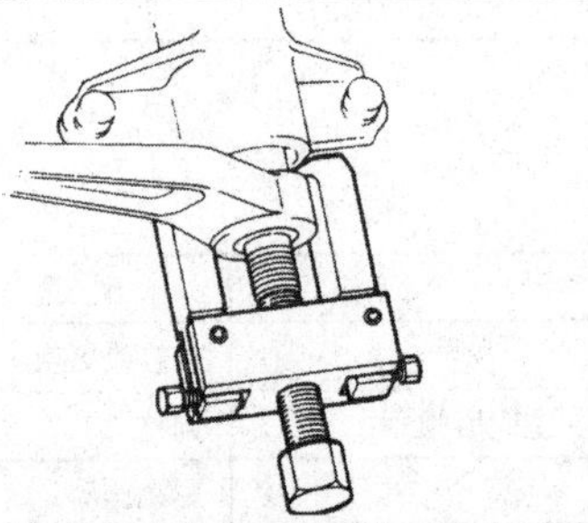	1	拆下放油塞将齿轮油放干净
	2	拆开转向臂和齿轮壳的连接
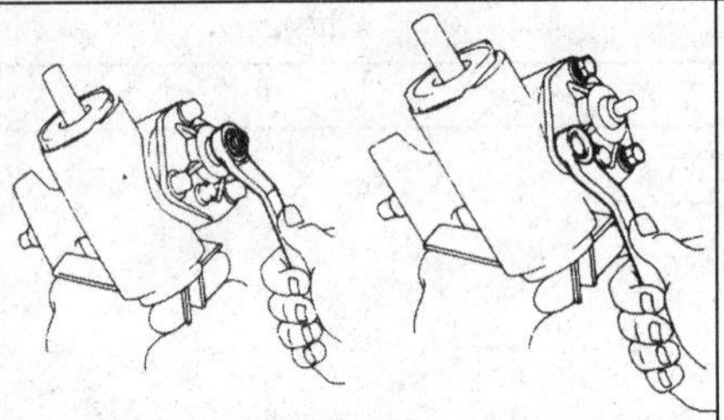	3	拆下端盖： （1）拆下调整锁紧螺母和三个螺母 （2）将调整螺母朝顺时针方向扭转，拆下端盖 （3）拉开齿壳上转向臂轴和调整螺钉
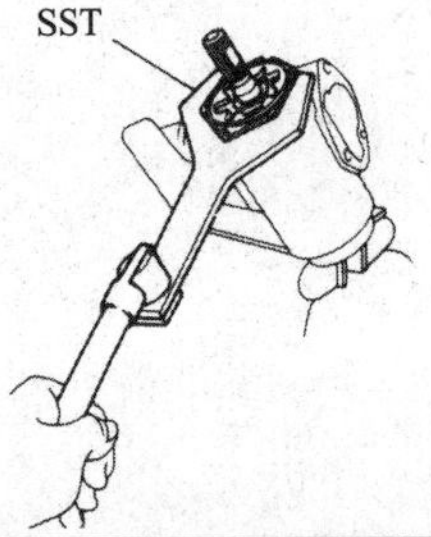	4	拆下锁紧螺母

续表

分解图示	序号	分解步骤
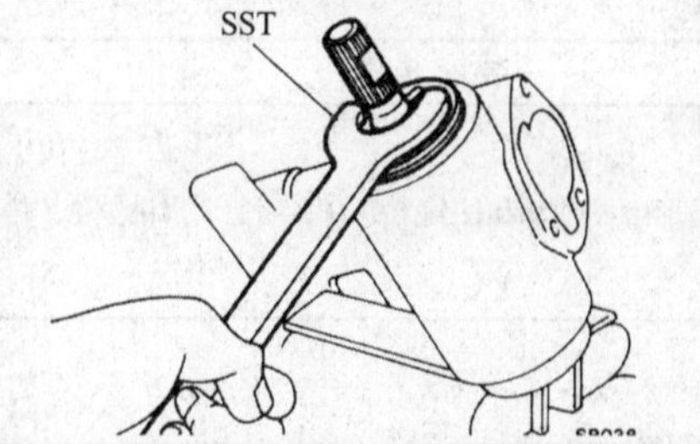	5	拆下轴承调整螺钉
	6	拆下蜗杆轴。 注意：不要自转向蜗杆轴分解环球形螺母

（2）转向器的检查（表 13-5）

表13-5　转向器的检查

检查图示	序号	检查步骤
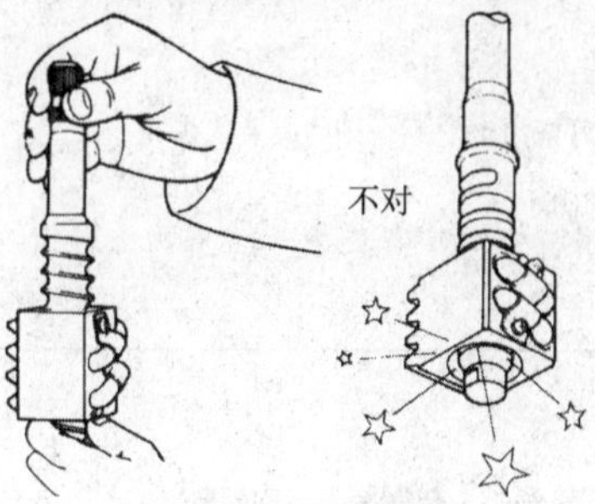	1	检查蜗杆和球形螺母： （1）检查蜗杆和球形螺母是否有磨损或损坏。 （2）检查螺母是否能借本身的重量顺利的在蜗杆轴上旋转。如发现有问题，应更换。 注意：不能使球形螺母碰到蜗杆端头
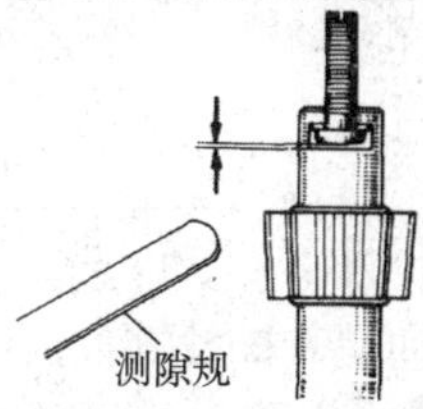	2	检查转向臂轴： 检查转向臂轴，推力垫圈和调整螺钉是否有磨损或损坏。 用测隙计量转向臂轴的推力隙距。 最大隙距：小于0.05mm。 如必需，装上新推力垫圈
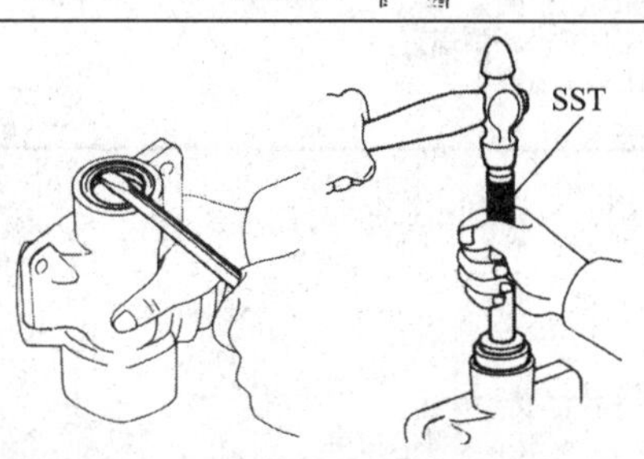	3	检查蜗杆轴承和油封： 检查是否有磨损或损坏，如发现问题，应更换

（3）转向器的装配（表 13-6）

表13-6　转向器的装配

装配图示	序号	装配步骤
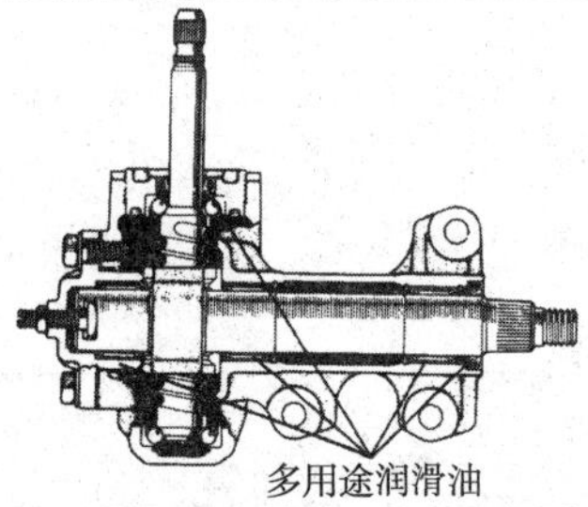	1	在轴套、针形滚柱轴承和油封上涂好多用途润滑油
	2	将蜗杆轴插上齿轮壳
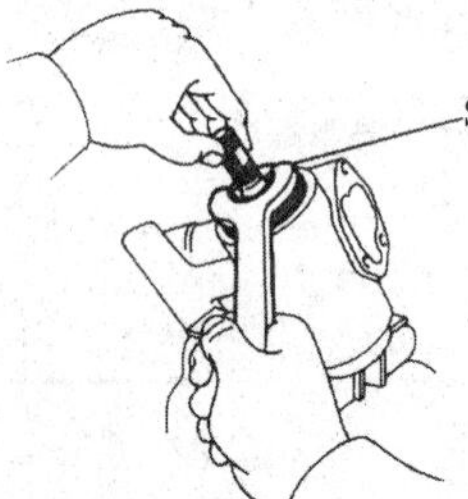	3	装好并调整轴承调整螺钉： （1）用专用工具慢慢扭调整螺钉，直至扭紧。 （2）用扭矩扳手和特种工具，扭调整螺钉，直到预荷正确为止。 （3）用一专用工具握住调整螺钉，再用另一特种工具扭紧螺母
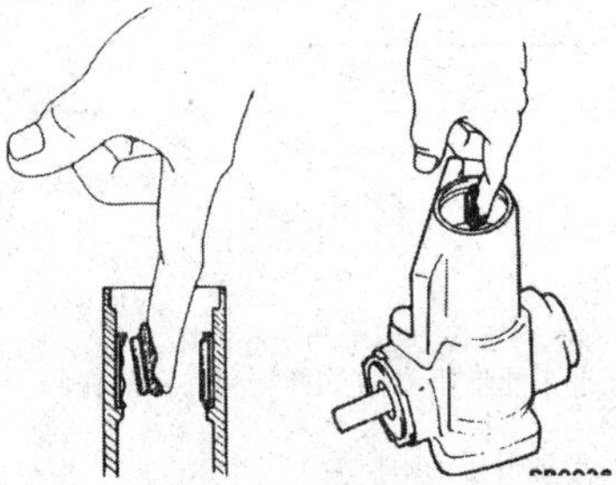	4	装好针形滚柱轴承： 将针形滚柱涂好润滑油之后，即将其装入齿壳
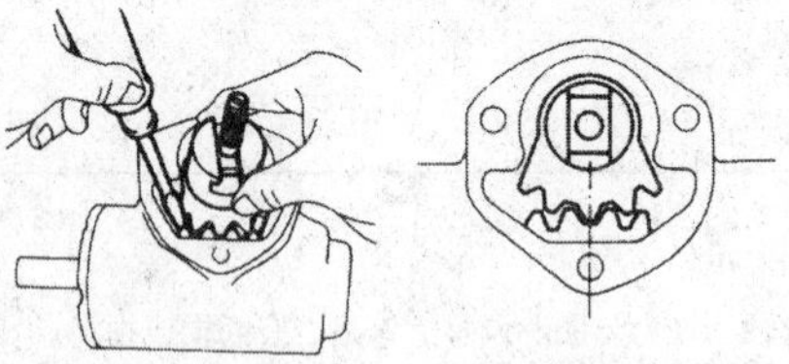	5	装好转向臂轴： （1）将调整螺钉和推力垫圈装上转向臂轴。 （2）将球形螺母调整到螺杆轴中央，然后将转向臂轴插入齿壳
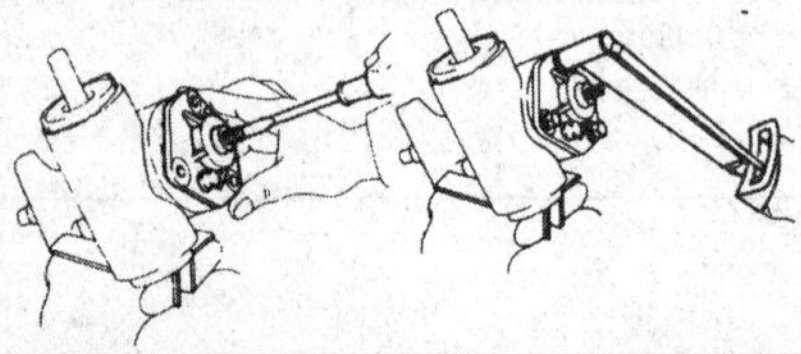	6	装好端盖： （1）在垫圈和端盖之间涂上液态密封剂。 （2）将端盖装上垫圈。 （3）尽可能地扭松调整螺钉。 （4）扭紧三颗端盖螺栓

续表

装配图示	序号	装配步骤
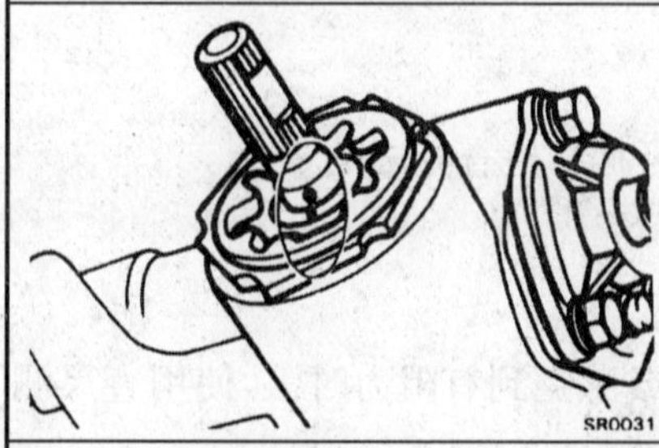	7	将蜗杆轴调整到空挡位置： （1）数蜗杆轴总转动次数，然后再倒转该总次数的一半。 （2）此时，蜗杆轴位于空挡位置。 （3）在蜗杆轴和齿壳上作好对准记号，表示空挡位置所在
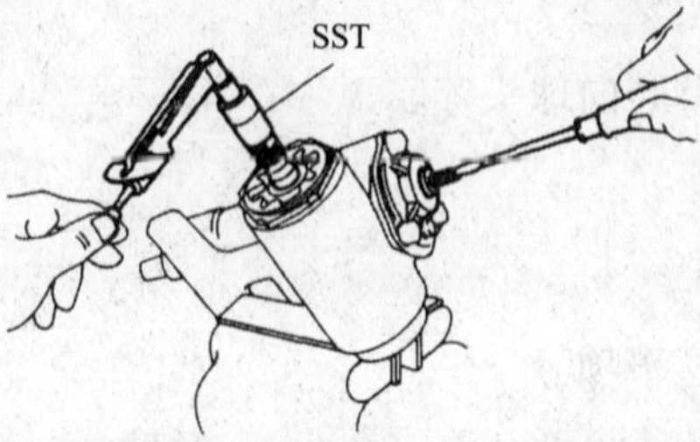	8	调整好总预荷重： 用扭力扳手和专用工具，一边扭动调整螺钉，一边量预荷重，直到预荷重正确为止。 注意：蜗杆轴一定要位于空挡位置
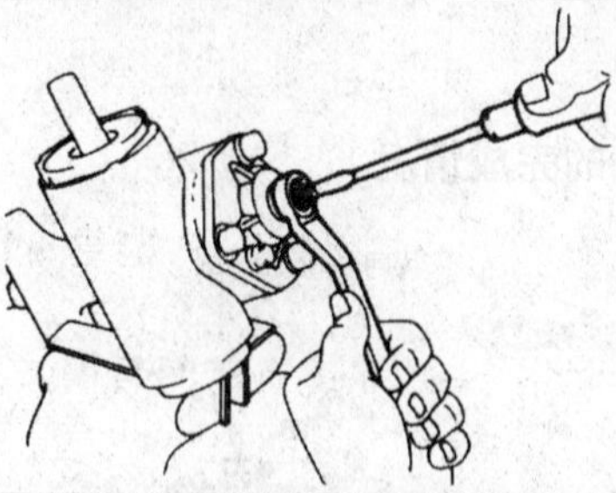	9	扭紧调整螺钉锁紧螺母： （1）在锁紧螺母上涂好液态密封剂。 （2）用起子一边固定螺钉一边将锁紧螺母扭紧。 （3）用扭矩扭紧螺母
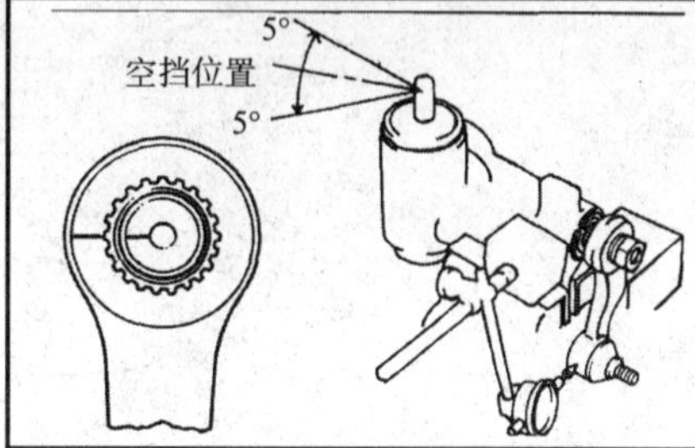	10	量转向臂轴的齿隙距： （1）对准转向臂轴和转向臂的装配记号，然后装好转向臂，并用手指扭紧螺母。 （2）装齿隙计，检查转向臂轴在空挡左右两侧都不会超过5°
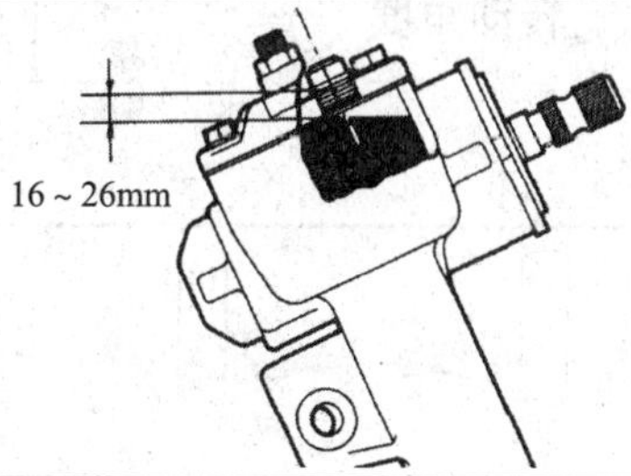	11	注满新齿轮油： 油量水平：16～26mm。 容量：500～550cm^3

检 验

1．转向盘的自由行程检查

汽车每行驶 12000km 左右，应检查转向盘的自由行程，检查方法是：

（1）起动发动机（机械转向系无需启动发动机）。

（2）转动转向盘使前轮处于直线行程位置。

（3）轻轻移动转向盘，在转向轮要开始转动时（或感觉到有阻力时），使用直尺测量转向盘外缘的转动量。一般为 15~20mm。

（4）如果不符合要求，应该检查转向器间隙，调整转向球头等。

2．转向困难修复后的检查

（1）检查转向系统，故障是否排除。

（2）对所修故障进行报价，并向客户交待所应注意事项。

展 示

通过工作页的完成，学生展示学习效果和工作任务的完成情况。

1．请简述汽车转向系统的作用。

转向系统透视图

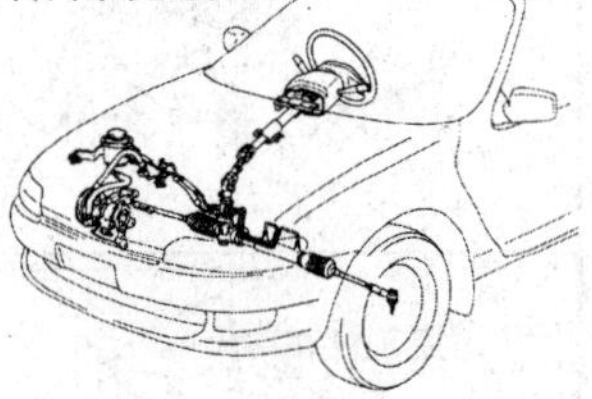

____

2．请简述对汽车转向系统的要求。

____

____

____

3．请写出阿克曼条件。

阿克曼理论：________________________

____

____

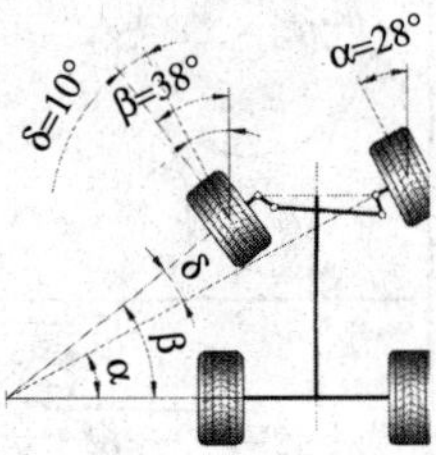

如图所示：内侧车轮的转动角度为 ____，外侧车轮的转动角度为 ____，差为 ____。

4．请将图示序号汽车转向装置的组成名称填入表中。

图示	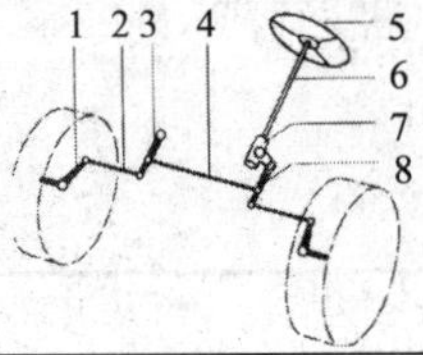	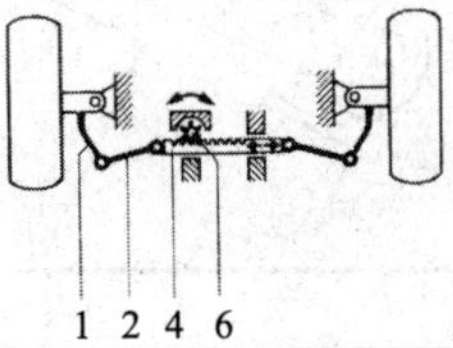
形式		

续表

组成	1		2	
	3		4	
	5		6	
	7		8	

5. 请回答转向盘的有关问题。

<table>
<tr><td>图示</td><td>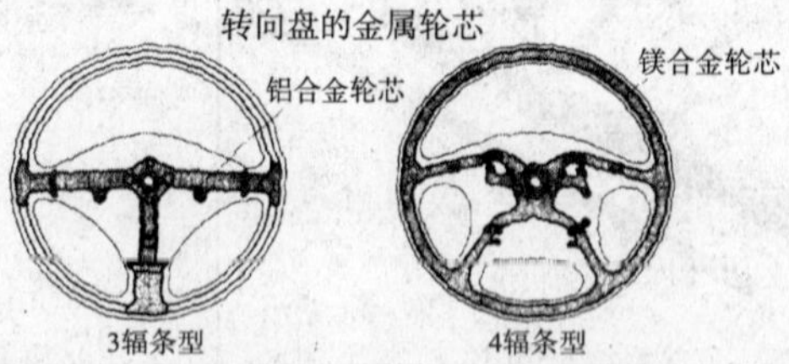</td></tr>
<tr><td>形式</td><td></td></tr>
<tr><td>材料</td><td></td></tr>
<tr><td>功能</td><td></td></tr>
<tr><td>思考</td><td>1. 现在汽车的转向盘和以前汽车的转向盘是否有变化?
2. 车主想把标准转向盘换成小直径的转向盘是否可以？为什么?</td></tr>
</table>

6. 请回答转向管柱的有关问题。

<table>
<tr><td>图示</td><td>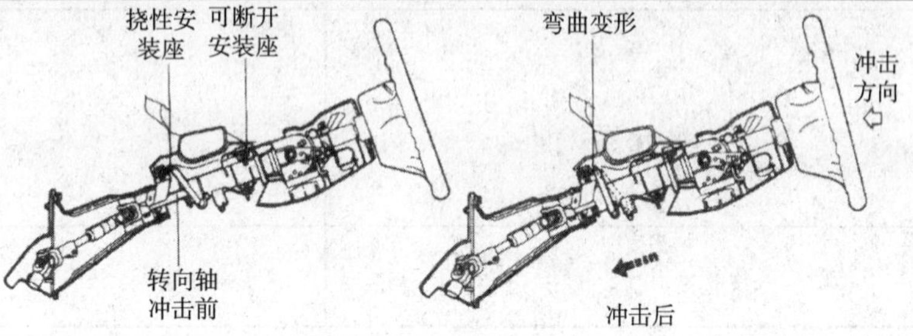</td></tr>
<tr><td>功能</td><td>1.
2.</td></tr>
<tr><td>注意</td><td>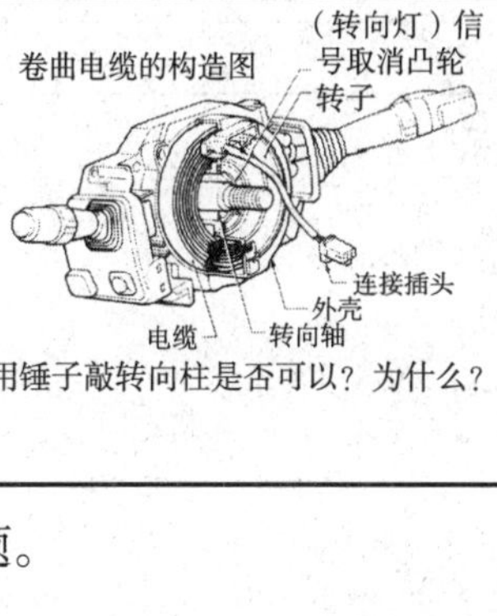
1. 在拆卸方向盘时，修理人员想用锤子敲转向柱是否可以？为什么?
2. 装卷曲线应注意什么?</td></tr>
</table>

7. 请回答转向机的有关问题。

类型	齿轮齿条式转向器	循环球式转向器
图示	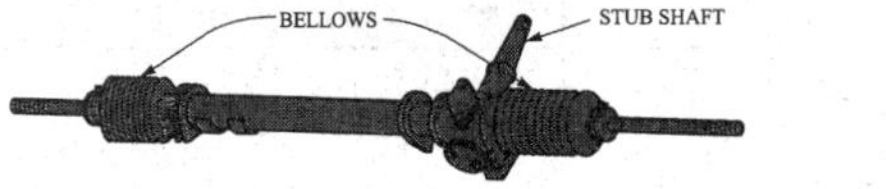 (a) 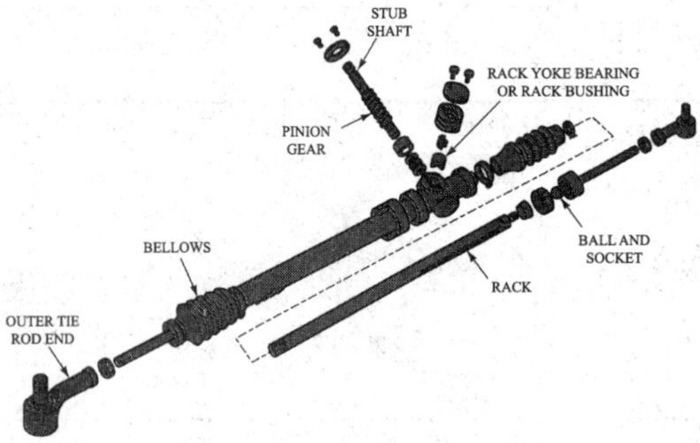 (b)	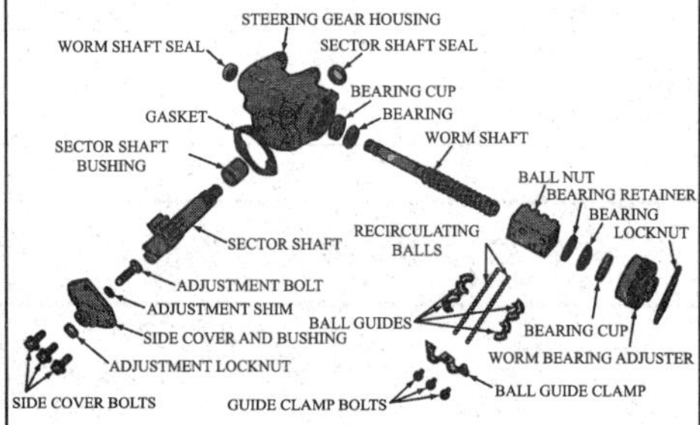 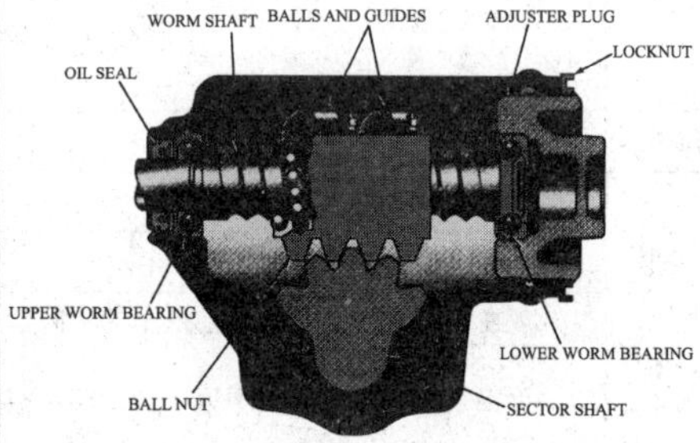
组成		
工作过程		
特点		

8．请分析汽车转向沉重的故障原因。

____

____

工作任务14

液压动力转向系统的检修

导 向

1. 任务描述

客户反映：一辆丰田威驰轿车转向系统出现了问题，转动转向盘时，动力转向装置发出不正常的嗡嗡响声，而且转向沉重，请帮助解决。

2. 任务分析

针对该车出现的故障现象，维修人员应处理好两个问题。第一，汽车转向噪声和转向沉重与哪些方面有关？第二，如果检查该系统，应如何检查？注意哪些问题？

要想解决第一个问题，那么就需要维修人员掌握液压动力转向系统的基本组成部件和工作原理。要想解决第二个问题，就需要掌握液压动力转向系统的检查方法、更换方法和注意事项。

信 息

对于转向系统来说，最主要的要求是转向的灵敏性和操纵的轻便性。高的转向灵敏性，要求转向器具有小的传动比。好的操纵轻便性，则要求转向器具有大的传动比。可见这是一对矛盾，为解决这一矛盾，越来越多的车辆采用了以发动机输出的部分动力为能源的动力转向系统。

同时为改善行驶的舒适性，大多数现代汽车装有宽低压轮胎，这样增加了轮胎与路面的接触面积。这样结果是需要更大的转向力。采用动力转向系统可以减小转动转向盘所需的力，来降低驾驶员的疲劳程度，从而提高行驶过程中的安全性。

现代在轿车上采用的动力转向系统基本上有两种类型：液压式和电动式。本节重点讲解液压式转向系统。

1．液压转向系统的基本组成

尽管动力转向系统结构形式有多种，但它们都有两个主要部件，就是液压泵和转向器（包括控制阀）。它们之间通过高压软管连接。液压泵由曲轴带动的传动带驱动工作，使油压升高，从而保证转向器所需的压力油。具体组成如图 14-1 所示。

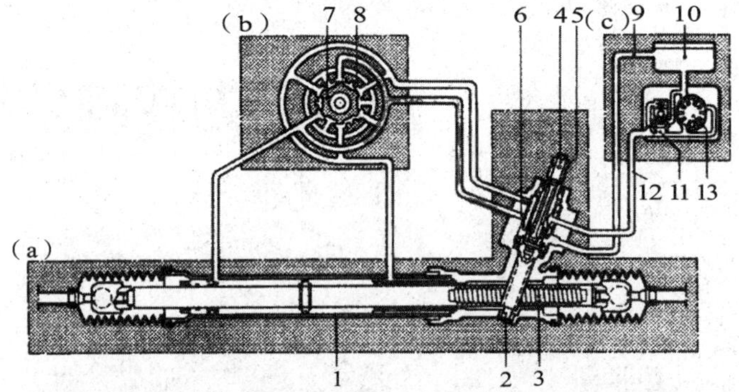

（a）转向器总成（b）旋转分配器横断面（放大）（c）供油系（能源）
1—转向助力缸；2—驱动小齿轮；3—齿条；4—扭杆；5—转向输入轴；6—控制阀口；7—旋转分配器；8—蚰制套管；9—回油管；10—回油罐；11—限压与限流阀；12—压力油管；13—叶片泵

图14-1　带有旋转分配器的液压助力齿轮齿条式转向系统

2．液压动力转向系统的工作原理

动力转向系统使用发动机的动力来驱动产生液压力的叶轮泵。当方向盘转动时，在控制阀上转换油路。当把油压力施加到动力油缸里的动力活塞上时，需要操纵方向盘的动力就减小。液压转向的工作原理如图 14-2 所示。

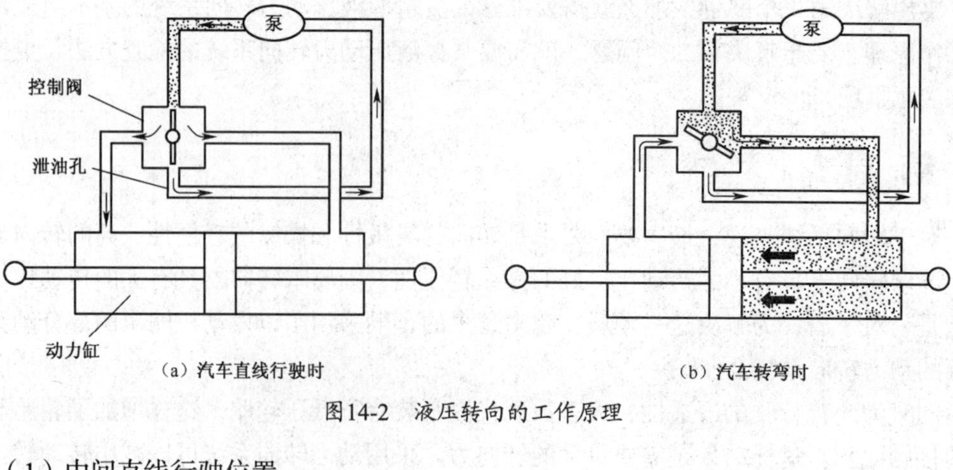

图14-2　液压转向的工作原理

（1）中间直线行驶位置

直线行驶时，来自叶轮泵的液压油输送至控制阀时。如果控制阀处于中间位置，所有的液压油便会通过控制阀，进入出油口，回至叶轮泵。由于几乎不能产生压力，动力缸活塞两端的压力又相等，活塞便不会向任何一方运动。

（2）转向时的位置

转向时，控制阀也随之移动，关闭其中一条油路，打开另一油路，使液压油流量发生变化，在动力缸活塞两端产生压力差，活塞于是向低压方向活动，由此产生的力支持转向盘上的旋转运动。

3．液压泵

动力转向是一种需要有非常高压力的液压装置。它使用发动机的动力来驱动产生液压力的叶轮泵。叶轮在本泵里使用，所以该名称就用于这种动力转向。其结构如下：

（1）泵体

泵是由发动机曲轴皮带轮通过传动皮带来驱动，把液体输送到齿轮壳体里。泵的排放量与发动机的速度成比例关系，送给齿轮壳体的液体量是可以通过流量控制阀来调节的，过量的液体返回到吸入侧。转子泵结构如图 14-3 所示。

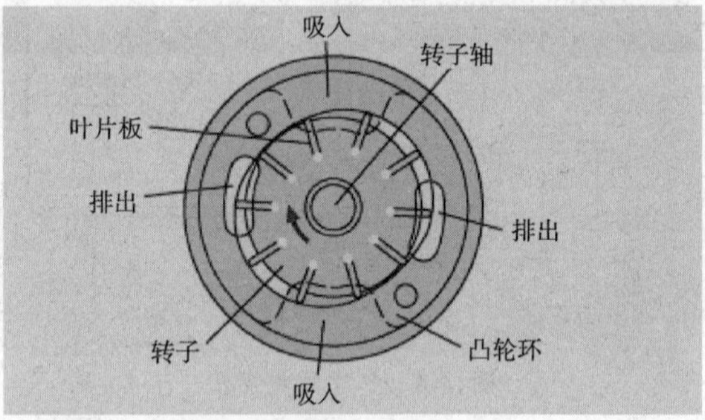

图14-3　转子泵的结构

转子在固定到泵壳体上的凸轮圈内旋转。在转子里若干滑片安装在里面。转子的外圆周是圆的，但是，凸轮圈的内表面是椭圆的，这样转子与凸轮圈之间存在一个间隙，此间隙形成油液腔。通过离心力作用和油液压力顶回滑片原理，滑片就持续顶到凸轮圈的内表面，形成密封，这样当泵产生油液压力，防止滑片与凸轮圈之间的压力泄漏。转子旋转操作泵，增加减少油液腔的容量。即在吸入口上就增加油液腔的容量，这样储油罐油液就从吸入口吸入油液腔。在排放口侧上就减少油液腔的容量。当它达到零时，以前吸入油液腔里的油液就通过排放口强制排出，有两个吸入和排放口。因此，转子每转一圈就进行吸入和排出油液两次。

（2）储油罐

储油罐供给动力转向油液。它可以直接安装到泵壳体上或分开安装。如果不是安装到泵壳体上时，必须用两条软管将储油罐和泵连接起来。

通常储油罐盖上有一只液位表用于检查液位。如果储油罐中的油落到标准液位以下时，泵就会吸入空气，导致操作失灵。

（3）流量控制阀

流量控制阀控制从泵到齿轮箱的油流量，不管泵的速度如何，应保持流量恒定。

（4）怠速提升装置

如图 14-4 所示，当方向盘打满到右边或左边时，泵就产生最大油压力。此时，泵上有最大的载荷，这导致发动机怠速降低。当泵油压力作用在空气控制阀以控制空气流量时，怠速提升装置工作以提高发动机怠速转速。在电控发动机上，用油压力推动空气控制阀的活塞时，空气控制阀打开并且旁通节气阀增加空气量来调节发动机速度。

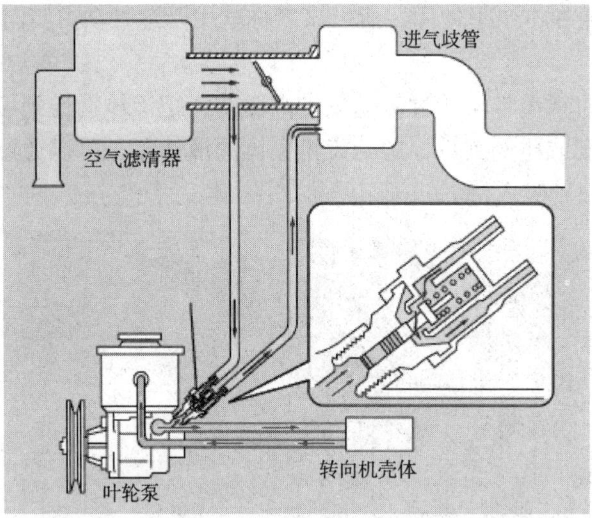

图14-4　怠速提升装置

4. 液压动力转向机

液压动力转向机主要由动力转向油缸和转向控制阀两部分构成，如图 14-5 所示。

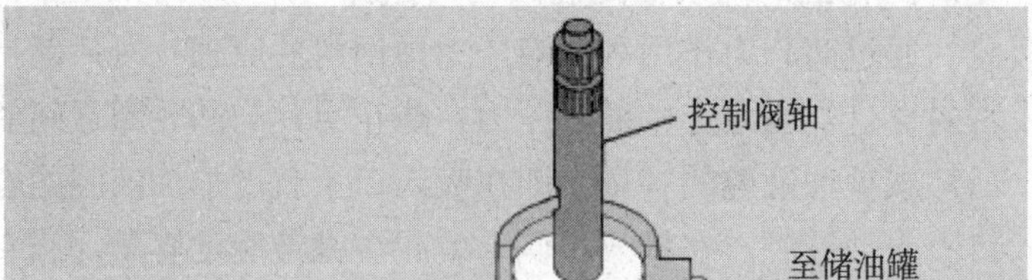

图14-5　液压动力转向机

转向机动力油缸里的活塞定位于齿条上，叶轮泵产生的油液压力作用于活塞的两侧，从而推动活塞及齿条运动。活塞上的密封圈防止压力油液漏溢，同时在油缸的两侧还有油封来防止油液外漏。

控制阀轴连接到转向盘上。当方向处于中间位置时，控制阀也处于中位置，这样来自叶轮泵的油液就对两室不起作用，而流回储油罐里。但是，当方向盘转向一方时，控制阀改变通道，所以油液又注入其中一个油室。另一油室中的油液被排出，通过控制阀流回储油罐。

5．转向控制阀

目前，有三种不同类型的控制阀，它们分别是滑阀、回转阀和挡板阀。所有类型的控制阀轴与小齿轮之间都有扭矩杆，而且控制阀是按照施加到扭矩杆上的扭转量来起作用的。

此处重点说明回转阀类型。

（1）回转阀结构

回转阀和转向机构的小齿轮装在一起，主要由阀体 1、阀套 7、阀芯 6、扭矩杆 5 及密封圈 4 等组成，如图 14-6 所示。

阀体用来安装回转阀，其外部的四个管接头分别通过油管连接动力转向泵和动力液压缸及储液罐，阀体安装在转向器壳体上。

阀套为圆柱形空心体，其外与阀体配合安装，其内配装有阀芯，其末端为小齿轮，结构如图 14-7 所示。

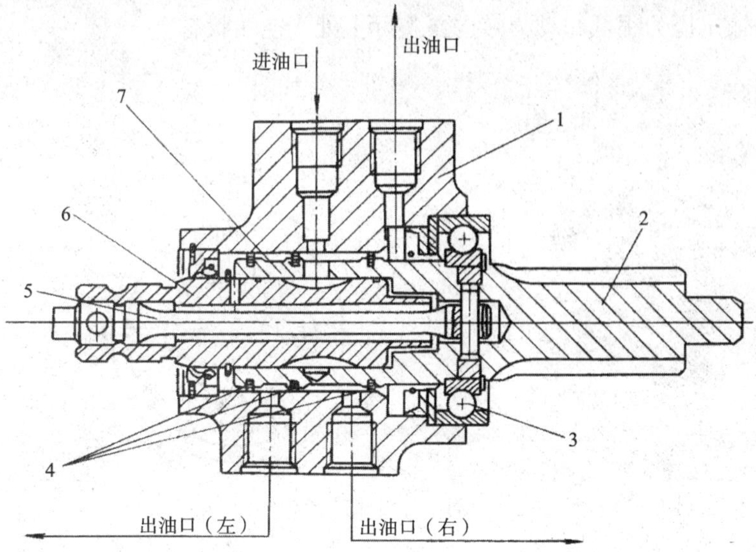

1—阀体；2—小齿轮；3—轴承；4—密封圈；5—扭矩杆；6—阀芯；7—阀套

图14-6　回转阀的结构

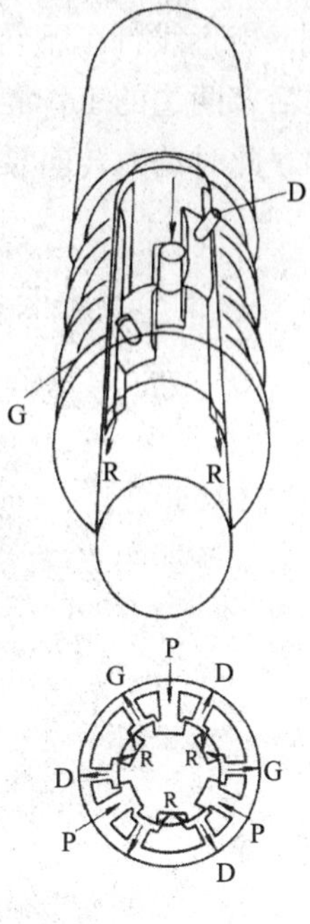

图14-7　阀套结构

阀套外圆柱面有三道大的环形油槽，中间油槽与油泵相连接，两端的两道油槽分别与动力液压缸的活塞两侧油腔相连接。三道油槽均由安装在其表面小槽内的密封圈加以隔开。两端的油槽底部均开有三个径向通孔与阀芯的油槽相连；中间油槽有三个更大孔与内腔相通。阀套可以在阀体内转动。

阀芯是控制阀的主动件，它为圆柱形空心体，其外圆柱面与阀套组成偶合体，其内装有扭矩杆，其上端固定在转向轴末端。阀芯外表面开有三个与阀套两端油槽相通的纵槽，可以保证阀的润滑；其外表面开的三个短槽，为转向油液的工作通道。

转矩杆装于阀芯内腔，其上端通过锁销与阀芯上端固定，扭矩杆下端嵌入到阀套内通过锁销与阀套相连。扭矩杆实际上是一种扭力弹簧，扭力杆在控制阀内的这种装配关系，保证了阀芯与阀套之间的弹性连接。

转向时，由于转向阻力的作用，使扭矩杆发生扭转，从而使阀套相对于阀芯转过一个角度，使转向油泵来的高压油液经控制阀后，进入动力液压缸相应的一侧腔室，同时动力液压缸的另一侧腔室通过控制阀与储液罐相通，在动力液压缸两腔压力差作用下，对转向实施助力。可以看出，转向控制阀的工作是依据阀套和阀芯的相互转动即扭矩杆的变形来保证的，而转向控制阀的开度与扭矩杆的变形量成正比，即动力转向的助力大小与扭矩杆的变形成正比关系。

（2）工作原理

驾驶员通过转向盘控制旋转阀，可以改变转向动力缸输出助力的大小、方向及增力的快慢程度。

当直线行车不转向时，旋转阀芯处于中间位置（图 14-8），旋转控制阀使动力液压缸活塞两边的工作腔相通而不起作用，而动力转向泵输出的油液经旋转控制阀流回储油罐，此时动力转向泵的输出压力很低，动力转向泵实际上处于空转状态。

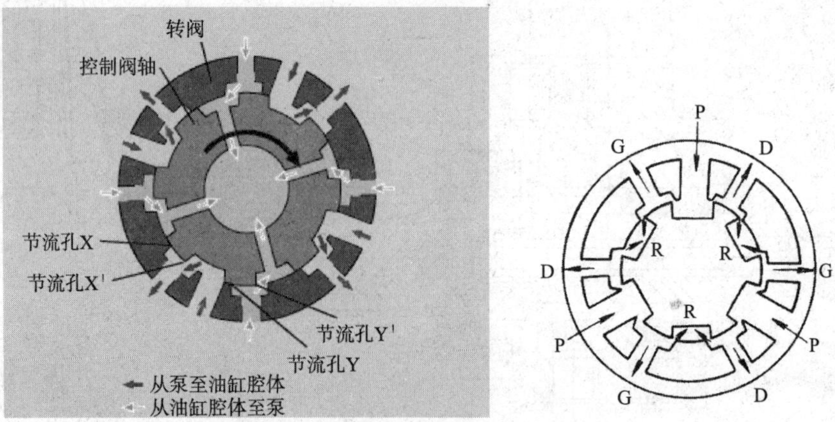

图14-8　旋转阀芯处于中间位置时液流情况

当汽车转向行驶时，驾驶员转动转向盘，从而带动转向柱轴及阀芯转动，与小齿轮一体的阀套由于车轮转向时的阻力作用而转动滞后，使得阀套与阀芯产生相对偏转，扭力杆受扭，使旋转阀芯处于与某一转弯方向相对应的工作位置。此时，动力液压缸中相应的工作腔与回油管路断开，与动力转向泵输出管路相通；而动力液压缸中的另一侧腔室与回油管路导通。地面转向阻力经转向传动机构传到动力液压缸的活塞上，形成较大的阻力负荷。于是转向动力泵的输出压力急剧升高。来自动力转向泵具有一定压力的油液，通过旋转阀进入动力液压缸活塞的工作腔，推动活塞操纵杆，进而推动转向齿条起加力作用，使转向轻便有力。转向角度越大，转向阻力也越大，活塞移动的行程也就愈长，转向泵产生的压力也就越高，由此产生的转向助力也就越大。图 14-9 所示为汽车左转弯行驶时旋转阀的工作情况示意图。图中 A 进油口与动力液压缸口 B 连通，使活塞 E 一侧与泵导通进油成为高压腔；卸压口 C 与油缸口 D 连接，使活塞另一侧 F 与储油罐导通形成低压腔，活塞两侧腔的压差形成向左的助力转向。

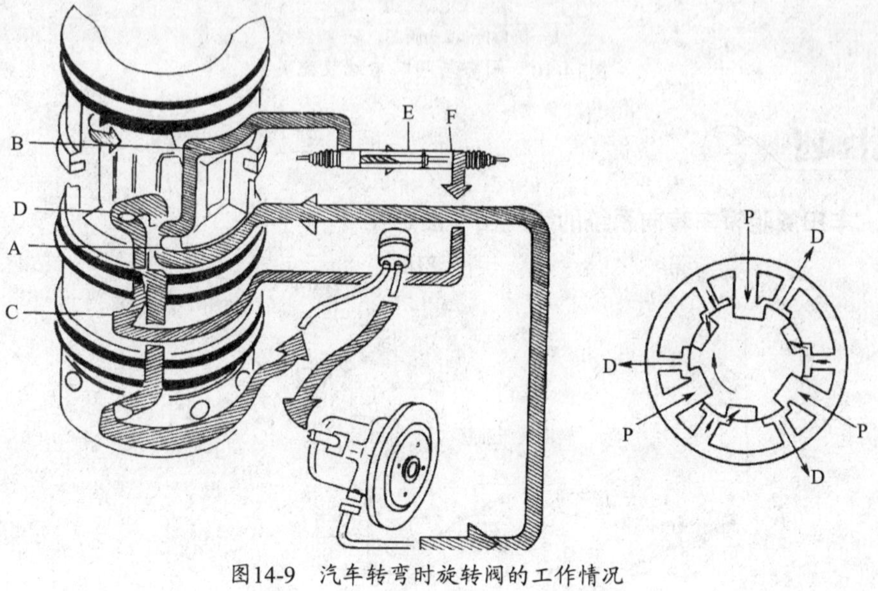

图14-9　汽车转弯时旋转阀的工作情况

当转向盘停止转动并固定不动时，在扭力杆弹性力的作用下，其阀套相对于阀芯产生相对转动，直到阀芯和阀套恢复至中间位置，此时动力液压缸活塞停止移动而处于相对平衡位置。当动力液压缸活塞两边压力因外界突发因素失去平衡时，旋转式控制阀具有随动作用，可及时开启通道给予压力补偿，实现动态平衡，从而减少了驾驶员的操作频度，减轻了转向盘受到的反冲击力和“打手现象”，并能有效地减轻前轮的摆振。

当动力转向系统出现故障而不能提供转向助力或助力不足或扭力杆损坏时，该转向系统仍能像普通齿轮齿条式转向机构一样工作，可保证行车转向的安全。这种转向安全保障是由阀芯末端外形与阀套内孔的特殊配合提供的。图 14-10 所示为阀芯末端与阀套内孔的装配关系图。一旦动力转向系统不能提供助力，转向时转向盘可通过阀芯转动一微小角度直接作用在阀套上，从而带动齿轮齿条实现转向轮的转向。但助力失效后的转向操作比普通的齿轮齿条转向器转向更沉重，其原因是动向转向系统减速比较小及前轮定位参数不同。

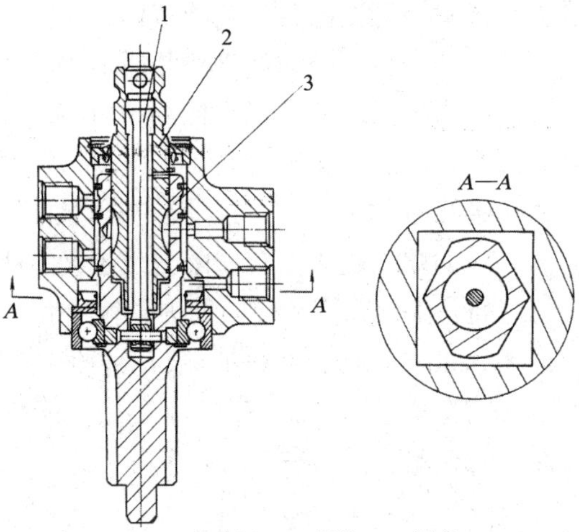

1—扭力杆；2—阀芯；3—阀套

图14-10　阀套与阀芯末端装配关系

计 划

1. 丰田威驰轿车转向系统的组成图（图14-11）

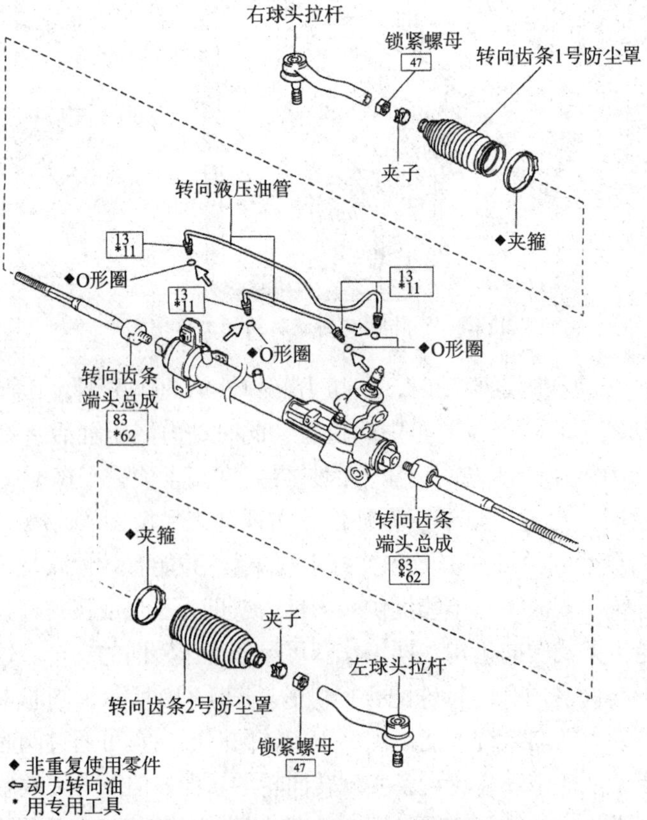

图14-11　丰田威驰轿车转向系统的组成

2. 故障分析：汽车转向时出现过大的噪声

汽车转向时，转向系统有不太大的噪声是正常现象，在冷天（-20℃或更冷）启动发动机后，开始 2、3min 转向泵有噪声也是正常现象，但当噪声过大或影响汽车转向性能时，噪声就视为故障，其故障的原因主要见表 14-1。

表14-1 故障分析

故障现象	可能原因	排除方法
动力转向装置有噪声	助力油量过低	加满动力转向助力油
	动力转向皮带松开	调整皮带
	动力转向系统有空气	放气
	动力转向泵有故障	修理或更换动力转向泵
	动力转向器有故障	修理或更换动力转向器

3. 检修计划（表14-2）

表14-2 检修计划

序号	检修项目	检查内容	处理方法
1	检查驱动皮带	是否过度磨损或松紧	检修或更换
2	检查动力转向系统中空气	排净系统空气	检修
3	检查液面高度	是否缺失	检修
4	检查转向器油的压力	是否正常	检查
5	检修叶轮泵	叶轮泵分解检修	检修或更换
6	检修动力转向器	动力转向器检修	检修或更换

实施

1. 实施准备

材料：抹布、转向助力油；

设备：举升机、检修车辆；

工具：组合工具液压表、千斤顶、千分尺和卡尺等。

2. 检查驱动皮带

检查驱动皮带是否过度磨损、帘线磨损等。如果有，更换皮带。注意：如果在皮带边缘有裂纹是可以接受的，如果发现皮带齿剥落，应该更换。

检查传动皮带（图 14-12）的张力：在 98kPa 时，新皮带 5~7mm，旧皮带 7~9mm。

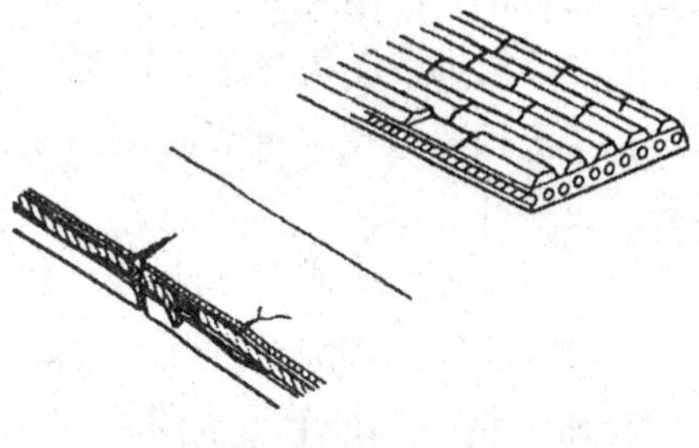

图14-12 驱动皮带检查

3．检查转向助力液

（1）将车停在水平路面上。

（2）启动发动机在 1000r/min 的转速下运转，转动转向盘几次，使油液增温。油液温度：80℃。

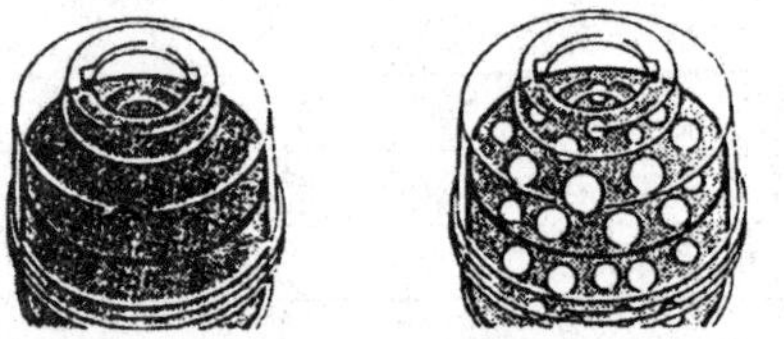

图14-13 转向助力液的检查

（3）检查油液是否起泡或乳化（图 14-13）。

注意：起泡和乳化表示转向液内渗入空气，或液量水平过低。

（4）检查储油罐内的液量水平。

发动机怠速状态，检查储油罐中液面的高度。关闭发动机，等几分钟，液面高度最多升高 5mm，如果发现问题，排出动力转向油。

4．动力转向系统的排气

（1）检查油面。

（2）用千斤顶顶起车辆前部并支撑住。

（3）转动转向盘。在发动机停机时，轻轻转动转向盘从一侧锁止位置到另一侧位置，反复几次。

（4）降低汽车。

（5）启动发动机，怠速运转几分钟。

（6）转动转向盘。

发动机怠速运转，左右旋转转向盘到一侧极限位置并保持 2、3s，然后反方向到另一侧极限位置保持 2、3s。重复动作几次。

（7）关闭发动机。

（8）检查是否有泡沫或者乳化现象发生，如果系统因为泡沫或者乳化而需排空两次，应检查是否渗漏。

（9）检查液面高度。

5．油压检查

（1）接上压力表。

（2）检查液温至少要有 80℃。

（3）启动发动机在怠速转动。

（4）检查液压，读表时阀门应关闭。最小压力：75kg/cm^2，如果压力过低，则应修理或更换叶片泵。

注意：压力表阀门不能关闭 10s 以上。

（5）将压力表完全打开，检查发动机在 1000r/min 和 3000r/min 时的压力，并记下。检查油压差：<5kg/cm^2。如果差额大于标准值，则应修理叶片泵的流量控制阀。

注意：不要转动转向盘。

（6）转向盘转至完全锁定位置，然后查压力读数。最小压力：75kg/cm^2。如果压力过低，则齿壳内部可能漏油，应修理或更换。

（7）检查转向力，测量左右两个方向的转向力。转向力应小于 6 N · m。

注意：判断前需考虑轮胎的类型、压力及接触表面。

（8）脱开压力表，排尽空气，检查液面高度。

6．叶轮泵总成的检修

叶轮泵的分解结构如图 14-14 所示。

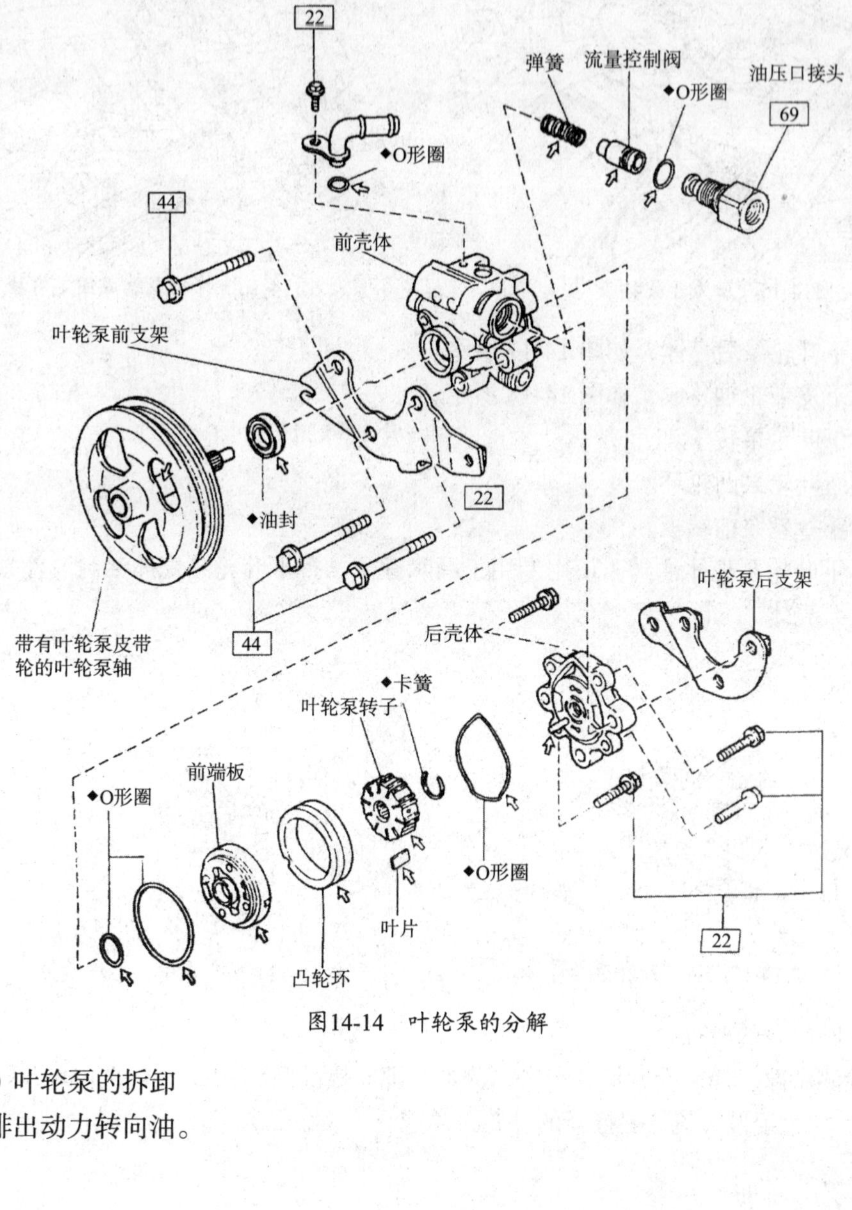

图14-14　叶轮泵的分解

（1）叶轮泵的拆卸

①排出动力转向油。

②拆开压力软管和动力转向泵的连接，如图 14-15 所示。

③拆下传动皮带和滑轮。

④拆下动力转向泵。

（2）叶轮泵的分解

①使用专用工具把叶轮泵安装在台钳上。

②拆下动力转向吸油口接头。

③拆下流量控制阀和流量控制阀压缩弹簧，如图 14-16 所示。

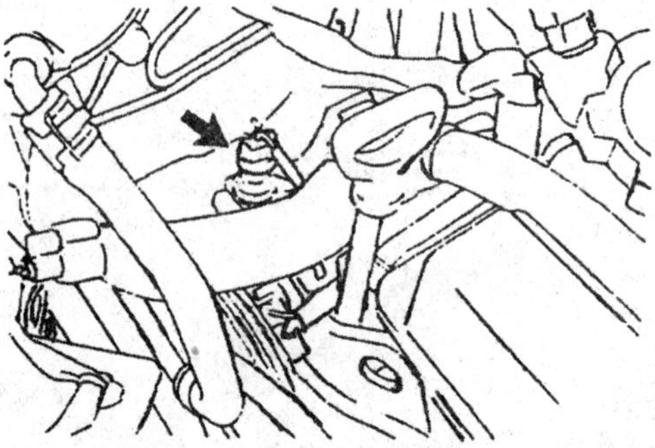

图14-15　压力开关插头

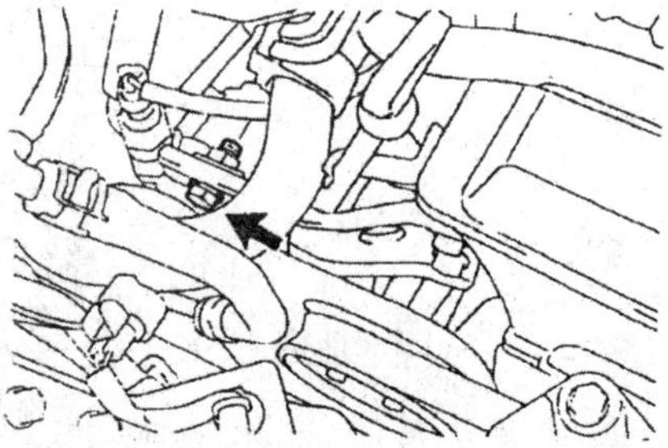

图14-16　叶轮泵总成固定螺栓

④拆下叶轮泵后壳体，如图 14-17 所示。

⑤拆下皮带轮轴总成，如图 14-18 所示。

⑥拆下叶轮泵转子。

⑦拆下叶轮泵凸轮环。

⑧拆下叶轮泵前端板。

⑨拆下叶轮泵壳体油封。使用专用工具和锤子，拆下叶轮泵壳体油封。注意：不要损伤叶轮泵壳体。

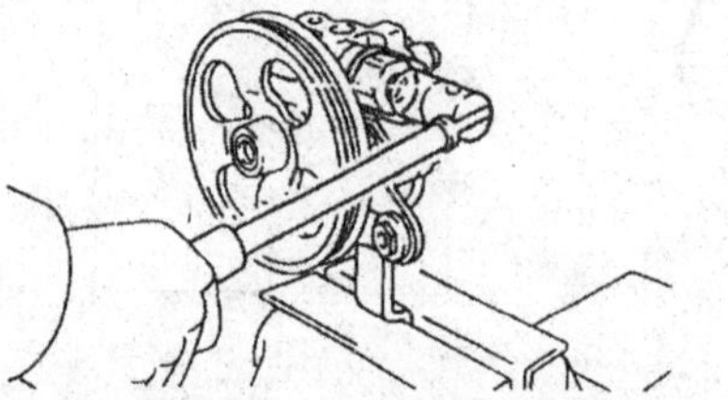

图14-17　拆下叶轮泵后壳体

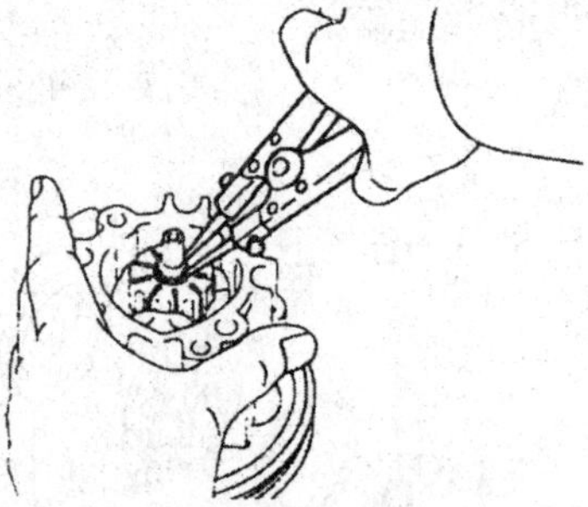

图14-18　拆下皮带轮总成卡簧

（3）叶轮泵的检查

①检测游隙。使用千分尺和卡尺，测量游隙。标准间隙：0.021~0.043mm；最大间隙：0.07mm。如大于最大值，更换新的叶轮泵总成。

②检查叶轮泵转子和叶片。用千分尺测量叶片的高度、厚度和长度。最小高度：7.6mm；最小厚度：1.405mm；最小长度：11.993mm。

③用厚薄规测量叶轮泵转子槽面和叶片之间的间隙，最大间隙：0.003mm。如果大于最大值，更换新的叶轮泵总成。

检查流量控制阀。用转向助力油涂抹流量控制阀，检查在其自身重力作用下是否可以平顺滑入阀孔。

检查流量控制阀是否泄漏。堵住其中的一个孔，向相对的另一个孔中吹入压力为392 ~ 490kPa的压缩空气，确认空气没有从末端孔漏出，如有必要，更换新的叶轮泵总成。

7. 齿轮齿条动力转向器的检修

（1）齿轮齿条式动力转向器的结构（图 13-5）

（2）转向器的拆卸

①从车上拆下转向器总成，固定在台钳上。

②拆下转向液压管。

③拆下左右两侧球状球头拉杆总成。注意：在球头拉杆和齿条末端上做好装配标记。

④拆下转向齿条上两个防尘罩。

⑤拆下转向齿条端头总成

（3）检查齿轮齿条动力转向器总成

在齿条壳上安装专用工具，施加 30s 压力为 53kPa 的真空度，检查真空度有无变化，如果真空度有变化，检查油封的安装状况。

检 验

动力转向器总成装复后的检查与调整

动力转向器总成修复后应进行检查，必要时应进行调整，以确保转向性能。

（1）密封性检查：动力转向器总成装车后的密封性检查必须在热车时进行。因此，首先应启动发动机，并使之怠速运转，将转向盘在左右极限位置之间转动几次，使动力转向油液温度升高，再将转向盘转至左右两侧极限位置稍作停留（应小于 5s），使压力管路产生最大压力。然后检查以下部位的密封性：

动力转向系统的动力管路及各油管接头、阀体装置及动力液压缸推杆。如某处出现泄漏，则必须查明原因，排除故障，直到消除泄漏现象。

（2）转向性能检查：启动发动机，并使之怠速运转，然后左右转动转向盘，动力转向器总成应在其整个工作范围内工作正常，操作轻便，转向盘转向、回正顺畅，噪声小，无振动。当然，此时要求动力转向泵工作正常。

（3）检查调整前轮的前束，使之恢复正常。

（4）检查转向轮处于直行位置时转向盘是否居中，如有必要，可通过同等幅度地转动左、右横拉杆来进行调整。

展 示

通过工作页的完成，学生展示学习效果和工作任务的完成情况。

1．液压转向系统的基本组成。

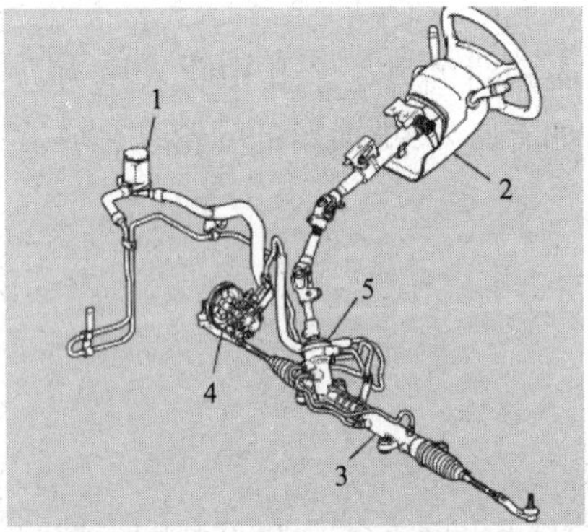

（1）________________________________

____

（2）________________________________

____

（3）________________________________

____

（4）________________________________

____

（5）________________________________

____

2．根据下图，用流程图说明液压转向的工作原理。

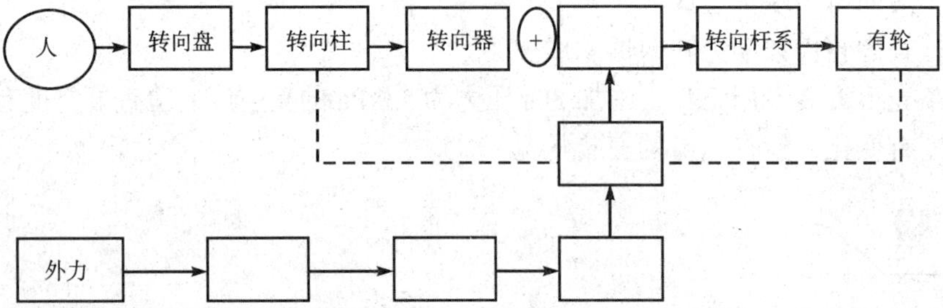

3．请简述液压转向的工作过程。

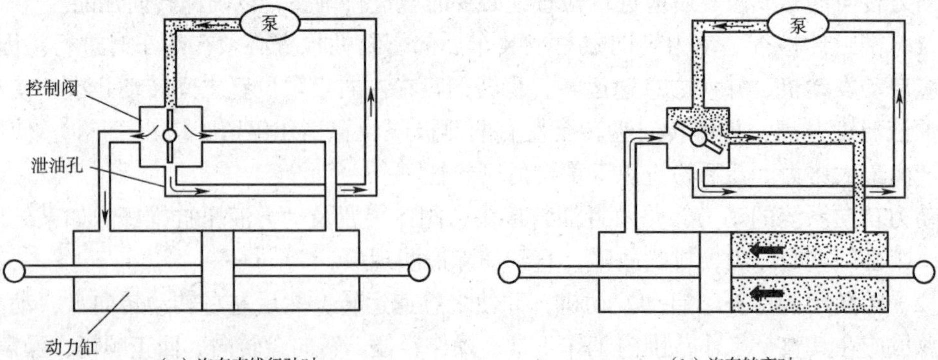

（a）汽车直线行驶时　　（b）汽车转弯时

中间位置：

转向位置：

4．旋转阀的主要组成及作用。

图　示	序号	组　成	作　用
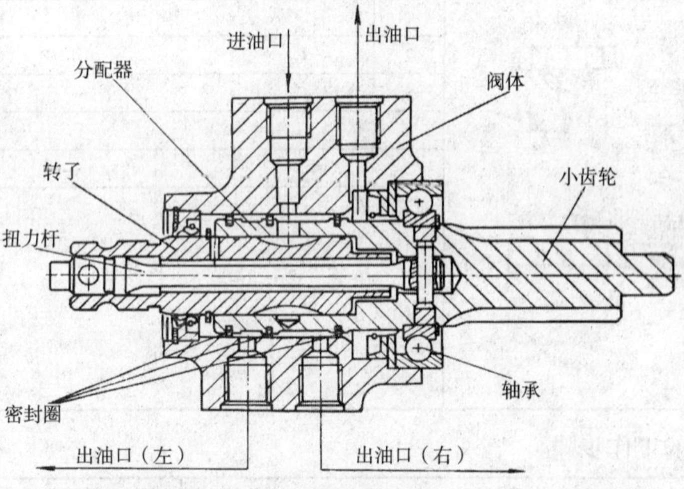	1		
	2		
	3		

5．判断旋转阀的工作位置。

工作图示	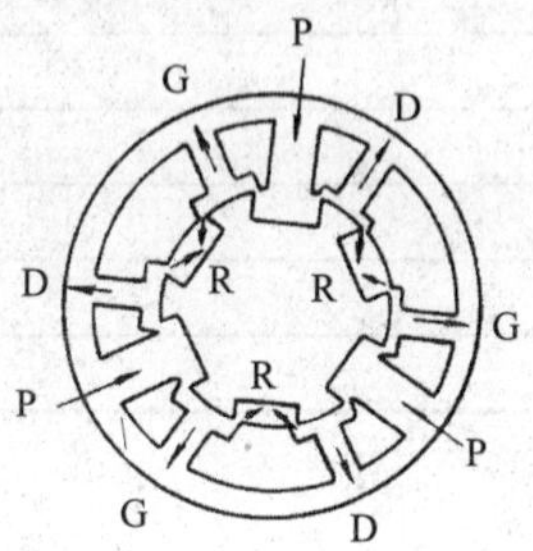	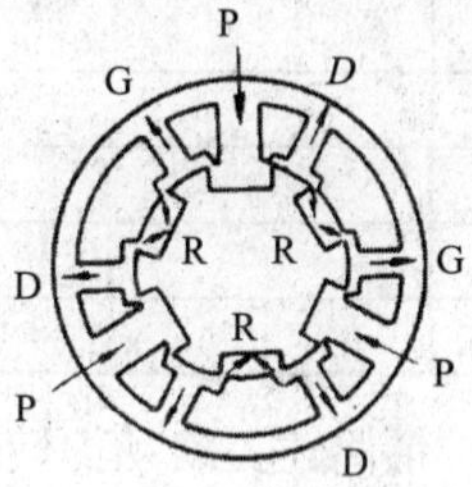
工作位置		

6．分析液压转向系统转向沉重的主要原因。

故障现象	故障原因	排除方法
转向沉重		

7. 转向助力液与变速器油液是否可以互换？为什么？

____

____

8. 请写出检查转向助力液的工作步骤和注意事项的关键词。

图　示	序号	工 作 步 骤
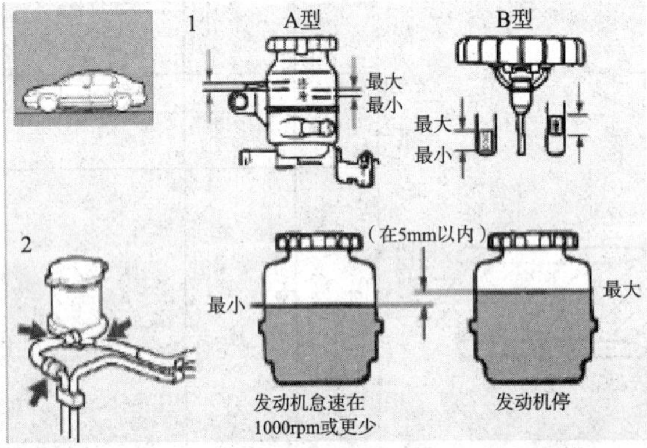	1	
	2	
	3	
	4	
	5	
	注意事项：	

9. 请写出动力转向排气的工作步骤。

序　号	工 作 步 骤	工具/辅具
1		
2		
3		
4		
5		
6		
7		

10. 请简述更换动力转向油液注意事项。

____

____

____

____

____

工作任务15

电动转向系统的检修

导向

1．任务描述

客户反映：一辆皇冠3.0轿车仪表盘上的动力转向故障指示灯亮，启动发动机后，转向时方向盘沉重，请检修。

2．任务分析

针对该车出现的故障现象，维修人员应处理两个问题。第一，汽车动力转向故障指示灯亮的含义是什么？第二，如何检修排除转向沉重的故障？

要想解决第一个问题，那么就需要维修人员掌握电动转向系统的基本组成部件和工作原理。要想解决第二个问题，就需要掌握电动转向系统的检查方法、更换方法和注意事项。

信息

电动助力转向系统转向助力由电动机提供，只有需要时电动式助力转向系统才提供助力。由于取消了液压转向助力系统中的液压系统，因此没有液压油、液压泵、储油罐和相应的软管。从而提供更大的结构空间，节省能源。

1．电动转向系统的基本组成及种类

（1）基本组成

电动助力转向系统由转向器和带有控制单元的电动机组成，主要包括转向力矩传感器、扭力杆、转向小齿轮及转向齿条、驱动小齿轮及齿条、蜗轮蜗杆传动机构、电动机和控制单元等部件，如图15-1所示。

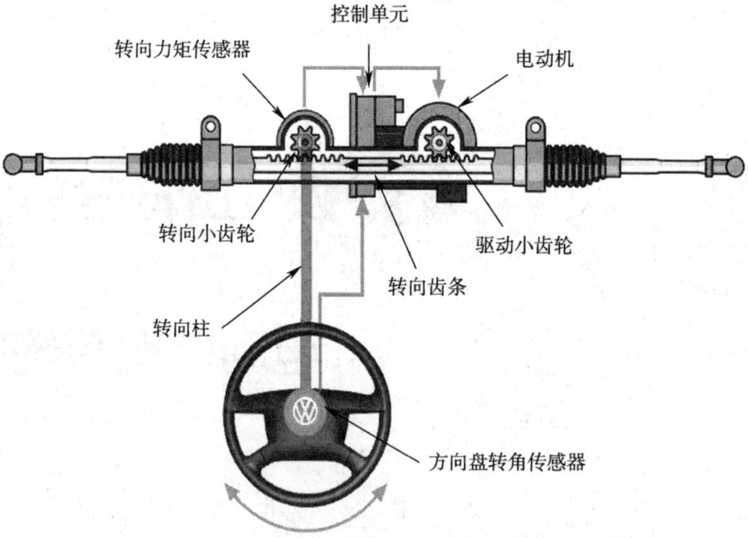

图15-1　电动转向系统的组成

（2）种类

根据执行电动机的安装位置不同将电动转向系统分成以下几类。

①转向轴助力式EPS。转向轴助力式EPS如图15-2所示。电动机固定在转向轴的一侧，通过电磁离合器与转向轴连接，直接驱动转向轴而实现转向助力。ALTO汽车采用此类型电动转向器。

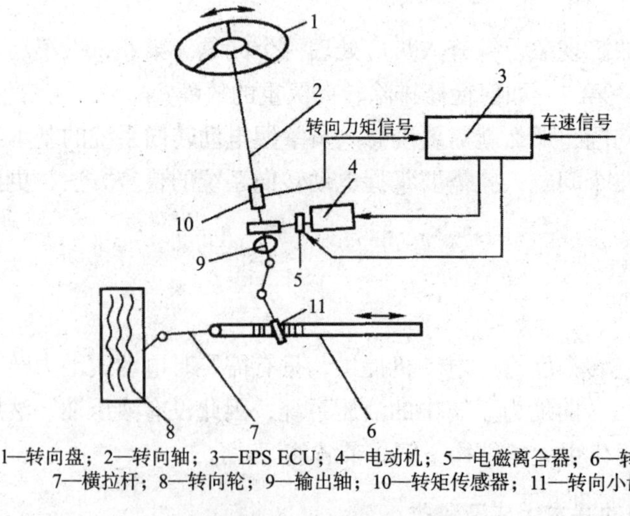

1—转向盘；2—转向轴；3—EPS ECU；4—电动机；5—电磁离合器；6—转向齿条；
7—横拉杆；8—转向轮；9—输出轴；10—转矩传感器；11—转向小齿轮

图15-2　转向轴助力式EPS

②齿轮助力式EPS。齿轮助力式EPS如图15-3所示。电动机通过电磁离合器与转向小齿轮相连，直接驱动转向小齿轮实现转向助力。

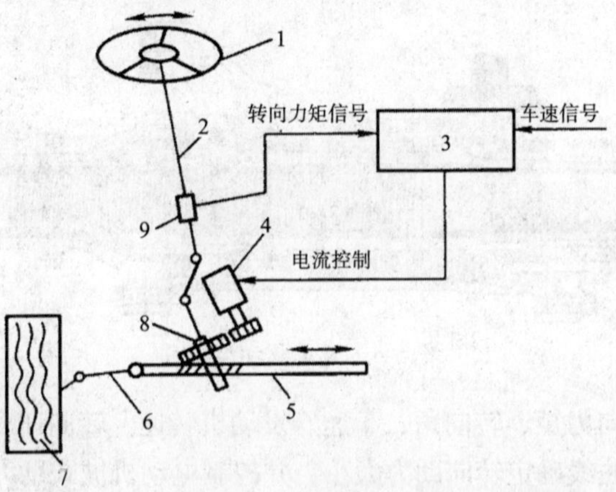

1—转向盘；2—转向轴；3—EPS ECU；4—电动机；5—齿条；6—横拉杆；7—转向轮；
8—转向小齿轮；9—转矩传感器

图15-3　齿轮助力式EPS

③齿条助力式 EPS。齿条助力式 EPS 如图 15-4 所示，转向助力机构安装在转向齿条处，电动机通过减速传动机构直接驱动转向齿条。

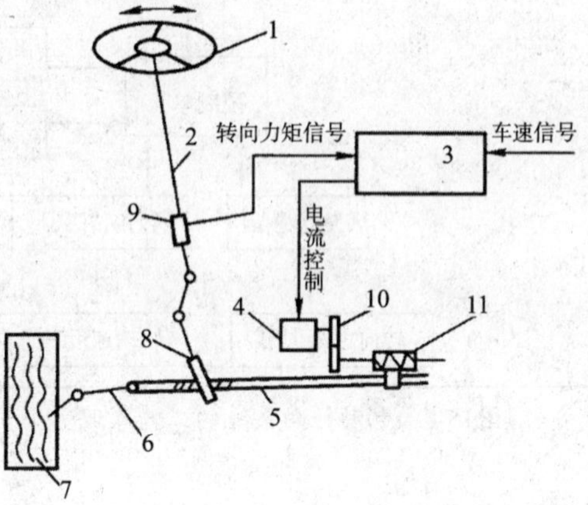

1—转向盘；2—转向轴；3—EPS ECU；4—电动机；5—齿条；6—横拉杆；7—转向轮；
8—转向小齿轮；9—转矩传感器；10—斜齿轮；11—蜗轮、蜗杆

图15-4　齿条助力式EPS

④直接驱动型 EPS。直流电动机转子同转向齿条做成一个部件，如图 15-5 所示。用齿条轴定位同轴度，通过转动滚珠螺母和滚珠使转向齿条作直线运动，如丰田车等。

2. 电动转向的工作原理

转向力由两方面提供：一方面是由驾驶员通过转向柱和转向小齿轮施加在齿条上，另一方面由电动机通过蜗轮蜗杆传动机构和驱动小齿轮传递到齿条上。

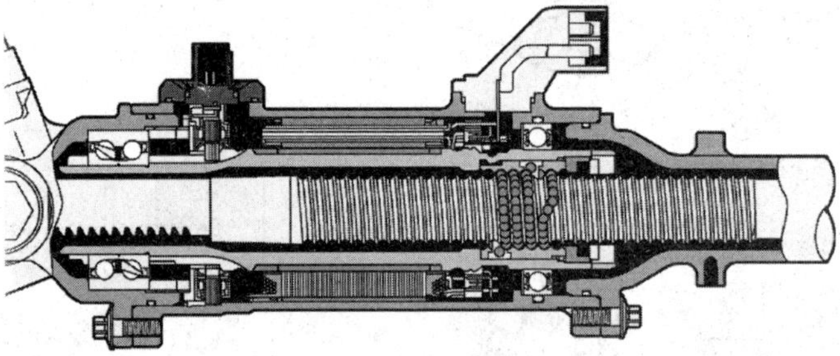

图15-5　直流驱动型EPS

控制单元根据转向力矩、转向角、车速、发动机转速、转向速度和存储在控制单元内用于不同车速的特性曲线确定转向助力大小，并控制电动机械式助力转向系统的电动机。

其工作原理如图 15-6 所示。

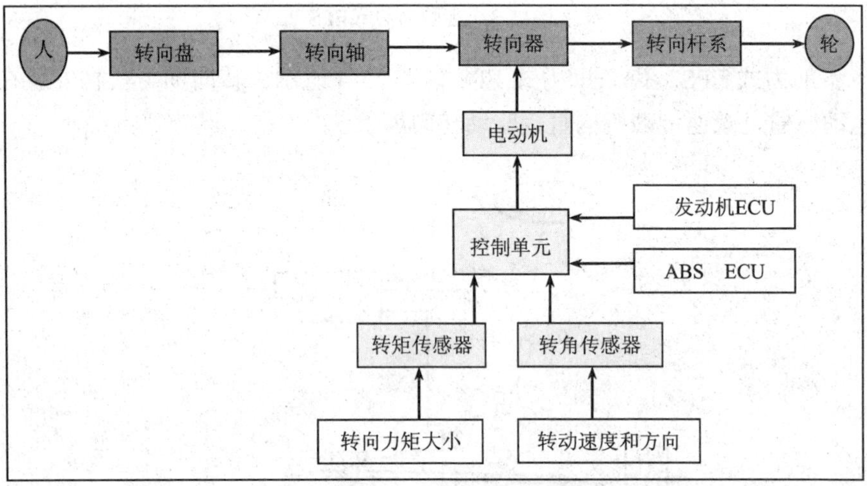

图15-6　电动转向系统的工作原理

3．电动转向工作过程

工作过程分以下步骤完成（图 15-7）：

图15-7　电动转向工作过程

（1）输入信息

驾驶员转动转向盘，助力系统开始提供助力。施加在转向盘上的扭矩使转向柱与转向器之间的一个扭力杆扭转。转向力矩传感器测量扭转角度，转向角传感器确定当前转向角，转子转速传感器测量电动机转速并确定当前转向速度。

（2）信息处理

控制单元根据转向力矩、车速、发动机转速、转向角、转向速度和所存储的特性曲线等参数，经过处理得出所需要助力力矩，然后控制电动机。

（3）输出信息

电动机通过蜗轮蜗杆传动机构和驱动小齿轮作用在齿条上并借此传递转向助力。施加在转向盘上的力矩与助力力矩之和是转向器上齿条移动的有效力矩。

4．电子系统

（1）转向角传感器

功能：转向角传感器测量转向盘转角，并将测量值传输给控制单元。

结构及工作原理：传感器按光电原理工作，在转向盘的转向轴上装有一个带窄缝的遮光盘，窄缝呈等距均匀分布，传感器的光电元件由发光二极管和光敏接收元件——光敏三极管组成，相对装在遮光盘两侧，如图 15-8 所示。当转向盘的转轴带动圆盘偏转时，传感器的发光二极管的光线通过窄缝圆盘空隙，或被遮光盘遮挡，从而光敏接收元件就有 ON、OFF 的变换，形成脉冲信号。光电式传感器的工作原理和电路原理如图 15-9 所示。

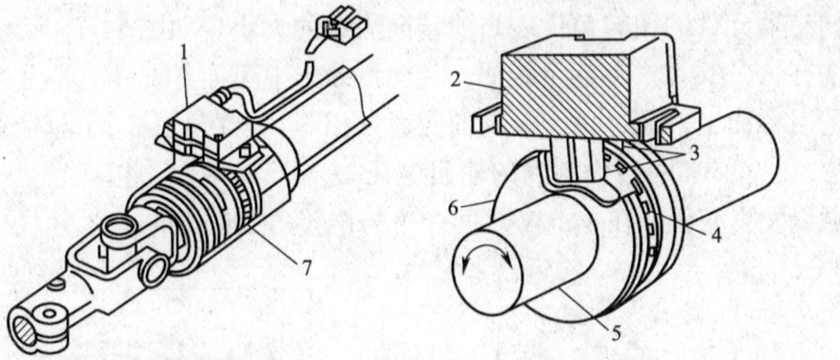

（a）安装位置　（b）结构

1—转角传感器；2—转换装置；3—光电元件；4—遮光盘；5—轴；6—护板；7—传感器圆盘

图15-8　转向角传感器的安装位置和结构

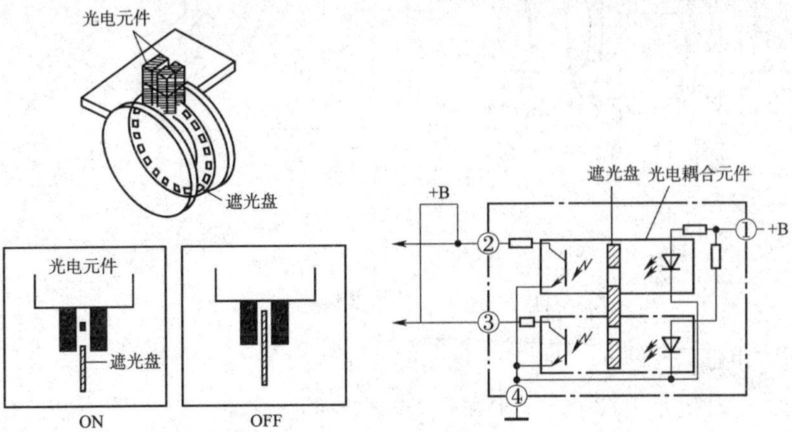

（a）工作原理　（b）电路原理

图15-9　光电式转角传感器工作原理

（2）转向力矩传感器

功能：转向力矩传感器测量转向力矩的大小，并将测量值传输给控制单元。

结构：转向柱和转向器通过一个扭力杆彼此连接，转向柱连接件上有一个磁极交错排列的磁轮。转向器连接件上带有一个传感器元件，如图 15-10 所示。

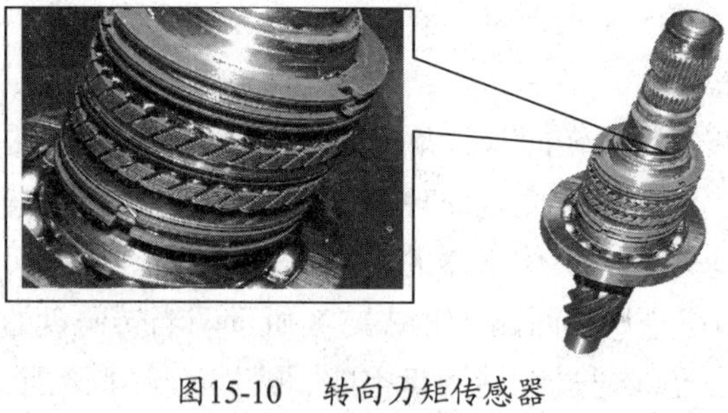

图15-10　转向力矩传感器

工作原理：操纵转向盘时，扭力杆根据有效转向力矩扭转并将力矩传递给转向器。磁轮相对传感器元件的扭转角代表当前转向力矩的大小。如图 15-11 所示，在输出轴极靴上分别绕有 A、B、C、D 四个线圈，转向盘处于中间（直线行驶）位置时，扭杆处于四个极靴的对称面上，通过每个极靴的磁通量相等。当在 U、T 两端输入连续脉冲电压信号 U_i 时，在 V、W 两端检测到的输出电压 U_o=0。转向时，扭杆发生变形面扭转角，各极靴磁通量发生变化，在 V、W 之间产生与扭转角成正比的电位差。

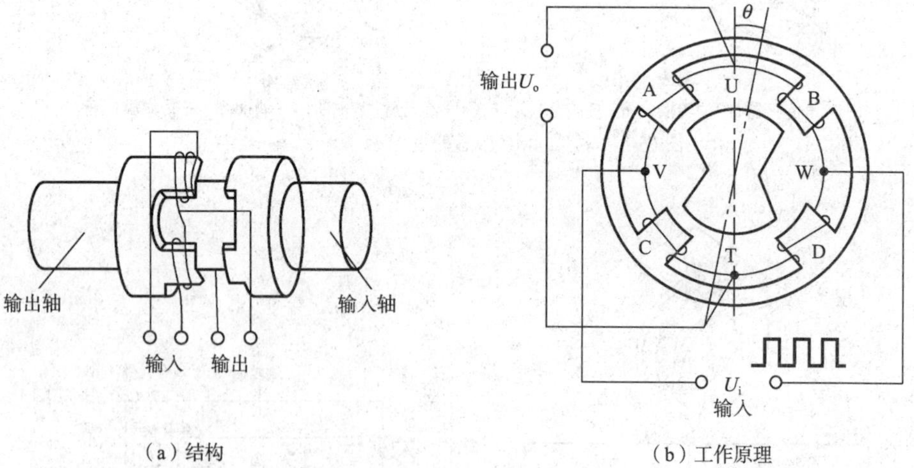

（a）结构　　（b）工作原理

图15-11　转向力矩传感器结构和工作原理

（3）执行电动机

转向助力电动机是由转子、定子和马达轴组成的，减速机构是由蜗轮装置组成的，如图 15-12 所示，把由转子产生的转矩传送给转向轴。由轴承支撑蜗轮杆传动装置，以便减小噪声。因此，即使直流电动机断开转向主轴的旋转和不固定减速机构，转向盘仍可以转向。

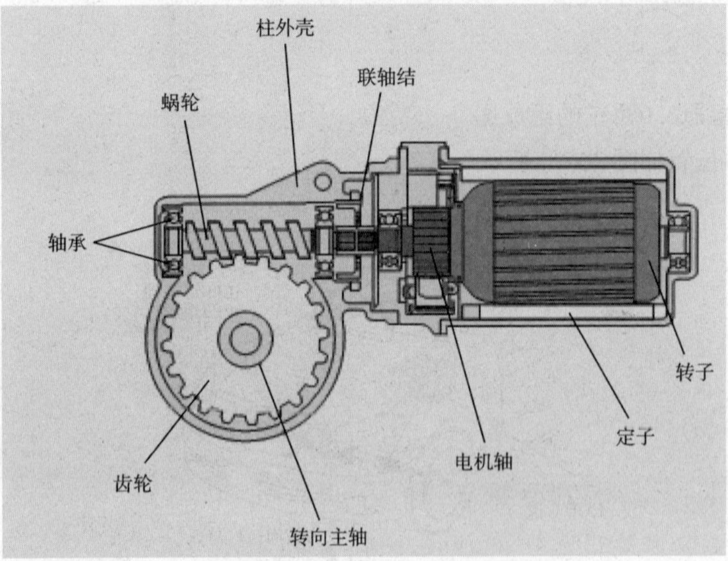

图15-12　转向助力电动机

转向助力电动机就是一般的永磁电动机（原理不再叙述），电动机的输出转矩控制是通过控制其输入电流来实现的，而电动机的正转和反转则是由电子控制单元输出的正反转触发脉冲控制的，如图 15-13 所示。

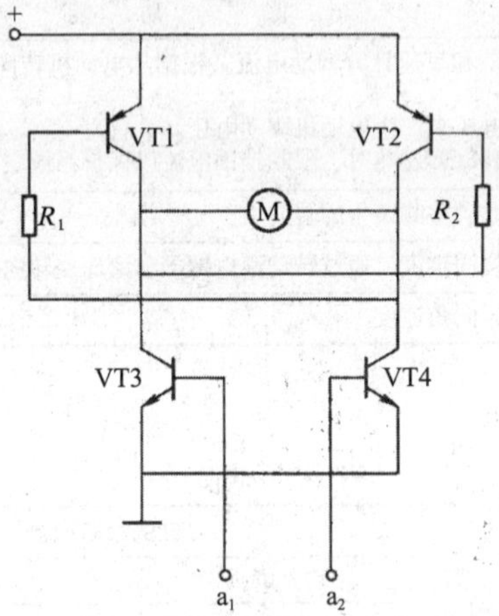

图15-13　电动机正反转控制电路

a_1、a_2 为触发信号端。从电子控制单元得到的直流信号输入到 a_1、a_2 端，用以触发电动机产生正反转。当 a_1 端得到输入信号时，晶体管 VT3 导通，VT2 管得到基极电流而导通，电流经 VT2 管的发射极和集电极、电动机 M、VT3 管的集电极和发射极搭铁，电动机有电流通过而正转。当 a_2 端得到输入信号时，晶体管 VT4 导通，VTl 管得到基极电流而导通，电流经过 VTl 管的发射极和集电极、电动机 M、VT4 管的集电极和发射极搭铁，电动机有反向电流通过而反转。控制触发信号端的电流大小，就可以控制电动机通过电流的大小。

计 划

1. 丰田皇冠3.0轿车的组成图

电控元件位置如图 15-14 所示。

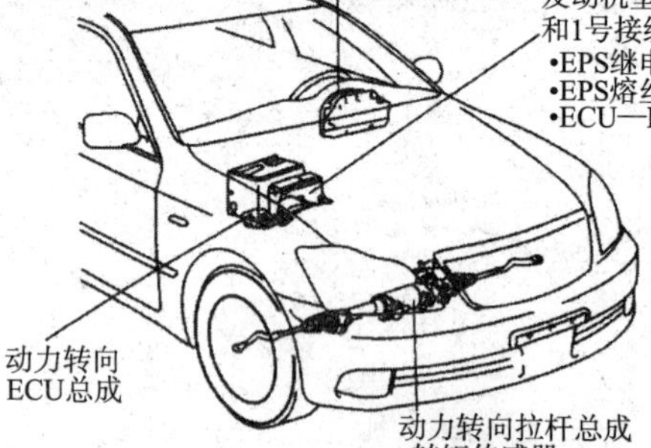

图15-14　皇冠3.0电动转向系统的组成

各控制元件功能见表 15-1。

表15-1　各控制元件功能表

组　件	功　能
电控动力转向ECU总成	根据转向转矩和车速计算辅助电流。根据从电动机转向角传感器获得的电动机电子角度驱动电动机。 增加蓄电池电压来产生电动机驱动电压。 如果电动机和ECU过热时，限制辅助电流以保护系统
转矩传感器	转向盘转动时，检测产生的转向力
电控动力转向电动机	用齿条轴定位同轴度，通过转动滚珠螺母和滚珠使转向齿条作直线运动
电动机转向角传感器	检测电动机转向角速度

2. 故障分析（表15-2）

表15-2　故障分析

故障现象	可能的故障原因	
转向沉重	1	前轮胎（气压不足，不均匀磨损）
	2	前轮定位（不正确）
	3	前悬架（下球头）
	4	电动转向机总成（转矩传感器、电动机转向角速度、电控动力转向电动机）
	5	转向柱总成
	6	蓄电池和电源系统
	7	电控动力转向ECU总成的电源电压
	8	电控动力转向ECU总成
	9	车辆停止时，转向盘快速地左右转动或该车连续重载

3. 检修计划（表15-3）

表15-3　检修计划

序　号	检修步骤
1	检查动力转向警告灯
2	读取故障码
3	根据故障码所示范围检修故障
4	清除故障码
5	试车

实 施

1. 实施准备

材料：抹布、胶布；

设备：举升机、检修车辆；

工具：组合工具、万用表、丰田专用解码仪等。

2. 故障码读取与清除

连接诊断仪，打开点火开关，按诊断仪显示进行操作来读取和清除故障码。图 15-15 所示为丰田专用解码仪。

图15-15　丰田专用解码仪

故障码见表 15-4。

表15-4　故障码

故障码	故障码内容	可能的故障原因
C1511	转矩传感器异常	线束或插接器
		转矩传感器（内置于电动转向总成）
		电控动力转向ECU总成
C1521	电动机工作异常	线束或插接器
		电控动力转向电动机（内置于电动转向总成）
		电控动力转向ECU总成
C1528	电动机转向角传感器故障	电动机转向角传感器
		线束或插接器
		电控动力转向接地线
		电控动力转向ECU总成
C1531	ECU异常	电控动力转向ECU
C1541	车速系统异常	速度传感器电路
		制动防滑控制ECU
		CAN通信
		电控动力转向ECU总成

续表

故 障 码	故障码内容	可能的故障原因
C1554	电源继电器有故障	EPS继电器
		ECU—B熔丝
		EPS熔丝
		线束或插接器
		电控动力转向ECU总成

3. 故障码1521电动机异常的检修

（1）与故障码 1521 相关的电路图（图 15-16）

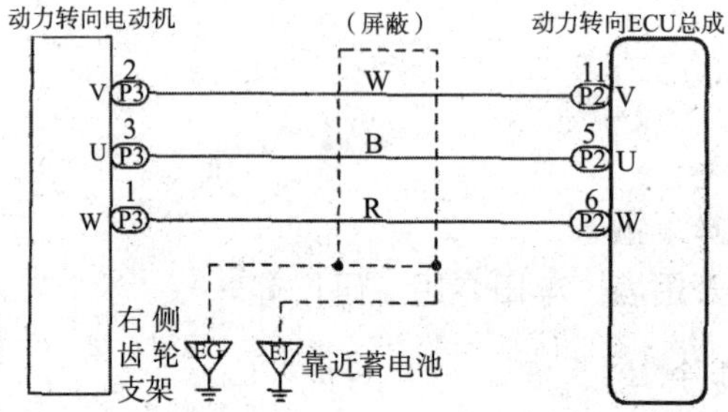

图15-16　故障码1521相关电路图

（2）检测步骤（表 15-5）

表15-5　检测步骤

<table>
<tr><th>检 测 图 示</th><th>序 号</th><th>检 测 步 骤</th></tr>
<tr><td>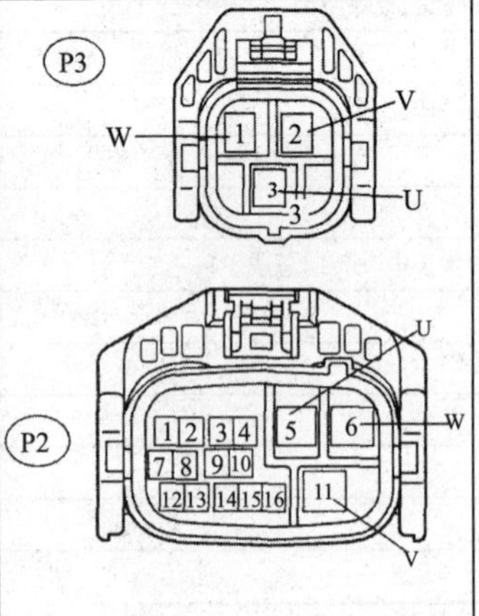
</td><td>1</td><td>检测电控动力转向ECU总成与电控动力转向电动机之间的线束和插接器的电阻。
<table>
<tr><th>端　子</th><th>条　件</th><th>规 定 值</th></tr>
<tr><td></td><td>P2-5（U）—P3-3（U）</td><td>任何工况</td></tr>
<tr><td><1Ω</td><td></td><td>P2-11（V）—P3-2（V）</td></tr>
<tr><td>任何工况</td><td><1Ω</td><td></td></tr>
<tr><td>P2-6（W）—P3-1（W）</td><td>任何工况</td><td><1Ω</td></tr>
<tr><td></td><td>P2-5（U）—接地</td><td>任何工况</td></tr>
<tr><td>≥10kΩ</td><td></td><td>P2-11（V）—接地</td></tr>
<tr><td>任何工况</td><td>≥10kΩ</td><td></td></tr>
<tr><td>P2-6（W）—接地</td><td>任何工况</td><td>≥10kΩ</td></tr>
</table>
若不正常，则修理或更换线束或插接器</td></tr>
</table>

续表

<table>
<tr><th>检测图示</th><th>序 号</th><th>检测步骤</th></tr>
<tr><td>动力转向电动机：
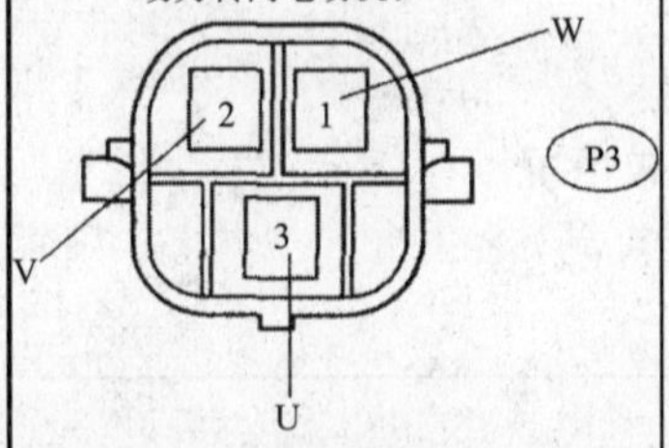
</td><td>2</td><td>检测动力转向电动机总成。规定值见下表：
<table>
<tr><th>端　子</th><th>条　件</th><th>规 定 值</th></tr>
<tr><td></td><td>P3-3（U）—P3-2（V）</td><td>任何工况</td></tr>
<tr><td><1Ω</td><td></td><td>P3-2（V）—P3-1（W）</td></tr>
<tr><td>任何工况</td><td><1Ω</td><td></td></tr>
<tr><td>P3-1（W）—P3-3（U）</td><td>任何工况</td><td><1Ω</td></tr>
</table>
若不正常，则更换动力转向电动机总成；
若正常，则更换电控动力转向ECU总成</td></tr>
</table>

（3）注意事项

如果更换电动转向机总成，则应清除转向角传感器的校准值，对转向角传感器进行初始化，并校准转矩传感器的零点。

如果更换电控动力转向 ECU 总成，则应对转向角传感器进行初始化，并校准转矩传感器的零点。

检　验

汽车电动转向系统检修后的校准

（1）校准前提

若下列有任一情况发生，则应清除转向角传感器的校准值，对转向角传感器进行初始化，并校准转矩传感器至零点：

①已更换电控动力转向 ECU 总成。

②已更换电控动力转向器总成。

③左、右转向力不同。

（2）准备

①连接诊断仪，打开点火开关。

②在数据流表中选择 IG 电源电压，电压应为 10~14V 。若 IG 电源电压低于 9V 时，不能进行校准。

（3）清除转向角传感器校准值，对转向角传感器进行初始化，并校准转矩传感器至零点

①注意事项。若故障码 C1516（转矩传感器零点调整未完成）存在，则不能校准转矩传感器零点，在开始初始化之前，应先清除故障码。

②校准。

a. 连接诊断仪，打开点火开关。

b. 选择转矩传感器调整。

c. 依照诊断仪显示的步骤清除转向角传感器的校准值，对转向角传感器进行初始化，并校准转矩传感器零点。

展 示

通过工作页的完成，学生展示学习效果和工作任务的完成情况。

1．简述 EPS 的含义并写出英文，EPS 的优点是什么？

____

2．下面关于 EPS 的阐述，正确的是（　　）。

A. 它使用叶轮泵产生液压力

B. 目前，它被大多数车辆使用

C. 它不利用发动机动力，但是用电动机旋转叶轮泵

D. 它用电动机产生辅助转矩，这样燃料消耗少，因为它不用发动机动力

3．根据下图，写出电动转向系统的组成序号名称及作用。

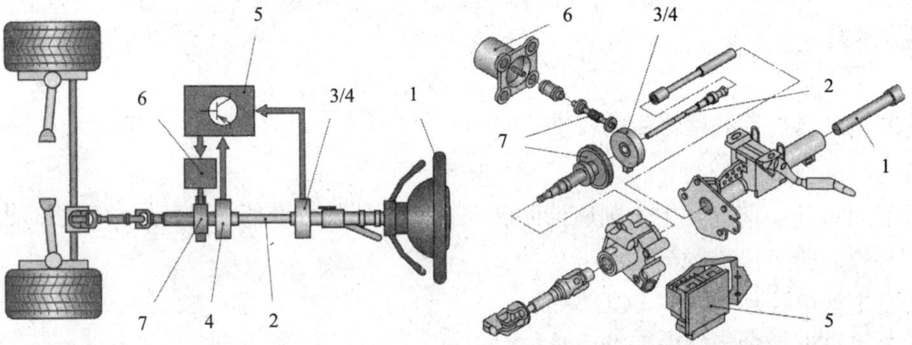

序 号	名 称	作 用
1		
2		
3		
4		
5		
6		
7		

4．请写出电动转向的工作原理流程。

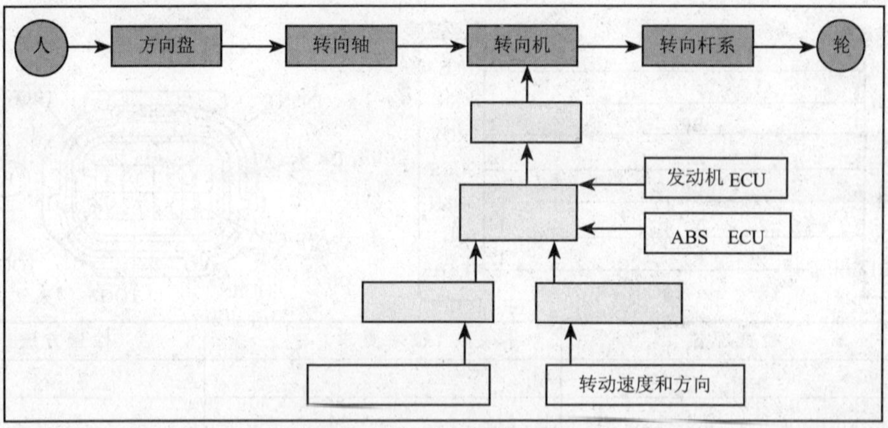

5．请以方块图的形式写出电动转向的检查流程。

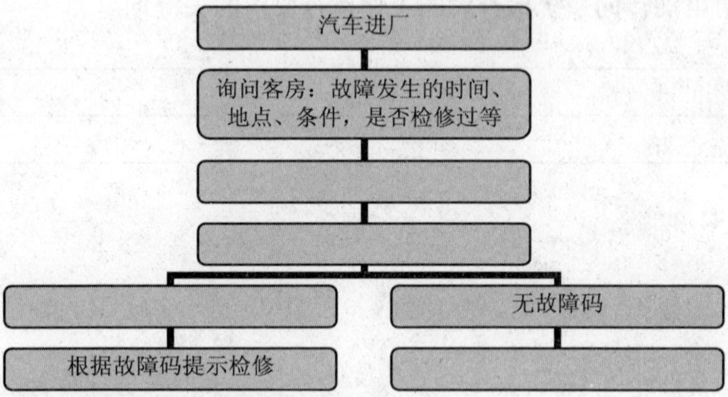

6．请制订出电动转向系统检修的工作计划。

序　号	检 修 步 骤	工具/辅具/材料

7．提取故障码为 C1511，请解释其含义及故障范围。

8．通过电路图，确定检查步骤。

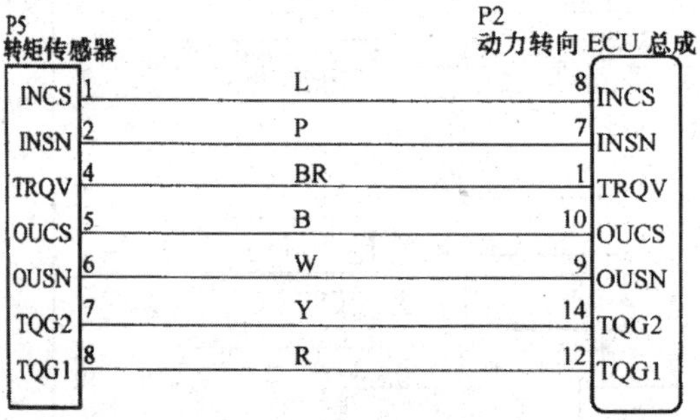

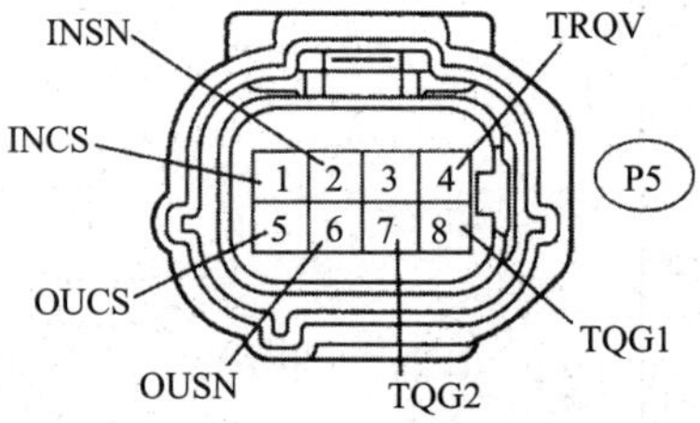

序号	检查部位	技术要求	检查方法
1			
2			
3			

9. 请写出对电动转向系统检查后的工作检查要求的关键词。

____

____

____

工作任务 16

汽车四轮定位

导 向

1．任务描述

客户反映：一辆威驰轿车最近发现行驶跑偏，轮胎磨损异常快，并且其胎面磨损呈一定规律。请维修人员分析原因，并进行检修。

2．任务分析

针对该车出现的故障现象，维修人员应处理两个问题。第一，车轮跑偏和轮胎磨损异常快的原因是什么？第二，如何进行相应的检修？检修时应注意哪些问题？

要想解决第一个问题，那么就需要维修人员掌握汽车四轮定位方面的知识，汽车四轮定位是什么意思，各定位角定义和作用。要想解决第二个问题，就需要掌握四轮定位的调整方法和注意事项。

信 息

为保证汽车直线行驶的稳定性和操纵轻便，并减小轮胎及其他零部件的磨损，要求转向轮、转向节、前轴及车架具有一定的相对位置，这种安装位置关系称为转向车轮定位，也称前轮定位。包括主销后倾与内倾、转向轮外倾与前束四个参数。

1．主销后倾

（1）定义

主销在前轴上安装，其上端略向后倾斜一个角度，称为主销后倾。在纵向垂直平面内，主销轴线与垂线之间的夹角称为主销后倾角，如图 16-1 所示。

主销轴线也称为转向轴线，是转向主销中心之间的连线，如图 16-2 所示。

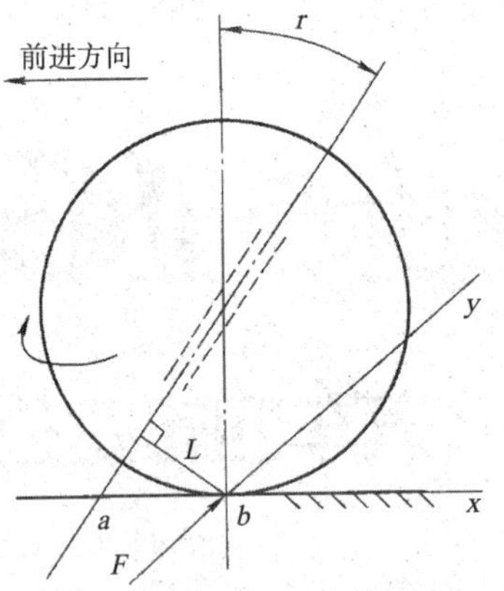

图16-1　主销后倾

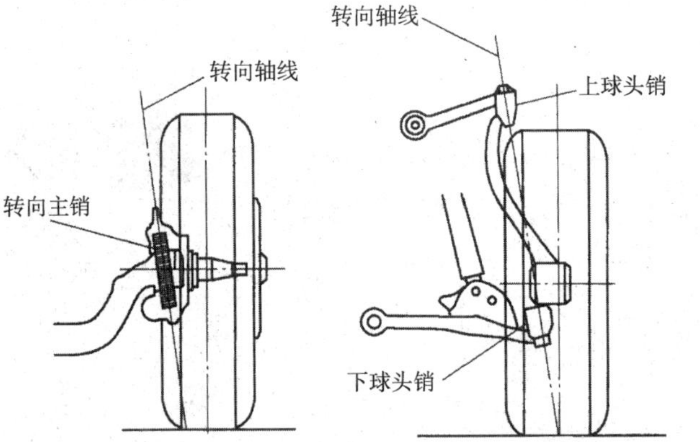

图16-2　转向主销和转向轴线

主销后倾角度表示时为度和分，以距离表示时为毫米。主销后倾角仅针对前桥车轮，分为正主销后倾角和负主销后倾角。

（2）作用

采用正主销后倾角时像工具车一样拉而不是推转向车轮。车轮自动移向行驶方向并平稳运转。正主销后倾角如图 16-3 所示。

①正主销后倾角作用。起稳定作用并改善直线行驶性能；减小车轮颤动趋势；通过主销内倾角提供转向回正力并使车轮保持直线行驶的稳定性；数值较大时需要较高的转向力；提高对横向风力的敏感性。

②正主销后倾角应用。车辆通常采用正主销后倾角，前轮驱动车辆可以采用较小的负主销后倾角或零主销后倾角。

③负主销后倾角作用，负主销后倾角如图 16-4 所示。

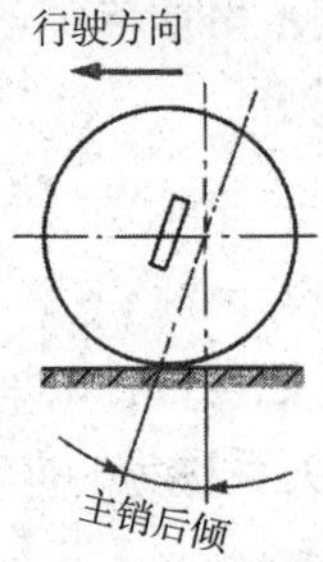

图16-3　正主销后倾角

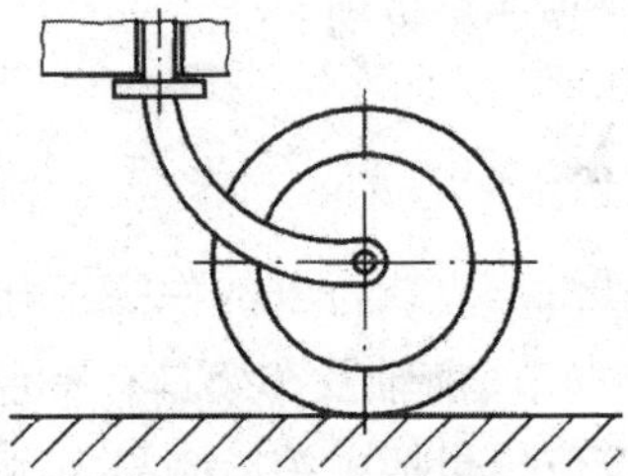

图16-4　负主销后倾角

降低对横风的敏感性，减小转弯行驶时的回正力，从而防止在驱动力的作用下过快回正到直线行驶状态。

④负主销后倾角应用。主销后倾角通常由结构所决定，例如采用麦弗逊式悬架时，因为车轮悬架变形和损坏可能导致其出现偏差，所以需进行测量。

如果前车轮主销后倾角不合适，则转向盘松开时车辆不直线行驶，而是向某一侧跑偏。

2. 主销内倾角

（1）定义

主销在前轴上安装，其轴线上端向内倾斜一个角度，称为主销内倾。在横向垂直平面内，主销轴线与垂线之间的夹角称为主销内倾角（图 16-5）。

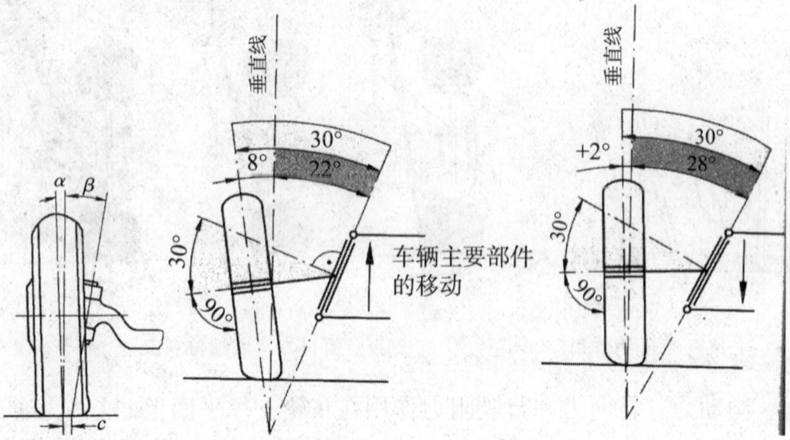

图16-5　主销内倾角

（2）作用

① 转向行驶后使转向系统回正（图 16-6）。

② 减小转向力。

③ 减小主销偏移距。

（3）原理

转向时通过主销内倾角略微抬起车辆前端，车辆在其重力的作用下趋向于恢复原有状态，由此产生回正力，松开转向盘时该回正力使前轮移回到直线行驶位置。主销内倾角越大，回正力也越大。

外倾角与主销内倾角之和保持不变。因为外倾角与主销内倾角之和这个角度参数始终保持不变，所有外倾增大时主销内倾角减小。

弹簧压缩：外倾角减小，主销内倾角增大。

弹簧伸长：外倾角增大，主销内倾角减小。

（4）主销偏移距

主销偏移距是指转向轴线的交叉点与车轮支撑点之间沿车辆横轴方向的距离。转向时车轮沿一个圆形轨道滚动。主销偏移距如图 16-7 所示。

在此分为：

正主销偏移距：交叉点位于轮距内。

负主销偏移距：交叉点位于轮距外。

零主销偏移距：交叉点与轮胎支撑平面中心完全重合。

① 作用

主销偏移距的主要任务是转弯行驶后为转向系统提供回正力。此外主销偏移距还有助于提高转向系统的灵活性。

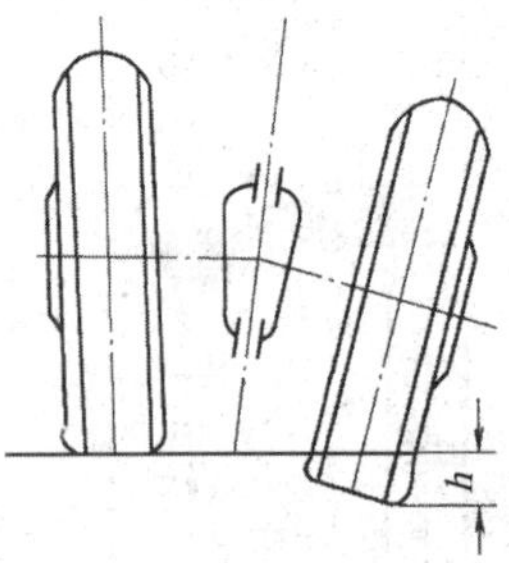

图16-6　主销内倾角的作用

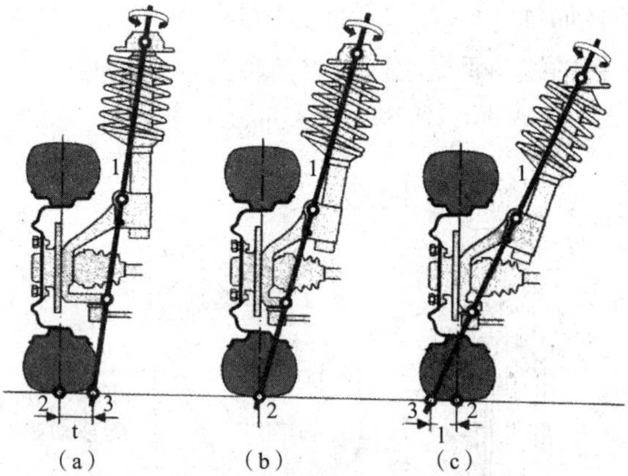

图16-7　主销偏移距

驱动力、制动力、转向力和行驶阻力作用在车轮支撑平面上，这些力通过主销偏移距产生力矩。

主销偏移距越小，转向时车轮移动距离越小，因此转向也越灵活。如果主销偏移距为零，则转向时车轮滑移，因此会导致轮胎磨损，此时不提供转向回正力。

正主销偏移距

根据交叉点相对车轮支撑点的位置车轮向外摆动。附着系数不同且制动程度明显不同时，附着系数较高的车轮向外摆动并造成车辆跑偏。驾驶员必须反向转向。主销偏移距过大时，在最不利的情况下可能会造成车辆侧滑。

负主销偏移距

因为旋转点位于车轮支撑点外，所以制动时车轮向内摆动。

附着系数不同或制动不均匀时，附着系数较大的车轮向内摆动。负主销偏移距使车轮自动反向转向，就是说驾驶员不必反向转向。

② 应用

主销偏移距应尽可能小，以使外力产生的影响尽可能小。因为制动时或附着系数不同时对行驶方向稳定性有影响，所以轿车主销偏移距通常为负值。

正主销偏移距：+5~10mm。

负主销偏移距：–10~ –20mm。

3．外倾角

（1）定义

转向轮安装后，其上端略向外倾斜，称为转向轮外倾。转向轮的旋转平面与纵向平面之间的夹角称为转向轮外倾角。设置为外倾状态的车轮类似于转动时围绕锥顶展开的圆锥。前束和外倾角在车轮转向过程中互为补充。外倾角以角度为单位给出。

车轮外倾角分为正外倾角和负外倾角，如图 16-8 所示。

（2）作用

正外倾角时车轮趋向于向外移动。该车轮试图向内紧压到内侧车轮轴承上。主要作用：降低侧面导向力，减轻外侧车轮轴承和车轮螺母的负荷，减小车轮轴承间隙，减小主销偏移距和转向力，减小车轮颤动趋势。

负外倾角时车轮趋向于向内移动。主要作用：提高车轮的侧面导向力，改善转向行驶稳定性，加剧胎面内侧磨损，提高转向力。

（3）应用

前车轮：

前车轮通常采用正前束。前束决定了外倾角大小。采用前束时外倾角较大，采用后束或零前束时较小。

正外倾角时为 0°20′~1°30′。

负外倾角时最大至 –1°。

后车轮：

正外倾角时最大至 0°20′。

负外倾角时为 –0°30′~ 0°02′。

公差为 ±20′或 ±30′。

未正确调整的外倾角会不断加剧轮胎磨损，磨损主要出现在胎面中部，使用宽轮胎时外边缘处磨损特别严重。

4. 前束

（1）定义

车轮安装在车桥上，两前车轮的中心平面不平行，其前端略向内侧收束一段距离，这种现象称为前轮前束，如图 16-9 所示。

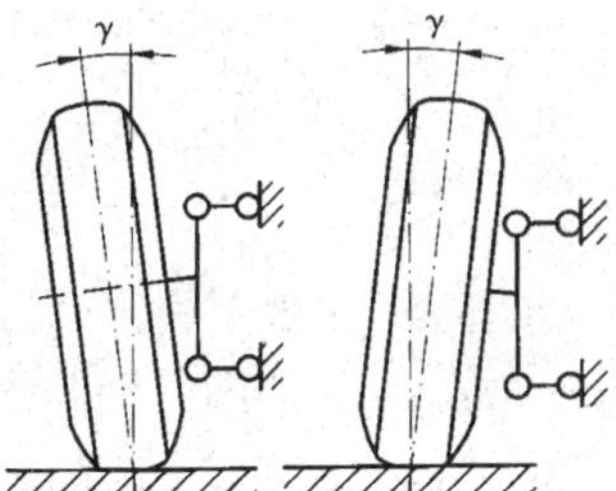

图16-8　正负车轮外倾角

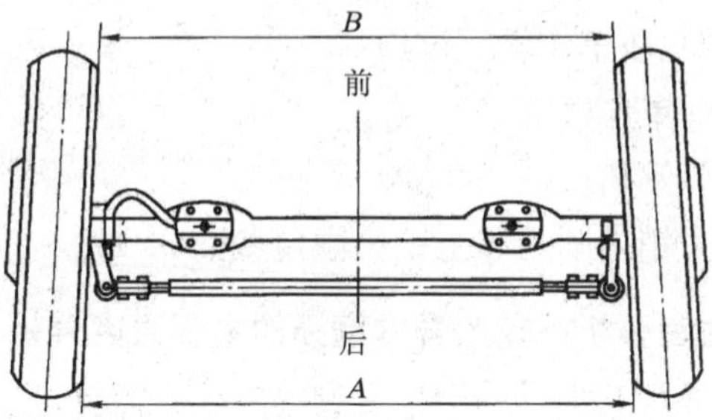

图16-9　前轮前束

前束：向行驶方向看，车桥前轮轮辋边缘之间的距离小于车桥后的距离。

后束：向行驶方向看，车桥前轮轮辋边缘之间的距离大于车桥后的距离。

（2）作用

由于车轮导向部件有弹性变形且车轮与路面之间存在摩擦力，因此非驱动车轮前部彼此离开。在前轮驱动车辆中，车轮前部在驱动力的作用下受压彼此接近，如图 16-10 所示。

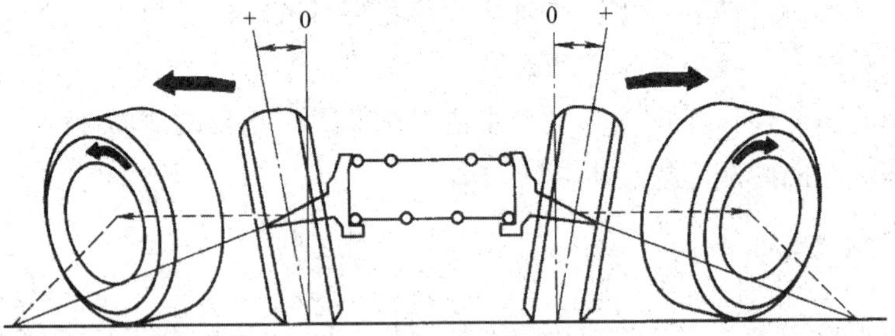

图16-10 前束的作用

前束作用为：

保持直线行驶稳定性；

防止车轮颤动；

防止车轮滑移和轮胎磨损；

减小转向杆系的应力；

后束或零前束：

在前轮驱动车辆中抵消使前车轮受压彼此接近的驱动力。

（3）应用

前束：对于非驱动车轮和前驱动轮前束为 0 ～ 4mm。

后束或零前束：对于前轮驱动车辆后束为 0 ～ 3mm。

计 划

以威驰轿车为例，根据其维修手册制订检修计划如下。

1. 威驰轿车车轮定位项目

（1）前束参数

（2）外倾角参数

（3）主销内倾角和主销后倾角参数

2. 故障分析：轮胎异常磨损的主要原因分析

轮胎异常磨损是一个很常见的故障，需要进行四轮定位检查。表 16-1 为车轮定位故障诊断表。对照轮胎的类型、磨损情况和故障特征，查表确定故障原因。

表16-1　车轮定位故障诊断表

故障现象	故障现象诊断
外侧胎肩过度磨损	正外倾过大
内侧胎肩过度磨损	负外倾过大
两侧胎肩过度磨损	轮胎胎压不足；高速时产生胎面下陷
胎面锯齿形磨损	正前束或负前束太大
一个轮胎比另一个磨损严重	外倾不适合；制动器有缺陷；减振器有缺陷
胎面成杯形和碟形	轮胎不圆；车轮不平衡；减振器有缺陷
前轮摆振	轮胎不圆；车轮不平衡；后倾角过大；两侧车轮后倾角不等
汽车振动	轮胎有缺陷；车轮不圆；车轮不平衡；传动轴弯曲变形
汽车左右漂移	前束设置不当；转向系统或球形头太松；轮胎拖滑

3．四轮定位检修计划（表16-2）

四轮定位如图16-11所示。

表16-2　四轮定位检修计划

序号	工作步骤	工具/材料
1	对汽车底盘进行检查	
2	更换或修复在前一步已查出的损坏件	维修工具
3	按要求把汽车停放在四轮定位仪检测台架上。通过对汽车前后车轮施加三次颠簸使汽车悬架位置正确	四轮定位仪
4	检测和读取后桥推力角	
5	如果后轮定位角是可调的，按照生产商提供的技术要求调整后轮前束角，以校正推力角与汽车中心线一致	维修工具
6	按如下顺序检测和调整前轮定位角：主销后倾角，前轮外倾角和前轮前束	维修工具
7	如果汽车上装备有动力转向，在调整前束前，启动发动机并来回转动转向盘1/4～1/2圈。只装有机械转向系的汽车，不必进行本项目	

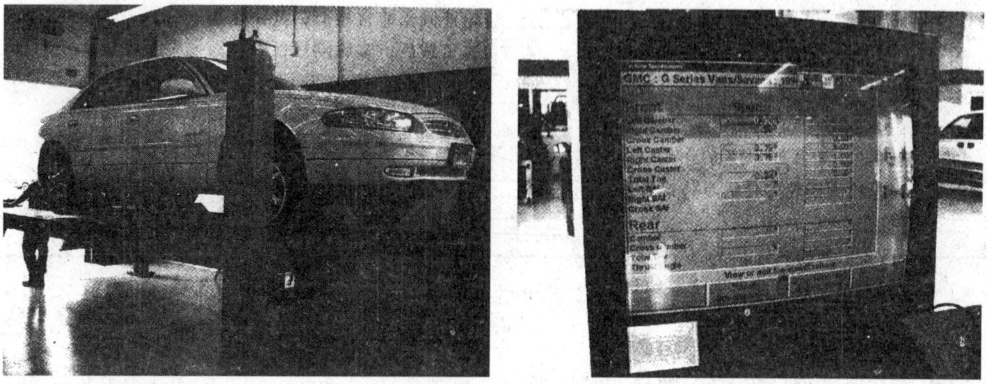

图16-11　四轮定位

实施

1．实施准备

材料：抹布、除锈剂；

设备：举升机、检修车辆四轮定位仪；

工具：组合工具。

2．检查轮胎

检查轮胎胎压，应符合规定要求。

3．测量车辆高度

车身高度见表16-3。

表16-3　车身高度

轮胎尺寸规格	前（mm）	后（mm）
15580R1379T	190	265
17565R1482H	191	265

注意：在检查车轮定位之前，应把车身调整至规定高度。如车身高度不符合要求，应通过下压或上抬车身调整。

4．检查调整前束

（1）检查前束值，如图16-12和表16-4所示。

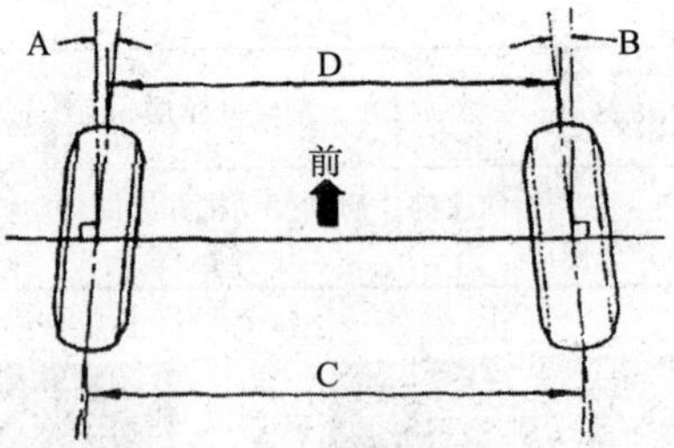

图16-12　前束检查

表16-4　检查前束值

前束	A+B：0 ± 12′
总	C−D：0 ± 2mm

（2）如果前束不符合要求，在齿条端部进行调整。

（3）拆下齿条防尘套安装夹。

（4）松开横拉杆端锁止螺母。

（5）把左右侧齿条端转动相同数量圈数来调整前束，如图 16-13 所示。注意：将前束调整至规定要求的中间数值。

（6）确保左右齿条端长度相同，如图 16-14 所示。齿条长度差别：1.5mm 或更小。

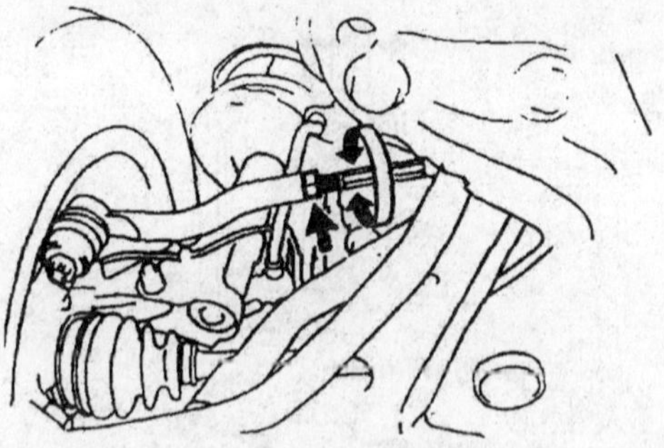

图16-13　前束调整

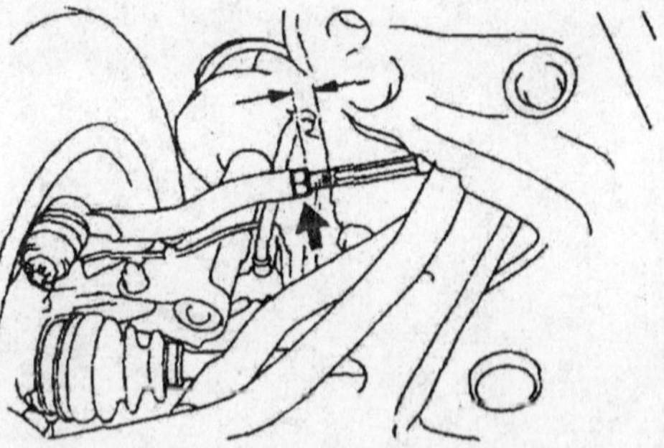

图16-14　转动拉杆调整齿条长度

（7）紧固横拉杆端的锁止螺母，拧紧力矩：47N · m。

（8）在座上装入防尘套后装上夹子。注意：确保防尘套不被扭曲。

5．检查车轮转角（图16-15）

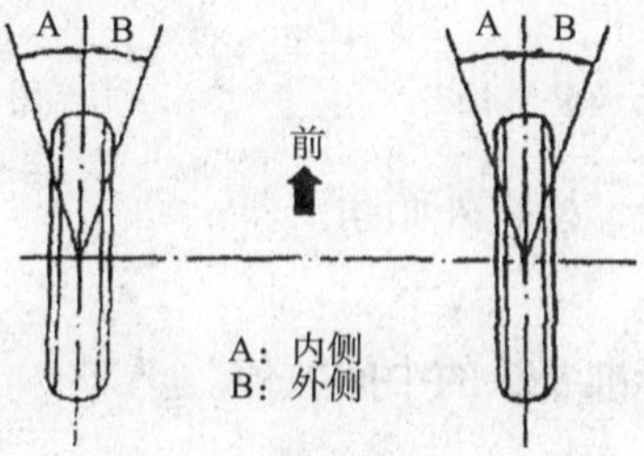

图16-15　车轮转角检查

充分调整转向盘并测量转角。车轮转角的规定值见表 16-5。

如果右、左内侧车轮转角与标准偏差，应检查左、右齿条端的长度。

表16-5　车轮转角规定值

规 定 值	手动转向车型	动力转向车型
内侧车轮	37° 14′ ±2°	37° 11′ ±2°
外侧车轮	32° 01′	32° 13′

6．调整外倾角

注意：在调整完外倾角后应检查前束。

（1）拆下前轮。

（2）拆下减振器下侧的两个螺母，如图 16-16 所示。如果重复使用螺栓或螺母，应在螺母螺纹上涂发动机润滑油。

（3）清洁减振器和转向节的安装表面。

（4）临时装上两个螺母。

（5）沿外倾角调整需要的方向上推或拉减振器下侧调整外倾角，如图 16-17 所示。

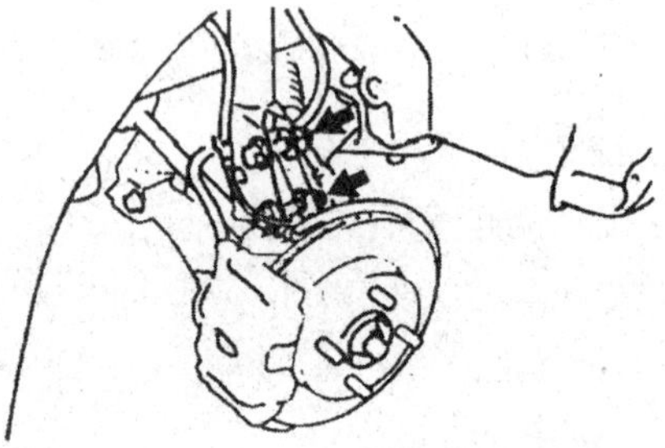

图16-16　外倾角调整螺栓

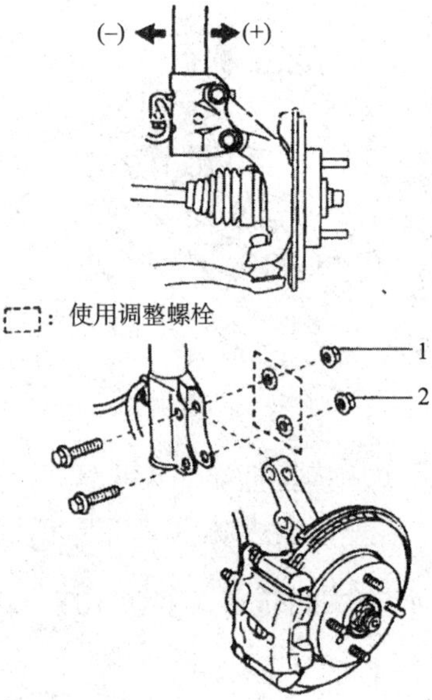

图16-17　调整外倾角

（6）拧紧螺母，安装前轮，检查外倾角。

注意事项：

①尽量将外倾角调整到标准要求的中间数值。

②定位螺栓的调整数值是 6′~30′ 。

如果外倾角不符合要求，使用表 16-6 可以确定加多大的外倾角调整量可以满足要求，然后选择外倾角调整螺栓。注意：使用垫片和新的螺母，紧固调整螺母。

表16-6

螺栓 \ 调整数值	定位螺栓		调整螺栓			
	90105—14140		90105—14146		90105—14147	
	11		·11		·11.	
	1	2	1	2	1	2
15′	●			●		
30′	●					●
45′			●			●
1° 00′			●		●	●

（7）再次进行上述步骤，在步骤（2），更换 1 或 2 个螺母。注意：2 个螺母都需要更换时，每次只能更换 1 个螺母。

检验

1. 正向前方行驶的检查

（1）检查方向盘是否处于正确位置。

（2）检查车辆在平坦路面上是否正向前方行驶。

（3）检查是否出现方向盘自激摆振或振动。

2. 转向的检查

（1）检查方向盘应任何方向转向自如。

（2）检查在松开方向盘时，应很快地、平稳地返回到中间位置上。

3. 制动的检查

当车辆在平坦路面上制动时，方向盘不应偏向任何一侧。

展示

通过工作页的完成，学生展示学习效果和工作任务的完成情况。

1. 车轮定位的含义是什么？

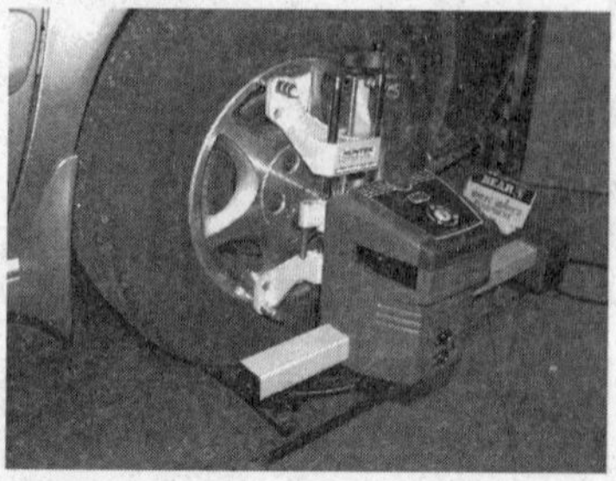

____

____

____

____

2. 汽车何时进行四轮定位？

____

____

____

3. 在图中标出要检查调整项目的名称。

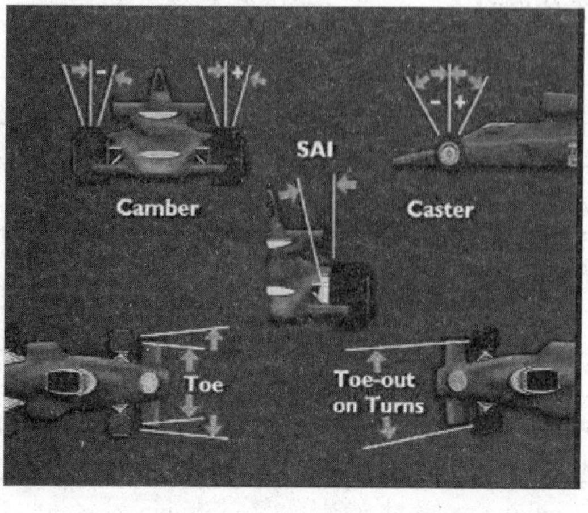

4．主销后倾角。

<table>
<tr><td colspan="2">主销后倾角</td></tr>
<tr><td>图示</td><td>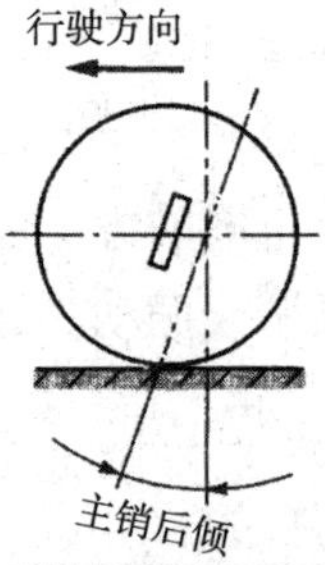
</td></tr>
<tr><td>定义</td><td></td></tr>
<tr><td>目的</td><td>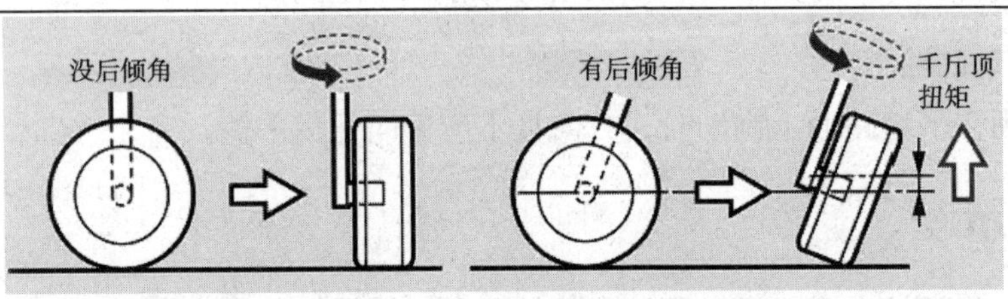

结论：
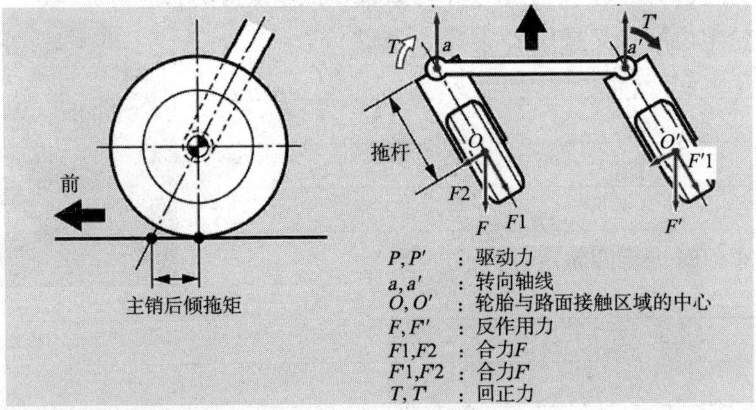

结论：</td></tr>
</table>

5．主销后倾角故障分析。

（1）标准主销后倾角。

车　型	主销后倾角	
	标 准 值	两侧最大差值
丰田威驰		

（2）检修前测量值。

	左　轮	右　轮
测 量 值		
根据测量进行分析：		

（3）具体调整部位。

（4）调整后分析。

	左 轮	右 轮
调 整 值	3°	4°
此调整值是否符合要求： 如此车行驶会出现何问题：		

（5）轮胎磨损与主销后倾角是否有关？

（6）主销后倾角大好不好？会出现何种现象？

工作任务 17

车轮的维护

导 向

1．任务描述

车主反映，当汽车在路面上行驶达到，某一速度时，方向盘抖动的比较严重，感觉车轮在旋转中出现了问题，经检查车辆的两个前轮轮胎磨损不均匀，请问故障原因，车轮是否需要更换？

2．任务分析

针对该车出现的故障现象，维修人员应处理两个问题：第一，方向盘在车辆行驶到某一速度时抖动的原因是什么？第二，轮胎磨损后如何进行相应的更换，更换时应注意哪些问题？

要想解决第一个问题，那么就需要维修人员掌握轮胎的相关知识，即轮胎的结构、轮胎的构成、轮胎的特点及车轮动平衡的知识；要想解决第二个问题，就需要掌握轮胎的更换方法和更换注意事项。

@信 息

轮胎是汽车与行驶路面的接触部件，它关系到汽车行驶的安全性。轮胎传递驱动力、制动力和侧向力，轮胎的物理性能决定了汽车动态负荷的极限。

1888 年英国人 J.B. 邓录普发明了第一条充气轮胎，使当时的马车在不平坦路面上行驶减少了震动，速度也有所提高，翻开了充气轮胎的一页。1894 年由美国固特异公司发明了无内胎轮胎，从而提高了汽车行驶中的安全性。1946 年法国米其林公司发明了子午线轮胎，使汽车轮胎的性能有了很大改进。20 世纪 60 年代末，为了解决轮胎高速运转下的稳定性问题，研究出了低扁平率的轿车轮胎，很快普及到了全球。目前，轮胎的无内胎化、子午线化和低扁平化成为轮胎行业发展的主流。

1．轮胎的功用

（1）用于完全承担车辆的重量，支撑汽车。

（2）将制动转矩和驱动转矩作用到地面，变为制动力和驱动力。

（3）在各种速度和路面条件下承受地面冲击力，缓和汽车行驶中所受到的冲击。

2．轮胎的分类

（1）按结构分类

①子午线轮胎。子午线轮胎是轿车的标准轮胎，胎体上的帘线按最短的距离从胎圈一侧到胎圈另一侧，帘线带包住薄的、弹性的胎体，以保证轮胎的稳定性。

②斜交线轮胎。斜交线轮胎是因其胎体上的帘线与胎面斜交而得名，帘线层之间彼此垂直相交。斜交线轮胎至今还用在摩托车、自行车、工程车辆和农用车辆上。在商用汽车上则不断被子午线轮胎替代了。

（2）按用途分类

①载重汽车轮胎。主要用于载货汽车、客车及其挂车上的充气轮胎。细分为重型载重汽车轮胎、中型载重汽车轮胎和轻型载重汽车轮胎。

②轿车轮胎。主要用于轿车上的充气轮胎。

③工程机械轮胎。主要用于轮式工程车辆与工程机械上的充气轮胎。细分为重型自卸汽车轮胎、装载机轮胎、挖掘机轮胎、铲运机轮胎、推土机轮胎和压路机轮胎等。

④农业轮胎。主要用于农业机械与农业车辆上的充气轮胎。细分为拖拉机轮胎、联合收割机轮胎和农业机具轮胎等。

3．轮胎的主要材料

很多人认为轮胎主要是由橡胶制成的，其实不然，橡胶在整个轮胎原材料中只占 40%~50%，其他为骨架材料、炭黑和助剂。

①生胶：是橡胶工业中的基本原料。

②骨架材料：棉帘布、人造丝帘布、尼龙帘布、聚脂帘布、钢丝帘布。

③碳黑：橡胶制品中最主要的补强填充料，提高了橡胶的韧性、耐磨性等。

④助剂：主要有硫化剂、促进剂、活性剂、防老剂、增塑剂、补强剂等。

4．轮胎的结构

轮胎的具体结构如图 17-1 所示。

轮胎主要由胎面、帘布层、缓冲层和胎缘等组成。

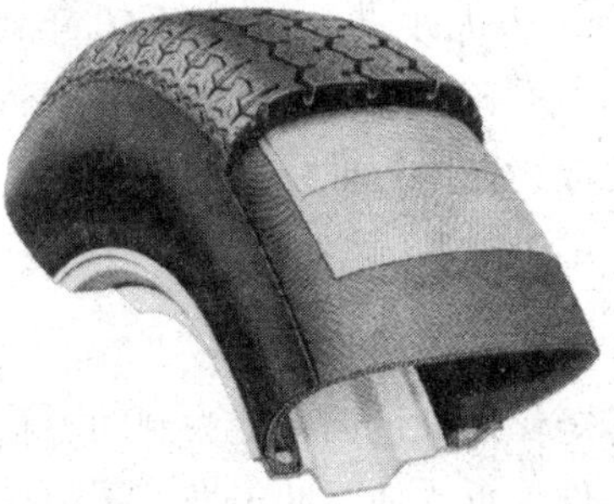

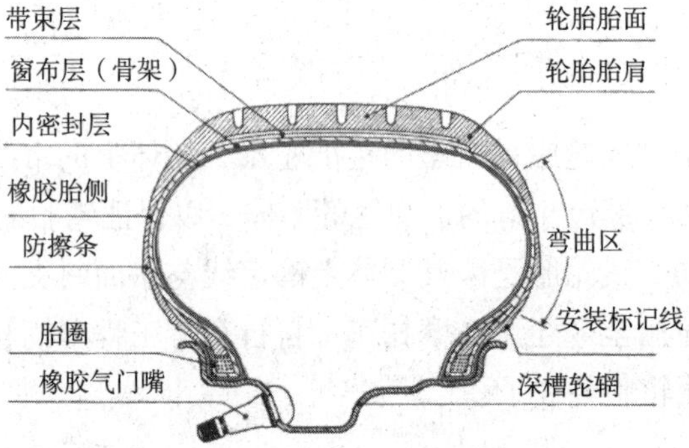

图17-1　轮胎的结构

（1）胎面（直接与路面接触部分）

胎面是轮胎的外表面，可分为胎冠、胎肩和胎侧三部分。

胎面由厚橡胶层制成，是轮胎直接接触地面的部分。胎面主要是在受到冲击时保护胎体和带束层。由于采用高强度橡胶减少内部磨损，从而延长轮胎使用寿命。

胎冠与路面直接接触，并产生附着力，使车辆行驶和制动。为使轮胎与地面有良好的附着性能，防止纵横向滑移，在胎面上制有各种形状的花纹。

胎肩位于胎面与胎侧之间，是轮胎构造中最厚的部分。所以采用容易散热的结构设计。

胎侧位于胎肩与胎缘之间，可以保护胎体，其优越的柔韧性还可提高乘车舒适感。胎侧标有各种符号，如类型、规格、结构、形状、制造商和商标等。

（2）帘布层

帘布层是外胎的骨架，主要用于承受载荷，保持外胎的形状和尺寸，并使其具有足够的强度。帘布层通常由双数的多层帘布用橡胶贴合而成，相邻层的帘线交叉排列。帘布层数越多，轮胎的强度越大，但弹性下降。帘线可以是棉线、人造丝、尼龙和钢丝。

按照帘布层帘线排列方式的不同，外胎可以分为斜交轮胎和子午线轮胎，如图 17-2 所示。斜交轮胎帘布层的帘线按一定角度交叉排列，帘线与轮胎横断面的交角通常为50°。子午线轮胎帘布层帘线排列的方向与轮胎横断面一致，即垂直于轮胎胎面中心线，类似于地球仪上的子午线。

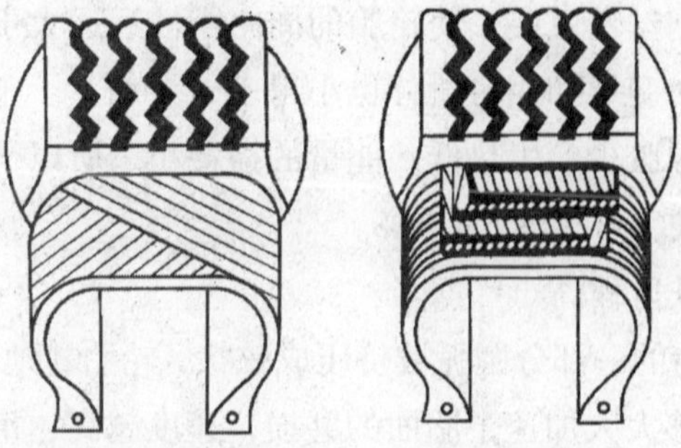

（a）斜交轮胎　　（b）子午线轮胎

图17-2　斜交轮胎和子午线轮胎

（3）缓冲层

缓冲层夹在胎面和帘布层之间，由两层或数层较稀疏的帘布和橡胶制成，弹性较大。其作用是加强胎面与帘布层之间的结合，防止汽车紧急制动时胎面与帘布层脱离，并缓和汽车行驶时所受到的路面冲击。

（4）胎缘（与轮辋接触部分）

胎缘的作用是缠绕帘布层边缘，确保轮胎与轮辋装配吻合。由胎缘、缘芯橡胶和围盘三部分构成。其功能是束紧轮辋，可保证行驶中胎压骤减时，轮辋与轮胎不发生脱离。

5．子午线轮胎的优点

（1）滚动阻力小、节约燃料

汽车燃油消耗是衡量汽车性能的一项重要指标，也是关系到用户交通运输成本的一项最大开支，那么对轮胎来说，滚动阻力大则油耗高，滚动阻力小则油耗低。子午线轮胎和斜交轮胎行驶比较，如图 17-3 所示。

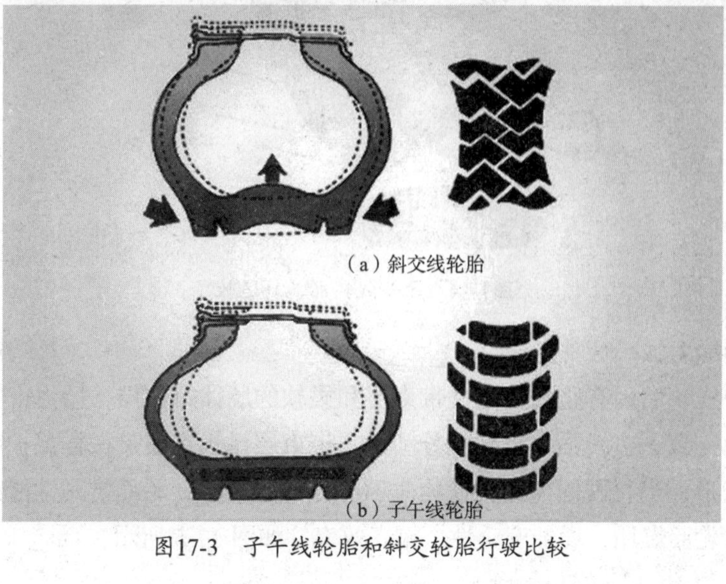

图17-3　子午线轮胎和斜交轮胎行驶比较

子午线轮胎胎冠有钢丝带束层，使轮胎的周向刚性远远大于斜交轮胎，因此，轮胎与地面接触印痕内的切向变形和相对滑移也小得多，再加上子午线轮胎胎体仅一层，胎侧薄，因而参与变形的橡胶少，生热低，能量的损耗小。所以子午线轮胎的滚动阻力小于斜交胎，同样条件行驶，可节油 5%~8%。

（2）胎面耐磨、行驶里程高

车轮在滚动时，轮胎的一部分圆弧被挤压成弦状，轮胎着地面的印痕内不仅有变形，而且还有滑移。这种滑移大大加速了胎面的磨损，速度越高，滑移也越大，胎面的磨损也急剧增加。

子午线轮胎因胎冠刚性大，变形小，几乎没有滑移，此外子午线轮胎下沉量大，接地面积大，单位面积的压力（接地压强）小，并且印痕内压力均匀，从而减少了胎面的磨损，延长了轮胎的使用寿命。可比斜交胎提高里程 20%~30%。

（3）缓冲性能好、乘坐舒适

装用子午线轮胎平顺性好，乘坐平稳舒适。这是因为子午线轮胎胎体呈径向排列（垂直于地面方向），胎侧变形大，胎体柔软，有很好的缓冲性能，用在客车上能提高乘坐舒适性，用在载货车上可延长机件寿命和保证货物的完好性，如图 17-4 所示。

图17-4　子午线轮胎的舒适性

（4）耐刺能力强、行驶安全

载重子午线轮胎因有坚硬的刚性带束层和柔软的胎体帘布层，胎体帘布排列方向与轮胎变形方向一致，帘线强力得到充分利用。带束层像坦克履带一样保护胎体，限制了径向的伸张变形，当行驶面碰到尖锐物时不易扎透胎冠层，胎面抗刺性能好。根据这些特点，可减少轮胎爆胎，增加安全性，提高效率，如图 17-5 所示。

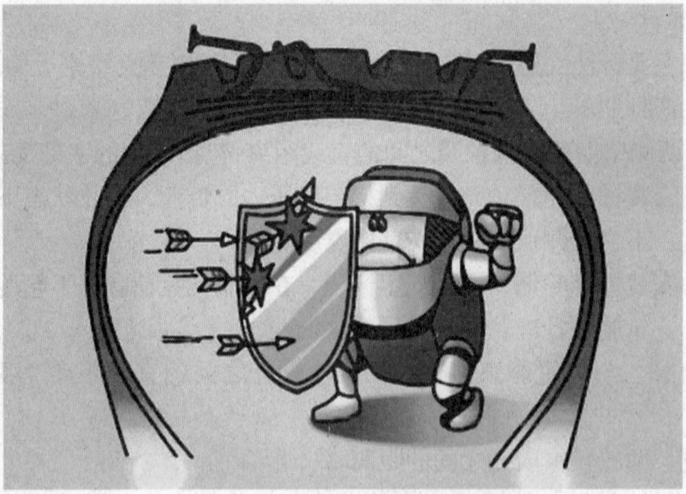

图17-5　子午线轮胎的安全性

（5）适合高温高速行驶

轮胎在行驶过程中与地面接触部分，因为荷重而使周边也产生弯曲，旋转离地时，弯曲部分会恢复原状。在高速运转时，子午线胎由于在帘布层外有钢丝带束层紧箍着，变形弯曲较小，恢复较快。而斜胶胎弯曲部分来不及恢复原状，这时的轮胎会产生波状变形，表现为轮胎接地部位在后半圆附近，俗称“驻波”。这时轮胎的滚动阻力急剧增大，致使胎体温度迅速生高，会使胎面脱掉，产生爆胎。子午线胎在高速行驶时一定程度上也会产生“驻波”现象，所以每位驾驶员都应该了解自己车上使用轮胎的速度级别，严格按照规定行驶，尽可能避免高速爆胎。

同斜交线轮胎相比，子午线轮胎只有一层胎体钢丝帘线，且呈子午线方向排列，帘布之间没有剪切变形，因此生热低，高温高速条件下行车比斜交胎更安全可靠，如图17-6所示。

图17-6　子午线轮胎的高温行驶

6. 轮胎的标识

轮胎的标识主要标注在胎侧，包括轮胎的品牌、规格、产地、级别（磨耗速度、荷载）、气压、结构、生产日期等。其标注项目内容说明如下：

（1）胎宽。两侧壁上胎侧保护线之间的直线距离，包括胎侧的字母及其他所有东西。此宽度指轮胎已安装标准轮辋，充气达到指定气压，无负荷，静止状态下的宽度。

（2）断面宽。不含胎侧保护线和文字的宽度。

（3）外径。安装标准轮辋，冲入规定气压，在轮胎无负荷状态下轮胎的直径。

（4）端面高。轮胎外径减轮辋直径后的 1/2。

（5）轮辋直径。与轮辋缘直接接触的两轮辋托之间的直线距离（几乎与轮胎内径相同）。

（6）轮辋宽。两轮辋缘内侧之间的距离。

（7）静负荷半径。轮胎与轮辋安妥后，在指定气压的静止状态下，在 100% 负荷状态下，轮胎轴心至地面的最短距离。

（8）花纹磨耗指数。在胎面花纹沟所剩深度 1.6mm 位置有磨耗指示标志，轮胎磨损至此磨耗指示标志，必须被替换。

例如轮胎：195/65 R15 88H 或者 195/65H R15 88。

胎宽——195mm；

胎厚与胎宽的百分比——65%，即胎厚 =126.75mm, 126.75/195 × 100=65%；

轮毂直径——15in；

载重系数——88；

速度系数——H。

其速度系数标注如下：

N	140km/h	用胎 Spare Tires
P	150km/h	
Q	160km/h	雪胎，轻型卡车胎 Winter, LT Tires
R	170km/h	轻型卡车胎 LT Tires
S	180km/h	
T	190km/h	
U	200km/h	
H	210km/h	运动型轿车 Sport Sedans
V	240km/h	跑车 Sports Cars
Z	240km/h	跑车 Sports Cars（或大于 240km/h）
W	270km/h	特型跑车 Exotic Sport Cars

7. 车轮

车轮是介于轮胎和车桥之间承受负荷的旋转组件，其功用是安装轮胎，承受轮胎与车桥之间的各种载荷。

车轮一般是由轮毂、轮辋和轮辐组成，如图 17-7 所示。轮毂通过圆锥轴承装在车桥或转向节轴径上，用于连接车轮与车桥。轮辋用于安装和固定轮胎。轮辐用于将轮毂和轮辋连接起来。

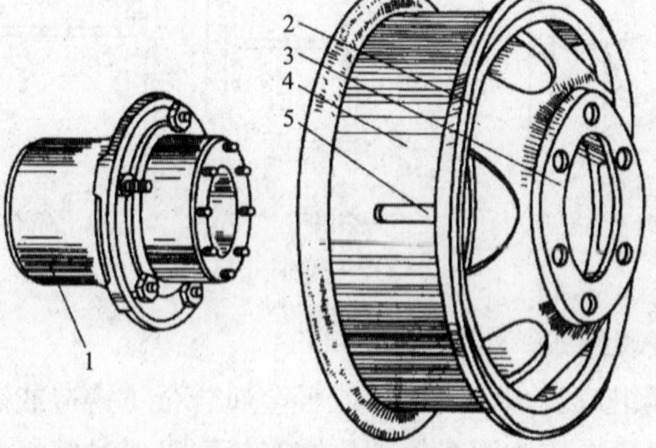

1—轮数；2—挡圈；3—辐板；4—轮辋；5—气门嘴伸出口

图17-7　车轮的构成

（1）轮辐

按轮辐结构的不同，车轮可以分为两种：辐板式车轮和辐条式车轮。

①辐板式车轮。目前，普通乘用车和轻、中型货车普遍采用辐板式车轮，这种车轮如图 17-8 所示，由挡圈、轮辋、辐板和气门嘴伸出口组成，车轮中用以连接轮毂和轮辋的钢质圆盘称为辐板，大多是冲压制成的，少数是和轮毂铸成一体，后者主要用于重型汽车。

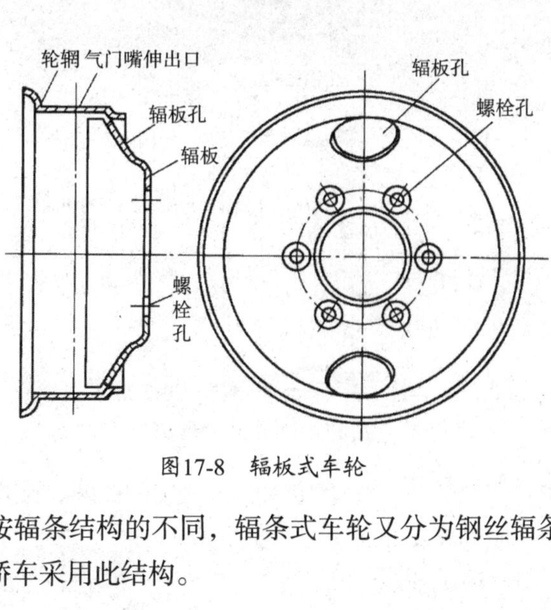

图17-8　辐板式车轮

②辐条式车轮。按辐条结构的不同，辐条式车轮又分为钢丝辐条式车轮和铸造辐条式车轮，现在大部分轿车采用此结构。

（2）轮辋

轮辋用于安装和固定轮胎，按其结构不同，轮辋的常见结构形式有深槽轮辋、平底轮辋和对开式轮辋，如图 17-9 所示。此外，还有半深槽轮辋、深槽宽轮辋、平底宽轮辋、全斜底轮辋等。

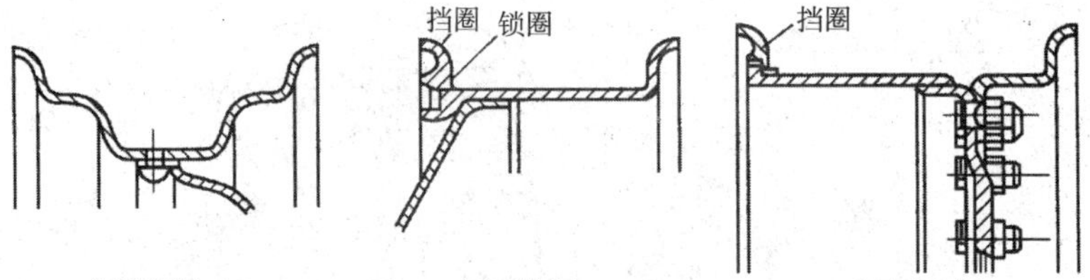

图17-9 轮辋类型

（3）车轮的结构表现形式

车轮由轮体和轮辋组成。车轮由钢材或轻金属合金（铸造或锻造）制成。轻金属车轮表面涂有一层防锈清漆。轮体用车轮螺栓或车轮螺母通过辐板式车轮的定心座固定在轮毂上，如图 17-10 所示。

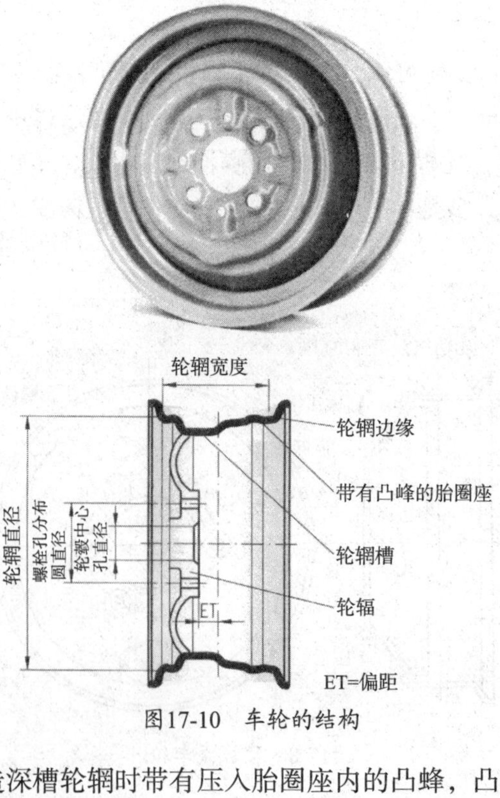

图17-10 车轮的结构

对轿车来说，制造深槽轮辋时带有压入胎圈座内的凸峰，凸峰的用途是快速转弯行驶时无内胎轮胎不会从胎圈座上压下。

轮辋标记方法：6J × 15H2S。

6——轮辋宽度（in）；
J——轮辋边缘形式；
X——深槽轮辋；
15——轮辋直径（in）；
H2——凸峰形式和数量数据；
S——对称型深槽。

计 划

1．故障分析：根据轮胎损坏状况分析故障原因

轮胎异常磨损是一个很常见的故障，需要进行四轮定位检查。表 17-1 为车轮定位故障诊断表。对照轮胎的类型、磨损情况和故障特征，查表确定故障原因。

表17-1 车轮定位故障诊断表

故障现象	诊 断
外侧胎肩过度磨损	正外倾过大
内侧胎肩过度磨损	负外倾过大
两侧胎肩过度磨损	轮胎胎压不足；高速时产生胎面下陷
胎面锯齿形磨损	正前束或负前束太大
一个轮胎比另一个磨损严重	外倾不适合；制动器有缺陷；减振器有缺陷
胎面成杯形和碟形	轮胎不圆；车轮不平衡；减振器有缺陷

2．故障分析：车轮摆振的故障分析（表17-2）

表17-2 车轮摆振的故障分析

故障现象	诊 断
前轮摆振	轮胎磨损或充气不正常
	车轮不平衡
	减振器磨损
	车轮定位不正确
	球头磨损
	转向连接件松动或磨损

3．车辆行驶不稳定检修计划（表17-3）

表17-3 车辆行驶不稳定检修计划

序 号	检修步骤	工 具
1	检查轮胎并换位	
2	检查车轮动平衡	车轮动平衡机
3	更换轮胎	专用扳手
4	检查车辆的行驶状态	

实 施

1. 实施准备

材料：抹布。

设备：轮胎，动平衡机。

工具：组合工具胎压表等。

2. 检查轮胎胎压

检查轮胎胎压，应符合规定要求（表 17-4）。

表17-4　检查轮胎胎压

轮胎尺寸	前（kPa）	后（kPa）
16580R1379T	230	210
17565R1482H		

3. 轮胎的换位

将轮胎从前向后从左到右进行换位。通常情况下前轮比后轮磨损更快，因此必须进行轮胎换位。轮胎换位是为了确保轮胎的均匀磨损并延长轮胎寿命。

一般每运行 10 000km 进行一次轮胎换位。

轮胎换位的步骤：

（1）拆卸轮胎。

（2）将轮胎从前向后从左到右进行换位，换位的方法因驱动系统、备用胎类型和特征的不同而不同。

（3）安装轮胎。

轮胎的换位如图 17-11、图 17-12 所示。

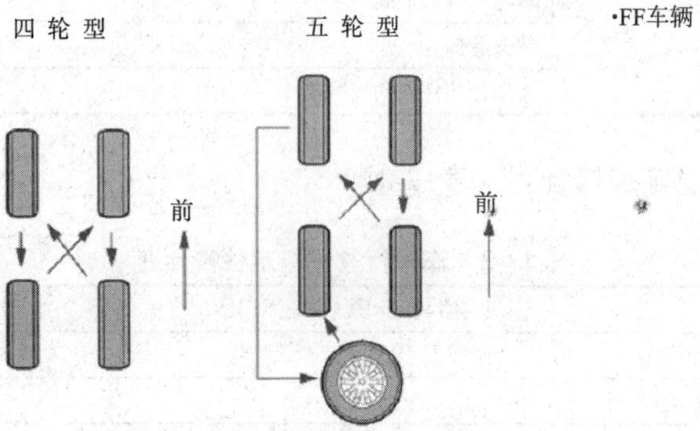

图17-11　前驱车轮胎的换位

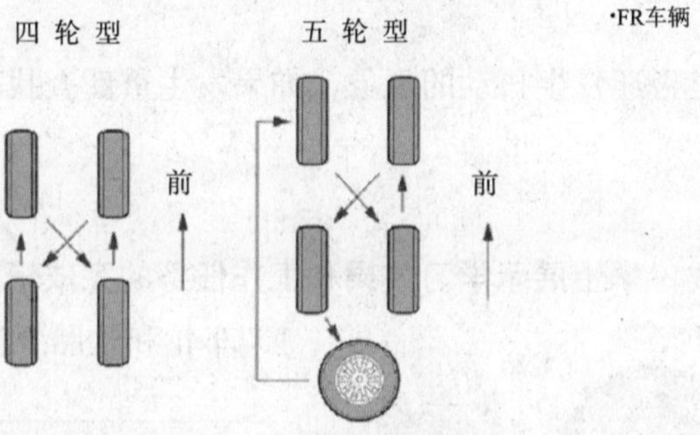

图17-12　后驱车轮胎的换位

4. 轮胎的动平衡检修（表17-5）

表17-5　轮胎的动平衡检修

检修图示	序号	检修步骤
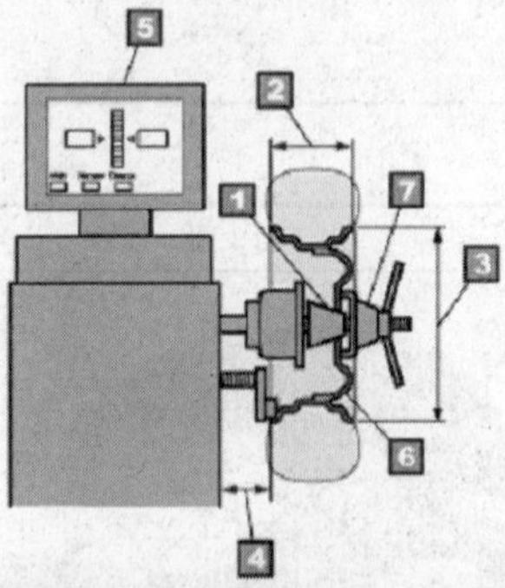	1	安装车轮： 取下添加在车轮上的所有配重。 注意车轮的中心和动平衡器轴，牢固旋紧螺栓以防止松动
	2	输入车轮数据： 从车轮说明书中读取轮辋宽度和轮辋直径并将其输入动平衡器中。 用动平衡器的仪表测量并输入距离
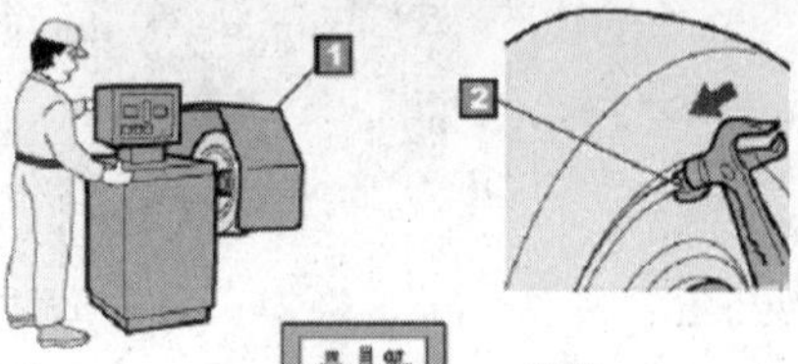	3	测量动平衡： 在测量过程中，必须放下轮胎罩，以防止轮胎花纹中的金属碎片和石头块弹出
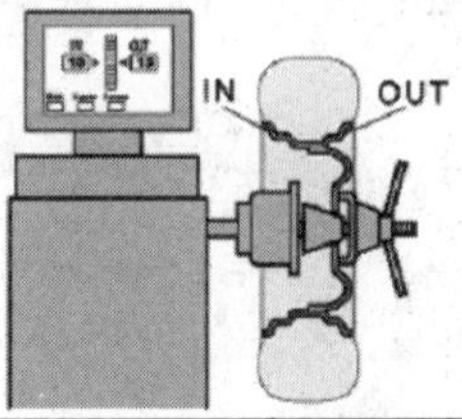	4	调节动平衡： 在动平衡器所指示的IN和OUT位置上加上配重块。 重新检查并调节动平衡使不均衡量为0克

检验

故障排除后的检查

（1）检查胎压

检查胎压是否在规定的范围内。

（2）试车检查

检查车辆行驶时是否还发生抖动的现象，如果发生重新查找故障。

展 示

通过工作页的完成，学生展示学习效果和工作任务的完成情况。

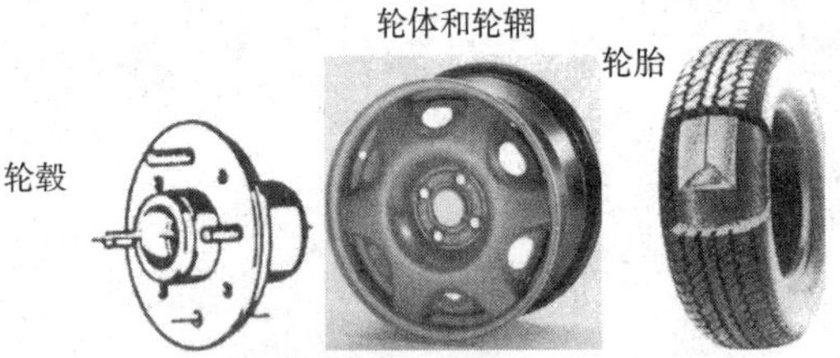

1．车轮和轮胎要进行哪些维护？

____

____

____

____

2．车轮和轮胎各部分的作用。

____

3．轮胎的种类。

____

4．车轮和轮胎的基本信息。

<table>
<tr><th>车　轮</th><th>轮　胎</th></tr>
<tr><td>
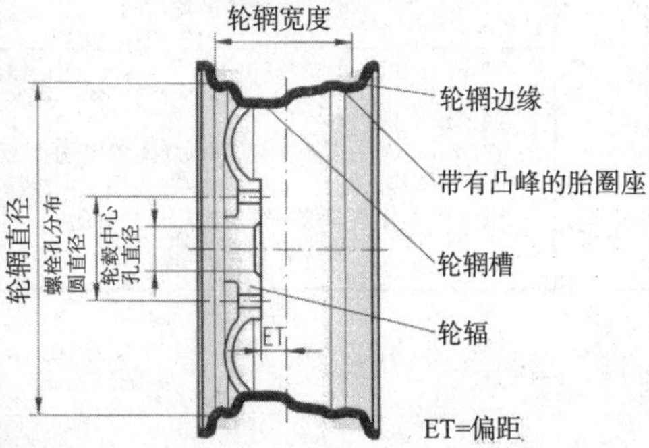
</td><td>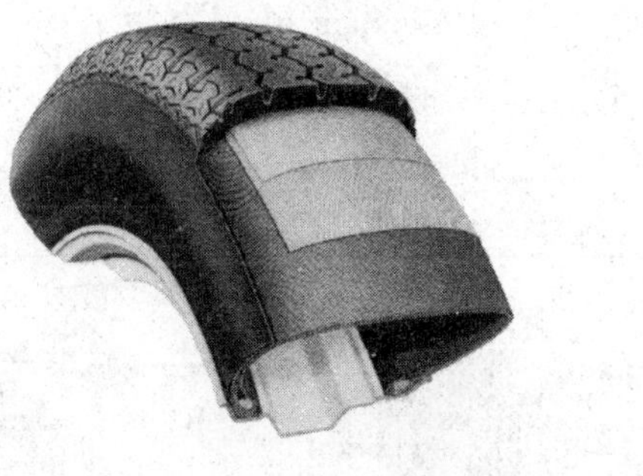
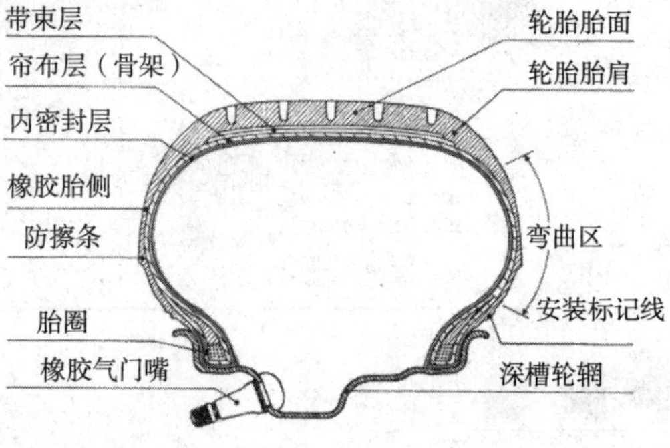
</td></tr>
<tr><td>组成：</td><td>组成：</td></tr>
</table>

5. 车轮和轮胎的基本信息。

车 轮	轮 胎
6J × 15H27812S	195 / 70R1489H
6____ J____ ×____ 15____ H2____ 7812____ S____	195____ /____ 70____ R____ 14____ 89____ H____

6. 轮胎花纹深度对制动距离的影响。

____

当车速为 100km/h 时，轮胎花纹与停车距离的关系。

轮胎花纹深度（mm）	8	4	3	2	1
停车距离					

7. 画出轮胎的换位方法。

车 型	FF	FR
图示		

8. 根据所示图，确定轮胎常见故障。

序 号	类 型	原 因	图 示
1			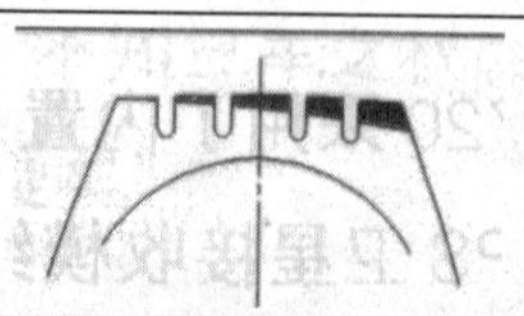
2			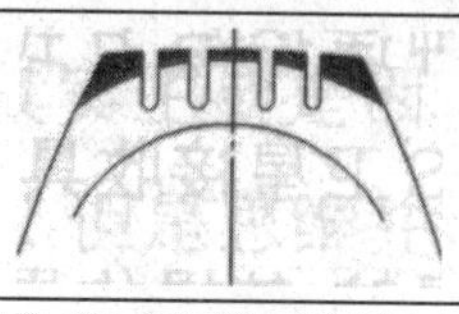
3			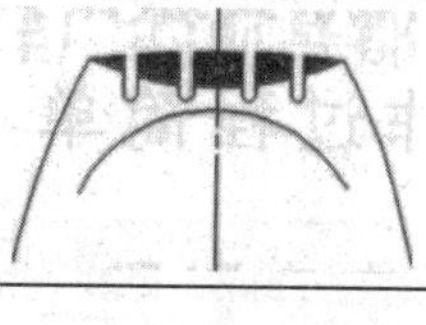

续表

序　号	类　型	原　因	图　示
4			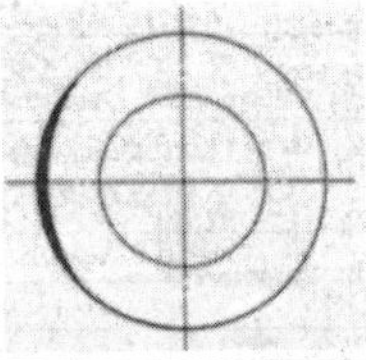
5			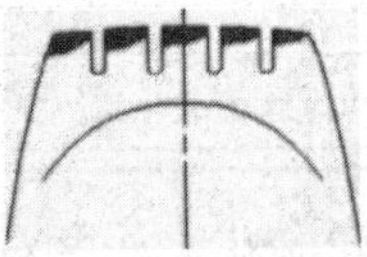
6			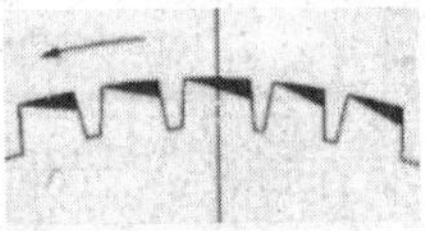
7			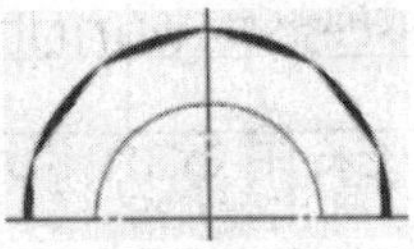
8			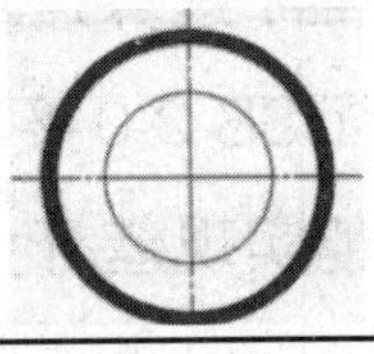

9．轿车轮胎的胎压是多少？轮胎充氮气的好处？

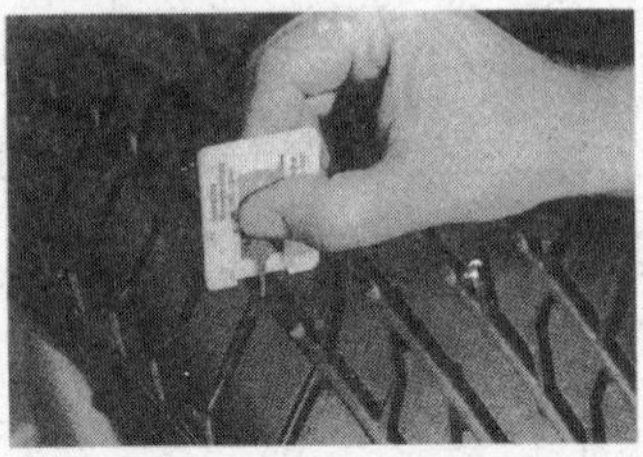

10．轮胎胎面的花纹最小值。

磨损标记：

最小花纹深度：

建议夏季轮胎剩余花纹深度：

冬季轮胎剩余花纹深度：

11．轮胎动平衡不准对车辆行驶有何影响？

12．拆卸和安装轮胎工作计划。

工作图示	工作步骤	工　具	注意事项
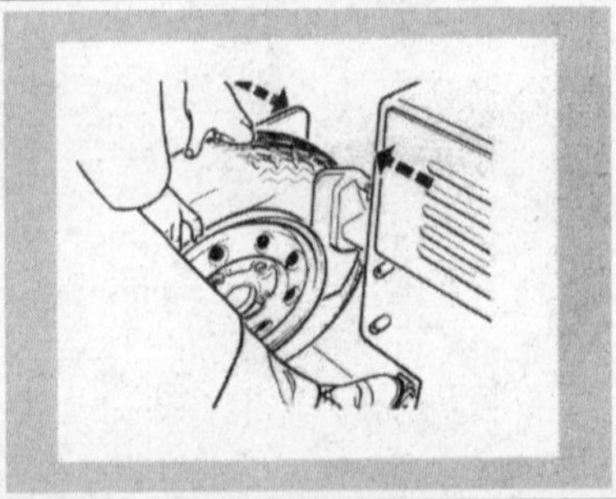			
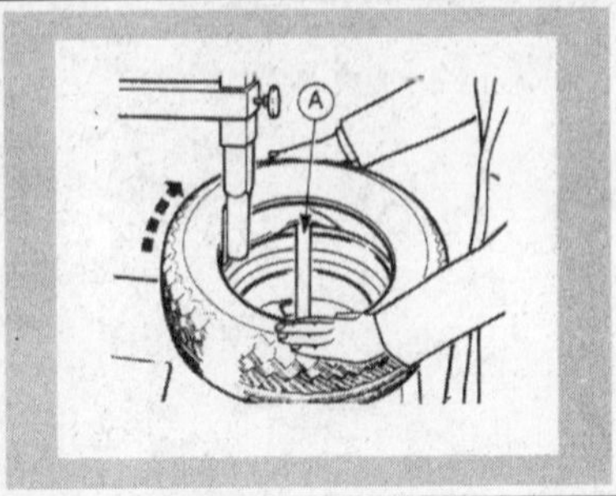			
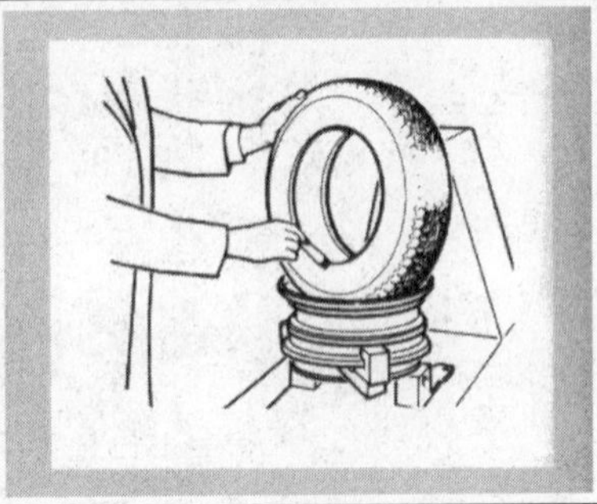			
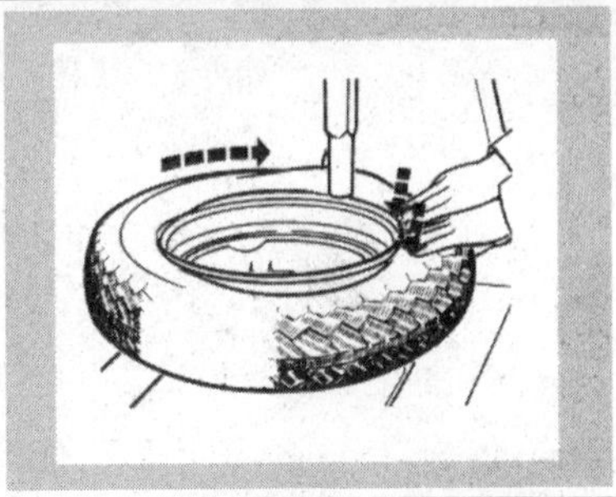			

反侵权盗版声明